les écrivains
témoins du peuple

Fr. et J. FOURASTIÉ
présentent

les écrivains témoins du peuple

Réunis et présentés par Françoise et Jean Fourastié, des textes de Glaber, Chrétien de Troyes, Rutebeuf, Le Bourgeois de Paris, Ambroise Paré, St Vincent de Paul, La Bruyère, La Fontaine, Vauban, Marquis d'Argenson, Arthur Young, Sébastien Mercier, Capitaine Coignet, Nicolas Lachaux, Michelet, Martin Nadaud, George Sand, Villermé, Frédéric Le Play, Lamartine, Agricol Perdiguier, Victor Hugo, Bruno, Comtesse de Ségur, Zulma Carraud, J.-H. Fabre, Émile Zola, Alphonse Daudet, Eugène Le Roy, Émile Guillaumin.

Éditions J'ai Lu

INTRODUCTION

Les progrès rapides qui transforment sous nos yeux l'économie et les techniques ont sur l'homme une telle action qu'ils font naître une nouvelle humanité.

Ces progrès nous ont donné à peu près tous les aliments que nous puissions manger; grâce à eux nous usons d'un nombre sans cesse croissant d'automobiles et de réfrigérateurs. Pourtant des biens restent hors de notre portée et aussi des loisirs. Nous voudrions non seulement que le progrès ne s'arrête pas mais qu'il s'accélère; les manifestations de notre impatience s'étalent quotidiennement dans les journaux.

Mais en même temps nous constatons avec inquiétude la rapidité de cette évolution générale, la transformation des villes et du paysage, de l'habitat, des modes, des coutumes, des mœurs, des relations entre les hommes et entre les générations. Cette mutation de presque tous les facteurs de la condition humaine nous rend conscients de notre devenir.

Voir si vite disparaître ou se défigurer bien des décors de notre jeunesse nous rend désireux d'en fixer durablement au moins une partie. L'humanité tout entière est semblable à ces adolescents qui photographient les lieux de leur enfance, de leurs études ou de leurs premiers voyages, à ces jeunes parents qui filment leurs bébés au berceau, leurs premiers pas ou leur première communion. On a vu, pendant des milliers d'années, les peuples détruire sans même y prêter attention les monuments élevés par leurs pères. Mais, aujourd'hui, les Polonais ont commencé la reconstitution de leur capitale par la reconstruction d'un quartier du XVIIIe siècle et, sous Staline même, les Russes ont entouré de soins et d'affection leurs vieilles églises et leurs antiques palais.

Quant il s'agit d'êtres humains, notre curiosité est plus vive encore. Nous savons que vont disparaître les conditions de vie, les sentiments, les manières d'être, d'agir et de sentir, les conceptions du monde et de la société, qui ont été pendant des siècles ceux de nos pères : c'est de notre enfance même que nous risquons d'être coupés, de sa vitalité, de son courage, de son charme.

Notre interrogation ne porte pas seulement sur les héros de l'histoire; c'est l'homme moyen qui est en question : le paysan, l'ouvrier, *l'ancêtre inconnu du lecteur d'aujourd'hui.*

Telle est la raison du choix des textes réunis dans ce volume, textes d'écrivains parfois illustres, souvent obscurs mais qui, tous, reflètent la vie populaire de leur époque.

Le lecteur trouvera dans ce livre des images, les unes datant du Moyen Age, la plupart beaucoup plus proches; il suivra Arthur Young dans son voyage à cheval à travers la France, Francinet tournant sa meule dans une cave, Martin Nadaud, maçon de la Creuse, « montant » à pied vers Paris pour y exercer son métier. Il retrouvera ses ancêtres dans le « simple » métayer du Bourbonnais, ou dans Jacquou le Périgourdin, dans les personnages plus connus de George Sand, ou encore dans l'instituteur d'autrefois, Nicolas Lachaux ou Jean-Henri Fabre, l'auteur des *Souvenirs entomologiques.*

Depuis que Ferdinand Brunetière a appelé l'attention sur l'*Evolution des genres littéraires*, on sait que celui qui est aujourd'hui prépondérant, le roman, est celui qui participe le plus de l'esprit scientifique expérimental. C'est pour cela qu'il est le dernier venu car c'est seulement après une longue, splendide et coûteuse aventure, que la pensée humaine a commencé de s'intéresser au réel.

C'est par le souci des réalités psychologiques et sentimentales que le roman se sépara de l'épopée. Après les récits épiques qui se prolongent aujourd'hui dans les romans d'aventure et les policiers, après les contes moralisateurs qui sont devenus démoralisateurs, les écrivains abordèrent la description des débats amoureux. Mais il fallut plusieurs siècles pour que l'on commençât à s'intéresser au mécanisme de la pensée, d'abord avec Stendhal, en le confrontant d'une manière prodigieusement séduisante, au caprice de l'aventure et du hasard; puis, au contraire, presque sans action extérieure, en suivant le flux proprement biologique de l'association des idées et de la mémoire des images, avec Marcel Proust.

La plupart des auteurs qui s'attachent à la découverte de la vie sentimentale et psychologique prennent soin de placer leurs personnages dans un milieu où ne se pose aucun des problèmes économiques ou politiques de la vie courante; c'est naturellement le cas de l'aristocratie ancienne, cadre dans lequel Mme de la Fayette situe sa *Princesse de Clèves*; ce fut ensuite le cas des Sanseverina, des Guermantes et des Swann. C'est aujourd'hui encore le cas de ces hommes moyens que nos Françoise Sagan et nos Michel Butor prennent comme héros, parce que le progrès économique général les a peu à peu libérés des contraintes de la faim.

Si nous laissons de côté l'observation purement psychologique, et si nous cherchons seulement les œuvres d'observation de la vie sociale, et plus précisément de la vie des classes pauvres et misérables, nous trouvons peu de chefs-d'œuvre et peu d'auteurs notoires. Il faudrait éliminer encore les livres qui donnent de la vie populaire une vue conventionnelle, superficielle ou inexacte, ceux dont l'auteur, qu'il soit de bonne ou de mauvaise foi, n'a pris son sujet dans le peuple que par prétexte, en visant un objet tout à fait différent, ou pour de toutes autres raisons que nous verrons par la suite.

Alors, il ne nous restera dans la littérature française telle que la voient les manuels scolaires que quelques noms célèbres (Hugo, Sand, Zola...) et un nombre de grandes œuvres très connues que l'on peut compter sur les doigts.

Cependant la lecture des livres que les manuels passent sous silence ou classent comme secondaires, nous a convaincus que la rareté des *témoins de la vie populaire* ne tient pas tellement à ce que peu d'auteurs se soient intéressés à la vie de l'homme moyen mais surtout au fait que jusqu'à nos jours le « grand public » s'en soit lui-même détourné. Voilà pourquoi des grands auteurs et de grandes œuvres ont été méconnus. En fait, nous avons eu l'embarras du choix; sur plusieurs centaines d'ouvrages, nous avons dû nous limiter à une trentaine. Ce n'est pas sans mélancolie que nous avons abandonné un certain nombre d'écrivains que le lecteur connaît et qu'il pourra regretter de ne pas trouver (par exemple Balzac, Flaubert, Maupassant, Erckmann-Chatrian). Il est difficile de faire une sélection qui puisse satisfaire tout le monde. Nous nous sommes attachés surtout à la sincérité, à l'émotion, à la réalité du récit. Après le *cinéma-vérité,* voici le *roman-vérité.*

Aujourd'hui où les centres d'intérêt ont commencé de se déplacer, ou plutôt de s'agrandir et de se multiplier, où, sans cesser de nous informer de Napoléon ou de la duchesse de Guermantes, nous nous intéressons aussi au soldat de la Grande Armée et au métayer de la duchesse, il est nécessaire de réviser les jugements des manuels classiques. *Nous lisons d'un œil neuf des livres oubliés.*

*

Les réflexions qui précèdent définissent assez bien ce que nous entendons par *témoins de la vie populaire.* Ces témoignages doivent être vrais, ils doivent donner une image correcte du réel. De plus, ils doivent être beaux.

Le roman est quelque peu aux sciences sociales ce que l'expérience est aux sciences physiques. Seulement notre objet, ici, n'a pas été de recueillir seulement des textes scientifiques. Il a fallu de plus que ces textes nous paraissent littérairement valables, c'est-à-dire générateurs d'émotions. Alors que l'œuvre scientifique ne s'adresse, au moins en principe, qu'à la raison, l'œuvre littéraire doit toucher l'homme dans toutes ses facultés : la sensibilité, le sentiment, l'imagination, le sens de la justice et de la beauté. Le lecteur ne devra pas s'étonner de trouver ici des œuvres auxquelles la tradition ne reconnaît pas un caractère littéraire, par exemple des textes de Le Play ou de Vauban. C'est que sur ce point également nous en appelons du jugement classique. Nous sommes parvenus à un point d'éducation du public où le chiffre peut, aussi bien et parfois mieux encore que la lettre, engendrer l'émotion.

*

Nos grands-parents, qui évoquaient souvent avec émotion le bon vieux temps, le connaissaient peu. Surtout lorsqu'ils faisaient partie de cette classe privilégiée à laquelle il est préférable d'appartenir quand on vit en pays pauvre. D'autres idéalisaient leur jeunesse perdue. Il y a dans l'esprit des gens un préjugé en faveur du passé; on le fait surgir du monde des souvenirs et on a tendance à le peindre avec des contours enchanteurs.

Le but de ce volume est de retrouver le réel. Nous avons voulu réunir ici des témoignages, sobres et vrais, sur la vie populaire. Nous en avons retenu les thèmes majeurs : la misère et la faim; la mort; la tendresse, la charité et la reconnaissance; la dureté, la haine, la révolte et la vengeance; le travail; les fêtes; la religion et les coutumes rituelles.

*

Les évaluations statistiques, les mesures mathématiques du niveau de vie sont de date récente; on ne possède pas ce genre de documents pour chiffrer les consommations du passé. Cependant, de nombreux textes sont révélateurs et certains contiennent des précisions sur les salaires et les budgets qui, se confirmant les uns les autres, constituent une base solide de renseignements.

Au Moyen Age, la littérature et même les chroniques donnent peu d'indications sur l'état économique. L'affabulation de l'amour ou les récits d'actes héroïques – combats et croisades – inspiraient davantage les écrivains que la vie de tous les jours. La misère était tellement habituelle, tellement collée à l'homme, que l'on ne pensait pas plus à la décrire qu'on ne pense aujourd'hui à s'étonner de l'oxygène que nous respirons ou du sucre que nous mangeons à notre faim. Cette carence dans le témoignage justifie l'importance que l'on accorde de nos jours au livre de Raoul Glaber qui, en 1047, dépeignit les famines de son temps.

L'évocation de la pauvreté est rare aussi chez les poètes et encore ne la trouve-t-on que sous une forme vague qui ne nous permet guère d'en apprécier le degré. Cependant apparaît çà et là une touchante allusion à la misère : chez Rutebeuf dans *Le Pauvre Trouvère* ou dans *La Pauvreté Rutebeuf*, chez Chrétien de Troyes dans *La Complainte des Tisseuses de soie.*

La misère était l'état normal de l'homme médiéval.

Pour les années 1400 à 1450, un passage du *Journal d'un Bourgeois de Paris* décrit l'état pitoyable de la capitale.

Mais la prise de conscience des faits économiques ne se précise vraiment qu'à partir du règne de Louis XIV : elle se révèle alors dans l'entourage même du roi.

Il faut donner une place de choix à l'œuvre de Vauban qui, dans ses *Oisivetés,* fait revivre la vie paysanne de l'élection de Vézelay, en donnant de nombreux détails sur l'alimentation, l'habitat, les vêtements et, en général, sur le budget des villageois.

La Fontaine, moins précis et plus sporadique, apporte aussi son témoignage en quelques vers incisifs. De même La Bruyère dont certaines pages sont aussi émouvantes qu'un tableau de Le Nain.

Pendant les années qui précédèrent la Révolution, les textes ne manquent pas. Nous retiendrons les *Mémoires* du marquis d'Argenson, le *Journal* d'Arthur Young.

Après la Révolution, malgré une amélioration notable du niveau de vie, la misère subsiste en France et nous la ressentons à travers l'œuvre de nombreux écrivains : Victor Hugo, Eugène Le Roy, Jean-Henri Fabre, Martin Nadaud, à travers les travaux de Villermé et les monographies de Frédéric Le Play.

Enfin, à une date plus tardive, on peut accorder une importance prépondérante à Zola, romancier digne de figurer parmi les chroniqueurs de son temps, en dépit d'une imagination excessive et de la fougue de sa plume.

A notre époque, en France, il n'est plus question de famine, ni de la grande misère traditionnelle. Cependant, hors de nos frontières, sans même aller bien loin, cette misère subsiste dans des pays moins industrialisés que le nôtre et restés au stade des consommations traditionnelles. Pour le rappeler, il faudrait citer le témoignage de Danilo Dolci sur la Sicile et celui de Georges Douart sur l'Inde.

La misère n'est heureusement pas le seul thème de la vie populaire. L'amour, les sentiments d'amitié, de fidélité, la richesse affective des âmes simples, nul ne les a mieux décrits que George Sand. Pour comprendre les relations entre riches et pauvres, la prise de conscience de la justice sociale, la noblesse de l'anarchie et la grandeur de la révolte, il faut lire Eugène Le Roy. Beaucoup d'auteurs à peine connus pourront ici conquérir le lecteur : Martin Nadaud conte sous un nom d'emprunt l'étonnante aventure qui le mena du métier de manœuvre de bâtiment à celui de professeur de français en Angleterre, après avoir été, contre le futur Napoléon III, candidat du parti socialiste à la présidence de la République. Guillaumin, paysan du Bourbonnais, ouvre une fenêtre sur un village du XIXe siècle. Le capitaine Coignet nous fait vivre ses tribulations de pâtre de huit ans au foyer d'une marâtre.

*

Pour replacer plus précisément ces textes dans l'histoire économique de l'époque, il est indispensable de résumer l'évolution du niveau de vie, du genre de vie et de la mortalité du peuple français depuis le XVIe siècle.

Entre tous les aliments que l'humanité a consommés et consomme encore, les céréales tiennent la plus grande place. Le célèbre bas-relief du musée d'Athènes qui représente Déméter remettant à Koré quelques grains de blé montre, d'une façon symbolique, le prix que, depuis des temps très anciens, l'homme attache à cette petite graine.

Nous savons aujourd'hui que si nos ancêtres ont pratiqué cette culture de préférence à d'autres, c'est à juste titre parce que la calorie céréale s'obtient avec moins de travail que toute autre calorie alimentaire (1). Lorsque la crainte et la réalité de la famine sont présentes à l'esprit, lorsqu'on manque de pain, on ne peut manger de viande, la production de celle-ci exigeant cinq à six fois plus de temps que celle du blé. Il n'est pas question de choisir les plus agréables entre les aliments possibles : il faut seulement éviter de mourir de faim, en un mot : survivre.

A notre époque, en France, il nous semble naturel non seulement de consommer autant de pain que nous le voulons – le kilogramme de pain vaut 1/4 ou 1/3 du salaire horaire du manœuvre – mais aussi de composer nos menus d'aliments extrêmement variés, d'utiliser des objets manufacturés, d'aller au spectacle, de prendre des vacances, de voyager,etc.

La situation de l'homme moyen a donc subi une immense évolution. Afin d'en préciser les étapes successives on peut grouper la diversité des consommations en quatre catégories indiquant un niveau de vie croissant.

(1) Si ce n'est la pomme de terre, inconnue en Europe jusqu'au XVIIIe siècle.

1° Le premier type de consommation comprend l'alimentation à *prépondérance de riz ou de méteil,* mélange de céréales pauvres, seigle ou orge, avec du froment. C'est le niveau de vie des pays sous-développés du monde actuel, et c'était celui de la France avant 1789; on le retrouve, à peu de chose près, dans certaines contrées de l'Inde, du Mexique, de l'Afrique... Dans ces pays, la presque totalité du budget est consacrée à des dépenses de céréales, riz, maïs, blé, orge ou sarrasin.

Travail de la terre avec des instruments traditionnels... Moissons à la faucille transportées à dos d'homme ou de femme... Repas faméliques... Ce sont là des éléments indissociables du « bon vieux temps » de la France.

Aux environs de 1750, en effet, en France, un journalier ne gagnait pas plus de 1 franc par jour, et ce salaire représentait à peine 10 livres de pain, puisque la livre de pain coûtait 2 sols. Lorsque le journalier travaillait en moyenne 290 jours par an, et que sa femme gagnait quelque argent nécessaire au loyer et aux ustensiles de ménage, cela permettait d'acquérir une livre et demie environ de pain par jour et par tête, pour une famille de 5 personnes; en ajoutant quelques légumes, raves ou choux, cette ration fournissait environ 1 800 calories par jour, ce qui est loin des 3 200 calories nécessaires, selon les théories de la diététique moderne, au bon équilibre physique de l'homme moyen.

Cette maigre subsistance était, de plus, précaire, liée à la production de céréales locales, insuffisante ou très faible certaines années. En général, l'état des transports ne permettait pas, en effet, de faire venir d'ailleurs ce qui manquait sur place; on ne possédait pas non plus les moyens techniques actuels de stockage; il y avait donc peu de marge entre la misère et la faim. Taine donne une image de cette situation en écrivant que sous l'Ancien Régime « le peuple ressemble à un homme qui marcherait dans un étang ayant de l'eau jusqu'à la bouche; à la moindre dépression du sol, au moindre flot, il perd pied, enfonce et suffoque ».

Le souvenir de cette vie précaire est sensible encore en de nombreuses régions où l'on trouve des traces de cet état : ex-voto, chapelles, dictons et récits; en Quercy on raconte que durant les années de grande sécheresse une pierre émerge des eaux au-dessous d'un pont sur le Lot et qu'on y lit ces mots : « Ceux qui verront cette pierre pleureront. » Cette inscription est le témoin d'une époque où les basses eaux des périodes sans pluie apportaient la famine.

2° Ce fut donc un progrès notable que l'avènement du second type de consommation : une *prépondérance de dépenses* non plus de céréales pauvres, mais *de pain blanc*; le passage à ce second groupe de consommation implique en effet que l'on produit le blé en quantité suffisante, sinon le méteil, meilleur marché, ferait encore partie de l'alimentation.

Ce genre de budget ne permet pas de satisfaire une grande variété de besoins, mais il a sur le premier l'avantage de la stabilité; cela correspond, en France, à une amélioration du niveau de vie que l'on peut situer aux environs de 1800. Plus de la moitié des dépenses est alors consacrée au pain, mais il s'agit du pain de froment, du « bon pain de Gonesse » comme l'appelaient les Parisiens, et non plus du seigle ou du sarrasin.

3° A partir de 1860, les achats de pain par rapport à la dépense totale ne cessent de décroître et on accède au troisième type de consommation, qui comprend une *prépondérance de dépenses alimentaires variées.* L'alimentation est composée de pain, certes, mais aussi d'un choix de produits innombrables. Certaines denrées viennent parfois de pays très lointains, et leur présence sur nos marchés est un défi aux distances et aussi au temps, puisqu'on obtient maintenant en hiver les fruits et les légumes d'été qui franchissent les mers ou poussent en serres chaudes; le Français moyen consomme des fruits exotiques, des mangues tropicales, des ananas de Guinée, du thé de Ceylan, du vin du Portugal, des épices des Antilles, des poissons et coquillages variés, etc., sans oublier les différentes sortes de fromages dont le chiffre s'élève au-dessus de trois cents.

Tout cela est offert au salarié moyen de France et lui semble plus ou moins indispensable; s'il voulait se contenter de la nourriture traditionnelle, il pourrait obtenir ses 3 800 calories en ne consacrant que le huitième de son salaire à son alimentation. Cela revient à dire que pour avoir le niveau de vie de ses ancêtres, il lui suffirait de travailler seulement une heure chaque jour ouvrable, c'est-à-dire moins de 300 heures par an.

4° La prolongation des tendances d'évolution du niveau de vie révèle le quatrième type de consommation, dont la France bénéficie depuis le début des années 1960, c'est celui où le budget ouvrier est à *prépondérance de dépenses non alimentaires*; on le trouve dans la plupart des nations d'Europe occidentale et dans tous les pays où l'augmentation de la production par tête de travailleur a permis une croissance suffisante de la consommation, comme en France. Dès aujourd'hui, dans quelques-unes des régions particulièrement favorisées, la part du budget réservée à la nourriture est tombée à 25 % environ; approximativement 30 % sont absorbés par l'habitat et les vêtements, et donc près de la moitié se trouve disponible pour le poste « dépenses diverses ». Une pareille structure de consommation témoigne d'une vie « civilisée », puisque le « divers » réunit les achats facultatifs d'objets ou de services qui ne sont ni de première ni de seconde nécessité, mais plutôt d'ordre intellectuel : loisirs, culture, arts, voyages... et qui dépendent d'un choix libre et personnel.

Ajoutons que, pour aider le lecteur à apprécier la valeur des chiffres en monnaies d'époque donnés par les auteurs des siècles passés, chiffres qui ont perdu toute signification directe pour nous, par suite des inflations monétaires successives, nous donnons, parfois, en note en bas de page, le salaire horaire moyen du manœuvre à l'époque considérée, ou le prix d'une denrée fondamentale comme le pain. Le lecteur peut ainsi immédiatement voir combien le prix donné dans le texte exige d'heures de travail ou, inversement, quel est le pouvoir d'achat du salaire ou du revenu cité. À titre de repère, voici quelques points de l'évolution :

	Salaire horaire –		Prix d'un kg de pain de blé –
1680	1 sou	= F 0,05	2 sous 1/2
1725	1 sou 1/2	= F 0,075	4 sous
1788	2 sous	= F 0,10	5 sous
1800	3 sous	= F 0,15	F 0,35
1840	4 sous	= F 0,20	F 0,39
1890	5 sous	= F 0,25	F 0,39
1905	6 sous	= F 0,30	F 0,36
1980		F 18,00	F 5,00

Pour mieux comprendre les textes qui suivent, il faut aussi se rappeler combien le genre de vie de nos pères différait du nôtre, notamment par le statut du salarié, la durée du travail et l'enseignement scolaire.

Le sort de l'homme moyen jusque vers 1900 était, ou de ne pas trouver de travail, ou de travailler de 12 à 15 heures par jour, sans qu'il soit question de semaine anglaise, de congé payé, ni de retraite; les enfants de 8 ans des familles pauvres sont « placés » comme gardeurs de volailles ou de moutons (voir la *Petite Jeanne, Jérôme Coignet,* etc.). En cas d'accident de travail, ni la victime ni sa famille n'ont droit à aucune indemnité (voir la mort du mari de la *Petite Jeanne* et l'amputation du jeune mineur de *Germinal*).

La majeure partie du *petit peuple* (comme le dit Vauban), qui formait les six septièmes de la population française, était ainsi soit dans la misère, soit trop près de la misère pour pouvoir se passer du travail des enfants chaque fois qu'ils trouvaient quelques sous de salaire, quitte à les *placer* chez un *maître.* Coignet, et, plus près de nous, Francinet évoqueront nos milliers d'ancêtres chargés dès 7 ou 8 ans du dur métier de pâtre. Et, même si ces enfants ne trouvaient pas de travail, il est clair que les parents ne pouvaient ni les habiller ni les entretenir d'une manière assez décente pour pouvoir les envoyer à l'école. C'est pourquoi l'enseignement primaire ne put être rendu obligatoire en France que le 28 mars 1882 et jusqu'à treize ans seulement. Il était plus rare d'apprendre à lire en 1800 que de passer aujourd'hui le baccalauréat.

Mais pour aller à l'école, *il faut d'abord vivre*. Ce sont en définitive les conditions sanitaires et la mortalité qui différencient le plus du nôtre le sort de nos ancêtres.

La vie moyenne traditionnelle, c'est-à-dire celle qu'ont connue nos ancêtres jusque vers 1800, n'était pas une vie biologiquement complète. Elle commence à pouvoir être chiffrée, à la suite du dépouillement des registres d'état civil de certaines paroisses (1). De ces études, il résulte que l'espérance de vie, ou vie moyenne, à la naissance, était de l'ordre de 25 ans en France, à la fin du XVIIe siècle et au début du XVIIIe siècle. Pour certaines générations particulièrement éprouvées ce chiffre pouvait tomber, dans l'ancienne Europe, jusqu'à 20 ans. Ces nombres : 20 ans, 25 ans doivent être comparés aux chiffres actuels qui sont de 70 ans (hommes) à 78 ans (femmes).

Dans l'humanité traditionnelle, sur 1 000 enfants nés vivants, environ 440 arrivaient à l'âge du mariage. Compte tenu du célibat qui retenait (hier comme aujourd'hui) environ 10 % des humains, il fallait une moyenne de 4,5 naissances vivantes par ménage pour maintenir fixe le nombre de la population.

Les âges moyens au mariage étaient de 27 ans pour les hommes et de 25 ans pour les femmes. La vie commune ne durait en moyenne que de 17 à 20 ans; un ménage sur deux en moyenne était frappé par la mort d'au moins l'un des deux conjoints avant son quinzième anniversaire de mariage. C'est à quatorze ans que, s'il parvenait à cet âge, l'enfant moyen devenait orphelin de l'un de ses deux parents.

(1) Cf. J. Fourastié, *Les trente glorieuses*, p. 70.

Un père de famille moyen avait, avant de mourir à 52 ans, vu lui-même mourir neuf membres de sa famille directe (c'est-à-dire sans parler des oncles, neveux et cousins, ni des alliés), un de ses grands-parents (les trois autres étant morts avant sa naissance), ses deux parents, trois de ses enfants et trois frères ou sœurs. Il avait vécu deux ou trois famines et, en outre, quatre ou trois périodes de grain cher, famine et cherté étant liées aux mauvaises récoltes. Il avait, en plus des morts, vécu les maladies de ses frères, de ses enfants, de ses femmes, de ses parents et les siennes propres; il avait connu deux ou trois épidémies infectieuses, sans parler des coqueluches, scarlatines et diphtéries obligatoires; il avait souffert longuement de maux physiques, tels que dentaires, et de blessures longues à guérir. *La souffrance et la mort étaient au centre de la vie comme le cimetière au centre du village.*

C'est dans de telles conditions, ou dans des conditions souvent pires, que la tenace humanité a subsisté durant des dizaines de milliers d'années. Il y fallait une ardeur de vivre, des vertus; à court terme une gaieté sans cesse renaissante; à long terme un grand courage. Les témoins de la vie populaire vont nous dire comment cela fut possible.

MOYEN AGE

GLABER

On ne connaît pas de façon précise les dates de la vie de Raoul ou Rodolphe Glaber (Le Chauve) ; on sait seulement qu'il écrivit son livre en 1047.

Sa vie fut assez mouvementée; dès ses 12 ans, sa mauvaise conduite incita son oncle, moine lui-même, à le faire entrer dans « les ordres ». De toute évidence, cette solution ne modifia pas sa nature; il apporta dans son nouvel état les passions qu'on voulait étouffer. Il fut donc au couvent, indocile, brouillon, ennemi de toute règle, de sorte qu'il se fit souvent exclure du monastère où il était; il se faisait alors admettre dans quelque autre maison. C'est ainsi qu'il séjourne aux monastères de Saint-Léger de Champeaux, Sainte-Bénigne de Dijon, Notre-Dame de Moutiers, Saint-Germain d'Auxerre, Cluny...

C'est dans un cloître que Glaber entreprit le récit des événements contemporains ou voisins de son temps, « fâché de voir que depuis Bède et Paul d'Italie, personne n'eût essayé d'écrire quelque histoire pour la postérité ».

Le manuscrit des *Chroniques* est écrit en latin; les écrivains de ce temps n'avaient guère d'autre public que les moines; peu de gens, hors des murs des cloîtres, se souciaient de tels travaux.

L'esprit actif et désordonné de Raoul Glaber se révèle dans la fantaisie et le manque de précision de ses écrits. Il mélange les faits notables et l'anecdote, laissant une grande place aux miracles, aux prodiges, aux signes précurseurs de calamité.

Du couvent où il vit, il croit observer l'univers entier; il mesure l'importance des événements à la connaissance qu'il en a, de sorte que son œuvre ne répond en rien à l'idée moderne de l'histoire.

Cependant, malgré les inexactitudes, les confusions de lieux, de dates, c'est un des textes les plus curieux et les plus complets d'une époque qui en a peu laissé. On y trouve des récits, des détails qui décrivent l'état des mœurs et des esprits; cette œuvre pleine de vie est bien différente des froides annales carolingiennes. Il nous permet de revivre l'an mille.

La période décrite commence après 900 et se termine en 1047. On admet que les années des plus tragiques famines se situent aux environs de l'an 1000 jusqu'en 1060. Quand Glaber écrit « le boisseau de grains (13 litres) se vendait soixante sous », il se réfère à une époque où un artisan, maçon ou menuisier, gagnait moins de 3 sous par jour, de sorte que ce prix représente plus de 1 500 salaires horaires pour *un quintal* (soit l'équivalent de 4 500 de nos francs pour un quintal de blé qui aujourd'hui vaut 50 francs).

CHRONIQUES

La famine commença à désoler l'univers... Tous les hommes en ressentaient également les atteintes. Les grands, les gens de condition moyenne et les pauvres, tous avaient la bouche également affamée et la pâleur sur le front, car la violence des grands avait enfin cédé aussi à la disette commune. Tout homme qui avait à vendre quelque aliment pouvait en demander le prix le plus excessif, il était toujours sûr de le recevoir sans contradiction. Chez presque tous les peuples, le boisseau de grains se vendait soixante sous, quelquefois même le sixième de boisseau en coûtait quinze. Cependant, quand on se fut nourri de bêtes et d'oiseaux, cette ressource une fois épuisée, la faim ne s'en fit pas sentir moins vivement et il fallut, pour l'apaiser, se résoudre à dévorer les cadavres ou toute autre nourriture aussi horrible ; ou bien encore, pour échapper à la mort, on déracinait les arbres dans les bois, on arrachait l'herbe des ruisseaux ; mais tout était inutile, car il n'est d'autre refuge contre la colère de Dieu que Dieu même. Enfin, la mémoire se refuse à rappeler toutes les horreurs de cette déplorable époque. Hélas! Devons-nous le croire, les fureurs de la faim renouvelèrent ces exemples d'atrocité si rares dans l'histoire, et les hommes dévorèrent la chair des hommes. Le voyageur, assailli sur la route, succombait sous les coups de ses agresseurs ; ses membres étaient déchirés, grillés au feu et dévorés. D'autres fuyant leur pays pour fuir aussi la famine recevaient l'hospitalité sur les chemins et leurs hôtes les égorgeaient la nuit pour en faire leur nourriture. Quelques autres présentaient à des enfants un œuf ou une pomme, pour les attirer à l'écart, et ils les immolaient à leur faim. Les cadavres furent déterrés en beaucoup d'endroits pour servir à ces tristes repas. Enfin ce délire, ou plutôt cette rage, s'accrut d'une manière si effrayante que les animaux mêmes étaient plus sûrs que l'homme d'échapper aux mains des ravisseurs, car il semblait que ce fut un usage désormais consacré que de se nourrir de chair humaine, et un misérable osa même en porter au marché de Tournus, pour la vendre cuite, comme celle des animaux. Il fut arrêté, et ne chercha pas à nier son crime ; on le garrotta, on le jeta dans les flammes. Un autre alla dérober pendant la nuit cette chair qu'on avait enfouie dans la terre ; il la mangea et fut brûlé de même.

On trouve à trois milles de Mâcon dans la forêt de Châtenay une église isolée, consacrée à saint Jean. Un scélérat s'était construit non loin de là une cabane où il égorgeait les passants et les voyageurs qui s'arrêtaient chez lui. Le monstre se nourrissait ensuite de leurs cadavres. Un homme vint un jour y demander l'hospitalité avec sa femme, et se reposa quelques instants, mais en jetant les yeux sur tous les coins de la cabane, il y vit des têtes d'hommes, de femmes et d'enfants. Aussitôt il se trouble, il pâlit ; il veut sortir, mais son hôte cruel s'y oppose et prétend le retenir malgré lui. La crainte de la mort double les forces du voyageur, il finit par s'échapper avec sa femme, et court en toute hâte à la ville. Là, il s'empresse de communiquer au comte Olhon et à tous les autres habitants cette affreuse découverte. On envoie à l'instant un grand nombre d'hommes pour vérifier le fait ; ils pressent leur marche et trouvent à leur arrivée cette bête féroce dans son repaire avec quarante-huit têtes d'hommes qu'il avait égorgés, et dont il avait déjà dévoré la chair. On l'emmène à la ville, on l'attache à une poutre dans un cellier, puis on le jette au feu. Nous avons assisté nous-même à son exécution.

On essaya, dans la même province, un moyen dont nous ne croyons pas qu'on se fût jamais avisé ailleurs. Beaucoup de personnes mêlaient une terre blanche, semblable à l'argile, avec ce qu'elles avaient de farine ou de son, et elles en formaient des pains pour satisfaire leur faim cruelle. C'était le seul espoir qui leur restât d'échapper à la mort et le succès ne répondit pas à leurs vœux. Tous les visages étaient pâles et décharnés, la peau tendue et enflée, la voix grêle et imitant le cri plaintif des oiseaux expirants. Le grand nombre de morts ne permettait pas de songer à leur sépulture ; et les loups, attirés depuis longtemps par l'odeur des cadavres, venaient enfin déchirer leur proie. Comme on ne pouvait donner à tous les morts une sépulture particulière, à cause de leur grand nombre, des hommes pleins de la grâce de Dieu creusèrent dans quelques endroits des fosses, communément nommées charniers, où l'on jetait cinq cents corps, et quelquefois plus quand ils pouvaient en contenir davantage. Ils gisaient là, confondus pêle-mêle, demi-nus, souvent même sans aucun vêtement.

Les carrefours, les fossés dans les champs servaient aussi de cimetière. D'autres fois des malheureux entendaient dire que certaines provinces étaient traitées moins rigoureusement ; ils abandonnaient donc leur pays, mais ils défaillaient en chemin, et mouraient sur les routes ; ce fléau redoutable exerça pendant trois ans ses ravages, en punition des péchés des hommes...

Souvent même, quand ces malheureux, depuis longtemps consumés par la faim, trouvaient le moyen de la satisfaire, ils enflaient aussitôt et mouraient. D'autres tenaient dans leurs mains la nourriture qu'ils voulaient approcher de leurs lèvres mais ce dernier effort leur coûtait la vie, et ils périssaient sans avoir pu jouir de ce triste plaisir.

CHRÉTIEN DE TROYES

1135-1190

Chrétien de Troyes est un de nos premiers romanciers; son imagination fertile puise son inspiration dans l'antiquité ou dans les légendes bretonnes, provençales et flamandes; son thème favori est le conflit entre l'amour et le goût de l'aventure : autour de ce sujet, il invente des contes rocambolesques, qu'il marie à la réalité quotidienne.

Il arrive aux héros de ses romans les événements les plus extraordinaires; l'un d'eux, Yvain, dans *Le Chevalier au Lion*, entre autres exploits, délivre les tisseuses de soie de leurs maîtres despotes. La complainte que nous reproduisons ici, est extraite de ce roman; c'est un reflet émouvant de la misère des ouvrières du XIIe siècle, qui travaillent jusqu'à l'épuisement à produire des choses qu'elles ne pourront consommer.

Beaucoup de femmes : dentellières, brodeuses ou couturières, peuvent exprimer encore la même plainte aujourd'hui dans de nombreux pays; elles consacrent leur habileté et leur vie à des œuvres coûteuses qu'elles ne posséderont jamais.

COMPLAINTE DES TISSEUSES DE SOIE

Toujours draps de soie tisserons :
Jamais n'en serons mieux vêtues.

Toujours serons pauvres et nues
Et toujours faim et soif aurons ;
Jamais tant gagner ne saurons
Que mieux en ayons à manger.
Du pain avons à grand danger,
Au matin peu et au soir moins :
Jamais de l'œuvre de nos mains
N'aura chacune pour son vivre
Que quatre deniers de la livre.
Et de ce ne pouvons-nous pas
Assez avoir viandes et draps ;
Car, qui gagne [dans] la semaine
Vingt sous, n'est mie (1) hors de peine.
Et sachez vraiment a estrouz (clairement)
Qu'il n'y a celle d'entre nous
Qui ne gagne vingt sous au plus :
De cela serait riche un duc!
Et nous sommes en grand' pauvreté
S'enrichit de notre deserte (mérite)
Celui pour qui nous travaillons.
Des nuits grand' partie nous veillons
Et tout le jour, pour y gagner ;
On nous menace à maltraiter
Nos membres, quand nous reposons,
Et pour ce reposer n'osons.

LE CHEVALIER AU LION.

RUTEBEUF

Le poète Rutebeuf, qui vécut à Paris sous le règne de Saint Louis, ne fut pas préservé de la misère du temps; il la décrit sans acrimonie, sans esprit de revendication; comme Villon,

(1) Pas.

il plaisante même avec bonne humeur une détresse matérielle qui n'en est pas moins réelle. L'évocation de la pauvreté médiévale sous sa plume ne manque pas d'émouvoir; il n'était pas fréquent de « poétiser » au XIIe siècle cette tristesse de la vie de tous les jours.

On serait tenté de trouver des ressemblances entre le poème adressé au roi Saint Louis par Rubeuf et celui de Clément Marot demandant l'aide financière de François Ier mais, si le sujet est le même, la réalité était différente : pour Rutebeuf, c'est une requête pour « du pain avoir » parce qu'il manquait de tout, alors que la demande de Marot est celle d'un poète aisé dont la pension habituelle n'a pas été versée.

La vie au Moyen Age nous semble cruelle mais, pourtant, ce sont les mêmes faits que l'on peut trouver en notre temps dans les pays sous-développés; là aussi l'homme, en quête de travail, rentre souvent chez lui sans apporter le salaire attendu pour apaiser la faim de ses enfants.

LA PAUVRETÉ RUTEBEUF

Le texte qui suit est extrait de *La Pauvreté Rutebeuf*, poème composé pour demander l'aide du roi Saint Louis, en l'été dc 1270 :

Je ne sais par où je commence
Tant ai de matière abondance
Pour parler de ma pauvreté.
Nul ne me tend, nul ne me baille :
Je tousse de froid, de faim bâille,
Dont je suis mort et maubailliz (mal en point).
Je suis sans cottes et sans lit ;
N'a si pauvre jusqu'à Senlis.
Sire, je ne sais quel part aille :
Mon côté connaît le paillis,

Et lit de paille n'est pas lit,
Et en mon lit n'a fors la paille.
Sire, je vous fais assavoir
Je n'ai de quoi du pain avoir :
A Paris suis entre tous biens,
Et n'y a nul qui y soit mien.

MARIAGE RUTEBEUF

Avant que vienne avril ou mai
  Viendra le carême ;
A ce sujet je peux bien dire mon avis :
De poisson autant que de crème
  Aura ma femme ;
Elle a tout loisir de sauver son âme :
Qu'elle jeûne donc pour la douce Dame,
  Car elle en a loisir,
Et aille se coucher de bonne heure,
Car elle n'aura pas tout son saoul,
  C'est chose sûre.
Qu'elle soit pleine de souffrance,
Car c'est ce dont je puis le mieux
  La pourvoir.
Par le Seigneur qui dirige tout,
Quand je la pris, j'avais peu
  Et elle moins.
Je ne suis pas travailleur manuel ;
L'on ne saura jamais où je demeure
  A cause de ma pauvreté.
Jamais n'y sera ma porte ouverte,
Car ma maison est trop vide
  Et pauvre et abîmée.
Souvent il n'y a ni pain ni pâte.
Ne me blâmez pas si je ne suis pas pressé
  De retourner (chez moi),

Car on ne m'y fera point bon visage :
L'on ne se réjouit pas de mon retour
  Si je n'apporte rien ;
C'est ce qui m'afflige le plus,
Que je n'ose revenir à ma porte
  La main vide.
Savez-vous comment je m'arrange?
L'espérance du lendemain,
  Voilà mes réjouissances.

LE BOURGEOIS DE PARIS

1405-1449

Le *Journal d'un bourgeois de Paris sous Charles VI et Charles VII* est une chronique écrite par un ecclésiastique, membre de l'Université, dont on ignore le nom; il a noté au jour le jour ce qu'il a vu et ce qu'on lui a raconté.

Ce journal se rapporte à la période comprise entre 1405 et 1449; il commence donc un peu avant le meurtre de Louis d'Orléans. On y trouve, entre autres récits, l'accession de Jean sans Peur au Duché de Bourgogne, la bataille d'Azincourt, l'occupation de Paris par les Armagnacs et, pour finir, la mort de Charles VI et l'entrée de Charles VII à Paris.

On a retenu ici, non pas les faits de guerre, mais les pages qui révèlent la vie du peuple de Paris. A travers ses écrits, on sent que l'auteur est avec le peuple; il est pour les « menus » qui souffrent, accablés par les impôts et sans cesse en butte au pillage et à la barbarie des gens d'armes.

Le « bourgeois » nous présente le vieux Paris, avec sa campagne toute proche, ses rues jonchées d'immondices, sa multitude d'artisans et de clercs, ses quatre mille tavernes et ses 24 000 mendiants (pour une population approximative de 250 000 habitants). Il décrit la dureté des temps, la misère les famines, les épidémies, les ravages des loups, la cruauté des mœurs, les exécutions, des spectacles atroces de pendaison ou d'écartèlement.

L'auteur révèle bien l'âme du peuple et les sentiments à « court terme » qui l'animent. Ce sont des enfants inconscients; ils sont capables de commettre un matin les plus horribles massacres et, le soir du même jour, ils font « la plus belle procession qu'on eut vue jamais ».

En même temps que les événements, sans transition, l'auteur note le prix des denrées; il parle aussi sans cesse du temps, favorable ou néfaste aux vendanges, aux moissons, à la récolte des cerises ou à celle des fèves.

Dans les prix indiqués par le « bourgeois », on remarquera les énormes variations du coût de l'aliment essentiel, à savoir le blé; par exemple, en 1420, le « sextier » vaut 30 francs, tandis qu'en 1441 il est ramené à 16 sols, c'est-à-dire environ 37 fois moins.

Pour apprécier ces prix, il faut savoir qu'entre ces dates les salaires ont peu varié et étaient pour un manœuvre non nourri inférieurs à 2 sols par jour. Il faut préciser aussi que le setier de blé mesurait 156 litres à Paris (environ 120 kg) de sorte qu'avec le prix de 30 francs le setier, 100 kg de blé correspondent à 240 journées de travail. Cela donne un prix du pain de l'ordre de 25 heures de salaire pour un kilog. (Aujourd'hui, le kilog. de pain vaut non pas 25 salaires horaires de manœuvre, mais 0,3, c'est-à-dire *quatre-vingt-trois fois moins*).

C'était l'irrégularité des récoltes qui commandait cette extraordinaire irrégularité des prix.

Tous ces faits, économiques, politiques, météorologiques, ou autres, contenus dans le *Journal* sont décrits avec précision. L'accent de sincérité est évident; la langue pleine de verdeur et d'incorrections, le style sans apprêt, avec souvent d'abondantes répétitions.

Les événements sont relatés comme ils se présentent « en vrac », de sorte qu'on trouve par exemple, notés à la suite, le trépas d'une fille du duc de Bourgogne et une abondante récolte d'oignons.

Cette fantaisie offre la variété de la vie et fait de cette chronique l'un des plus précieux documents qui nous soient restés de ce temps.

*

L'année 1418, le bourgeois de Paris décrit l'entrée des Bourguignons dans la capitale, l'arrestation des chefs des Armagnacs, l'envahissement des prisons et les épidémies.

Item, cedit mois de septembre 1418 fut à Paris et autour, la mortalité si cruelle, qu'on n'eut vue depuis trois cents ans par le dit des anciens ; car nul n'eschappait qui fût frappé par l'épidémie, espécialement jeunes gens et enfants. Et tant en mourut vers la fin dudit mois, et si hâtivement, qu'il convint de faire dans les cimetières de Paris de grandes fosses, où on mettait trente ou quarante personnes en chacune ; et étaient arrangés comme lard, et puis un peu poudrés par-dessus, de terre ; et toujours jour et nuit il n'était de rue où l'on ne rencontrât Notre-Seigneur, qu'on portait aux malades. Et tous avaient la plus belle connaissance de Notre-Seigneur, à la fin, qu'on ne vit jamais avoir à des chrétiens. Au dire des clercs, on n'avait jamais vu, ni ouï parler de mortalité qui fût si dure ni plus âpre, ni dont moins échappèrent les gens, si solides fussent-ils ; car en moins de cinq semaines trépassèrent en la ville de Paris plus de cinquante mille personnes ; et tant trépassèrent de gens, qu'on en enterrait quatre ou six ou huit à une seule messe ; et il fallait marchander avec les prêtres pour savoir quelle somme ils demanderaient pour la chanter, et bien souvent on convenait de payer seize ou dix-huit sols parisis, et, pour une messe basse, quatre sols parisis.

Item, en ce temps, qui était environ douze jours en octobre, n'était pas encore cessée la mortalité aucunement, et les Armagnacs, malgré la paix, continuaient à faire comme avant, le pire qu'ils pouvaient ; et venaient souvent jusqu'au près de Paris prendre pour proie hommes et femmes et menaient en leurs garnisons ; et nul n'en osait mot dire ; et pour vrai il semblait que le duc de Bourgogne ne s'en souciait et apaisait le peuple de douces paroles.

Item, tout le mois d'octobre et de novembre fut la mort aussi cruelle comme devant est dit ; et quand on la vit si forte, qu'on ne savait où enterrer les morts, on fit des grandes fosses : aux Saints-Innocents cinq, à la Trinité quatre, aux autres selon leur grandeur ; et en chacune on mettait six cents personnes ou environ. Et il fut vrai que les cordonniers de Paris comptèrent le jour de leur confrérie Saint-Crespin et Saint-Crépinien les morts de leur métier ;

et comptèrent et trouvèrent qu'ils étaient trépassés plus de dix-huit cents, tant maîtres que valets, en ces deux mois, en ladite ville. Et ceux de l'Hôtel-Dieu, ceux qui faisaient les fosses et cimetières de Paris, affirmaient qu'entre la Nativité Nostre-Dame, et sa Conception, on avait enterré dans la ville de Paris plus de cent mille personnes ; et sur quatre ou cinq cents, il n'en mourait pas douze anciens, que tous étaient enfants et jeunes gens.

Année 1420.

Item... enchéry tant le blé et la farine, que le sextier de blé froment valait à la mesure de Paris, ès halles dudit Paris, trente francs de la monnaie qui lors courait et la farine bonne valait trente-deux francs, et autre grain au prix, selon ce qu'il était, et il n'y avait point de pain à moins de vingt-quatre deniers parisis chacun, et le plus pesant ne pesait que vingt onces ou environ. C'était un triste temps pour les pauvres gens et pauvres prêtres, à qui on ne donnait que deux sols parisis pour leur messe, et les pauvres ne mangeaient point de pain, mais que choux et navets, et tels potages sans pain, ni sans sel.

Item, tant enchéry le pain avant que Noël fut, que celui de quatre blancs (1) valait huit blancs, et nul ne pouvait en avoir, s'il n'allait devant le jour chez les boulangers, et donnait pintes et chopines aux maîtres et aux valets pour en avoir ; et il n'y avait vin en ce temps, qui ne coûta douze deniers la pinte au moins : mais on ne le plaignait point pour qui en pouvait avoir. Pour le pain, quand ce venait environ huit heures, il y avait si grande presse à l'huys des boulangers, que nul ne le croirait s'il ne l'avait vu ; et les pauvres créatures qui en voulaient pour leurs pauvres maris qui étaient aux champs, ou pour leurs enfants, n'en pouvaient avoir par manque d'argent et à cause de la presse, et mouraient de faim en leurs maisons.

A ce temps, on entendait dans Paris piteuses plaintes et piteux cris, piteuses lamentations et petits enfants crier :

(1) Le blanc est une monnaie valant 12 sols.

« Je meurs de faim » ; et sur les fumiers dans Paris, en quatorze cent vingt, vous pouviez trouver dix, vingt ou trente enfants, fils et filles qui, là, mouraient de faim et de froid ; et n'était si dur cœur qui à la nuit les entendait crier : « Hélas! je meurs de faim » et qui grande pitié n'en eût ; mais personne ne leur pouvait aider ; car on n'avait ni pain, ni blé, ni bûche, ni charbon ; et le pauvre peuple était tant occupé par les guets qu'il fallait faire de nuit et de jour, qu'il ne pouvait aider autrui...

Item, en ce temps était le blé si cher, que le sextier de bon blé valait trente-deux francs et plus, le sextier d'orge vingt-sept francs, un pain de seize onces huit blancs ; de fèves, de pois, nul pauvre homme n'en mangeait...

Année 1421.

Item, en ce temps, à la Chandeleur, pour réconforter les pauvres gens, furent rétablis les enfants de l'Ennemi d'enfer, c'est à savoir les impositions, quantièmes (1) et maltôtes (2). Par quoi grande cherté s'ensuivit, si bien que, à Pasques, un bon bœuf coûtait deux cents francs ou plus, un bon veau douze francs, la fliche de lard huit ou dix francs, un pourceau seize ou vingt francs, un petit fromage tout blanc seize sols parisis, et toute viande au prix ; un cent d'œufs coûtait seize sols parisis, et tout le jour et toute la nuit, il y avait dans Paris, pour la cherté devant-dite, tels longues plaintes, lamentations, douleurs, cris pitoyables... Je crois que Jérémie le prophète ne fut pas plus douloureux quand la cité de Jérusalem fut toute détruite, et que les enfants d'Israël furent menés en captivité en Babylonie ; car jour et nuit criaient hommes, femmes, petits enfants : « Hélas! je meurs de froid », l'autre « de faim », Et en bonne vérité il fit le plus long hiver que l'homme eût vu depuis plus de quarante ans ; car les fêtes de Pasques il neigeait, il gelait et faisait toute la douleur de froid qu'on pouvait penser. Et pour les plus pauvres, de bons et chari-

(1) Impôt sur le vin vendu au détail.
(2) Maltôtes, subsides levés pour les frais de la guerre.

tables habitants de la ville de Paris qui les voyaient souffrir, achetèrent trois ou quatre maisons, dont ils firent hôpitaux pour les pauvres enfants qui mouraient parmi Paris ; là, ils avaient potage et bon feu et bien couchés. Et en moins de trois mois, il y avait en chaque hôpital plus de quarante lits des mieux fournis que les bonnes gens de Paris avaient donnés, et était l'un en la Heaumerie, un autre devant le Palais et l'autre en la place Maubert. Et en vérité, quand on revint au temps doux, comme en avril, ceux qui en hiver avaient bu l'eau-de-vie de pommes ou de prunelles, quand il n'y en avait plus, vidaient les barriques de leurs restes de pommes ou de prunelles au milieu de la rue, en intention que les porcs de Saint-Antoine les mangeassent : mais les porcs n'y venaient pas à temps ; car aussitôt qu'elles y étaient jetées, elles étaient prises par les pauvres gens, par les femmes et des enfants qui les mangeaient, les trouvant savoureuses, ce qui était une très grande pitié, car ils mangeaient ce que les pourceaux ne daignaient manger ; ils mangeaient trognons de choux sans pain, ni sans cuire, les herbettes des champs sans pain et sans sel. Bref, il était si cher temps, que peu de ménages de Paris mangeaient leur saoul de pain ; car de viande ils n'en mangeaient point, ni de fèves, ni de pois ; il y avait de la verdure qui était merveilleusement chère.

Item, en ce temps, il y avait des loups si affamés, qu'ils déterraient avec leurs pattes les corps des gens qu'on enterrait aux villages et aux champs ; car partout où on allait, on trouvait des morts, et aux champs et aux villes, morts de la grande pauvreté, de cher temps et de la famine dont on souffrait, par la maudite guerre qui toujours croissait de jour en jour, de mal en pire...

Item, en ce temps, les loups étaient si affamés, qu'ils entraient de nuit dans les villes, et faisaient beaucoup de divers dommages, et ils passaient souvent la Seine à la nage ; ils allaient aux cimetières qui étaient aux champs ; aussitôt qu'on avait enterré les corps, ils venaient à la nuit et les déterraient et les mangeaient ; et ils mangeaient les jambes des suppliciés exposés aux portes, et aussi les femmes et les enfants en plusieurs lieux...

Et le « bourgeois » continue de noter ce qu'il voit.

En 1429, il assiste au sermon du Frère Richard qui, en peu de temps, édifie une foule de gens.

Item, le douzième jour d'avril, vint à Paris un cordelier nommé Frère Richard, homme de très grande prudence, savant en oraison, semeur de bonne doctrine pour édifier son prochain. Et tant il se dépensait qu'il fallait l'avoir vu pour le croire ; car tant qu'il fut à Paris, il ne fut pas une journée sans faire prédication ; et commença le samedi seizième jour d'avril mil quatre cent vingt-neuf, à Sainte-Geneviève, et le dimanche suivant et la semaine suivante aux Innocents ; et commençait son sermon environ à cinq heures au matin et durait jusques entre dix et onze heures ; et y avait toujours quelque cinq ou six mille personnes à son sermon ; et il était monté, quand il prêchait, sur un haut échafaud qui était près d'une toise et demie de haut, le dos tourné vers les charniers à l'endroit de la Danse Macabre...

Item, le cordelier devant-dit prêcha le jour de Saint-Marc suivant à Boulogne-la-Petite ; et là, devant un grand concours de peuples. Et pour vrai, après cette journée, au retour dudit sermon, furent les gens de Paris tellement tournés en dévotion et émus, qu'en moins de trois heures ou de quatre, vous eussiez vu plus de cent feux, où les hommes jetaient tables et tabliers, des cartes, billes et billards, et toutes choses pour lesquelles on pouvait se courroucer et blasphémer à jeu convoiteux.

Item, les femmes, le même jour et le lendemain, jetaient au feu devant tous, les atours de leurs têtes, tels que bourrelets, truffaux, pièces de cuir ou de baleine qu'elles mettaient en leurs chaperons pour être plus raides ; les demoiselles laissèrent leurs cornes et une grande foison de colifichets. Et vraiment dix sermons qu'il fit à Paris et un à Boulogne, tournèrent plus le peuple à dévotion que tous les sermonneurs qui depuis cent ans avaient prêché à Paris.

C'est toujours la misère que décrit *le* « bourgeois » en l'année 1438.

Item, il fut telle grande cherté de verdure, cette année-là, qu'à l'entrée de mai on vendait, par faute de poireaux et de choux, des mauves, des sanves, de la pareille, des orties ; et les pauvres gens les cuisaient sans graisse, et sans sel et ils n'avaient pas de pain pour manger avec ; ceci dura jusqu'après la Saint-Jean ; par force de pluie qui tomba en grande abondance en ce temps, vint la verdure environ huit jours avant le marché de la Saint-Jean ; mais le grain enchérit toujours, si bien que le blé valait huit francs le sextier, et les petites fèves noires que l'on donnait d'ordinaire aux porcs valaient dix sols le boisseau...

L'année 1438 se termine ainsi :

Item, la mortalité fut si grande, spécialement à Paris, à cause de l'épidémie ; car il mourut bien à l'Hôtel-Dieu en cette année cinq mille personnes et, parmi la cité, plus de quarante-cinq mille hommes, femmes et enfants ; car quand la mort entrait en une maison, elle en emportait la plus grande partie des gens, et spécialement des plus forts et des plus jeunes. [*Rappelons que la population de Paris à cette date devait être de l'ordre de 200 000 personnes*].

Item de cette mort trépassa l'évêque de Paris, nommé Sire Jacques, un homme très pompeux, convoiteux, plus mondain que son état ne le requérait ; il trépassa le deuxième jour du mois de novembre, l'an mil quatre cent trente-huit.

Item, en ce temps venaient les loups dans Paris par la rivière et ils prenaient les chiens ; et ils mangèrent aussi un enfant, de nuit, en la place aux Chats, derrière les Innocents.

Item, le jour de Sainte-Geneviève et le lendemain, il tonna, grêla aussi fort qu'on ne vit jamais pareille chose en été, tant au matin qu'après dîner, et tout était toujours aussi cher, comme devant est dit.

Le « bourgeois » cite fréquemment les nombreux ravages causés par les loups.

Item, en celui temps (1439), spécialement lorsque le roi fut à Paris, les loups étaient si enragés de manger la chair d'hommes, de femmes et d'enfants que, dans la dernière semaine de septembre, ils étranglèrent et mangèrent quatorze personnes, tant grandes que petites, entre Montmartre et la porte Saint-Antoine, dans les vignes et dans les marais ; et s'ils trouvaient un troupeau de bêtes, ils assaillaient le berger et laissaient les bêtes. La vigile Saint-Martin fut tant chassé un loup terrible et horrible, qu'on disait que lui tout seul avait fait plus de douleurs que tous les autres ; ce jour-là, il fut pris. Comme il n'avait point de queue, il fut nommé Courtaut... Et ce jour, il fut mis en une brouette, la gueule ouverte, et mené dans Paris ; et les gens laissaient toute chose à faire quoi que ce fût, même boire et manger, pour aller voir Courtaut.

En 1441, les impôts étaient de plus en plus élevés :

Item, cette année fut bonne, car on pouvait avoir le sextier de bon froment pour seize sols parisis, le sextier de noix pour vingt-quatre sols parisis et la pinte d'huile pour cinq blancs. Mais les Anglais couraient souvent jusqu'aux portes de Paris. Et il y avait un capitaine d'Angleterre, nommé Talbot, qui faisait face et tenait en échec le roi et sa puissance. Et pour vrai il semblait que tout le monde le redoutait, car les forces royales se tenaient toujours éloignées de lui de vingt ou trente lieues ; et il chevauchait en France hardiment, sans rien craindre. Le roi taillait son peuple deux fois par an au moins, pour combattre Talbot ; mais il n'en faisait rien. Par quoi le peuple du village fut tant grevé comme on peut croire, et spécialement les laboureurs ; car du blé qui leur avait coûté en semence quatre francs le sextier ne valait que seize sols parisis, ou vingt sols au plus ; et l'avoine, qui avait coûté trois francs, ne leur rendait que treize sols parisis ; et pareillement de tous grains, et après les contributions, les tailles et les corvées, il ne leur restait plus rien. Et qui pis est, les capitaines firent une ordonnance aux châteaux autour de Paris où il y avait des ponts à passer, comme Charenton, le pont de Saint-Cloud et d'autres ponts, afin que, quelque personne qui y passerait payerait passage, fût-ce à pied ou à cheval ; au pont de Saint-Cloud, toute personne qui y entrait dans un sens ou dans l'autre, y entrait-elle cent fois par jour, devait sans merci payer les doubles qui convenaient : une charrette vide ou pleine six doubles, un chariot douze doubles.

Et *Le Journal* se termine par une procession, en l'année 1449.

Item, le jour de Saint-Simon et Saint-Jude, fut faite la plus belle procession à Saint-Martin-des-Champs, qu'on eût vue depuis cent ans ; car ceux de Notre-Dame, accompagnés de toute l'Université et de toutes les paroisses de Paris, allèrent chercher le précieux corps de Notre-Seigneur à Saint-Jean-en-Grève, accompagnés de plus de cinquante mille personnes, parmi lesquelles il y avait les membres du Parlement. Et les rues où ils passèrent étaient encourtinées comme le jour du Saint-Sacrement ; et il fut fait en la grande rue Saint-Martin, devant la fontaine Maubué ou auprès, une grande et belle estrade où on représenta une très belle histoire de paix et de guerre, qui serait trop longue à raconter...

Çà et là, au cours du livre, des scènes d'une violence effroyable révèlent la cruauté du temps.

En 1448. La colère du peuple se porte sur les prisons.

Ainsi s'en allèrent dans les prisons les gens en furie et, quand ils ne pouvaient y entrer, ils mettaient dedans la force du feu ; et ceux qui étaient dedans n'avaient rien de quoi leur aider ; ils brûlaient comme des martyrs. Et ils ne laissèrent en prison de Paris, sinon au Louvre, parce que le Roi y était, aucun prisonnier qu'ils ne tuassent par feu ou par glaive. Et tant tuèrent de gens à Paris, que hommes que femmes, depuis cette heure de minuit, jusqu'au lendemain douze heures, qu'ils furent nombrés à mille cinq cent dix-huit.

Plus loin, la même année, on lit ceci :

Item, le lundi suivant, vingt-deuxième jour d'août, furent accusées quelques femmes, lesquelles furent tuées et mises sur les carreaux, sans robe, avec seulement leur chemise ; et le bourreau était plus acharné que tout autre ; parmi les femmes, il tua une femme grosse, qui n'avait commis aucune faute...

En 1422.

Item, le samedi suivant, après la venue du Roi et de la Reine, qui fut le vingtième jour de septembre, fut décollé et écartelé dans les halles de Paris un nommé Messire des Bloquiaux, chevalier et grand terrien et grand seigneur, lequel était un des souverains de la bande maudite ; il reconnut et confessa que, par lui, étaient ou avaient été tués, de laboureurs et autres, plus de six à sept cents hommes, qu'il en avait bouté au feu, qu'il avait pillé des églises, et forcé des pucelles, des religieuses et autres.

En 1440.

L'Ile-de-France était peuplée de gens pires que des Sarrasins, comme il apparaît par les grands péchés de tyrannie dont ils se rendaient coupables envers le pauvre peuple de tous les pays où le Roi les menait ; mais la plus grande tyrannie qu'on eût vue jamais, c'était d'aller prendre les enfants, aussitôt qu'ils étaient nés de leur mère ; ils les prenaient parmi les chemins, aux villages ou ailleurs et les enfermaient dans des huches ; et là, ils mouraient de faim si leurs parents ne payaient pas de grandes rançons.

Item, quand un prudhomme avait une jeune femme, et qu'ils pouvaient le prendre, si ce prudhomme ne pouvait payer la rançon qu'on lui demandait, ils le tourmentaient et le tyrannisaient, et certains mettaient ces hommes dans un grand coffre, et puis prenaient les femmes, les mettaient par force sur le couvercle de la huche où le bonhomme était et criaient : « Vilain, en dépit de toi, ta femme sera chevauchée à cet endroit. » Et ainsi le faisaient, et quand ils avaient fait leur mâle œuvre, ils laissaient le pauvre périr là-dedans, s'il ne payait la rançon qu'ils lui demandaient.

En 1441.

On pendit un larron qui avait coutume, quand il voyait un petit enfant, en maillot ou autrement, de l'ôter à sa mère, et tantôt le jetait au feu sans pitié, tantôt le rançonnait ; il en fit tant mourir par sa cruauté qu'il était vraiment comme Hérode.

Dans la même année.

Item, le vingt-cinquième jour dudit mois de septembre, les gens d'armes emmenèrent les prisonniers qu'ils avaient amenés à Paris après la prise de Pontoise, fort piteusement ; car ils les menaient au pays de douleur, accouplés deux à deux. Tout ainsi qu'on mène les chiens à la chasse ; et les prisonniers étaient nu-tête, chacun en pauvre haillon, sans chausses ni souliers. Bref, on leur avait tout ôté jusqu'aux braies. On en emmena cinquante-trois à l'hostellerie du Coq et du Paon de la grande rue Saint-Martin. Et tous ceux qui ne pouvaient donner de rançon, on les menait en Grève vers le Port au Foin. Là, on leur liait les pieds et les mains, sans pitié, comme s'ils étaient des chiens et on les noyait devant le peuple.

AMBROISE PARÉ

1509-1590

Ambroise Paré, né près de Laval, probablement en 1509, avait la vocation de la médecine; il fit, selon la mode du temps, son apprentissage chez un barbier, à Angers d'abord, puis à Paris, et enfin à l'Hôtel-Dieu en qualité d'aide.

Reçu barbier-chirurgien en 1536, il prit du service dans l'armée, ce qui lui donna l'occasion d'écrire « La méthode de traicter les playes faites par les arquebuses et autres bastons à feu ». Chirurgien du roi Henri II, puis de ses trois successeurs, il mourut après 1590, peut-être en 1594.

Pendant sa vie, il travailla sans relâche; il fut non seulement un chirurgien éminent (on l'a appelé « le Père de la Chirurgie »), mais il écrivit de nombreux livres sur la médecine *en français*, non pas en latin. Ses découvertes, souvent rocambolesques à nos yeux, nous étonnent, nous amusent même par leur naïveté. Il faut se souvenir qu'avant lui on traitait les plaies par l'huile bouillante! Les méthodes qu'il employa furent, en leur temps, des révolutions; notamment, il inventa une nouvelle ligature des artères à pratiquer après l'amputation des membres.

Personne ne peut mettre en doute la sincérité d'Ambroise Paré, homme intègre et bon; il n'a pas écrit pour faire naître chez ses lecteurs un sentiment de frayeur, mais simplement pour relater les faits qu'il avait sous les yeux et essayer d'atténuer la misère. On frémit cependant en lisant le récit qu'il donne des maladies de son temps, en particulier des épidémies de peste. Le livre date de quatre siècles à peine et ses horreurs sont devenues aujourd'hui, en nos régions, presque inimaginables. On a oublié que la peste pouvait faire mourir, en quelques semaines, les deux tiers de la population d'une ville comme Marseille ou Lyon.

LA PESTE

De l'altération des humeurs, qui se fait principalement par la manière de vivre.

... Nos humeurs se corrompent et tournent en pourriture par une trop grande plénitude ou obstruction, ou intempérature, ou malignité de matière, qui se fait principalement par la mauvaise manière de vivre ; et de là procèdent les causes principales de corruption, par lesquelles tels corps sont soudainement frappés de peste : après avoir bu des vins piqués et corrompus, et des eaux mauvaises et putrides, comme celles qui sont bourbeuses et marécageuses, dans lesquelles se dégorgent les égouts puants et corrompus, sans évacuation, dans lesquelles on aura jeté quelque ordure et lavé le linge et jeté les excréments des pestiférés, comme est un égout de l'Hôtel-Dieu de Paris ; ou après avoir mangé de méchants aliments, comme grains pourris, herbes, fruits sauvages, et autres aliments altérés et non accoutumés, comme on fait par une grande famine, et aux villes et places assiégées, tellement que par nécessité les hommes sont contraints de manger la nourriture des pourceaux, comme on a vu en l'an 1566, à cause de la cherté ; de faire du pain d'avoine, fèves, pois, lentilles, vesse, de glands, racine de fougère et dent de chien ; aussi de manger les trognons de choux, et autres choses semblables ; après, dis-je, telle manière de vivre, survient ordinairement une peste. Car telle nourriture engendre obstructions et pourriture d'humeurs, dont s'ensuivent gales, ulcères et fièvres putrides qui sont préparatifs à la peste ; à quoi aussi aide grandement la perturbation des esprits et humeurs, comme de crainte, frayeur, fâcherie ou autre cause : car telles choses changent l'économie de toute l'habitude du corps.

Signes de la peste, pris de la corruption qui est en terre.

... Ces vapeurs pourries, lesquelles nous avons dit chasser les bestes de leurs cavernes, s'élèvent en l'air et causent grosses nuées, et tombent quelquefois sur les fruits, et les corrompent, et ceux qui en mangent sont pris de la peste. Elles n'infectent pas seulement les fruits, mais aussi font mourir les arbres et les bestes, comme bœufs, vaches, chevaux, pourceaux, moutons, poulaillers, et autres volatiles. Sur quoi, on doit observer que les bestes à quatre pieds sont plus tôt saisies et frappées de cette peste que les hommes, parce qu'elles paissent les herbes imbues des exhalations putrides de la terre ; et, partant, on ne les doit faire paître que le soleil n'ait premièrement consommé la rosée, s'il est possible.

Il est vrai, qu'on a vu un paysan de la Beauce avoir été accusé en justice d'être sorcier, parce que ses brebis ne mouraient point, et toutes celles de ses voisins périssaient. Sur quoi, étant interrogé devant les juges, il fit réponse que jamais il ne permettait que son bétail sortît hors, que premièrement le soleil n'eût consommé la rosée, et que plusieurs petites bestioles qui étaient sur les herbes ne fussent retirées dedans la terre ; et dit, que quelquefois il l'avait déclaré à quelques-uns de ses voisins : ce qui fut trouvé vrai ; et il fut absous pour les raisons susdites.

Ambroise Paré conseille d'aérer largement la maison, de faire du feu dans toutes les pièces et de les parfumer avec des choses aromatiques comme l'encens, le benjoin, le romarin, le basilic, la lavande, le serpolet, etc. Il ajoute :

On dit aussi qu'il est bon en temps de peste de nourrir

un bouc en la maison où on habite et le tient-on pour un singulier remède contre la contagion du mauvais air : par ce que la vapeur du bouc ayant empli le lieu où il habite, empêche que l'air pestiféré n'y trouve place : laquelle raison peut aussi servir au conseil de parfumer les habits par de bonnes suffumigations.

Des choses que l'on doit observer, outre les précédentes, pour la préservation.

... Et sur toutes autres choses, il faut éviter la fréquentation des femmes, d'autant que par icelles les forces et vertus sont diminuées, et les esprits s'affaiblissent, principalement tôt après le repas, parce qu'on débilite l'estomac et par ce moyen il se fait une mauvaise digestion, de laquelle procède corruption et autres infinis accidents ; par quoi on peut conclure que dame Vénus est la vraie peste, si on n'en use avec discrétion. Aussi il faut se garder de vivre en oisiveté, et manger et boire avec discrétion : car telles choses engendrent aussi obstructions et des humeurs vicieuses, dont ceux qui font de tels excès sont plus sujets à prendre la peste...

Outre plus on se doit garder au dit temps d'acheter choses dans lesquelles l'air pestilent se peut couver aisément et se garder, comme dans du chanvre, lin, lits où auront couché les pestiférés, fourrures, habillements de draps de laine, tapisseries et autres semblables. De plus, il ne faut pas faire sa demeure près des cimetières, et principalement près de ceux dans lesquels les corps morts ne sont pas enterrés profondément comme ordinairement on le fait à Saint-Innocent, de façon que quelquefois les chiens les déterrent et les mangent...

Aussi il faut éviter la fréquentation de ceux qui hantent les pestiférés ; aussi comme les médecins, chirurgiens, apothicaires, barbiers, prêtres, gardes, serviteurs et fossoyeurs qui enterrent les corps morts de peste... car venant de l'air pestiféré, on peut porter la peste avec soi, en ses habillements...

... Finalement, il faut prendre garde aux choses appelées non naturelles, dont nous n'avons auparavant touché aucune : et nous ajouterons encore qu'il faut éviter de se courroucer grandement : car par la colère il se fait grande ébullition du sang et des esprits, et dilatation des ouvertures et conduits, et par ce moyen l'air pestilent en tel cas engendre promptement la fièvre pestilente, ce qu'on a vu advenir souvent. Au contraire, il faut se tenir joyeux, en bonne petite compagnie, et parfois ouïr chantres et instruments de musique, et parfois lire ou ouïr lire quelque lecture plaisante, et principalement de la Sainte Écriture. De plus, il faut éviter de trop veiller la nuit, de faire de grands et excessifs mouvements, de subir l'ardeur du soleil, la faim et soif, parce que de telles choses échauffent les esprits et causent la fièvre éphémère, de laquelle produit souvent la pestilentielle. Que dirai-je de plus ? C'est que si quelqu'un est contraint de faire sa résidence en une maison ou chambre de pestiféré, il faut auparavant parfumer, et tout reblanchir avec de la chaux.

De l'office des magistrats et officiers publics, qui ont la charge de la police.

Les magistrats... doivent faire porter les bestes mortes et autres immondices loin de la ville, et les faire enterrer profondément...

Ils doivent défendre les étuves et bains, pour la raison qu'après qu'on en est sorti, la chair et toute l'habitude du corps en est ramollie, et les pores ouverts, et par conséquent la vapeur pestiférée peut entrer promptement dedans le corps et faire mourir subitement : ce qu'on a vu advenir plusieurs fois...

Pareillement, ils feront enterrer promptement les corps morts, par ce qu'ils se corrompent et pourrissent plus en une heure que ne le feraient en trois jours ceux qui ne sont pas morts de peste...

Ambroise Paré conseille aussi aux magistrats d'agir comme cela est décrit dans le livre 2 de Leuinus Leuinius :

Pour empêcher la peste, à Tournay, les soldats mettaient de la poudre à canon sans boulet dedans les pièces d'artillerie qu'ils déclenchaient la nuit et sur le point du jour : ainsi, par ce son violent et l'odeur fumeuse, la contagion de l'air fut corrigée et chassée et la ville délivrée de peste. Les magistrats, pour bien s'acquitter de leur charge, feront aussi toutes choses nécessaires pour préserver leur ville.

Que dirai-je de plus ? C'est qu'ils doivent avoir l'œil sur certains larrons, meurtriers et empoisonneurs, plus qu'inhumains, qui graissent et barbouillent les parois et les portes des bonnes maisons, des sanies, des humeurs, bosses et autres excréments des pestiférés, afin de les infecter, pour après avoir le moyen d'entrer dedans la maison, pour piller et dérober, voire étrangler les pauvres malades en leur lit : ce qui a été fait à Lyon l'an 1565.

Discours des incommodités que la peste apporte entre les hommes, et du souverain remède

... Il me suffira donc pour la fin, de remémorer quelques incommodités ou, plutôt à vrai dire, horribles calamités qui adviennent en la société humaine par cette dangereuse maladie, afin que selon les moyens humains que Dieu a ordonnés pour y pourvoir, nous soyons par la grandeur du mal plus enclins à chercher et à user de remèdes qui nous en peuvent préserver. Considérons donc qu'aussitôt que la peste est en quelque province, tout commerce de marchandises vient à être interrompu et délaissé : car nul ne veut se hasarder à venir rien apporter au lieu où est la peste, de peur de perdre sa vie. De là s'ensuit que les vivres viennent bientôt en grande cherté, et enfin à manquer tout à fait, mêmement dans les grandes villes où le peuple a la coutume de vivre au jour la journée, sans faire provision : car les marchands allant çà et là pour en apporter ne peuvent non seulement pas entrer aux villes ni villages, mais ils sont souvent chassés par armes et à coups de arquebuses, arbalètes et pierres, pour ne pas les laisser approcher, tant que quelquefois ils sont tués ou massacrés inhumainement, au lieu du secours qu'on leur devrait donner dans leurs nécessités. De là vient que les autres ne veulent y aller, et ceux qui voulaient contribuer à ce que leur ville ne tombât pas en défaut de vivres et autres choses sont contraints d'endurer la famine avec leurs concitoyens.

Souvent les enfants sont contraints d'enterrer leurs pères et mères, les pères et mères leurs enfants, les maris leurs femmes, et les femmes leurs maris (qui leur est un grand crève-cœur) par défaut de ne trouver personne qui les veuille enterrer. Souvent aussi on laisse les corps sans les enterrer, desquels s'élèvent des vapeurs putrides qui renforcent la peste. De plus, les gens les plus opulents, même les magistrats et autres qui ont quelque autorité au gouvernement de la chose publique, s'absentent ordinairement les premiers, et se retirent ailleurs, de sorte que la justice n'est plus administrée, car il n'y a plus personne à qui on la puisse requérir : et lors tout s'en va à confusion, qui est un mal des plus grands qui sauraient advenir à une république, quand la justice manque : et donc les méchants amènent bien une autre peste, car ils entrent dans les maisons, et y pillent et dérobent à leur aise impunément, et coupent le plus souvent la gorge aux malades, voire aux bien portants même, afin de n'être pas reconnus et accusés par la suite...

En cette ville de Paris se sont trouvés des gens qui, avec de tels maîtres, ont fait entendre à un quidam leur ennemi qu'il avait la peste, alors qu'il n'avait aucun mal quelconque, et le jour qu'il devait parler de son procès, l'ont fait ravir et emporter à l'Hôtel-Dieu, par force, sans qu'il put opposer quelque résistance, étant seul contre plusieurs ; et si par hasard il implorait l'aide et miséricorde du peuple qui le voyait, les larrons et meurtriers l'empêchaient et criaient encore plus fort que lui afin qu'il ne fût entendu : ou bien ils donnaient à entendre que le mal l'avait rendu furieux et démoniaque, pour faire fuir tout le monde et avoir ainsi le moyen de le pousser à l'Hôtel-Dieu et le faire lier et coucher avec les pestiférés. Et quelques jours après mourut, tant de déplaisir que de l'air infecté.

Je n'ai que faire de décrire ici tout au long ce que l'on ne sait que trop : c'est à savoir que les villes délaissées deviennent champêtres, jusqu'à voir l'herbe croître dans les rues : les laboureurs délaissent leurs maisons et les fruits sur la terre, laquelle demeure en friche ; les troupeaux sont égarés et perdus dans les champs... Cette maladie rend partout l'homme si misérable que, sitôt qu'il est soupçonné d'être atteint, sa maison lui sert d'une cruelle prison : car on l'enferme dedans sans qu'il puisse sortir, ni que personne y soit admis pour le secourir. Si cependant quelqu'un de ceux qui sont ainsi resserrés et enfermés se meurt, il faut que les autres qui sont là-dedans voient quelquefois durant longtemps cet horrible spectacle de corps rempli de vermine et pourriture, avec une grande puanteur charogneuse, qui fait renforcer l'infection et la venimosité de l'air, qui peu après fait redoubler la peste, et est souvent cause de la mort de tous ceux qui sont dans la maison...

Tout est clos et fermé aux villes, villages et bourgades, voire les maisons propres sont fermées à leurs maîtres... On loge aux champs... De plus, on n'est reconnu ni de ses vassaux, ni de ses sujets, ni de ses serviteurs : chacun tourne le dos, et personne n'y oserait aller : même le père abandonne l'enfant, et l'enfant le père ; le mari la femme, et la femme le mari... Et s'il y a quelqu'un, ému de pitié et de charité chrétienne, ou pour la consanguinité, veuille s'avancer pour secourir et visiter un malade, il n'aura après parent ni ami qui le veuille fréquenter ni approcher. Ainsi, on a vu à Lyon, dès qu'on apercevait seulement dans les rues les médecins, les chirurgiens et les barbiers, venus pour panser les malades, chacun courait après eux à coups de pierres pour les tuer comme chiens enragés, disant qu'il fallait qu'ils ne viennent que de nuit, de peur d'infecter les gens sains.

Combien de pauvres femmes grosses, sans être aucunement malades de peste ont été pour le seul soupçon délaissées et abandonnées à leur enfantement, dont est provenue la mort des mères et des enfants! Je puis véritablement dire avoir trouvé aux mamelles d'une femme morte de peste, son enfant tétant encore le venin mortel, qui le devait tuer bientôt après.

On a vu aussi qu'une jeune femme, son mari étant mort et deux de ses enfants, se voyant frappée, commença à s'ensevelir elle-même et fut trouvée à demi ensevelie, ayant encore le fil et l'aiguille entre ses mains.

Outre plus, on a vu un homme fort et robuste ayant la peste, aller au cimetière, et en sa présence a fait faire sa fosse, et avant qu'elle fût parachevée, il mourut sur le bord...

Il y a une infinité d'autres semblables exemples, lesquels si je voulais raconter, jamais la matière ne me défaudrait : mais il y a tant de malades, pour lesquels le tout advint le plus souvent par faute qu'on n'ose converser avec eux ni être alentour d'eux pour les secourir...

Au dernier chapitre de son livre de la peste, Ambroise Paré écrit :

Or je voudrais espérer que le lecteur qui aura appris en ce petit traité le moyen de se préserver de la peste et même sans danger de visiter et secourir son prochain, ne méprisera point mon labeur ; combien j'aimerais mieux qu'il ne fût besoin à personne de s'en aider, et que la sérénité de l'air par la bonté de notre Dieu fût toujours telle que la peste perdît son nom et ses effets...

LES TÉMOINS DE LA VIE POPULAIRE SOUS LOUIS XIV

On s'étonne de trouver la littérature des périodes noires indifférente à des faits dont l'évocation nous bouleverse aujourd'hui. Ronsard parle de roses, de printemps et d'amour au moment où ses contemporains subissent la famine. Au temps de la Fronde, on trouve l'esprit précieux des ruelles, les salons de Mme de Rambouillet ou de Mlle de Scudéry, les sonnets, les exercices de galanterie, le *Roman Comique* de Scarron...

Nous avons réuni ici d'autres témoignages de la même époque, ceux des intendants de province, de la Mère Angélique Arnauld et de saint Vincent de Paul.

Il ne faut d'ailleurs pas croire que la misère était due aux troubles politiques, elle persista pendant tout le siècle, ainsi qu'en témoignent des auteurs tels que La Fontaine et La Bruyère; elle culmina au cours des hivers 1709 et 1710, date de la dernière grande famine française : un texte émouvant d'un curé de campagne marquera ici ces années tragiques.

LA MISÈRE AU TEMPS DE LA FRONDE (1)

En Lorraine, les relations des intendants sont particulièrement atroces.

Les pauvres gens meurent de faim ; l'on vend la livre de pain plus d'un franc. On les voit manger du chenevé pur tout à fait... Certains villages étaient tellement déserts que les loups faisaient leurs retraites dans les maisons... Les glands et les racines devinrent la nourriture ordinaire... Il y en avait qui allaient à la chasse des hommes comme on va à la chasse aux lièvres... Les charognes et les bêtes mortes sont recueillies des pauvres gens comme de bonnes viandes...

Dans plusieurs lieux, les religieuses cloîtrées manquèrent de mourir d'inanition, et la cloche destinée à révéler au public le péril de la communauté ne cessa de tinter des mois entiers.

Au mois de février 1643, les intendants des provinces écrivaient ainsi au chancelier Séguier :

A MURET : Une sédition pour les tailles est arrivée à Villefranche-en-Rouergue ; je n'ose pas quitter l'élection de Comminges de peur que, le dos tourné, les cinq élections de Gascogne qui sont les plus séditieuses et qui obéissent et payent le moins en fassent de même... Je ne vois dans cette province que désordres et manquements de toutes parts, et à peine trouvai-je un officier qui fasse bien sa charge, ni un commis qui n'abuse de ses fonctions.

(1) Textes originaux cités d'après Alphonse Feillet, *La misère au temps de la Fronde* (1862). Pendant la Fronde (1648-1652), le salaire journalier était de l'ordre de 7 sous.

A SAUMUR : On a voulu chasser les commis des taxes ; tout est calme présentement, et cela n'a servi qu'à mieux faire payer les droits.

A ISSOIRE : Ils ont jeté les commis dans une chaudière pleine de chaux vive où les corroyeurs jettent leurs peaux de bœuf en poil pour les peler, et dont ces pauvres commis sont sortis à demi bouillis, puis une sédition s'en est suivie, dans laquelle un exempt a reçu plus de vingt blessures ; le mal empire dans les élections de Clermont, Brioude, Aurillac...

Les états nous montrent en Normandie :

Des compagnies de soldats, traînant la désolation, faisant au peuple plus de mal qu'il n'eût reçu de troupes ennemies ; ces soldats, rançonnant à discrétion les habitants, contraints la plupart d'abandonner leurs demeures ; rompant, brûlant les portes des maisons, démaçonnant les granges, battant les blés, les vendant à vil prix, ainsi que les pailles à demi battues, brûlant les charrues et les charrettes, saisissant les chevaux, enlevant tous les bestiaux d'un village qui, réunis en un seul troupeau et parqués tous ensemble, étaient ensuite vendus en détail.

LETTRES DE LA MÈRE ANGÉLIQUE

Les lettres de la Mère Angélique Arnauld, abbesse de Port-Royal, décrivent la misère aux environs de l'abbaye.

7 janvier 1649. A la sœur Geneviève. Imaginez-vous qu'on trouva avant-hier une pauvre femme veuve qui a un enfant de cinq mois qu'elle voulait tuer par faiblesse d'esprit et parce qu'elle mourait de faim, afin d'aller quérir un nourrisson qui la fît vivre... C'est une chose horrible que ce pauvre pays ; tout y est pillé, les gens de guerre se mettant dans les fermes, font battre le blé, et n'en veulent pas donner un pauvre grain aux maîtres, qui leur en demandent par aumône. On ne laboure plus, il n'y a plus de chevaux, tout est volé. Vos lettres d'avant-hier furent prises... Il sera impossible de vous envoyer du pain ni d'en avoir pour nous. Nous, nous passerons à des pois et à du laitage, et nous serons bien heureux si on nous le laisse... Les paysans sont réduits à coucher dans les bois, heureux d'y avoir retraite pour éviter d'être assommés ; si encore ils avaient du pain la moitié de leur besoin, ils s'estimeraient heureux...

Avril. C'est grande pitié que toutes nos misères : la guerre est un horrible fléau. C'est merveille que toutes les bêtes et les gens ne sont pas morts d'avoir été si longtemps les uns avec les autres. Nous avions les chevaux sous notre chambre et dans le chapitre, et dans une cave il y avait quelque quarante vaches à nous et aux pauvres gens. La cour était pleine de poules, de dindons, canes et oies, et quand on ne les voulait pas recevoir, ils disaient : « Prenez-les pour vous, nous aimons mieux que vous les ayez que les gens d'armes. »

Notre église était si pleine de blé, d'avoine, de pois, de fèves, de chaudrons, de meubles et de toutes sortes de haillons, qu'il fallait marcher dessus pour entrer au chœur lequel était au bas tout rempli des livres de nos messieurs. De plus, il y avait douze filles qui se sont sauvées chez nous ; toutes les servantes des Granges étaient au-dedans et les valets au-dehors ; les Granges étaient pleines d'estropiés ; sans le temps froid, je pense que nous eussions eu la peste... Le froid nous incommodait, car notre bois ayant manqué, on n'en osait aller quérir... Tout est devenu hors de prix ici, tout ayant été ravagé...

En mai. Nous fûmes surprises ici quarante filles... Nous avons toujours été environnées des plus cruelles troupes du monde qui ont ravagé tout notre pays avec toutes sortes de cruautés, sacrilèges... Ces messieurs de Port-Royal avaient tous repris leurs épées pour nous garder, et ont fait de bonnes barricades. Sans les bois, on eût encore plus souffert, les gens de guerre n'osant y entrer...

Mars 1652 — A Mère Agnès. Je vous envoie un morceau de pain des pauvres, jugez à quelle extrêmité ils sont réduits. Nous ne voyons que des pauvres qui viennent dire qu'ils n'ont mangé il y a deux ou trois jours, d'autres qu'ils n'ont mangé que des choux dans de l'eau, sans sel. Je vous supplie de montrer ce pain à nos sœurs, qu'elles considèrent, comme je leur ai dit souvent, qu'il faut retrancher tout ce qui est possible, afin que nous n'ayons pas besoin qu'on nous donne, en retranchant aux pauvres.

1er mai 1652. La barbarie des soldats est telle que les Turcs ne sauraient faire pis ; on accuse surtout les Allemands et les Polonais de ces sacrilèges et de ces cruautés... Leur licence est si horrible qu'entre Port-Royal des Champs et Port-Royal de Paris, il n'y a pas une âme dans les villages, de sorte que ne trouvant plus de pain, les soldats forcent tous les lieux où ils croient qu'il y en a... Tout Paris est rempli de religieuses qui ont fui leur asile et le nombre augmente chaque jour...

26 juin 1652. On est ici dans la crainte d'un nouveau siège ; la farine vaut déjà 56 livres, et on a grande peine à en avoir. Le pain de Gonesse ne vient plus, les maladies augmentent, les meurtres se multiplient ; enfin, ce n'est que misère.

28 juin 1652. La France est toute désolée ; il n'y a point de province qui ne souffre à l'extrême. Paris et ses environs sont des plus maltraités. Tous les villages d'alentour sont entièrement déserts, et ce qui reste d'habitants sont retirés dans des bois, les autres étant morts de faim ou ayant été assommés par les soldats... Les abbayes ont été presque toutes pillées, et ce qui est plus horrible, les religieuses qui n'ont pu se sauver ont été indignement traitées.

... On eut il y a quelques jours un grand sujet de pitié. Deux bateaux pleins de pauvres blessés arrivèrent au port au Foin, pensant être reçus à l'Hôtel-Dieu ; mais cela ne se put, car il y en avait déjà un si grand nombre qu'ils sont sept dans chaque lit, quoiqu'on ait fait deux salles de plus ; de sorte que l'on coucha ces pauvres malades sur le foin. Aussitôt que cela fut su, des dames y coururent, et chacune en prit ce qu'elle put chez soi ; de sorte que ces pauvres furent beaucoup mieux qu'ils n'eussent été à l'Hôtel-Dieu, où il en meurt cent par jour. On a été contraint d'ouvrir l'hôpital Saint-Louis pour mettre les blessés qu'on apporte des armées qui se sont horriblement battues à Étampes, dont tous les environs sont dans une destruction et une désolation incomparables, car tous les blés y sont perdus, les vignes arrachées, les villages brûlés...

5 juillet 1652. Le besoin de farine est si grand à Paris que le pain y vaut déjà, tout le plus noir, dix sols la livre. Nous n'en avons plus que pour cinq jours... Nous avons du blé, mais on ne peut le faire moudre qu'avec une très grande peine, à cause des soldats qui volent les moulins. Il y a grand sujet de craindre pour l'avenir encore pis...

En janvier 1654, la reine de Pologne a demandé à la Mère Angélique de bons artisans, cordonniers, tailleurs, menuisiers, serruriers, etc qui seraient capables d'aller former des apprentis en Pologne.

La réponse de Mère Angélique est la suivante :

28 janvier 1654. Les misères de notre France sont telles qu'il n'y a plus que très peu d'artisans. Tous ceux des pays où la guerre a tout ruiné étant presque morts, et les autres se débauchant et allant à la guerre, on ne trouve presque plus de gens à la campagne pour cultiver les terres, tant il en est mort.

Le texte suivant est capital pour faire comprendre ce qui se passait après la famine, quand enfin survenait une bonne récolte.

1er avril 1655. Les charités de ce pays sont changées,

car ce n'est plus les pauvres ordinaires qui souffrent et ont besoin ; au contraire, la grande quantité que la guerre et la cherté du blé des dernières années a fait mourir, jointe à l'abondance des blés de l'année passée les a mis à leur aise ; comme il y en a peu, on a grand'peine à en trouver pour les ouvrages nécessaires de la campagne et de même des artisans ; de sorte qu'il faut payer au double, et ils gagnent en un jour de quoi vivre une semaine. Mais les pauvres sont à cette heure les petits gentilshommes de la campagne, dont les maisons ont été pillées et ruinées, et les laboureurs qui, outre qu'ils ont couru la même fortune, sont ruinés par les tailles ; de sorte que plusieurs sont contraints de tout abandonner...

SAINT VINCENT DE PAUL

Aux mêmes dates, il faut citer aussi le témoignage de saint Vincent de Paul, qui lutta contre la misère dès son jeune âge. Né dans une famille pauvre des Landes, en 1581, il avait l'expérience personnelle de la misère.

Au pays, dont je suis, on est nourri d'une petite graine appelée millet, que l'on met cuire dans un pot ; à l'heure du repas, elle est versée dans un vaisseau et ceux de la maison viennent autour prendre leur réfection et, après, ils vont à l'ouvrage.

Sur l'initiative du magistrat M. de Bernières, il publia des « Relations », sorte de journal au service des indigents, pour faire connaître à Paris la vérité sur les maux de l'époque. On trouve dans ces textes le détail de la misère et les besoins en aumônes.

Voici une lettre datant de 1651 :

Je vous écris de Guise (1), où la pauvreté, misère et abandon surpassent tout ce que je vous dirai. Il est mort environ 500 personnes depuis le siège, il y en a autant de malades et languissants dont une partie sont retirés dans des trous et des cavernes, plus propres pour loger des bêtes que des hommes. On ne sait par où y entrer, ils y sont abandonnés de tout secours, ce qui fait qu'il en meurt tant. C'est encore pis à Ribemont. Tout ce que je vous en puis dire est que je ne crois pas qu'il y ait au monde une plus grande pauvreté. Le nombre des pauvres malades est de 150 dans ce seul lieu ; il en est de même à Laon, La Fère et autres lieux de Picardie... A Saint-Quentin, il se découvre tous les jours de nouvelles misères, et si grandes, qu'à peine oserais-je les marquer, si elles n'étaient connues de tous ceux qui sont sur les lieux. Il y a plus de 200 malades... Hier, je fus à deux faubourgs où, au lieu de maisons que l'on a fait démolir, il y a environ 25 chaumettes, en chacune desquelles j'ai trouvé deux ou trois malades, en une seule dix ; deux femmes veuves, avec chacune quatre enfants, couchés tous ensemble sur la terre, n'ayant chose quelconque et sans aucun linge. Un autre ecclésiastique, dans sa visite, ayant rencontré plusieurs portes fermées, en a fait faire ouverture et a trouvé que les malades étaient si faibles, qu'ils ne pouvaient ouvrir la porte, n'ayant mangé depuis trois jours, et n'ayant sous eux qu'un peu de paille à demi pourrie ; le nombre de ces pauvres est si grand que, sans le secours venu de Paris, lors de l'appréhension du siège, les bourgeois ne les pouvant nourrir, avaient résolu de les jeter par-dessus les murailles de la ville... On aura besoin de bois, de chemises ou méchantes couvertures pour leur sauver la vie, car l'humidité de leurs cabanes à demi découvertes, et la nudité en laquelle ils sont, les rend tout transis de froid et ne nuit pas moins que la faim à leur guérison... A Marle, depuis deux mois, le curé a enterré plus de 300 personnes, entre lesquelles il estime qu'il y en a plus de 100 mortes faute d'assistance.

(1) Aisne.

Les cadavres encombraient le sol et il fallut organiser une opération, connue sous le nom de travail des « aëreux » pour assainir le pays.

Vincent de Paul écrit le 24 juillet 1652 :

Nous avons entrepris à Palaiseau, où l'armée royale a campé vingt jours, un aussi grand travail que celui d'Étampes ; les maladies et la pauvreté y sont aussi extrêmes, et nos ouvriers (les missionnaires) sont tombés malades au nombre de sept ou huit, les uns après les autres, ce qui nous oblige d'y en envoyer d'autres et de rappeler ceux-là... Les villages de Châtres, Linas, etc. sont déserts, et il faut faire ce qu'on fait dans les quarante lieues de pays de Saint-Quentin à Sedan, dans ces quartiers où l'on n'entend parler que de meurtres, pillages, voleries, violences et sacrilèges. A Étrechy, les vivants sont mêlés avec les morts et le pays en est rempli. A Villeneuve-Saint-Georges, Crosne, Limay, on a trouvé 374 malades dans la dernière extrêmité, ni lit, ni habits, ni pain. Il va falloir commencer par enlever le foyer d'infection qui augmente la maladie, en enterrant les cadavres d'hommes, de chevaux morts et de bestiaux, et toutes les saletés que produit le séjour d'une armée...

La Brie est semblable aux frontières les plus désolées, les villages sont déserts, et les pauvres mourants n'ont qu'un peu d'eau et de raison pour toute nourriture et tout remède. Qui peut exprimer l'état de Lagny, Corbeil et environs ? La France n'est plus la nourrice de Paris, elle a besoin d'être nourrie en la plupart de ses villages...

Dans « Les Relations » de 1652, on lit ceci, à propos de Saint-Quentin :

Sur 450 malades, les habitants, ne pouvant plus les soulager, en ont fait sortir 200 que nous avons vu mourir peu à peu étendus sur les grands chemins ; le plus grand nombre qui nous reste peut à peine avoir un petit morceau de pain. Nous ne donnons qu'à ceux qui mourraient sans ce secours. La nourriture ordinaire est des souris auxquelles ils font la chasse, tant ils sont pressés de la faim ; ils dévorent les racines que ces animaux ne peuvent consommer ; enfin, l'on ne peut exprimer ce que l'on voit... Il ne se passe point de jour qu'il ne meure plus de 200 personnes de faim dans les deux provinces...

Nous assurons avoir vu de nos propres yeux, entre Reims et Rethel, des troupeaux, non pas de bêtes, mais d'hommes et de femmes, aller aux champs remuer la terre comme les pourceaux pour y trouver quelques racines, et, comme ils n'en arrachent que de méchantes et à moitié leur saoul, ils deviennent si faibles qu'ils n'ont plus même la force de chercher leur vie...

Le curé de Boult nous a assuré avoir enterré de ses paroissiens morts de faim ; les autres n'ont vécu que de pailles hachées et mêlées avec de la terre dont ils composent un manger que l'on ne peut appeler pain. Cinq chevaux puants et pourris ont été dévorés ; un vieillard, âgé de 75 ans, est entré dans son presbytère pour faire rôtir à son feu un morceau de chair de cheval mort de gale depuis 15 jours, infecté de vers et jeté dans un bourbier puant.

MÉMOIRES DE LA PORTE

Pour terminer ces horribles descriptions, choisies parmi tant d'autres, on peut citer un extrait des Mémoires de La Porte, qui écrit en l'été 1652 :

Les paysans n'avaient de couvert contre les grandes chaleurs du jour et la fraîcheur de la nuit que le dessous des auvents, des charrettes et des chariots qui étaient dans les rues ; quand les mères étaient mortes, les enfants mouraient bientôt après, et j'ai vu sur le pont de Melun trois enfants sur leur mère morte, l'un desquels la tétait encore.

GIRARDET DE NOSEROY

Girardet de Noseroy a tracé un tableau de la famine en Comté qui confirme les mêmes faits :

La postérité ne le croira pas ; on vivait des herbes des jardins et de celles des champs... Les charognes des bêtes mortes étaient recherchées... mais cette table ne dura pas longtemps mise. Les paysans s'enfuyaient alors de ces campagnes. Les villes devenaient l'unique refuge ; elles fermèrent leurs portes, hors desquelles « les chemins étaient pavés de gens la plupart étendus de faiblesse et se mourant ». Les chiens et les chats étaient « des morceaux délicats ». « Enfin on en vint à la chair humaine »... On en fit « picorée »... « On découvrit dans les villages des meurtres d'enfants faits par leur mère pour se garder de mourir et des frères par leurs frères. »

CLÉMENT MACHERET CURÉ D'HORTIS

On peut aussi citer, pour la même époque, le « Journal de ce qui s'est passé de mémorable à Langres et aux environs depuis 1628 jusqu'en 1658 », de Messire Clément Macheret, curé d'Hortis :

Au printemps de 1652 à Langres, la ville était tellement pleine de pauvres qu'il semblait que des processions fussent arrêtées au-devant de chaque boutique de boulangers qui criaient à la faim, priant à jointes mains de donner du pain contre de l'argent et n'en pouvaient rencontrer ; certains s'en retournaient comme en désespoir ; les autres attendaient deux jours entiers pour en avoir un pain, et il y en eut plusieurs malades ; l'on a trouvé quantité de morts sur les chemins.

A Mussy-l'Évêque, les gens se jetaient sur le cadavre d'un cheval chardé de mauvaises humeurs... d'une telle puanteur qu'on ne le pouvait souffrir et déchiquetaient ces chairs corrompues avec une telle avidité que plusieurs furent blessés aux mains, des couteaux des autres.

Ailleurs, Macheret décrit :

Une pauvre portant et allaitant son petit enfant... trouvée morte en une prairie ayant encore la bouche pleine d'herbe et mangeant comme une bête, et son petit enfant encore vivant entre ses bras.

REMONTRANCES DES ÉTATS GÉNÉRAUX

Dans les remontrances adressées au roi, les États généraux de Bourgogne déclarent :

L'on peut assurer votre Majesté que la nourriture des hommes et des bêtes n'y est guère différente. La famine de cette année a fait finir (sic) ou mourir plus de dix mille familles de notre province, et oblige le tiers des habitants même de bonnes villes de manger de l'herbe.

En certains endroits, au moment de la soudure, ce furent les récoltes précoces de cerises qui sauvèrent les hommes de la mort.

D'après les « Procès-verbaux de la visite des feux », on peut établir que les veuves forment partout une part considérable de la population rurale et que le nombre des mendiants est non moins important que celui des veuves.

A Talent, le curé Gallot assure que, sur soixante-quatre maisons, il n'y a que six maisons qui ayent de quoi manger. A Blagny, en 1637, parmi les 24 habitants qui vivent sur les décombres du village, il y a 21 mendiants ; à Selongey, quantité de pauvres personnes qui mendient leurs vies en nombre de plus de 40 mesnages, qui ne sont point compris aux rôles, par délibération des habitants, à cause de leur insolvabilité.

Certains mendiants, rejetés par la ville, se réfugient dans la forêt, où ils vivent (ou meurent) à l'état sauvage.

LA FONTAINE

Il est intéressant de recueillir aussi le témoignage de La Fontaine. C'est celui d'un observateur, attentif et curieux, dont certains vers valent parfois mieux que tout un livre.

Il sait que les pauvres doivent travailler sans relâche, même « malades » « goutteux », s'ils veulent vivre. Il les voit « les bras roidis de fatigue », se traînant vers leur unique repos, « la mort ».

Il évoque la « chaumine enfumée » du bûcheron, bâtie de bois et de boue, et l'homme « n'en pouvant plus, d'effort et de douleur ».

« En est-il un plus pauvre en la machine ronde?
Point de pain quelquefois, et jamais de repos ;
Sa femme, ses enfants, les soldats, les impôts,
Le créancier et la corvée
Lui font d'un malheureux la peinture achevée. »

Quant aux distractions, elles sont à peu près inexistantes.

« Quel plaisir a-t-il eu depuis qu'il est au monde ? »

Peut-être un repas de noce; il mange alors en un jour le gain d'un mois!

Le ton de La Fontaine change quand il parle de l'artisan, plus insouciant :

« Un savetier chantait du matin jusqu'au soir », car lui n'a pas à craindre une mauvaise récolte; « chaque jour amène son pain »; il se plaint seulement du trop grand nombre de fêtes :

« Le mal est que dans l'an s'entremêlent les jours
Qu'il faut chômer ; on nous ruine en fêtes.
L'une fait tort à l'autre ; et Monsieur le Curé
De quelque nouveau saint charge toujours son prône. »

LA BRUYÈRE

La Bruyère a peu écrit à propos de la vie du peuple. Cependant son esprit d'observation lui a rendu sensible la misère des campagnes.

S'interrogeant pour savoir s'il y a autant de gens heureux dans les diverses catégories sociales, il répond :

Celui qui est puissant et riche, et à qui il ne manque de rien, peut formuler cette question ; mais il faut que ce soit un homme pauvre qui la décide...

A propos de la misère, on peut citer deux passages, des « Caractères ».

Il y a des misères sur la terre qui saisissent le cœur. Il manque à quelques-uns jusqu'aux aliments ; ils redoutent l'hiver, ils appréhendent de vivre. L'on mange ailleurs des fruits précoces ; l'on force la terre et les saisons pour fournir à sa délicatesse : de simples bourgeois, seulement à cause qu'ils étaient riches, ont eu l'audace d'avaler en un seul morceau la nourriture de cent familles. Tienne qui voudra contre de si grandes extrémités : je ne veux être, si je le puis, ni malheureux ni heureux ; je me jette et me réfugie dans la médiocrité... (Des biens de la fortune).

Et plus loin :

L'on voit certains animaux farouches, des mâles et des femelles, répandus par les campagnes, noirs, livides et tout brûlés du soleil, attachés à la terre qu'ils fouillent et qu'ils remuent avec une opiniâtreté invincible ; ils ont comme une voix articulée, et quand ils se lèvent sur leurs pieds, ils montrent une face humaine, et en effet ils sont des hommes ; ils se retirent la nuit dans des tanières où ils vivent de pain noir, d'eau et de racines ; ils épargnent aux autres hommes la peine de semer, de labourer et de recueillir pour vivre, et méritent ainsi de ne pas manquer de ce pain qu'ils ont semé. (De l'Homme).

La France a connu ses dernières grandes famines en 1709 et 1710. Après cette date, les progrès lents mais sûrs des techniques agricoles ont permis à la fois de réduire les carences totales de nourriture en période de mauvaises récoltes et, partant, d'accroître le nombre de la population. Il subsista cependant, jusque vers 1880, des périodes où le prix du blé et du pain triplait ou quadruplait, sans que les salaires augmentent. Par exemple en 1770, le prix du quintal de blé dépassa 25 f, et en 1789, 29 f, pour des salaires de l'ordre de 17 à 20 sous par jour. En 1856 encore, ce prix dépassa 40 f (ce qui est le prix de 1960) pour un salaire horaire moyen de 0,20 f. Aujourd'hui, ce prix de 40 f le quintal est associé à un salaire horaire moyen de 2,2 f.

Mais en 1709, le prix du blé approcha déjà de 40 f le quintal, pour des salaires de 10 à 12 sous *par jour*, ce qui donne un prix du pain 40 fois plus élevé qu'aujourd'hui. On sait, par les registres paroissiaux, qu'au cours de ces deux années 10 à 12 % de la population française mourut de faim. Un texte naïf d'un curé de campagne évoque cette tragédie qui, en France, fut la dernière d'une série millénaire.

Les archives abondent en témoignages analogues.

NOTES DU REGISTRE PAROISSIAL TENU PAR LE CURÉ DE COULANGES-LA-VINEUSE (Yonne)

L'hiver de 1709 : L'on sera peut-être fâché de savoir que, cette présente année, l'hiver fut si terrible que les bleds furent gelés universellement partout, c'est ce qui sera incroyable à la postérité, et cependant il n'y a rien de plus vrai. Je fis moi-même plus de deux cents lieues de pays, et fus témoin oculaire que dans la Flandre et la Picardie, dans la Champagne et la Bourgogne, c'étoit la même chose que l'on déploroit ; mais comme il y avoit de vieux bleds, le pain ne fut vendu que 5 à 6 sols la livre. L'on verra ce qui arriva de triste dans l'année suivante. Le roi Louis XIV fit faire des recherches, et il y avoit ordre que de laisser passer bien juste ce qu'il falloit pour chaque maison. Les grandes maisons à Paris et, à leur imitation, dans les villes de province, les premières de chaque lieu, faisoient faire un feu commun dans le milieu des rues. La rigueur du froid dans le mois de janvier fut si grande que l'on ne pouvoit mettre le nez à la fenêtre sans être saisi. Il se trouva une infinité de personnes mortes par les champs ; moi-même je ne sais par quel miracle de la Providence j'en ai échappé ; malgré la solidité de mes habits, la bonté de mon cheval, cependant il m'étoit impossible de faire plus de trois lieues que je faisois plus de moitié à pied et en bottes ; mais aussi cette fatigue-là m'a fort diminué, n'ayant pas eu une santé même passable depuis ce temps.

De Louvaine, curé.

NOTES DU REGISTRE PAROISSIAL DE LAIN (Yonne).

1709. — Remarque de ce qui s'est passé d'extraordinaire dans cette année 1709. Il a fait si froid que les blés ont gelé, et qu'il a été si cher qu'il a valu presque à 20 livres le bichet, pesant environ 80 livres, c'est le blé froment, et à proportion les autres grains. Les vignes ont été gelées, et le vin a valu plus de 100 francs dans ce pays ici, et même 150 francs. Les noyers ont été perdus de la gelée, les gros aussi bien que les petits, en sorte qu'il a fallu les arracher ou les couper. La plupart des arbres fruitiers, une grande partie des chênes, principalement les chênes verts et autres, ont été gelés aussi. Beaucoup de bestiaux sont morts de de froid. Le gibier gros et petit a péri en quantité. On a trouvé même des hommes, des femmes et même des enfants morts, qui avoient été saisis par le froid. En un mot dans cette pernicieuse année, il a fait si cher vivre que quantités de personnes sont mortes de faim, et on peut dire qu'il en est bien mort le quart dans certaines paroisses, et que les pères et les mères oubliant le naturel qu'ils ont pour l'ordinaire pour leurs enfants, les abandonnoient. Les enfants en faisoient de même à l'égard de leurs pères et de leurs mères. On croit qu'il n'a jamais fait si froid, et ça été une chose pitoyable, car on n'a jamais tant vu de pauvres qu'en l'année 1709.

Chanvot, curé.

L'hiver de 1710. — Peut-être serez-vous surpris, mes chers lecteurs, de ne voir dans ce registre que des morts, votre étonnement cessera, si vous remarquez que c'est celui de 1710, année dans laquelle il sembla que le Seigneur vouloit enfin tirer vengeance de l'homme pécheur, et le perdre par une disette de blé ; il valoit dans cette année en ce païs 20 à 25 liv. le bichet (1). Le pauvre peuple vendoit jusqu'à leurs chemises pour se nourrir. L'on voyoit les hommes et les femmes, enfants grands et petits, le visage et les mains terreuses, raclant la terre avec leurs ongles, cherchant certaines petites racines qu'ils dévoroient lorsqu'ils en avoient trouvé. Les autres moins industrieux paissoient l'herbe avec les animaux ; les autres entièrement abattus, étoient couchés le long des grands chemins en attendant ainsi la mort. Ceux mêmes qui pa-

(1) Mesure de capacité variant de 20 à 40 litres.

raissoient les plus aisés étoient ceux qui souffroient davantage faute de paiement. Les rentes de l'hôtel de ville furent retranchées. Les curés étoient trop heureux de vivre de pain tel quel. Le vin étoit hors de prix, car il valoit 8 à 9 livres le pichet. L'on ne voyoit pas encore du blé. Ceux qui en avoient le conservoient pour le semer, et moi-même je vous avouerai que, quand j'en voyois, cela me faisoit un tel plaisir qu'il sembloit que je n'avois jamais rien vu de plus beau. Cependant quand toutes les semailles furent faites, le grain diminua tout à coup, je veux dire l'orge, et l'on commença un peu à manger du pain, à la vérité fort pauvre, mais à meilleur marché. Mais quel grain pour les pauvres qui avoient tout vendu et n'avoient plus de quoi faire ce peu d'argent? Quantité d'âmes charitables suppléèrent à ce défaut. Je reçus à ma part 20 écus d'aumônes. Je ne puis passer sous silence ce que j'ai regardé comme une espèce de miracle : Quoique les hommes mouroient comme des bêtes, jamais l'on n'a moins entendu parler de meurtres, d'assassins ni de vols. Les chemins étaient sûrs au milieu de cette grande disette. Les blés que l'on voit parfaitement beaux où il y en a eu de semés, rendent la joie au cœur, et l'on commence à revivre finissant cette année : Prions Dieu qu'il nous préserve de revoir un pareil temps.

VAUBAN

1633-1707

Vauban est le plus souvent admiré pour ses talents d'homme de guerre; on vante à juste titre son génie militaire et les fortifications qu'il a fait élever.

Depuis un demi-siècle environ, un autre aspect de la personnalité de Vauban se révèle : l'économiste, le statisticien, le démographe et surtout l'homme très bon, conscient des problèmes sociaux de son temps. Sa pensée que nous apprenons à connaître est valable aussi bien dans le domaine de la géométrie, de l'agriculture, de l'industrie ou des finances que dans celui de la psychologie.

Il n'était donc pas seulement un militaire; il était orienté vers les sciences que nous appelons aujourd'hui humaines; son esprit apte à la synthèse le conduisait naturellement à hiérarchiser les idées par rapport aux aspirations et aux besoins des hommes. Ministre de la Guerre, Vauban n'a pas cherché à défendre le budget propre à son ministère et il conseilla lui-même, pour réduire les dépenses royales, de faire des économies dans le secteur militaire.

Son enfance à Saint-Léger-de-Fougeret en Morvan, sa pauvreté, ses contacts avec les humbles, lui avaient permis de connaître la condition de ses semblables, de voir de façon très proche les souffrances de ses concitoyens et de leur chercher des remèdes.

Sa vie a été une permanente enquête. Il écrit : « Tout ce que je dis n'est point pris sur des observations fabuleuses mais sur des visites et des dénombrements exacts et bien recherchés, auxquels j'ai fait travailler deux ou trois ans de suite... »

Vauban lui-même travaille sans relâche.

En plus de la *Dixme Royale* et d'un texte intitulé *Oisivetés*, publié seulement en 1846, Vauban a laissé de nombreux papiers dont la plupart sont encore inédits. Les *Oisivetés* comprennent entre autres « la description géographique de l'élection de Vézelay, le détail de ses revenus; sa qualité; les mœurs de ses habitants; leur pauvreté et richesse; la fertilité du païs et ce que l'on pourrait y faire pour en corriger la stérilité et procurer l'augmentation des peuples et l'accroissement des bestiaux ».

DIXME ROYALE

Vauban écrit au début de la préface de la DIXME ROYALE:

Quoy que le Systême que je dois proposer renferme à peu près en soy ce qu'on peut dire de mieux sur ce sujet y contenu ; je me sens obligé d'y ajoûter certains éclaircissements qui n'y seront pas inutiles, vû la prévention où l'on est contre tout ce qui a l'air de nouveauté.

Je dis donc de la meilleure foy du monde, que ce n'a été ni l'envie de m'en faire accroire, ni de m'attirer de nouvelles considérations, qui m'ont fait entreprendre cet Ouvrage. Je ne suis ni lettré, ni homme de Finances, et j'aurais mauvaise grace de chercher de la gloire et des avantages, par des choses qui ne sont pas de ma profession. Mais je suis François très affectionné à ma Patrie, et très reconnaissant des graces et des bontez, avec lesquelles il a plu au Roy de me distinguer depuis si longtemps.

La vie errante que je mène depuis quarante ans et plus, m'ayant donné occasion de voir et visiter plusieurs fois, et de plusieurs façons, la plus grande partie des Provinces de ce Royaume, tantôt seul avec mes domestiques, et tantôt en compagnie de quelques Ingénieurs ; j'ay souvent eu occasion de donner carrière à mes Réflexions, et de remarquer le bon et le mauvais des Païs ; d'en examiner l'état et la situation, et celuy des Peuples dont la pauvreté ayant souvent excité ma compassion, m'a donné lieu d'en rechercher la cause. Ce qu'ayant fait avec beaucoup de soin, j'ay trouvé qu'elle répondoit parfaitement à ce qu'en écrit l'Auteur du *Détail de la France*, qui a développé et mis au jour fort naturellement les abus et malfaçons qui se pratiquent dans l'Imposition et la levée des Tailles, des Aydes et des Douanes Provinciales. Il seroit à souhaiter qu'il en eût autant fait des Affaires extraordinaires, de la Capitation, et du prodigieux nombre d'Exempts qu'il y a présentement dans le Royaume, qui ne luy ont guères moins causé de mal que les trois autres fléaux, qu'il nous a si bien dépeints. Il est certain que ce mal est poussé à l'excès, et que si on n'y remédie, le menu Peuple tombera dans une extrêmité dont il ne se relévera jamais ; les grands chemins de la Campagne, et les rues des Villes et des Bourgs étans pleins de Mandians, que la faim et la nudité chassent de chez eux.

Par toutes les recherches que j'ay pû faire, depuis plusieurs années que je m'y applique, j'ay fort bien remarqué que dans ces derniers temps, près de la dixième partie du peuple est réduite à la mandicité, et mandie effectivement ; que des neuf autres parties, il y en a cinq qui ne sont pas en état de faire l'aumône à celle-là, parce qu'eux-mêmes sont réduits, à très-peu de chose près, à cette malheureuse condition ; des quatre autres parties qui restent, les trois sont fort mal-aisées, et embarassées de dettes et de procès ; et que dans la dixième, où je mets tous les Gens d'Épée, de Robe, Ecclésiastiques et Laïques, toute la Noblesse haute, la Noblesse distinguée, et les Gens en Charge militaire et civile, les bons Marchands, les Bourgeois rentez et les plus accommodez, on ne peut pas compter sur cent mille Familles et je ne croirois pas mentir, quand je dirois qu'il n'y en a pas dix mille petites ou grandes, qu'on puisse dire être fort à leur aise ; et qui en ôteroit les Gens d'Affaires, leurs alliés et adhérans couverts et découverts, et ceux que le Roy soûtient par ses bienfaits, quelques Marchands, etc., je m'assure que le reste seroit en petit nombre.

Les causes de la misère des Peuples de cet État sont assez connues, je ne laisse pas néanmoins d'en représenter en gros les principales ; mais il importe beaucoup de chercher un moyen solide qui arrête ce désordre, pendant que nous jouissons d'une Paix dont les apparences nous promettent une longue durée.

Vauban étudie les divers éléments des revenus de la nation, en particulier les gages, les pensions et les appointements. Il écrit ainsi à propos des artisans et des manœuvres :

ARTISANS. Commençons par ceux des villes. La première chose qu'il est à propos de faire, est d'entrer en connoissance de ce qu'un Artisan peut gagner ; et pour cet effet examiner la qualité du Métier, et voir s'il est continu ; c'est-à-dire, s'il peut être exercé pendant toute l'année, ou seulement une partie.

2° A quoy peuvent aller les journées des Ouvriers quand ils travaillent ; et les frais qu'ils sont obligez de faire, si ce sont des Maîtres.

3° Combien les Maîtres employent de Compagnons et d'Apprentis.

4° Le temps qu'ils perdent ordinairement par rapport à leur Métier, et aux autres Ouvrages à quoy ils sont employez.

Et enfin ce qui peut leur revenir de net à la fin de l'année.

Pour mieux faire entendre cecy, je prendray pour exemple un TISSERAND.

Il peut faire communément six aunes de Toille par jour quand le temps est propre au travail, pour la façon desquelles on lui paye deux sols par aune, qui font douze sols. Sur quoy il est à remarquer, qu'il ne travaille pas les Dimanches, ni les Fêtes, ni les jours de gelée, ni ceux qu'il est absent pour aller rendre la Toille à ceux qui la font faire; non plus que les jours qu'il est obligé d'aller aux Foires et aux Marchez chercher les choses nécessaires convenables à son Métier, ou à sa subsistance, pendant lesquels il ne gagne rien ; à quoy on peut ajouter quelques jours d'infirmité dans le cours d'une année, qui l'empêchent de travailler. Il luy faut faire une déduction équivalente à tout cela, comme d'un temps perdu, et le luy rabattre ; en quoy il faut user d'une grande droiture. C'est pourquoy je compteray pour les Dimanches d'une année, cinquante-deux jours, pour les Fêtes trente-huit, parce qu'il y en a à peu près ce nombre ; cinquante jours pour les gelées, parce qu'il peut y en avoir autant ; pour les Foires et Marchez, et autres affaires qui peuvent l'obliger de sortir de chez luy, vingt jours ; pour ceux qu'il employe à ourdir sa Toille, comme aussi, pour le temps qu'il pourroit être malade ou incommodé, encore vingt-cinq jours.

Ainsi toute son année se réduira à cent quatre-vingts jours de vray travail, qui estimez à sept deniers 1/2 par jour, parce qu'on suppose qu'il gagnera douze sols, reviendroit à *cinq livres douze sols six deniers* de Dixme par an ce qui me paraît trop fort pour un pauvre Artisan qui n'a que cela, à cause des Augmentations qui pourroient porter cette contribution au double dans les grandes nécessitez de l'État. C'est pourquoy j'estime qu'il se faudroit contenter de régler la Dixme des Arts et Métiers sur le pied du trentième.

Ainsi ce Tisserand payeroit pour le trentième de son Métier trois livres quinze sols et en doublant, comme cela pourroit quelquefois arriver, sept livres dix sols à quoy ajoutant huit livres seize sols pour le Sel dans les temps les plus chargez, et quand le Minot seroit à trente livres, supposant aussi sa famille de quatre personnes ; cela ne laisseroit pas de monter à seize livres six sols, qu'il seroit obligé de payer au Roy par an dans les plus pressans besoins de l'État ; ce qui est, à mon avis, une assez grosse charge pour un Artisan qui n'a que ses bras, et qui est obligé de payer un louage de maison, de se vêtir, lui et sa famille, et de nourrir une femme et des enfants, lesquels souvent ne sont pas capables de gagner grand'chose.

Il faut aussi bien prendre garde qu'il y a des Artisans bien plus achalandez les uns que les autres, plus forts et plus adroits, et qui gagnent par conséquent davantage ;

et d'autres qui ne sont pas si bons Ouvriers qui gagnent moins, et dont les qualitez sont cependant égales ; ce sont toutes considérations dans lesquelles on doit entrer le plus avant qu'on pourra avec beaucoup d'égard et de circonspection, et toujours avec un esprit de charité.

C'est pourquoy il semble qu'après avoir fait dans chaque Ville du Royaume où il y a Maîtrise, le Dénombrement des Artisans de même Profession, et vû à peu près ce qu'ils peuvent payer les uns portant les autres, pour leur contribution aux besoins de l'État, on pourroit en laisser la répartition aux Jurez et Gardes de chaque Art et Métier, pour la faire avec la proportion requise au travail et au gain de chacun. Car ce qui est icy proposé pour un Tisserand, peut être appliqué à un Cordonnier, à un Marchand, à un Chapelier, à un Orfèvre, etc. et généralement à tous les Artisans des Villes et de la Campagne, de quelqu'espèce qu'ils pûssent être, exerçant les Arts et Métiers qui leur tiennent lieu de Rentes et de Revenus (1).

On doit comprendre dans ce Dénombrement les Compagnons qui travaillent sous les Maîtres, et même les Apprentis, et estimer leur travail, pour en fixer la Dixme comme dessus.

MANOUVRIERS. — Parmy le même peuple, notamment celuy de la Campagne, il y a un très-grand nombre de gens qui ne faisant profession d'aucun Métier en particulier, ne laissent pas d'en faire plusieurs très-nécessaires, et dont on ne sçauroit se passer. Tels sont ceux que nous appelons Manouvriers, dont la plûpart n'ayant que leurs bras, ou fort peu de chose au-delà, travaillent à la journée, ou par entreprise, pour qui les veut employer. Ce sont eux qui font toutes les grandes besognes, comme de faucher, moissonner, battre à la grange, couper les Bois, labourer la Terre et les Vignes, défricher, boucher les Héritages, faire ou relever les Fossez, porter de la terre dans les Vignes et ailleurs, servir les Maçons, et faire plusieurs

(1) Que si, outre le Métier de Tisserand, ce même homme exerçoit le Labourage, la Dixme de ses Terres payeroit comme les autres. De même, s'il exerçoit quelqu'autre Art ou Métier.

autres Ouvrages qui sont tous rudes et pénibles. Ces gens peuvent bien trouver à s'employer de la sorte une partie de l'année, et il est vrai que pendant la Fauchaison, la Moisson et les Vendanges, ils gagnent pour l'ordinaire d'assez bonnes journées ; mais il n'en est pas de même le reste de l'année. Et c'est encore ce qu'il faut examiner avec beaucoup de soin et de patience, afin de bien démêler les forts des foibles, et toûjours avec cet esprit de justice et de charité si nécessaire en pareil cas, pour ne pas achever la ruine de tant de pauvres gens, qui en sont déjà si près, que la moindre surcharge au-delà de ce qu'ils peuvent porter acheveroit de les accabler.

Or, la Dixme de ceux-cy ne sera pas plus difficile à régler que celle du Tisserand, pourvû qu'on s'en veuille bien donner la peine, en observant de ne les cottiser qu'au trentième tant par les raisons déduites en parlant du Tisserand qui conviennent à ceux-cy, qu'à cause du chommage fréquent ausquels ces pauvres Manouvriers sont sujets, et des grandes peines qu'ils ont à supporter. Car on doit prendre garde sur toutes choses à ménager le menu Peuple, afin qu'il s'accroisse, et qu'il puisse trouver dans son travail de quoy soûtenir sa vie, et se vêtir avec quelque commodité Comme il est beaucoup diminué dans ces derniers temps par la Guerre, les maladies et la misère des chères années qui en ont fait mourir de faim un grand nombre, et réduit beaucoup d'autres à la mandicité, il est bon de faire tout ce qu'on pourra pour le rétablir ; d'autant plus que la plupart n'ayant que leurs bras affoiblis par la mauvaise nourriture, la moindre maladie ou le moindre accident qui leur arrive, les fait manquer de pain, si la charité des Seigneurs des lieux et des Curez, ne les soûtient.

C'est pourquoy, comme j'ay fait un détail de ce que peut gagner un Tisserand, et de ce qu'il peut payer de Dixme Royale et de Sel, il ne sera pas hors de propos d'en faire autant pour le Manouvrier de la Campagne.

Je suppose que, des trois cens soixante-cinq jours qui font l'année, il en puisse travailler utilement cent quatre-vingts et qu'il puisse gagner neuf sols par jour. C'est beaucoup, car il est certain, qu'excepté le temps de la Moisson et des Vendanges, la plûpart ne gagnent pas plus de huit sols par jour l'un portant l'autre ; mais passons neuf sols, ce seroit donc quatre-vingt-cinq livres dix sols, passons quatre-vingt-dix livres ; desquelles il faut ôter ce qu'il doit payer, suivant la dernière ou plus forte Augmentation, dans les temps que l'État sera dans un grand besoin, c'est-à-dire le trentième de son gain qui est trois livres, ce qui doublé fera six livres, et pour le Sel de quatre personnes, dont je suppose sa famille composée, comme celle du Tisserand, sur le pied de trente livres le Minot, huit livres seize sols, ces deux sommes ensemble porteront celle de quatorze livres seize sols laquelle ôtée de quatre-vingt-dix livres, restera soixante-quinze livres quatre sols.

Comme je suppose cette famille, ainsi que celle du Tisserand, composée de quatre personnes, il ne faut pas moins de dix septiers de Bled mesure de Paris pour leur nourriture. Ce Bled moitié froment, moitié seigle, le froment estimé à sept livres, et le seigle à cinq livres par commune année, viendra pour prix commun à six livres le septier mêlé de l'un et de l'autre, lequel multiplié par dix, fera soixante livres, qui ôtez de soixante-quinze livres quatre sols, restera quinze livres quatre sols sur quoy il faut que ce Manouvrier paye le louage, ou les réparations de sa maison, l'achat de quelques meubles, quand ce ne seroit que de quelques écuelles de terre ; des habits et du linge ; et qu'il fournisse à tous les besoins de sa famille pendant une année.

Mais ces quinze livres quatre sols ne le mèneront pas fort loin à moins que son industrie, ou quelque commerce particulier, ne remplisse les vuides du temps qu'il ne travaillera pas, et que sa femme ne contribue de quelque chose à la dépense par le travail de sa Quenouille, par la Coûture, par le Tricotage de quelque paire de Bas, ou par la façon d'un peu de Dentelle selon le Païs ; par la culture aussi d'un petit Jardin ; par la nourriture de quelques Volailles, et peut-être d'une Vache, d'un Cochon ou d'une Chèvre pour les plus accommodez, qui donneront un peu de lait ; au moyen de quoy il puisse acheter quelque morceau de lard, et un peu de beurre ou d'huile pour se faire du potage. Et, si on n'y ajoûte la culture de quelque petite pièce de terre, il sera difficile qu'il puisse subsister ; ou du moins il sera réduit luy et sa famille à faire une très-misérable chère. Et si au lieu de deux enfants il en a quatre, ce sera encore pis, jusqu'à ce qu'ils soient en âge de gagner leur vie. Ainsi de quelque façon qu'on prenne la chose, il est certain qu'il aura toujours bien de la peine à attraper le bout de son année. D'où il est manifeste que pour peu qu'il soit surchargé il faut qu'il succombe : ce qui fait voir combien il est important de le ménager.

Il y a environ trente Fêtes dans l'année, outre les Dimanches, et je croy même davantage. On pourroit en supprimer la moitié en faveur des Artisans des Villes, et des Païsans de la Campagne, qui par ces quinze ou vingt jours de travail, pourroient très-bien gagner de quoy payer leur Contribution, et plus. Ce qui leur feroit un bien inconcevable, s'ils en sçavoient profiter.

Vauban au cours de ses voyages prenait sans cesse des notes, qu'il appelait les « Oisivetés », nous en reproduisons ici un extrait, donné par M. Coornaert à la suite de son édition de la « Dixme Royale ». Vauban décrit l'état de l'élection de Vézelay, pays proche de Saint-Léger, son pays natal :

DESCRIPTION GÉOGRAPHIQUE DE L'ÉLECTION DE VÉZELAY CONTENANT SES REVENUS; SA QUALITÉ; LES MŒURS DE SES HABITANTS; LEUR PAUVRETÉ ET RICHESSE; LA FERTILITÉ DU PAÏS, ET CE QUE L'ON POURROIT Y FAIRE POUR EN CORRIGER LA STÉRILITÉ ET PROCURER L'AUGMENTATION DES PEUPLES ET L'ACCROISSEMENT DES BESTIAUX par M. DE VAUBAN Janvier 1696

L'élection de Vézelay est de la province de Nivernois, de l'Évesché d'Autun ; de la Généralité et ressort de Paris ; et la ville de Vézelay du Gouvernement de Champagne. Elle est bornée au Nord par l'Élection de Tonnerre ; à l'Est, par le Duché de Bourgogne ; à l'Ouest par les Élections de Nevers, et de Clameci, et au Sud, par celle de Chatelchinon.

Elle a quelque neuf, dix à unze lieues de longueur, sur quatre à cinq de largeur, et en tout quarante lieues quarrées, de vingt-cinq au degré, en ce compris les parties séparées de son continent.

Son composé est d'autant plus bizarre, que toute petite qu'elle est, elle contient plusieurs enclavemens des Élections voisines, dans lesquelles elle en a aussi de fort écartés, sans qu'on en puisse rendre raison, si ce n'est que, quand on l'a formée, il se peut que les Seigneurs de ces lieux hors œuvre ont eu des raisons pour désirer que leurs terres fussent de cette Élection à cause du ressort de Paris : mais on est en même temps tombé dans l'inconvénient de rendre les exploitations qui se font pour cause de la levée des tailles, beaucoup plus à charge à cause des Parroisses éloignées du siege de l'Élection (*Déffaut qui a besoin d'estre corrigé, aussi-bien que tous ceux qui lui ressembleront ailleurs*).

Partie de ses Parroisses sont scituées en Morvand ; partie sont mélangées de morvand et de bon païs ; et les autres entierement dans le bon païs, qui ne l'est que par raport au morvand qui est très mauvais. Celuicy est considerablement plus bossillé et élevé que le bon païs, bien que l'un et l'autre le soient beaucoup.

C'est un terroir arreneux et pierreux, en partie couvert de bois, genets, ronces, fougères et autres méchantes espines ; ou on ne laboure les terres que de six à sept ans l'un ; encore ne rapportent-elles que du seigle, de l'avoine et du bled noir, pour environ la moitié de l'année de leurs habitans qui sans la nourriture du bestail, le flottage et la coupe des bois, auroient beaucoup de peine à subsister.

Dans les Parroisses melangées, il y croist un peu de froment et de vin ; et quand les années sont bonnes, on y en recueille assez pour la nourriture des peuples, mais non pour en commercer.

Dans celles du bon païs, les terres sont fortes et spongieuses, cheres et difficiles à labourer ; celles qui le sont moins sont pierreuses et pleines de lâve, c'est une espece de pierre platte dont on couvre les maisons, qui est fort dommageable dans les terres où elles se trouvent, soit quand elles parroissent à découvert sur la superficie de la terre, ou quand elles sont couvertes de trois, quatre, cinq à six pouces d'epais, parce que les rayons du soleil, venant à pénétrer le peu de terre qui les couvre, êchauffent tellement la pierre, qu'elle brûle la racine des bleds qui se trouvent au-dessus et les empêche de profiter.

Le labourage des terres se fait avec des bœufs, six, huit et dix à la charrue, selon que les terres sont plus ou moins fortes. Leur raport ne va guère, par commune année, à plus de trois et demi pour un, les semences païées, quelques fois plus, quelques fois moins.

Le Païs est par tout bossillé, comme nous avons déjà dit, mais plus en Morvand qu'ailleurs. Les hauts, où sont les plaines, sont spacieux, secs, pierreux et peu fertiles. Les fonds le sont davantage, mais ils sont petits et êtroits. Les rampes participent de l'un et de l'autre, selon qu'elles sont plus ou moins roides, et bien ou mal cultivées.

Le Païs est fort entrecoupé de fontaines, ruisseaux et rivieres ; mais tous petits comme estant pres de leurs sources.

Les deux Rivières, d'Ione et de Cure, qui sont les plus grosses, peuvent estre considerées comme les nourrisses du païs à cause du flotage des bois : on pourrait même les rendre navigables, l'une jusqu'à Corbigni, et l'autre jusqu'à Vézelay ; ce qui seroit très-utile au païs. Les petites Rivières de Cuzon, de Brengeame, Danguison, du Goulot, Darmancé, sont de quelque considération pour le flotage des bois.

Il y a encore plusieurs autres ruisseaux moindres que ceux là, qui font tourner des moulins, et servent aussi au flotage des bois, quand les eaües sont grosses, à l'aide des étangs qu'on a fait dessus. On en pourroit faire de grands arrosemens qui augmenteroient de beaucoup la fertilité des terres et l'abondance des fourages, qui est très médiocre en ce païs là ; de même que celles des bestiaux qui y croissent petits, et si foibles qu'on est obligé de tirer les bestes de labour d'ailleurs, ceux du païs n'aïant pas assez de force ; les vaches mesme y sont petites ; et six ne fournissent pas tant de laict qu'une de flandre ; encore est-il de bien moindre qualité.

Il y vient très-peu de chevaux, et ceux qu'on y trouve sont de mauvaise qualité, et propres à peu de chose, parce qu'on ne se donne pas la peine, ni aucune application pour en avoir de bons ; les Païsans estans trop pauvres pour pouvoir attendre un cheval quatre ou cinq ans ; à deux, ils s'en deffont ; et à trois, on les fait travailler, mesme couvrir ; ce qui est cause que très-rarement il s'y en trouve de bons.

La Brebialle y profite peu, parce qu'elle n'est point soignée, ni gardée en troupeaux par des Bergers intelligens; chacun aïant soin des siennes comme il l'entend. Elles sont toutes mal établées ; toûjours à demi-dépouillées de leur laine par les êpines des lieux où elles vont paître, sans qu'on apporte aucun soin ni industrie pour les mieux entretenir.

Bien-qu'il y ait quantité de Bouriques dans le païs, on n'y fait pas un seul mulet ; soit faute d'industrie de la part des habitans, ou par ce qu'ils viendroient trop petits.

Pour les Porcs, on en êleve comme ailleurs dans les metairies, et chez les particuliers, mais non tant que du passé, par ce qu'il n'y a plus ni glan, no foenes, ni chastagnes dans le païs, où il y en avoit anciennement beaucoup.

Il y auroit assez de Gibier et de Venaison, si les Loups, et les Renards, dont le païs est plein, ne les diminuoient considérablement, aussi-bien que les Païsans, qui sont presque tous chasseurs, directement ou indirectement.

Les mesmes Loups font encore un tort considérable aux bestiaux dont ils blessent, tuent, et mangent une grande quantité tous les ans, sans qu'il soit guere possible d'y remédier à cause de la grande estendue des bois dont le païs est presque à demi couvert.

Nous distinguerons ces bois en trois especes, *Sçavoir*, en Bois taillis ; Bois de futaïe ; et Bois d'usage. Il y a soixante à soixante et dix ans, que la moitié ou les deux tiers des bois étaient en futaïe ; presentement il n'y a plus que des bois taillis, où les ordonnances sont fort mal observées. Les Marchands qui acheptent les coupes sur pied, abattent indifféremment les baliveaux anciens, et modernes, et n'en laissent que de l'âge du taillis et sans choix, parce qu'ils se soucient peu de ce que cela deviendra après que les ventes seront vuidées et leurs marchez consommez.

Il n'y a plus de futaïe presentement ; et c'est une chose assez étrange, que dans l'étendue de cinquante-quatre parroisses où il y a plus de trente-sept mille arpents de bois, il ne s'y en soit trouvé que huit.

Les Bois d'usage dont il y a quantité en ce païs là, sont absolument gastez, parce que les Païsans y coupent en tout temps à discrétion, sans aucun êgard ; et qui plus est, y laissent aller les bestiaux qui achevent de les ruiner.

Le Païs en général est mauvais bien qu'il y ait de toutes choses un peu ; l'air y est bon et sain ; les eaües, par tout, bonnes à boire, mais meilleures et plus abondantes en Morvand qu'au bon païs. Les hommes y viennent grands et assez bien faits, et assez bons hommes de guerre, quand ils sont une fois dépaïsez ; mais les terres y sont très-mal cultivées, les habitants laches, et paresseux, jusqu'à ne se pas donner la peine d'oster une pierre de leurs héritages, dans lesquels la plus part laissent gagner les ronces et mêchans arbustes. Ils sont d'ailleurs sans industrie, arts, ni manufacture aucune qui puisse remplir les vuides de leur vie, et gagner quelque chose pour les aider à subsister ; ce qui provient apparamment de la mauvaise nourriture qu'ils prennent ; car tout ce qui s'appelle bas peuple, ne vit que de pain d'orge et d'avoine melez, dont ils n'ostent pas mesme le son ; ce qui fait qu'il y a tel pain qu'on peut lever par les pailles d'avoine, dont il est meslé. Ils se nourrissent encore de mauvais fruits, la plus part sauvages, et de quelque peu d'herbes potagères de leurs jardins, cuittes à l'eau, avec un peu d'huille de noix, ou de navette, le plus souvent, sans, ou avec trés-peu de sel. Il n'y a que les plus aisez qui mangent du pain de seigle mêlé d'orge et de froment.

Les vins y sont médiocres et ont presque tous un goust de terroir qui les rend desagreables.

Le Commun du Peuple en boit rarement, ne mange pas trois fois de la viande en un an et use peu de sel ; ce qui se prouve par le débit qui s'en fait. Car si douze personnes du commun peuvent ou doivent consommer un minot de sel par an pour le pot et la salière seulement, vingt-deux mil cinq cens personnes qu'il y a dans cette Election en devroient consommer à proportion dix-huit cens soixante-quinze ; au lieu de quoi, ils n'en consomment pas quinze cens ; ce qui se prouve par les extraits du grenier à sel. Il ne faut donc pas s'étonner, si des peuples si mal nourris ont si peu de force. A quoi il faut âjouter que ce qu'ils souffrent de la nudité y contribue beaucoup ; les trois quarts n'estans vestus, hiver, et esté, que de toille à demi pourrie, et dechirée, et chaussez de sabots, dans lesquels ils ont le pied nud toute l'année.

Que si quelqu'un d'eux a des souliers, il ne les met que les jours de feste et dimanches ; l'extrême pauvreté où ils sont réduits (*car ils ne possedent pas un pouce de terre*) retombe par contrecoup sur les Bourgeois des Villes, et de la Campagne, qui sont un peu aisez, et sur la noblesse, et le clergé, parce que prenant leurs terres à Bail de metairie, il faut que le Maistre qui veut avoir un nouveau mêtaïer commence par le degager, et païer ses debtes, garnir sa metairie de bestiaux, et le nourrir lui et sa famille, une année d'avance, à ses dêpens ; et comme ce metaïer n'a, pour l'ordinaire, pas de bien qui puisse répondre de sa conduitte, il fait ce qu'il lui plaist et se met souvent peu en peine qui païera ses debtes ; ce qui est très-incommode pour tous ceux qui ont des fonds de terre, qui ne reçoivent jamais la valeur de leur revenu, et essuient souvent de grandes pertes, par les fréquentes banqueroutes de ces gens-là.

Le pauvre Peuple y est encore accablé d'une autre façon par les prests de bleds, et d'argent, que les aisez leur font dans leurs besoins, au moyen desquels, ils exercent une grosse usure sur eux, soûs le nom de présents qu'ils se font donner après les termes de leur créance échûs pour éviter la contrainte ; lequel terme n'étant alongé que de trois ou quatre mois, il faut un autre present au bout de ce temps-là, ou essuier le sergent, qui ne manque pas de faire maison nette. *Beaucoup d'autres vexations de ces pauvres gens demeurent au bout de ma plume, pour n'offenser personne.*

Comme on ne peut guère pousser la misère plus loing, elle ne manque pas aussi de produire les effets qui lui sont ordinaires, qui sont : Premièrement, de rendre les peuples foibles et mal sains, speciallement les enfans, dont il en meurt beaucoup par deffaut de bonne nourriture ; Secondement les hommes fainéants, et découragez, comme gens persuadez que du fruit de leur travail, il n'y aura que la moindre et plus mauvaise partie qui tourne à leur proffit ; Troisièmement, menteurs, larrons, gens de mauvaise foi ; toûjours prests à jurer faux, pourveu qu'on les païe, et à s'enivrer, sitost qu'ils peuvent avoir de quoi.

L'autre partie, qui est la moyenne, vit comme elle peut de son industrie, ou de ses rentes, toujours accablée de procez entre eux, ou contre la basse qui est le menu peuple, ou contre la haute qui sont les Ecclésiastiques et les Nobles ; soit en demandant ou en deffendant, ni ayant pas de païs dans le Roïaume où on ait plus d'inclination à plaider que dans celui-là ; jusque-là qu'il s'y en trouve assez qui manquant d'affaire pour eux, se chargent volontairement, mais non gratuitement, de celles des autres, pour exercer leur sçavoir-faire.

Au surplus il y a dans cette Élection deux cens cinq personnes Ecclesiastiques.

Sçavoir,

79 Curez, Vicaires, ou Prestres séculiers.

57 Religieux de différens ordres, et, 69 Religieuses.

Il y a quarante-huit Familles de Nobles dans ladite Élection parmi lesquelles il y en a trois ou quatre qui se soûtiennent ; tout le reste est pauvre, et très-mal-aisé.

Il y a aussi :

55 De Négocians qui font commerce de Bois, de Bestiaux, et de quelques Merceries ; le reste est peu de choses.

441 Familles de Mandiens, qui font près de deux mille

personnes ; c'est-à-dire la unziesme partie du tout. Le surplus du bas peuple est si pauvre que s'ils ne sont pas encore réduits à la mandicité ils en sont fort près.

511 maisons en ruine et inhabitables, et 248 vuides, dans lesquelles il ne loge personne ; le tout faisant sept cent cinquante-neuf, qui est environ la septième partie du tout (*marque évidente de la diminution du peuple*).

Il y a de plus quarante-quatre mil soixante-quatorze arpens de terre labourable dans cette Élection, dont cinq mille sept cens soixante-quinze en friche ou desertes, ce qui en fait à peu près la septiesme partie, et quatre mille cent vingt et un arpens de vigne, dont sept cens cinquante-quatre en friche, qui font la cinquiesme partie et un peu plus. Cela joint à l'abandon et ruine des maisons, et à ce que les terres en nature sont très-mal cultivées, *marque évidemment de déperissement du Peuple.*

Sur vingt-deux mil cinq cens personnes de tous âges et de tous sexes qui se trouvent dans cette Élection, il y a trois cens sept femmes, plus que d'hommes ; cent trente-trois filles à marier plus que de garçons ; mais en récompense quatre cens dix-huit petits garçons plus que de petites filles, et cent quatre-vingt-huit valets, plus que de servantes ; ce qui prouve d'un costé la discipation des hommes et de l'autre, que le païs produit naturellement plus de garçons, que de filles cela se trouve peu dans les autres Provinces du Roïaume, oû il naist ordinairement plus de filles, que de garçons : la froideur du païs pourrait bien en estre cause.

Voilà une véritable et sincère Description de ce petit et mauvais Païs, faite après une très-exacte recherche, fondée, non sur des simples estimations, presque toûjours fautives ; mais sur un bon dénombrement en forme, et bien rectifié.

Au surplus, ce Païs seroit très-capable d'une grande amélioration.

Vauban conclut ainsi son étude sur l'Élection de Vézelay :

Au surplus cette recherche n'a pas été faite par aucun sentiment d'intérest particulier, mais seulement pour donner une légère idée de ce qui se pourroit faire de mieux dans cette Élection et conséquemment dans toutes les autres de la généralité, mesme dans tous les païs qui composent ce grand Roïaume, où le bonheur et l'augmentation des peuples suivroient de près un si juste établissement ; les revenus du Roi en augmenteraient considérablement, sans que jamais il s'y trouvast de non-valleurs. Cinquante mil fripons, sans compter leurs croupiers qui pillent impunement le Roïaume et qui prophanent incessamment son nom, par le mauvais usage qu'ils en font, seroient reduits à gagner leur vie et à païer comme les autres. Sa Domination deviendroit douce et désirable pour tous les Peuples voisins ; et les Siens sortans de l'estat pauvre et soufreteux où ils sont, pour entrer dans un plein de bonheur et de félicité, s'accroistroient à veüe d'œil et augmenteroient à même temps sa Puissance par le nombre prodigieux d'hommes propres à la Guerre, aux Arts, aux Sciences, à la Marchandise, et à la Culture des terres, que la France produiroit. Tous beniroient son nom. Tous prieroient pour la conservation d'une si chère Teste, et Tous redoubleroient leurs Prieres pour lui et rendroient de continuelles actions de grâces à Dieu de leur avoir donné UN SI BON, SI GRAND ET SI SAGE ROI.

LE MARQUIS D'ARGENSON

1694-1757

Pendant près de vingt années de sa vie, de 1738 à 1757, le marquis d'Argenson, qui fut conseiller au Parlement et ministre des Affaires étrangères de Louis XV, écrivit pour lui seul, au courant de sa plume, son journal et ses pensées.

Une telle entreprise se révèle rarement inféconde; datant de près de 200 ans, elle intéresse d'autant plus qu'elle est l'œuvre d'un homme instruit à qui sa situation permettait d'observer bien des choses.

Le marquis d'Argenson était, selon le mot de Molière, de ces « gens de qualité qui savent tout sans avoir rien appris ». Aucun sujet ne lui est indifférent. Il ne cessa toute sa vie de chercher à s'instruire, par les livres et par l'observation. Il connut bien des événements et les gens les plus marquants de son siècle; il fut l'ami de Voltaire, ayant été avec lui élève des Jésuites au Collège Louis-le-Grand; il décrit la guerre de 1741, la bataille de Fontenoy et la vie à Versailles, bien qu'il évite de séjourner trop longtemps à la cour.

C'était un homme de bon sens; si ses idées sur l'économie paraissent élémentaires, elles ont le mérite d'exister, chose assez rare à son époque; nous citons un passage des *Mémoires* où se révèle la totale incompréhension du roi Louis XV à ce sujet.

D'Argenson avait un esprit ouvert aux problèmes sociaux; il avait des idées originales à propos de l'enseignement, de l'organisation des hôpitaux, de l'aide aux filles-mères et aux enfants trouvés; il dénonce déjà les dangers de la « résidence universelle » à Paris, ce que nous appelons la centralisation, et enfin, selon ses propres termes, il se sent « citoyen du monde ».

Les *Mémoires* comprennent huit volumes, soit environ quatre mille pages où l'on peut trouver de bons matériaux pour revivre l'histoire de la cour et du pays pendant près d'un quart de siècle.

Le texte qui suit montre bien que le blé était le facteur essentiel de la « subsistance » du peuple au XVIIIe siècle. Pour apprécier les prix du pain que donne d'Argenson, on se rappellera que le salaire journalier moyen était de l'ordre de 15 sous vers 1725 et de 16 sous vers 1755; la stabilité des salaires monétaires était donc grande. Mais le prix du pain variait beaucoup d'une année à l'autre et même, certaines années, d'une semaine à l'autre. Nous savons aujourd'hui que les périodes de grande cherté du grain, outre la grande famine de 1709 qui se prolongea jusqu'en 1714, furent approximativement : 1724-1725, 1739-1741, 1748-1752. Pendant ces périodes, puis continuellement de 1766 jusqu'en 1803, les moyennes quinquennales du prix réel du quintal de blé restèrent égales ou supérieures à 200 heures de salaire, soit 12 fois le prix actuel.

JOURNAL ET MÉMOIRES DU MARQUIS D'ARGENSON

Août 1725. Je n'oublierai jamais l'horreur des calamités qu'on souffrit en France quand la Reine Marie Leczinska y arriva. Une pluie continuelle y avait apporté la famine, et elle était bien augmentée par le mauvais gouvernement, sous M. le Duc. Ce gouvernement, quoi qu'on en dit, était encore plus nuisible par son malentendement que par des vues intéressées, qui n'y entraient pas pour autant qu'on disait. On se donnait des soins très coûteux pour faire venir des blés étrangers ; cela ne faisait qu'augmenter les alarmes et par conséquent la cherté.

J'étais allé cet automne chez moi, à Réveillon en Brie ; étant à quatre lieues de Sézanne, j'allai bien incognito y voir passer la Reine qui y coucha. Je couchai chez M. Montier, subdélégué, dont les soins eurent succès et furent loués. Cependant qu'on se représente la misère inouïe des campagnes : en ce moment il s'agissait des moissons et récoltes de toutes sortes qu'on n'avait pu encore ramasser par les pluies continuelles ; le pauvre laboureur guettait un moment de sec pour les ramasser ; cependant tout ce canton était battu de plusieurs verges. On avait fait marcher le paysan pour accommoder les chemins où la Reine devait passer, et ils n'en étaient que pires, au point que Sa Majesté pensa souvent se noyer ; on la retirait de son carrosse à force de bras, comme on pouvait ; dans plusieurs gîtes, elle et sa suite nageaient dans l'eau qui se répandait partout, et cela malgré des soins infinis qu'y avait donnés un ministère tyrannique.

Les chevaux des équipages étant sur les dents, on avait commandé tous les chevaux des paysans à dix lieues à la ronde pour tirer les bagages. Les seigneurs et dames, voyant leurs chevaux dans cet état, avaient pris goût à se servir des misérables bêtes du pays ; on les payait comme on pouvait et on ne les nourrissait point. Quand les chevaux commandés n'arrivaient pas, on faisait doubler la traite aux chevaux du pays dont on était saisi. J'allai me promener, le soir après souper, sur la place de Sézanne ; Il fit un moment sans pluie ; je parlai à de pauvres paysans ; ils avaient là leurs chevaux, attachés à la queue d'un chariot, qui passaient la nuit sans fourrage. Il y en a qui me dirent que leurs chevaux n'avaient rien mangé depuis trois jours. On en attelait dix au lieu de quatre ; jugez combien il en resta. Notre subdélégué commanda dix neuf cents chevaux au lieu de quinze cents qu'on lui demandait, et et par une bonne précaution d'un officier qui craint que le service ne manque sans lui. On fut fort mécontent de M. Lescalopier intendant de Champagne ; tout avait manqué. Les gardes du Roi n'eurent ni fourrages, ni lits ; le Duc de Noailles refusa à cet intendant d'entrer chez la Reine pour faire sa cour. Cependant, tous les ordres qu'il donnait étaient à grand bruit, à grands frais pour les peuples de son département, et les faisaient beaucoup crier.

Par-dessus toutes ces corvées pour la campagne, il arriva des ordres de fournir à Paris une certaine quantité de blé à vingt lieues à la ronde, et le malheureux pays dont je parle se trouvait dans ce rayon. Il y avait eu à Paris des séditions dangereuses ; le pain y avait monté plus cher qu'en 1709. On avait été obligé de révoquer M. d'Ombreval, quoique cousin de Mme de Prie ; le peuple s'en prenait à lui. Les premiers ordres de M. Hérault, nouveau lieutenant de police, furent à ce que je viens de dire ; ce qui fit bon effet. On regardait ces grains envoyés à Paris comme devant n'être jamais payés...

Mai 1739. La misère depuis un an avance donc au dedans du royaume à un degré inouï ; les hommes meurent drus comme mouches, de pauvreté, et en broutant l'herbe, surtout dans les provinces de la Touraine, du Maine, de l'Angoûmois, du Haut-Poitou, du Périgord, de l'Orléanais et du Berry, et cela approche déjà des environs de Versailles... J'ai dit et je pense encore que cet état ne tient point à des circonstances passagères et que, si une mauvaise année a pu rendre le mal plus sensible, les racines en sont plus avant qu'on ne croit.

Mai 1739. Le Duc d'Orléans (1) porta dernièrement au Conseil un morceau de pain de fougère ; à l'ouverture de la séance il le posa sur la table du Roi, disant : « Sire, voilà de quel pain se nourrissent aujourd'hui vos sujets »...

... On parla donc de misère à Versailles plus que jamais. L'évêque de Chartres a tenu sur cela des discours singulièrement hardis au lever du Roi et au dîner de la Reine ; tout le monde le poussa à les redoubler. Le Roi l'interrogeant sur l'état de ses peuples, il a répondu que la famine et la mortalité y étaient ; que les hommes mangeaient l'herbe comme des moutons, et que bientôt on allait y avoir

(1) Fils du Régent.

la peste, ce qui était pour tout le monde (et il y comprenait Sa Majesté).

4 juillet 1739. Mais quel est l'état du royaume ? Toujours de pire en pire. Plusieurs provinces viennent d'être grêlées, surtout celle du Maine qui était plongée dans une si affreuse misère. Quand on s'en plaint au Contrôleur Général, il ne parle que de l'assistance que le Roi donne aux pauvres, et qu'au moyen de cela le pain est, dit-il, à bon marché là où il était si cher. Cependant on découvre tous les jours, de plus en plus, qu'on ne voit point dans les provinces ces assistances promises et certifiées. Je sais bien que, dans mon canton de la Touraine où il y a plus d'un an que les hommes mangent l'herbe, on n'a pas encore vu pour un sou d'aumône royale, soit en blé, riz ou argent ; il est vrai qu'on y a envoyé un fonds de vingt pistoles pour travailler à un bout de chemin.

1er août 1739. Il y a actuellement disette totale d'avoine dans Paris ; à la halle et au port, les écuyers et cochers y couchent pour avoir des premières qui arriveront. Tout le monde va mettre ses chevaux dans la rue, on n'a jamais vu si mauvais ordre, et les avoines nouvelles ne viendront pas d'ici à un mois ; il faut le temps de les mûrir, de les couper de les faire javeler et de les battre, et je ne sais si elles seront bonnes aux chevaux ainsi dans la primeur.

Août 1739. L'intendant de la généralité de Tours m'a dit ce matin qu'on lui accorderait seulement cette année cent mille livres de plus que l'an passé pour la diminution des tailles de la généralité : comment pourrait-on demander cette taille à des provinces si dénuées de tout, et dont les habitants, à moitié morts, ne vivent plus que de charité ?

Il est vrai qu'il est décidé que le Roi fera de gros fonds pour faire travailler aux chemins, afin de donner, dit-on, l'aumône seulement désormais à charge de travail et pour répandre de l'argent dans les provinces...

Toute cette résolution provient d'un séjour de deux mois que M. Fagon vient de faire dans sa terre de Vaurey, dans le Perche. Je lui ai demandé ce qu'il lui a paru de la misère : il répond que ce sont des coquins qui ne veulent pas travailler et qu'on perd tout en leur donnant l'aumône. Il a persuadé tout de bon au ministère que c'est une habitude de paresse qui corrompt les mœurs de province. Quelle fausseté de remède au mal, c'est comme si on disait qu'un enfant, sur qui travaille un chirurgien, ne crie que parce qu'il a la mauvaise habitude d'être criard...

Voilà quels sont ceux qui ont part à la direction des affaires, durs tyrans, heureux pour leur compte, et décidant pour le mal des autres par principe mal raisonné, et dont la source est dans leur cœur détestable et bourgeois...

19 mai 1740. Nous avons la famine, le vent du nord avec grêle et pluie froide continue partout ; il a gelé cette nuit ; on apprend qu'il est tombé en Provence une neige plus forte qu'en hiver. Il n'y a que l'avoine qui avance, les blés et autres fruits sont perdus ; on les retourne partout pour y mettre de l'orge. Le pain va enchérir. Il y a eu tapage aux derniers marchés à Paris, et le malheur est qu'il y a partout disette d'argent, autant que de denrées. Encore en 1709, dit-on, chacun avait de l'argent. Mais un autre malheur qui effraye, c'est que les pays étrangers sont traités de même, l'Angleterre, l'Allemagne, le Nord, la Pologne par Dantzig, partout là, nuls blés pour nous secourir ; tout y a manqué, et la traite y est défendue. On croit cependant qu'il y en a en Barbarie ; mais il faudrait donc se diligenter pour en avoir du riz, songer à cela, si on n'a pas d'argent à emprunter, et jamais on n'y a moins songé. On va descendre la châsse de sainte Geneviève.

28 mai. Au-dedans, la misère des provinces augmente ; dans chaque ville, on oblige chaque bourgeois à nourrir un ou deux pauvres, et à leur donner quatorze livres de pain par semaine. Dans la seule petite ville de Châtellerault, il y avait dix-huit cents pauvres cet hiver sur ce pied-là, ce qui accoutume encore les habitants à la fainéantise. Et que l'on ne dise pas que tout cela vient de la stérilité de la terre, car la récolte de 1739 n'a point été si mauvaise, et celle future de cette année vient de nous promettre des magnificences depuis quatre jours, et pourtant la misère n'en est que plus grande.

Cependant, tout cet hiver, les receveurs des tailles ont exigé le tribut avec une rigueur horrible.

Mais voici bien pire : on a vu passer des blés par nos frontières pour aller assister les provinces autrichiennes, et cela avec des permissions de la Cour : plus ces sorties ont été pernicieuses pour notre Cour, plus ces passeports ont valu d'argent aux Orry.

Juin 1740. Le pain vaut sept sous (1) à Calais et cinq en Flandres. M. le Duc d'Antin, qui est en garnison de ces côtés, a écrit des choses pitoyables de l'état de cette province. Tous ces pays-là ont été affamés tout cet hiver, et les Pays-Bas autrichiens en ont tiré continuellement, ce qui les rend à présent aussi abondants que nous sommes affamés. A Paris, on commence à mourir de faim, la moitié de Paris manque de pain et d'argent. Il y a eu grand tumulte au dernier marché, les commissaires ont été battus. Les boulangers veulent absolument augmenter le pain. Nuls remèdes n'y sont apportés...

10 juillet 1740. On est fort pressé à Paris sur le pain. M. de Marville vient de me conter sa détresse. Il y a eu des révoltes à tous les marchés des environs de Paris, surtout à Beaumont. La Picardie et le Soissonnais, se voyant dépouillés de leurs blés par la Flandre, ne veulent plus les laisser sortir de chez eux, ou, du moins, on veut les hausser. Si on y lâchait la main, en un moment le pain vaudrait cinq sous à Paris. Nos voisins sont bien, nous sommes mal, on n'apporte plus rien à Paris. On ne fournit les halles que de blé du Roi qu'on a ici en magasin ; voilà deux marchés qui ont consommé la plus grande partie

(1) Il s'agit certainement d'une livre. Le salaire journalier moyen était de 16 sous.

de ces provisions ; elles n'iront pas à un mois, si cela continue...

Juillet 1740. Voici arriver que la famine et les maladies augmentent partout ; les hommes meurent drû. Le Roi a dit l'autre jour devant ses courtisans qu'il savait bien que son royaume était diminué d'un sixième. On craint à Paris des séditions continuelles pour le pain.

Septembre 1740. Dimanche dernier, le Roi allant à Choisy par Issy, pour visiter le Cardinal, traversa le Faubourg Saint-Victor ; on le savait ; le peuple s'amassa et criait, non plus, « Vive le Roi ! », mais « Misère, famine, du pain !... ». Le Roi en fut mortifié et, en arrivant à Choisy, il congédia les ouvriers qui travaillaient à ses jardins, ce qu'il fit par bonté d'âme, se scandalisant de faire aucune dépense extraordinaire tandis qu'il régnait tant de misère. Il écrivit le soir même au Cardinal ce qui lui était arrivé et les ordres qu'il avait donnés. Le Cardinal lui répondit sur-le-champ, loua son bon cœur, mais lui représenta qu'il devait reprendre ses ouvriers, parce que ce serait leur ôter tout moyen de subsistance.

Le Roi est, depuis ce moment, d'une tristesse et d'un accablement qui font pitié.

24 septembre 1740. Le Cardinal (1), traversant hier Paris, a été entouré de deux cents femmes qui se tenaient à la bride de ses chevaux, ne voulaient pas le laisser passer, ouvraient la portière et criaient avec fureur : « Du pain ! du pain ! nous mourons de faim ! » Il mourait de peur, il a jeté quelques écus, ce qui a amusé ces pauvres, et il s'est échappé...

Le lendemain, le Roi a appris une chose horrible et qui s'est passée tout près de Choisy, c'est la révolte de Bicêtre. On a retranché les vivres à ces pauvres gens qui y sont détenus, au point que de trois quarterons de mauvais pain, on ne leur a plus voulu donner que demi-livre. Tout

(1) Le cardinal Fleury

s'est révolté et a forcé les gardes, quantité se sont échappés et vont inonder Paris. On y a appelé tout le guet et la maréchaussée des environs, qui ont été en ordre de bataille contre ces pauvres misérables, à grands coups de fusil, baïonnette et sabre. On compte qu'il y en a quarante ou cinquante sur le carreau : la révolte n'était pas encore finie hier matin.

15 octobre. M. le Duc d'Orléans est à Fontainebleau, furieux de tout ce qu'il voit. Il arrive de sa retraite, et il grille d'envie d'y retourner ; il trouve l'indécence accrue, le Cardinal plus tyran et plus imbécile que jamais, le Roi moins décent, quoique prétendant à décence avec sa maîtresse, allant le matin au rut des cerfs avec les deux comtesses, tout en billebaude (1) ; c'est la cour du Roi Pétaud, et le comble de tous ces malheurs est que le Roi paraît ne se soucier en rien de son Royaume, dans l'état affligeant et dans la misère inouïe où ses peuples sont tombés. Chaque jour voit augmenter cette misère de quelque nouvel article ; voilà les vignes perdues dans tout le royaume par la gelée prématurée qui dure en ce temps-ci depuis quinze jours. A cela, nuls remèdes pour tirer les peuples d'affaire, pas même de palliatifs, seulement quelques vaisseaux de blé que nous venons d'acheter bien chèrement en Hollande.

Le pain ayant augmenté, mercredi dernier, à la halle à Paris, de deux liards, comme on a dit cela au Cardinal, il a répondu *qu'il n'y comprenait plus rien.* Réponse admirable pour le conducteur de l'État!

Novembre 1740. Le pillage des provinces par les Orry et Fulvy est pire que jamais. Le Berry est dans une désolation épouvantable ; il y règne une misère sans exemple. On trouve partout des gens attristés et chargés par le contrôleur général d'acheter des blés dans les provinces, sous prétexte d'assurer la subsistance de Paris et, avec ces enlèvements qui achèvent d'ôter aux provinces le peu de

(1) Partie de chasse où chacun se place et tire à sa fantaisie.

subsistance qu'elles avaient, on ne voit pas le pain diminuer à Paris. Il est toujours à cinq sols moins un liard. On ne voit pas l'effet des blés étrangers qui sont annoncés dans les Nouvelles à la main (1). On vole dans Paris partout dès que la nuit est arrivée ; on n'y rencontre plus personne dès sept heures du soir. On a ordonné que les Suisses fissent la patrouille, outre le guet de Paris...

Novembre 1740. Il est positif qu'il est mort plus de Français de misère depuis deux ans, que n'en ont tué toutes les guerres de Louis XIV.

Novembre 1740. La misère est effroyable en plusieurs provinces du Royaume! A Saumur, le nommé Urbain Percheron ayant été condamné à mort pour vol avec effraction, on fut obligé de lui faire grâce, parce qu'il fut reconnu qu'il avait volé pour manger, et qu'il n'avait pas mangé depuis trois jours...

L'Abbesse de Jouarre m'a dit hier que, dans son canton, en Brie, on n'avait pas de quoi ensemencer la plupart des terres.

Décembre 1747. Quant à l'économie, je trouve que l'on vient chaque jour davantage à des breloques simples et à bon marché, comme les robes de femme fermées, les berlines allemandes, les tabatières de carton, les porcelaines fabriquées en Europe qu'on rejettera avec le temps, au lieu de celles du Japon ou la belle vaisselle d'argent. Un article me fait le plus de peine : c'est qu'on préfère tant la soie à la laine ; on n'aura que des vers au lieu de moutons, mais les moutons servaient au laitage et à manger...

... On ne parle plus à Paris que de misère, tout y enchérit, et les revenus diminuent par la rareté d'argent, la fuite du commerce et les impôts qui surviennent à grande hâte. On donne cependant des bals, mais on en a retranché le souper.

(1) Le journal d'alors, qui était manuscrit.

21 juin 1749. La misère augmente dans Paris ; on y fourmille de mendiants ; on ne saurait s'arrêter à une porte que dix gueux ne viennent vous relancer de leurs clameurs. On dit que ce sont tous les habitants de la campagne qui, n'y pouvant plus tenir par les vexations qu'on y essuie, viennent se réfugier dans la ville de Paris, préférant la mendicité au labeur.

4 octobre 1749. Je me trouve présentement en Touraine, dans mes terres. Je n'y vois qu'une misère effroyable ; ce n'est plus le sentiment triste de la misère, c'est le désespoir qui possède les pauvres habitants : ils ne souhaitent que la mort et évitent de peupler. Qui donc finira de tels maux ? Nos ministres sont bien peu capables d'y faire songer notre roi ; il est bon, mais si mal servi !

Le zèle des beaux chemins a pris le ministère et les intendants de province ; ceux-ci n'ont plus trouvé que cette carrière d'autorité et d'utilité à courir, et s'y sont jetés à corps perdu. C'est une nouvelle taille, pire que la première, dont les peuples sont écrasés. On compte que, par an, le quart des journées des journaliers va à ces corvées, où il faut qu'ils se nourrissent, et de quoi ? Leurs chevaux, bestiaux, mulets, etc., y sont aussi employés forcément et sans aucun égard...

Voici un détail des paroisses que j'ai appris par information de curés et principaux habitants.

Depuis dix ans, nos paroisses sont diminuées d'un cinquième de feux et d'habitants, et tout va encore en diminuant chaque année ; tout tombe en ruine.

A Maillé, il y avait, il y a dix ans, trois cents communiants ; il n'y en a plus que deux cent cinquante, et leurs impositions sont augmentées depuis cela.

5 octobre 1749. On apprend chaque jour de nouvelles et horribles injustices dans les provinces.

Par ce que m'ont dit mes voisins, la diminution des habitants, depuis dix ans, va à plus du tiers.

Les grands chemins à corvée sont la plus horrible taille qui ait jamais été supportée ; on force le labeur et la subsistance des journaliers par-delà toutes leurs forces ; ils prennent tous le parti d'aller se réfugier dans les petites villes. Il y a quantité de villages où tout le monde abandonne le lieu. J'ai plusieurs de mes paroisses où l'on doit des trois années de taille.

11 mars 1750. Voici malheureusement les premiers coups de fusil tirés pour raison de nouveaux impôts : c'est en Béarn, près de Bayonne, où cela commence. Tout le public y était fort attentif, cela faisait grand bruit hier à Paris, comme d'une première scène qu'on prévoyait devoir précéder le radoucissement des finances ou de plus fâcheux inconvénients encore.

Le fait est simple ; en Béarn, il s'est assemblé six à sept mille hommes, derrière une rivière, pour résister aux commis ; il y en avait beaucoup déguisés en femmes, pour être moins reconnus. Ils ont culbuté les maisons des commis, et en ont maltraité beaucoup. Il a fallu que le Commandant de Bayonne fît descendre du château deux compagnies de grenadiers des régiments d'Artois ; ils ont fait feu sur les révoltés et en ont tué une douzaine ; il y a eu aussi des grenadiers de tués...

J'ai lu hier les remontrances du pays de Provence sur le vingtième ; elles sont bien plus fortes que celles de Bretagne : on y dit au roi qu'il manque à toute parole, à tous privilèges, on y traite son gouvernement de tyrannique en déguisant respectueusement les termes.

26 mars 1750. On continue dans les campagnes à arrêter avec beaucoup de succès les pauvres mendiants et vagabonds, de sorte que l'on en voit beaucoup moins ; on pardonne à ceux qui sont domiciliés et on leur permet par des passeports de demander l'aumône pour gagner leurs villages. Si l'on continue à suivre ce projet, on parviendra à bannir la mendicité du royaume, sans cependant diminuer la pauvreté qui est extrême, mais les pauvres mourront de faim patiemment.

3 septembre 1750. Un homme qui arrive de Versailles dit ce qui suit : on a été très fâché de l'extrême tristesse du peuple lors du feu de joie et de l'illumination pour la naissance d'une princesse, fille de M. le Dauphin ; à peine se serait-on aperçu, dit-on, qu'il y avait des spectateurs, tant il y avait de silence. Le peuple est désaffectionné de son maître ; rien de plus fâcheux. On me peint la Cour comme augmentée sensiblement et, de plus en plus, en tristesse et en avidité. Chacun y songe à son affaire et rien n'y est gai et content...

Dans les mêmes jours... Le roi avait commandé à la Manufacture de Vincennes (transférée à Sèvres en 1756) des fleurs de porcelaine peintes au naturel, avec leurs vases, pour plus de huit cent mille livres, pour toutes ses maisons de campagne, et spécialement pour le château de Bellevue de la Marquise de Pompadour. On ne parle que de cela dans Paris, et véritablement ce luxe inouï scandalise beaucoup.

... *et on a su que* le château de Bellevue près Meudon coûtera plus de sept millions, tandis qu'on affecte de publier qu'il n'ira pas à sept cent mille livres... Un homme des bâtiments ayant dit ce qu'il coûtait en présence d'un conseiller au Parlement, qui est un espion de la Marquise de Pompadour, dès le soir il a été ôté de sa place et exilé.

28 décembre 1750. Dans la campagne où je suis, j'entends dire que le mariage et la peuplade périssent absolument et de tous côtés. Dans ma paroisse qui a peu de feux, il y a plus de trente garçons ou filles qui sont parvenus à l'âge plus que nubile ; il ne se fait aucun mariage, et il n'en est seulement pas question entre eux. On les y excite, ils répondent tous la même chose, que ce n'est pas la peine de faire des malheureux comme eux. Moi-même j'ai essayé de marier quelques filles en les y assistant, et j'y ai trouvé le même raisonnement, comme si tous s'étaient donné le mot. Un gentilhomme de mes voisins m'a dit qu'il connaissait dans le canton plus de cent jeunes gentilshommes à marier, et plus encore de demoiselles, qui sont hors d'état d'y vaquer.

18 février 1751. Il va être établi un privilège exclusif pour ramoner toutes les cheminées de Paris deux fois par an : chaque habitant payera 8 sous par cheminée du rez-de-chaussée et des entresols ; 5 sous au-dessus et ainsi de suite ; cela vaudra beaucoup ; l'on craint que cela ne dégénère dans la suite en un impôt sur les cheminées comme il y en a en Angleterre.

Il sera établi également une poste aux lettres pour Paris et la banlieue ; elle se lèvera et partira trois fois par jour ; l'on payera 2 sous pour le plus petit paquet ; cela ôtera, ainsi que le précédent article (à propos des cheminées), la subsistance de quantité de petits savoyards qui vivent à Paris.

4 mars 1751. M. de Machault a la fièvre. La Marquise de Pompadour a aussi eu de la fièvre : on appelle cela une fièvre du jubilé, parce que la proximité du jubilé les met, dit-on, tous deux en grandes transes. On a ordonné les prières de quarante heures pendant les jours gras, et l'on n'a pas manqué de dire qu'elles n'étaient que de trente-huit heures, parce que le Garde des Sceaux retenait dessus le vingtième.

16 juin 1751. J'ai recueilli dans ma province ce que j'entends d'impartial sur l'état des habitants, et il s'en suit que la misère augmente et augmentera de plus en plus par les mauvais principes et le faux travail du ministère et des intendants. Je dis faux travail car on se donne bien de la peine pour faire plus mal.

Qu'est-ce que ceci ? Perfection de manufactures de luxe qui ne vont qu'à rebuter des arts à cultiver par préférence : on veut, par exemple, que la ville de Tours, qui est pauvre, fasse des damas et des velours aussi beaux qu'à Gênes qui est riche, et plus beaux qu'à Lyon qui est très riche. C'est qu'on ne songe à la Cour, que ce qui est bon à la Cour ; il faut laisser à chaque lieu le choix des manufactures qui lui sont propres. Liberté ! Liberté !... Si on laissait faire, on ne détournerait point l'agriculture pour porter à des arts inutiles, on ne ferait pas de la campagne un séjour affreux comme on fait.

Les grands chemins et belles routes sont bonnes ;

mais ceux qui les dirigent ont impatience d'arriver et précipitent ce travail par des corvées qui achèvent d'écraser les villages voisins à quatre lieues à la ronde. Je vois ces pauvres gens y périr de misère ; on leur paye 15 sols ce qui vaut un écu...

On ne voit que villages ruinés et abattus, et nulles maisons qui se relèvent et qui augmentent.

17 juin 1751. L'on devient sauvage de plus en plus dans la province que j'habite ; depuis deux ans que je n'y étais venu, j'y ai trouvé beaucoup plus d'indifférence pour la Cour et pour ce qui se passe, tant dans le gouvernement qu'en dehors de la patrie. Rien ne les pique aujourd'hui des nouvelles de la Cour ; ils ignorent le règne.

Que s'en suit-il de là ? Moins d'intérêt à la puissance publique, plus de sensibilité aux maux qu'on ressent en province et qu'on soupçonne venir de la faute des ministres. Le peu qu'on a de bien en province dépend de la récolte, des saisons, des vents, du soleil ; ce qui est fort casuel ; ainsi le mal y surpasse le bien. Ses habitants ne sont plus que de pauvres esclaves, des bêtes de trait attachées à un joug, qui marchent comme on les fouette, qui ne se soucient et ne s'embarrassent de rien, pourvu qu'ils mangent et qu'ils dorment à leurs heures.

30 septembre 1751. Un homme qui arrive de Paris dit que la tristesse y est grande de plus en plus parmi tous les ordres, surtout les pauvres ; que le pain y vaut 3 sous 6 deniers, et que toutes les denrées sont augmentées à proportion, de sorte qu'on a bien de la peine à y vivre.

Qu'à l'entrée du Roi et de la Reine pour aller à Notre-Dame, il y a eu dimanche huit jours, il y eut à peine quelques cris de « Vive le Roi »! que, dans le Cours, la Reine se tuait de saluer tout le monde avec une affabilité fort aimable ; que cependant personne ne répondait par les cris de joie et de bénédiction que demandait la circonstance ; que le Roi resta quelque temps sur le perron de l'Hôtel de Ville pour se montrer au peuple, mais que personne n'y répondit ; que Sa Majesté en a été fort mortifiée et qu'elle s'en prend à ses ministres.

26 novembre 1751. J'apprends que, le jour où Monsieur et Madame la Dauphine (1) allèrent à Notre-Dame de Paris, passant au Pont de la Tournelle, il y avait plus de deux mille femmes assemblées dans ce quartier-là, qui leur crièrent : « Donnez-nous du pain, nous mourons de faim! » Madame la Dauphine tremblait comme la feuille ; Monsieur le Dauphin appela Chazeron, qui était à cheval et qui commandait les gardes ; il lui donna sa bourse pour en distribuer ce qu'il jugerait à propos, n'osant pas jeter de l'argent dans Paris sans la permission du Roi ; mais quand Chazeron eut donné quelques louis, ces femmes crièrent : « Monseigneur, nous ne voulons pas de votre argent, c'est du pain qu'il nous faut, nous vous aimons bien ; qu'on renvoie cette p... qui gouverne le royaume, et qui le fait périr ; si nous la tenions, il n'en resterait bientôt rien pour en faire des reliques. » Je sais ceci d'un homme qui était dans le carrosse de M. le Dauphin.

Il y a quelques jours qu'un homme et une femme se sont jetés dans la rivière avec une pierre au cou, manquant de pain pour eux et leur famille.

27 novembre 1751. L'on prend de grandes mesures pour la sûreté de Paris et pour éviter des accès de révolte populaire. M. Berryer et M. de Rocquemont, commandant du guet, ont travaillé beaucoup avec le ministre pour cela et, en conséquence, ces deux nuits-ci, il y a eu grand mouvement dans Paris, gardes doublées, patrouilles, etc. L'on craint surtout le marché au pain d'aujourd'hui, et l'on a pris sans doute de grandes mesures pour que le pain n'enchérît pas. L'on tient les plus mauvais discours contre le gouvernement, et Messieurs du Parlement s'y distinguent. Les parents de Mme de Pompadour se cachent chez eux : cette dame est d'une extrême affliction, et parle

(1) Père et mère de Louis XVI.

de se retirer dans ses terres, ne pouvant plus supporter la haine publique.

17 décembre 1751. Depuis quelques jours, l'on a trouvé semées dans le Palais-Royal, aux portes-cochères de Paris, sur les escaliers, etc., quantité de cartes où il y a : « Rasez le Roi, pendez Pompadour, rouez Machault. » Ce sont là les marques d'un soulèvement médité et de ressorts qui y poussent. Cependant le pain est toujours cher et enchérit, et il faut qu'il enchérisse encore. Il est tout à craindre de nouvelles révoltes : fureur du peuple et pillages de maisons, même déchirement de certains ministres, s'ils ne se sauvent pas, comme fit M. Berryer il y a deux ans.

26 janvier 1752. On a eu nouvelle qu'à Arles, en Provence, il y a eu une terrible révolte de paysans qui sont venus armés demander du pain à l'Hôtel de Ville. Ils étaient au nombre de deux mille et, comme les magistrats effrayés n'ont fait que leur promettre des secours qu'ils n'ont point donnés, pendant quelques jours ces paysans, plus armés et en plus grand nombre encore, sont revenus et ont menacé de rompre le pont sur le Rhône qui sépare la Provence du Languedoc. Effectivement, ils commençaient à le démolir, lorsqu'on a fait marcher un détachement de troupes qui les a repoussés. Voilà donc où nous en sommes malheureusement pour la famine, que les pauvres demandent forcément du pain aux riches, et que ceux qui gouvernent sont contraints de faire marcher des troupes, pour attaquer et punir les pauvres, révoltés de leur misère!

... Des seigneurs de Touraine m'ont dit que, voulant occuper les habitants par des travaux de la campagne à journées, ces habitants se trouvent si faibles et en si petit nombre qu'ils ne peuvent travailler de leurs bras.

14 février 1752. Un de mes curés me mande qu'étant le plus vieux de la province de Touraine, il a vu bien des choses et d'excessives chertés de blés, mais qu'il ne se souvient pas d'une si grande misère (même en 1709) que celle de cette année-ci...

On me mande que les crimes se joignent à la misère : à Marsilly, dans mon voisinage, le prieur et son valet ont été assassinés et brûlés dans leurs lits. Une femme qui avait quelque argent le portait sur elle, sous son bonnet ; un homme à qui elle en a fait confidence lui a coupé la tête pour avoir l'argent... On a entendu à Langeais des cris horribles vers la rivière de Loire, on n'y a été que le lendemain, on a vu du sang et quelqu'argent répandu...

4 juin 1752. Je suis voisin de la grande route d'Orléans, que l'on embellit par inquiétude et aux dépens de l'humanité. M. Trudaine, homme dur et qui a perdu sa vertu par l'orgueil, ordonne partout les grands chemins en tyran. A Étampes, l'on vient de couper une montagne pour entrer dans la ville avec quelques toises de moins de chemin. Cela se fait à corvée, et ce qu'il y a de dépense ne se paye point.

A Arpajon, l'on creuse un chemin à grands frais pour conserver un cimetière. Le comte de Noailles, pour protéger ce bourg, en étant le seigneur, a mis tout son crédit à la conservation de ce cimetière et cause, par là, la démolition de quarante maisons, par où l'on va passer. On ne dédommage personne de ces destructions. L'ouvrage avance peu, quoiqu'on n'y épargne pas les corvées.

2 septembre 1752. A l'entrée du Roi, dimanche dernier, pour le Te Deum à Notre-Dame, il y eut un grand silence sur les bénédictions que le peuple donne ordinairement au Roi. Il n'y avait que quelques voix solitaires ; d'autres les faisaient taire et criaient : « Vive Monsieur le Dauphin ! Donnez-nous du pain ! »

21 octobre 1752. Chaque jour de marché, les grains augmentent de prix dans les provinces. Hier, au marché voisin de ma campagne, le blé était à 26 et l'avoine à 16 l. le setier, ce qu'on n'a jamais vu dans une année belle et abondante.

On parle de fixer le prix du pain à 3 sous la livre, ce qui fait crier le pauvre peuple et pourrait causer des séditions...

15 mars 1753. Un vicaire de la paroisse de Sainte-Marguerite assure qu'il a péri plus de huit cents personnes de misère dans le faubourg Saint-Antoine, depuis le 20 janvier jusqu'au 20 février, que ces pauvres gens expiraient de froid et de faim dans les greniers, que les prêtres venus trop tard arrivaient pour les voir mourir sans qu'il y eût remède.

Ce faubourg Saint-Antoine est rempli de petits ouvriers qui travaillent sans maîtrise ; quand Paris devient misérable par l'inégalité des richesses encore augmentée, alors ces petits ouvrages, moins parfaits que ceux des grands maîtres, sont peu vendus à Paris.

Que faire pour ces pauvres gens ? Ils ne savent où aller, car de se réfugier dans les campagnes, ils ne le peuvent, la misère, le mal-être, l'inquisition financière y étant plus grands que dans les villes...

26 février 1754. Un gentilhomme arrivé des provinces méridionales de France m'a dit que la misère y était effroyable et inexprimable, et qu'il semblait que les revenus du Roi percevaient le dernier écu ; que ces recouvrements ne pouvaient encore aller bien loin ; que ce grand affaiblissement pourrait enfin passer à des révoltes et que, du train dont les choses allaient, on ne pouvait prédire où elles iraient encore et pour combien de temps.

30 avril 1754. L'on nous effraye à Paris d'un bruit affreux de peste dans les hôpitaux, et surtout à l'Hôtel-Dieu. L'on attribue encore cela à l'exil du parlement et à la cessation des tribunaux, car les prisons et les cachots ayant regorgé de malades, on les a transportés à l'Hôtel-Dieu, où tout est rempli de scorbut, puis de charbon, anthrax, d'où dérive la peste. L'on prépare déjà l'hôpital de Saint-Louis, destiné aux pestiférés, et cela effraye grandement les Parisiens.

2 mai 1754. L'on ne parle que de maladies épidémiques de Paris. Il y a des salles de l'Hôtel-Dieu qui sont fermées et où personne n'entre plus. Le scorbut qui y règne ressemble à la peste : il vient de misérables criminels engorgés dans les cachots de la conciergerie du Châtelet, et, s'il faut que ceci se tourne en peste, rien n'aura jamais été plus funeste et plus pesant à la France...

26 juin 1754. L'on observe que jamais l'on n'avait répété les noms de *Nation* et *d'État* comme aujourd'hui : ces deux noms ne se prononçaient jamais sous Louis XIV, et l'on n'en avait seulement pas l'idée. L'on n'a jamais été si instruit qu'aujourd'hui des droits de la nation et de la liberté.

SÉBASTIEN MERCIER

1740-1814

Louis-Sébastien Mercier est une des personnalités de la fin du XVIIIe siècle. Il a publié dès sa vingtième année des livres oubliés de nos jours. En revanche, son œuvre principale *Tableau de Paris*, est un document des plus pittoresques; il a observé sur le vif les mœurs et les coutumes de son temps et les a décrites avec une naïve incorrection qui donne à ces descriptions une saveur particulière.

Les titres ne correspondent pas toujours au contenu, car sa pensée voltige, comme les gens autour de lui; il y a des contradictions, de la confusion...

Pourtant cela est bien amusant de voir ainsi le Paris de 1780! Avec ce fourmillement de gens divers : porteurs d'eau, coiffeurs, avocats, bouquinistes, bourgeois, filles publiques,...

Nous revivons ce passé : les marchés, les fiacres, le guet, le Pont-Neuf avec ses boutiques, ses colporteurs, ses voleurs... Tout cela vaut un bon film.

TABLEAU DE PARIS

Les Auvergnats

Les Auvergnats font à Paris le métier de chaudronniers, de raccommodeurs de faïence, de parasols, de rémouleurs. L'enfant, dès l'âge de huit ans, suit son père, qui, quoiqu'il traverse toute la France, s'arrête plus volontiers dans la capitale. Semblables aux oiseaux que le froid chasse dans une plus douce contrée, ce peuple fuit la neige qui couvre huit mois de l'année ses montagnes. Il y retourne tous les ans, fait un enfant à sa femme, la laisse entre les mains des vieilles et du curé, et parcourt ensuite le royaume sans avoir un domicile fixe.

Chaque Auvergnat, l'un portant l'autre, rapporte quatre ou cinq louis d'or dans sa triste patrie. L'enfant de dix ans en a gagné deux ; ils les cousent dans la ceinture de leurs culottes, et les enfants mendient le long des chemins.

Ces hordes voyagent ainsi depuis Jules César et plus anciennement encore.

Les Savoyards sont décrotteurs, frotteurs et scieurs de bois ; les Auvergnats sont presque tous porteurs d'eau ; les Limousins maçons ; les Lyonnais sont ordinairement crocheteurs et porteurs de chaises ; les Normands tailleurs de pierres, paveurs et marchands de fil.

Laitières

Une ordonnance de police a sagement défendu d'apporter du lait dans des vases de cuivre ; mais le paysan opiniâtre les a gardés chez lui ; et, pour contrarier la loi, il tire le lait de la vache dans le cuivre, et le transvase au matin dans les nouveaux pots de fer blanc.

On falsifie le lait comme le vin : on y met de l'eau ; et la villageoise trompe la bonne foi publique, comme si elle était de la ville. Mais une faute plus grave, une cause réelle d'insalubrité, c'est que le lait provient quelquefois d'une vache pleine trop avancée.

Les laitières arrivent le matin, jettent leur cri accoutumé et perçant : « La laitière, allons, vite ! » Aussitôt les petites filles à moitié habillées, en pantoufles, les cheveux épars, s'empressent de descendre de leur quatrième étage ; et chacune de prendre pour deux ou trois liards de lait. Si les laitières manquaient d'arriver à l'heure, ce serait la famine pour les déjeuners : à neuf heures tout le lait aqueux est distribué.

Cette consommation est devenue considérable, depuis que le peuple, ne sachant plus que boire, vu les impôts de la falsification, a pris un goût effréné pour le café ; c'est une habitude journalière dans les trois quarts des maisons de la ville.

Ces laitières, en cotte rouge, basanées, et le plus souvent ridées, ne ressemblent pas à celles que Greuze a dessinées. Les tableaux de ce peintre sont tout aussi menteurs que les poètes, qui copient Théocrite et Gessner, près des choux et des carottes du faubourg Saint-Marceau. Nous tâçhons dans nos esquisses rapides de nous rapprocher de la vérité en les privant de ces embellissements factices qui défigurent le trait réel. Greuze a fait des portraits de fantaisie ; mais ces figures voluptueuses et séduisantes, qu'il s'est plu à représenter, ne sont pas celles qui viennent nous vendre du lait, du beurre et des fruits.

Falots

Porteurs de lanternes numérotées, qui voguent dans les rues vers les dix heures du soir : « Voilà le falot ». Ce cri s'entend après souper ; et ces porteurs de lanternes se répondent ainsi à toute heure de nuit, aux dépens de ceux qui couchent sur le devant ; ils s'attroupent aux portes où l'on donne bal, assemblée.

Le falot est tout à la fois une commodité et une sûreté pour ceux qui rentrent tard chez eux ; le falot vous conduit dans votre maison, dans votre chambre, fût-elle au septième étage, et vous fournit de la lumière quand nous n'avez ni domestique, ni servante ; ni allumette, ni amadou, ni briquet : ce qui n'est pas rare chez les garçons coureurs de spectacles et batteurs de boulevards.

D'ailleurs, ces clartés ambulantes épouvantent les voleurs et protègent le public presqu'autant que les escouades du guet.

Ces rôdeurs, tenant lanterne allumée, sont attachés à la police, voient tout ce qui se passe ; et les filous qui, dans les petites rues, voudraient interroger les serrures, n'en ont plus le loisir devant ces lumières inattendues.

Elles se joignent aux réverbères pour éclairer le pavé. Il est devenu beaucoup plus sûr depuis qu'on a imaginé de lancer dans tous les quartiers ces phares qu'on aperçoit de loin, qui vous guident dans les ténèbres, qui suppléent aux accidents et à l'invigilance du luminaire public.

A la sortie des spectacles, ces porte-falots sont les commettants des fiacres ; ils les font avancer ou reculer, selon la pièce qu'on leur donne. Comme c'est à qui en aura, il faut payer grassement, sans quoi vous ne voyez ni conducteurs ni chevaux. Ces drôles alors s'égaient entre eux. Quand ils voient sortir un Gascon bien sec avec ses bas tout crottés, ils croisent leurs feux pour éclairer la triste figure, et puis ils lui crient aux oreilles : Monseigneur veut-il son équipage ? Comment se nomme le cocher de Monseigneur ? Ils distribuent à tous les gens dont ils se moquent les titres de M. le Comte, de M. le Marquis, de M. le Duc, de Milord...

Le porte-fanal se couche très tard, rend compte le lendemain de tout ce qu'il a aperçu. Rien ne contribue mieux à entretenir l'ordre et à prévenir plusieurs accidents, que ces fanaux qui, circulant de côté et d'autre, empêchent par leur subite présence les délits nocturnes.

Il n'y a que leur cri qui soit fatigant ; mais si le falot crie la nuit, qui ne crie pas dans le jour ? Le petit peuple est naturellement braillard à l'excès ; il pousse sa voix avec une discordance choquante. On entend de tous côtés des cris rauques, aigus, sourds. *Voilà le maquereau qui n'est pas mort* ; *il arrive, il arrive! Des harengs qui glacent, des harengs nouveaux! Pommes cuites au four! Il brùle, il brùle!* Ce sont des gâteaux froids. *Voilà le plaisir des dames, voilà le plaisir!* C'est du croquet. *A la barque, à la barque, à l'écailler!* Ce sont des huîtres. *Portugal, Portugal !* Ce sont des oranges.

Joignez à ces cris les clameurs confuses des fripiers

ambulants, des vendeurs de parasols, de vieille ferraille, des porteurs d'eau. Les hommes ont des cris de femmes, et les femmes des cris d'hommes. C'est un glapissement perpétuel ; et l'on ne saurait peindre le ton et l'accent de cette pitoyable criaillerie, lorsque toutes ces voix réunies viennent à se croiser dans un carrefour.

Le ramoneur et la marchande de merlans chantent encore ces cris discordants en songe quand ils dorment, tant l'habitude leur en fait une loi.

Porteurs d'eau

On achète l'eau à Paris. Les Fontaines publiques sont si rares et si mal entretenues, qu'on a recours à la rivière ; aucune maison bourgeoise n'est pourvue d'eau assez abondamment. Vingt mille porteurs d'eau du matin au soir montent deux seaux pleins, depuis le premier jusqu'au septième étage, et quelquefois par-delà : la voie d'eau coûte six liards ou deux sols (1). Quand le porteur d'eau est robuste, il fait environ trente voyages par jour.

Quand la rivière est trouble, on boit l'eau trouble : on ne sait trop ce qu'on avale ; mais on boit toujours. L'eau de la Seine relâche l'estomac, pour quiconque n'y est pas accoutumé ; les étrangers ne manquent presque jamais l'incommodité d'une petite diarrhée ; mais ils l'éviteraient s'ils avaient la précaution de mettre une bonne cuillerée de bon vinaigre blanc, dans chaque chopine d'eau.

Des filles publiques

C'est bien à regret que ma plume touche à ces turpitudes, mais je peins Paris...

Elles se donnent après tout pour ce qu'elles sont ; elles ont un vice de moins que certaines femmes : l'hypocrisie ; elles ne peuvent causer les ravages qu'une femme

(1) C'est-à-dire un salaire horaire pour 30 litres (2 seaux). En 1980, le salaire horaire est de 18,00 F et la ville de Paris vend l'eau à domicile 3,34 F les mille litres (0,0334 F le litre).

libertine et prude occasionne souvent sous les fausses apparences de la modestie et de l'amour. Malheureuses victimes de l'indigence ou de l'abandon de leurs parents, rarement déterminées par un tempérament fougueux, elles ne s'offensent ni de l'outrage ni du mépris ; elles sont avilies à leurs propres yeux ; et ne pouvant plus régner par les grâces de la pudeur, elles se jettent du côté opposé, et elles étalent l'audace de l'infamie.

Mais il y a encore des degrés dans cet abîme de corruption ; l'une se livre tout à la fois au plaisir et à l'argent ; l'autre est une brute qui n'a plus de sexe, et qui ne sent pas même la dérision qu'elle inspire.

Nous n'offenserons pas ici les oreilles chastes, ni les yeux de l'innocence, en leur présentant les scènes de la débauche et de la crapule ; nous tairons les fantaisies du libertinage, les saillies et les fougues de cent cinquante mille célibataires, voués à quarante mille prostituées. Elles vont à ce nombre...

Arrêtons-nous et gardons-nous d'épouvanter les imaginations sensibles, car les désordres voilés de l'humanité ne sont pas bons à mettre au grand jour.

Les passions honteuses et publiques portent avec elles leur contre-poison, et ne sont pas peut-être si difficiles à réprimer que celles dont le dérèglement paraît excusable ; en sorte que je croirais qu'une fille publique est plus près de devenir honnête femme, que la femme galante.

Mais le scandale des filles publiques est poussé trop loin dans la capitale. Il ne faudrait pas que le mépris des mœurs fût si visible, si affiché : il faudrait respecter davantage la pudeur et l'honnêteté publique.

Comment un père de famille, pauvre et honnête, se flattera-t-il de conserver sa fille innocente et intacte, dans l'âge des passions, lorsque celle-ci verra à sa porte une prostituée mise élégamment, attaquer les hommes, faire parade du vice, briller au sein de la débauche et jouir sous la protection des lois mêmes, de sa licence effrénée ? Le retour qu'elle fera sur elle-même lui dira qu'il n'y a aucun prix solide attaché à l'exercice de la vertu...

Aussi n'est-il guère possible que l'imagination la plus hardie ajoute à la licence des mœurs actuelles : la corruption dans le dernier ordre des citoyens, ainsi que dans le premier, n'a presque plus de progrès à faire.

On compte à Paris trente mille *filles publiques*, c'est-à-dire *vulgivagues* ; et dix mille environ, moins indécentes, qui sont *entretenues*, et qui d'année en année passent en différentes mains. On les appelait autrefois *femmes amoureuses, filles folles de leur corps*. Les filles publiques ne sont point amoureuses ; et si elles sont folles de leur corps, ceux qui les fréquentent sont beaucoup plus insensés...

La police va chercher des espionnes dans ce corps infâme : ses agents se montrent quelquefois plus horriblement corrompus que la plus vile prostituée, car celle-ci acquiert le droit de les traiter avec mépris, tant ils remportent le prix de la bassesse! Oui, il y a des êtres au-dessous de ces femmes de mauvaise vie : et ces êtres sont des hommes de police...

Toutes les semaines on fait, parmi les filles publiques, des enlèvements nocturnes... On les conduit dans la prison de la rue Saint-Martin, et le dernier vendredi du mois, elles passent à la police ; c'est-à-dire qu'elles reçoivent à genoux la sentence qui les condamne à être enfermées à la Salpêtrière. Elles n'ont ni procureurs, ni avocats, ni défenseurs. On les juge fort arbitrairement.

Le lendemain, on les fait monter dans un long chariot, qui n'est pas couvert. Elles sont toutes debout et pressées. L'une pleure, l'autre gémit ; celle-ci se cache le visage ; les plus effrontées soutiennent les regards de la populace qui les apostrophe ; elles ripostent indécemment et bravent les huées qui s'élèvent sur leur passage. Ce char scandaleux traverse une partie de la ville en plein jour, et les propos que cette marche occasionne sont encore une atteinte à l'honnêteté publique.

Arrivées à l'hôpital, on les visite et on sépare celles qui sont infectées pour les envoyer à Bicêtre, y trouver la cure ou la mort ; nouveau tableau qui s'offre à ma plume mais je recule encore, frémissant de le tracer, et non guéri de l'impression horrible qu'il a laissé dans tous mes sens.

O toi qui, loin des villes, respire en paix l'air des monts, heureux habitant des Alpes ! Tu ne vois autour de toi que des beautés innocentes, pures et intactes, comme la neige qui couronne les sommets resplendissants de ces montagnes qui ceinturent l'horizon ; dans ce séjour des vertus, apprends à connaître et à mieux goûter les chastes embrassements d'une tendre épouse et les caresses d'une sœur aimée...

On peut évaluer à cinquante millions par an l'argent que l'on prodigue aux filles publiques ; en les comprenant toutes sous cette dénomination.

L'article des aumônes ne va guère qu'à trois millions ; disproportion qui donne à réfléchir : cet argent va aux marchands de modes, aux traiteurs, aux aubergistes, aux hôtels garnis, etc. Et ce qui inspire un profond effroi, c'est que si la prostitution venait à cesser tout à coup, vingt mille filles périraient de misère, les travaux de ce sexe malheureux ne pouvant pas suffire ici à son entretien ni à sa nourriture. Aussi ce débordement est-il comme inséparable d'une ville populeuse ; et une infinité de métiers ne subsistent que par la circulation rapide des espèces qu'entretient le libertinage.

ARTHUR YOUNG

1741-1810

On aimerait avoir beaucoup de témoignages comme celui d'Arthur Young, ce célèbre Anglais qui parcourut la France pendant les étés de 1787 à 1789. Dans son livre *Voyage en France*, il s'exprime avec tant de vitalité qu'on a l'impression de cheminer avec lui et qu'un lien de sympathie s'établit spontanément entre le lecteur et l'auteur.

Né en 1741 d'une famille de gentilshommes campagnards, Young commença ses expériences par trois échecs : d'abord il abandonna ses études scolaires à seize ans; ensuite il s'essaya au commerce, sans plus de succès; enfin il échoua de nouveau dans une exploitation agricole.

De ses essais malheureux, en tant que fermier, il retira pourtant une connaissance sérieuse de l'agriculture et, chose rare à son époque, le sens moderne de la productivité.

A la suite de la publication de son livre *Political Arithmetic*, il fut nommé membre de la Société Royale de Londres et il dirigea de 1784 à 1809 une revue, « Les Annales d'Agriculture ». Ayant ainsi prouvé qu'un homme peut échouer dans la pratique et réussir dans la théorie, il entreprit en 1787 son premier voyage en France; son but était d'avoir un terme de comparaison pour mieux comprendre l'état économique de l'Angleterre. Ce voyage, qui dura cinq mois, fut suivi de deux autres, en 1788 et 1789.

Chaque jour, Young parcourait à cheval environ 30 kilomètres. Ce cheval, amené d'Angleterre par bateau avec lui, était à son avis le moyen de transport le plus satisfaisant, lui permettant de s'arrêter à son gré et d'entrer en contact avec une quantité de gens au hasard de la route.

Pourtant, il ne se fie pas au seul hasard : il prépare à l'avance ses étapes, lisant, se documentant, demandant des lettres d'introduction auprès des notabilités des villages; cela bien entendu sans préjudice des renseignements qu'il recueille au cours de rencontres fortuites.

A Paris, il habite chez le duc de La Rochefoucault-Liancourt, et est, par lui, introduit à la cour. Il tire parti au maximum de ses rencontres et ne néglige rien pour augmenter ses connaissances. Rien ne le laisse indifférent; il s'intéresse au mouvement scientifique, visite les grands chercheurs de l'époque, et en particulier Lavoisier (chez qui il déjeune avant de visiter ses laboratoires) et Parmentier, qu'il rencontre fréquemment.

Le dernier voyage a lieu au début de la Révolution, à laquelle il se montre favorable, mais dont il condamne les violences (il échappe d'ailleurs de justesse à certaines d'entre elles).

En lisant *Voyage en France* on s'attache à l'auteur, à sa franchise, à son acuité d'observation, à sa curiosité toujours en éveil, à la sincérité de son esprit, à son jugement direct. Ennemi des idées vagues, Young a foi dans l'expérience, et ce qu'il aime dans les sciences ce sont, plus que les théories en tant qu'idées, les applications pratiques dont elles sont susceptibles. Il juge sans étroitesse d'esprit ni nationalisme.

Il a laissé une peinture saisissante de l'état économique, social et politique de la France au début de la Révolution. Il ne se laisse ni berner ni éblouir; Versailles l'étonne par ses complications. « Si j'étais roi, écrit-il, je balaierais les trois quarts de ces stupides formalités. »

C'est un homme sans détour, un bon vivant, sachant apprécier le vin de France, « un gaillard qui n'a pas les yeux dans sa poche » et qui est près de nous par son amour du progrès et des réalités.

VOYAGE EN FRANCE

Après avoir débarqué à Calais avec son cheval, le 15 mai 1787, et visité Boulogne, Young écrit le 18 mai :

Si les Français n'ont pas d'agriculture à nous montrer, ils ont des routes... Toute la route depuis Samer (près de Boulogne) est admirablement construite ; c'est une large chaussée, pour laquelle on a aplani les collines au niveau des vallées. Tout cela me remplirait d'admiration si je ne connaissais pas les abominables corvées qui me font prendre en pitié les malheureux cultivateurs, dont on a extorqué le travail pour produire de force toute cette magnificence. Des femmes que l'on voit dans les bois arrachant à la main des herbes, et même de mauvaises herbes, pour nourrir leurs vaches, donnent au pays un air de pauvreté.

Le 22 mai. De la pauvreté et de pauvres moissons jusqu'à Amiens ; des femmes labourent avec un couple de chevaux pour les semailles d'orge. La différence de coutume des deux nations n'est, en quoi que ce soit, plus frappante que dans les travaux des femmes ; en Angleterre, elles ne font rien dans les champs que glaner et faire les foins : parties de maraude ou de plaisir ; en France, elles labourent et chargent le fumier.

Le 1er juin en Sologne. C'est toujours la même contrée misérable ; les champs offrent des tableaux de pitoyable culture, comme les maisons, de misère. Et cependant tout ce pays serait hautement susceptible d'amélioration, si l'on savait s'y prendre : c'est peut-être la propriété de ces êtres brillants qui, l'autre jour, figuraient dans la procession de Versailles. Le Ciel m'accorde la patience, quand je vois un pays ainsi négligé, et me pardonne les jurons que je profère contre l'absentéisme et l'ignorance de leurs propriétaires !

Le 6 juin, à Limoges, Young constate l'analphabétisme si répandu dans la France de cette époque.

Il y a ici une Société d'Agriculture... Cette Société ressemble aux autres Sociétés ; elles ont des réunions ; on y cause ; on y distribue des prix, on publie des sottises : cela n'a pas grande conséquence car les paysans, loin de lire les mémoires de la Société, *ne sont pas capables de lire du tout.*

Le 8 juin. Aux environs de Pierre-Buffière. Un spectacle extraordinaire pour des yeux anglais : de nombreuses maisons, trop bonnes pour être appelées cottages, et qui n'ont pas de vitres.

Le *9 juin,* à Souillac. ... Il est impossible pour une imagination anglaise de se figurer les animaux qui nous servaient, au Chapeau Rouge. La courtoisie de Souillac peut les appeler des femmes, mais en réalité, ce sont des fumiers ambulants. C'est en vain qu'en France on chercherait une servante d'auberge proprement habillée.

Le 10 juin. Traversé Payrac *(Lot)* et vu beaucoup de mendiants, ce qui ne nous était pas encore arrivé. Dans tout le pays, les filles et femmes de paysans ne portent ni chaussures, ni bas ; les laboureurs à leur travail n'ont ni sabots ni chaussettes. C'est une misère qui frappe à sa racine la prospérité nationale, une large consommation du pauvre ayant bien plus de conséquence que celle des riches ; la prospérité d'une nation repose sur sa circulation et sa consommation ; le cas de pauvres s'abstenant de tout objet de cuir et de lainage devrait être considéré comme un mal de la plus grande importance.

Passé près de cottages, excessivement bien construits, en pierre, avec des ardoises ou des tuiles, mais sans vitres aux fenêtres ; un pays peut-il être prospère quand la grande préoccupation c'est d'éviter de se servir d'objets manufacturés ? Des femmes recueillant des herbes dans leurs tabliers pour leurs vaches, autre signe de pauvreté que j'ai observé déjà en venant de Calais.

Le 15 juin. Montauban. Beaucoup de femmes n'ont pas de bas.

J'en ai rencontré revenant du marché, avec leurs chaussures dans leurs paniers.

Le 16 juin... Traversé Saint-Martory (près de Saint-Gaudens), puis un village avec des maisons bien construites sans une seule vitre.

Le 17 juin, il écrit au sujet des auberges :

La cuisine ordinaire des Français a une grande supériorité... Les lits sont meilleurs en France... Hormis ces deux points, tout laisse à désirer... Vous n'avez pas de salle à manger, mais seulement une chambre, où il y a deux, trois ou quatre lits. Les chambres sont mal disposées ; des murs blanchis à la chaux ou du papier de diverses sortes dans la même chambre, ou une tapisserie si vieille qu'elle est un véritable nid à mites et à araignées ; l'ameublement est tel qu'un aubergiste anglais le jetterait au feu. En guise de table, vous avez une planche sur des tréteaux, disposés de telle sorte que vous n'avez pas de place pour étendre vos jambes. Des fauteuils de chêne avec des sièges de joncs, et des dossiers partout si perpendiculaires qu'ils vous ôtent toute idée de vous y délasser. Les portes semblent faites pour vous procurer de la musique aussi bien que l'entrée ; le vent siffle à travers leurs fentes et les gonds sont grinçants. Les fenêtres s'ouvrent à la pluie autant qu'à la lumière ; quand elles sont fermées, elles ne sont pas faciles à ouvrir, et, ouvertes, on ne peut les fermer. Brosses, balais et têtes-de-loup ne figurent pas dans le catalogue des objets nécessaires à une auberge française. Il n'y a pas de sonnettes ; il faut toujours brailler après la fille, et, quand elle apparaît, elle n'est jamais ni bien habillée, ni agréable. La cuisine est noire de fumée ; le maître d'hôtel fait en général l'office de cuisinier, et moins vous verrez les apprêts du repas, plus votre estomac sera en bonne disposition pour le dîner ; mais ce n'est pas particulier à la France. Les ustensiles de cuivre sont toujours en grand nombre, mais pas toujours bien étamés...

Le 23 juillet, Young continue à admirer les routes, mais il ajoute:

La circulation n'exigeait cependant pas de semblables efforts, un tiers de la largeur est battu, l'autre sert à peine, il pousse de l'herbe sur le reste. Pendant 36 miles, je n'ai croisé qu'un cabriolet, une demi-douzaine de charrettes et quelques bonnes femmes menant leur âne. Pourquoi cette prodigalité ?

Le 24 juillet. Après Narbonne. Des femmes sans bas, beaucoup même sans chaussures ; mais, si leurs pieds sont pauvrement chaussés, elles ont la *superbe* consolation de marcher sur de magnifiques chaussées ; la nouvelle route a une largeur de 50 pieds sans compter 50 autres creusés ou détruits sur les côtés pour la faire...

Au souper, à la table d'hôte, nous fûmes servis par une femelle sans chaussures et sans bas, exquisement laide et répandant une odeur qui n'était pas celle de la rose...

Le 30 juillet. A Montadier *(Hérault)*, sur une montagne escarpée, couverte de bois et de lavande, se trouve un village de mendiants, avec une auberge qui m'a fait presque reculer. Des hommes à mine de coupe-jarrets y mangeaient du pain noir, et leurs visages sentaient tellement les galères que je pensais entendre le bruit de leurs chaînes...

Le maître de l'auberge, qui me semblait le cousin germain de ses hôtes, me servit, non sans difficulté, du mauvais pain, mais qui n'était pas noir. Ni viande, ni œufs, ni légumes, et un vin exécrable ; pour ma mule, ni avoine, ni foin, ni fourrage vert ; par bonheur la miche était grosse, j'en pris un morceau et coupai le reste en tranches pour mon ami le quadrupède, qui le mangea d'un air reconnaissant.

Le 3 août. A Pamiers. La ville elle-même est laide, puante et mal bâtie. Et quelle auberge! Adieu, Monsieur l'aubergiste! Si le destin me destine à trouver une autre maison comme la vôtre, que ce soit une expiation pour mes péchés!

Le 4 août. A Saint-Géronds (Saint-Girons), descendu à la Croix-Blanche, le réceptacle le plus exécrable d'ordure, de vermine, d'impudence et de vol qui eût jamais exercé la patience ou blessé les sentiments du voyageur. Une sorcière décrépite, le démon de la bestialité, y commande. Je me couchai, mais sans dormir, dans une chambre située au-dessus de l'écurie, dont les effluves qui traversaient le plancher disjoint, étaient encore le moins redoutable des parfums produits par ce hideux repaire. On ne put me donner que deux œufs gâtés, pour lesquels je payai 20 sous, sans compter tous les autres frais. L'Espagne ne m'a rien présenté qui pût égaler ce cloaque, dont un porc anglais se détournerait avec dégoût.

Le 5 août. Jusqu'à Saint-Martory (près de Saint-Gaudens), c'est une suite presque ininterrompue de champs bien enclos et bien cultivés. Depuis plus de cent miles, les femmes sont, en général, sans chaussures, même dans les villes ; les hommes sont ainsi, à la campagne.

Le 14 août. Quitté Saint-Palais et pris un guide pour me conduire à quatre lieues de là, à Hasparren (près de Bayonne). Jour de foire et l'endroit plein de paysans : je vis la soupe préparée pour ce que nous appellerions un repas de paysans : c'était une montagne de tranches d'un pain de couleur peu ragoûtante, une grande masse de choux, de la graine et de l'eau ; ce qui devait servir à nourrir plusieurs vingtaines d'hommes, une demi-douzaine de paysans anglais l'auraient mangée, et encore en grognant contre l'avarice de leur hôte.

Le 24 août. Les habitants de la Gironde, comme les autres Français, mangent peu de viande ; dans le bourg de Layrac, on tue seulement cinq bœufs par an, tandis qu'un bourg anglais, de même population, en consommerait deux ou trois par semaine.

Le 26 août. A Bordeaux. Excellents hôtels... Nous eûmes des chambres très élégantes... Cependant, les cabinets d'aisance étaient le même temple d'abomination que l'on trouve dans le plus sale village.

Le 20 octobre. A Paris. Le soir, j'ai été à l'*Ambigu Comique*, joli petit théâtre entouré de beaucoup d'ordures.

Tout le long des boulevards, des cafés, de la musique, du bruit et des filles. De tout, hormis des balayeurs et des lampes. Les pieds plongent dans une boue épaisse, et certaines parties des boulevards n'ont pas une seule lumière.

Le 23 octobre. Young s'étonne en constatant la liberté d'accès dans le château de Versailles, jusque dans les appartements du roi.

En parcourant l'appartement que le Roi venait de quitter... je m'amusais de voir les figures de vauriens circulant sans contrôle dans le Palais, jusque dans la chambre à coucher, d'hommes dont les haillons accusaient le dernier degré de misère ; et cependant j'étais seul à m'ébahir et à me demander comment diable ils s'étaient introduits. Il est impossible de n'être pas touché de cet abandon négligent, de cette absence de tout soupçon. On aime le maître de maison qui ne se sent pas blessé de voir, en arrivant à l'improviste, son appartement ainsi occupé.

Le 8 novembre 1787, le premier voyage en France de Young se termine à Calais :

Ce fut le premier de mes voyages, et il m'a confirmé dans l'idée que, pour connaître son propre pays, nous devons voir quelque peu les autres. C'est par la comparaison que l'on peut juger les nations, et celles que l'on doit estimer comme bienfaitrices de la race humaine, ce sont celles qui ont fondé la prospérité publique sur la base du bonheur privé.

L'année suivante, en 1788, Young entreprend, toujours à cheval, un second voyage en France. Il est, le 9 août, près d'Amiens :

Jour de marché ; en sortant de la ville, je rencontrai au moins une centaine d'ânes, chargés soit de besaces, soit de sacs, mais tous apparemment de fardeaux assez légers, avec des essaims d'hommes et de femmes. C'est ce qu'on peut appeler un marché, abondamment fourni, mais une grande partie de tout le travail du pays chôme, au milieu de la moisson, pour approvisionner une ville qui serait ravitaillée en Angleterre par le quarantième de ces gens ; quand un pareil essaim de flâneurs bourdonne dans un marché, je tiens pour assuré que la propriété foncière est morcelée à l'excès.

Le 1er septembre. Jusqu'à Combourg, le pays a un aspect sauvage ; la culture n'est pas plus avancée, du moins pour le savoir-faire, que chez les Hurons, ce qui semble incroyable en un pays de clôtures. Les gens sont presque aussi sauvages que leur pays, et leur bourg de Combourg est l'une des localités les plus atrocement sales que l'on puisse voir ; des maisons de boue, pas de fenêtres et un pavé si raboteux qu'il entrave les passants au lieu de les aider. Il y a un château, et qui est habité. Quel est ce M. de Chateaubriand, le propriétaire, qui a des nerfs assez solides pour vivre au milieu de tant de saleté et de pauvreté (1)?

Le 5 septembre. A Montauban *(Ille-et-Vilaine)*. Les pauvres semblent réellement pauvres ; les enfants terri-

(1) C'est le père de l'écrivain.

blement déguenillés, plus mal vêtus que s'ils n'avaient pas de vêtements du tout ; quant aux chaussures et aux bas, c'est un luxe. Une belle petite fille de 6 à 7 ans, jouait avec une baguette, et souriait sous un tel paquet de haillons que cela me serrait le cœur de la voir ; ces enfants ne mendiaient pas, et quand je leur donnais quelque chose, ils semblaient plus surpris que reconnaissants. Dans ce que j'ai vu de cette province, un tiers semble inculte et la presque totalité dans la misère. Que peuvent avoir à répondre, pour justifier leurs préjugés, rois, ministres, Parlements, États, quand ils voient inoccupés et misérables des millions d'hommes, livrés à la faim et à l'oisiveté par les maximes exécrables du despotisme et les préjugés également détestables de la noblesse féodale !

Couché au *Lion d'Or*, à Montauban, un affreux bouge.

Le 10 septembre, après Morlaix. Jour de foire à Landivisiau, qui me donna l'occasion de voir quantité de Bas-Bretons réunis, ainsi que leurs troupeaux.

Les hommes... ont les jambes nues, et la plupart sont chaussés de sabots... Les femmes sont ridées par le travail, avant l'âge, au point qu'elles ont perdu toute la grâce de leur sexe.

Il restait à Young à visiter la partie orientale de la France et c'est ce qu'il entreprit de faire en 1789, au début de la révolution.

Il débarqua à Calais le 5 juin. Après avoir décrit les événements politiques de juin, il écrit le 29 juin, de Nangis (arrondissement de Provins) :

Nangis est assez près de Paris pour que les habitants s'adonnent à la politique ; le perruquier, qui m'accommode ce matin... me donna un aperçu effrayant de la misère du peuple : des familles entières, dans la plus complète détresse ; ceux qui travaillent n'ont qu'un salaire insuffisant pour se nourrir, et beaucoup d'autres ont bien de la peine à trouver du travail. J'interrogeai M. de Guerchy sur ce que l'on m'avait dit : il déclara que c'était la vérité. Par ordre des magistrats, et pour prévenir l'accaparement, personne n'est autorisé à acheter au marché plus de deux boisseaux de blé. Pour qui a le sens commun, il est clair que de pareilles réglementations ont une tendance directe à accroître le mal, mais c'est en vain que l'on voudrait raisonner avec des gens dont les idées sont fixées d'une façon immuable. Le jour du marché, je vis le blé vendu conformément à ce règlement, avec un piquet de dragons au milieu de la place pour empêcher toute violence. Le peuple se dispute avec les boulangers, prétendant que les prix qu'ils demandent pour le pain sont hors de proportion avec ceux du blé ; des injures, on passe aux coups ; c'est l'émeute, et l'on se sauve avec du pain et du blé sans rien payer ; c'est arrivé à Nangis et dans maints autres marchés ; la conséquence, ce fut que ni cultivateurs, ni boulangers ne voulurent rien apporter, jusqu'au moment où il y eut danger de famine, et, quand cela arriva, les prix, par suite des circonstances, montèrent énormément, ce qui aggrava le mal, au point que des troupes furent réellement nécessaires pour donner quelque sécurité aux gens qui approvisionnaient les marchés.

Le 12 juillet. Dans la Meuse, les Islettes, (canton de Clermont-en-Argonne). Montant à pied une longue côte, pour reposer ma jument, je fus rejoint par une pauvre femme qui se plaignait du temps et du triste pays ; comme je lui en demandais les raisons, elle dit que son mari n'avait qu'un morceau de terre, une vache et un pauvre petit cheval, et que cependant ils avaient à payer à un Seigneur une rente d'un franchar (42 livres) de blé et trois poulets, et à un autre, quatre franchars d'avoine, un poulet et un sou, sans compter de lourdes tailles et d'autres impôts. Elle avait sept enfants et le lait de sa vache servait à faire la soupe. — Mais pourquoi, au lieu d'un cheval, n'avez-vous pas une autre vache ? — Oh ! son mari ne pourrait transporter les produits de son champ aussi bien, s'il n'avait pas de cheval, et l'on ne se sert guère d'ânes dans le pays. On dit *qu'à présent quelque chose va être fait par de grands personnages pour nous, pauvres gens, mais elle ne savait pas qui, ni comment* ; mais que Dieu nous envoie quelque chose de meilleur, car les tailles et les droits nous écrasent.

Cette femme, vue de près, on lui aurait donné soixante ou soixante-dix ans, tant sa taille était courbée et son visage ridé et durci par le travail ; — mais elle me dit qu'elle n'en avait que vingt-huit.

Un Anglais qui n'a pas voyagé ne peut imaginer l'aspect de la plupart des paysannes en France ; cela révèle, à première vue, qu'elles travaillent beaucoup plus durement que les hommes ; ce travail, joint avec celui, plus misérable encore, de mettre au monde une nouvelle race d'esclaves, détruit absolument toute symétrie de la personne et toute apparence féminine ; à quoi faut-il attribuer cette différence de mœurs des basses classes entre les deux royaumes ? Au gouvernement.

Le 7 août. A Moulins. Pour lire les journaux, j'allai au café de Mme Bourgeau, le meilleur de la ville, où je trouvai près de vingt tables, dressées pour les buveurs, mais, quant aux journaux, j'aurais pu aussi bien demander un éléphant. Voilà un trait de l'état arriéré, de l'ignorance, de la stupidité et de la pauvreté de la nation ; dans la capitale d'une grande province, la résidence de l'intendant, à un moment comme celui-ci, où l'Assemblée Nationale vote une résolution, il n'y a pas de journal pour apprendre au peuple si c'est La Fayette, Mirabeau ou Louis XVI, qui est sur le trône. Assez de clients dans un café pour remplir vingt tables, et pas assez d'active curiosité pour exiger un seul journal... Je demandai pourquoi on n'avait pas de journaux. Ils sont trop chers ; mais la patronne me fit payer 24 sous une tasse de café... (1)

10 août. A Saint-Pourçain. Je trouvai l'auberge pleine de bruit et d'activité et comme je demandais la « commodité » on me pria de faire un tour dans le jardin... Je ne soup-

(1) Rappelons que le salaire journalier était de 1 f. par jour.

çonnais pas auparavant les Français d'être aussi bons cultivateurs ; je suis peu fait pour dispenser cette sorte de fertilité (dans les jardins potagers).

11 août. Clermont... est bâti et pavé en lave ; c'est, dans certaines de ses parties, un des endroits les plus mal bâtis, les plus sales et les plus puants que j'aie rencontrés sur mon chemin. Il y a des rues qui, pour la couleur, la saleté et la mauvaise odeur, ne peuvent se comparer qu'à des tranchées dans un tas de fumier. L'infection corrompt l'air dans ces ruelles remplies d'ordures, quand la brise des montagnes n'y souffle pas...

11 septembre. Lorsque Young termine son voyage de 1789, il n'a plus son cheval, et il doit entreprendre la recherche difficile d'un moyen de transport.

Il fallut penser à gagner Nice ; le croirait-on ? de Marseille, qui contient 100 000 âmes, comme de Toulon, qui en contient 30 000, sur la grande route d'Italie par Antibes et Nice, il ne part ni diligence, ni service régulier. Un monsieur, à la table d'hôte, m'assura qu'on lui avait demandé 3 louis pour une place dans une voiture allant à Antibes, et encore, il avait fallu attendre jusqu'à ce que l'autre place fût prise.

12 septembre. Débarqué le soir à Cavalaire, que je m'imaginais être au moins une petite ville : il n'y a que trois maisons et plus de misère qu'on ne peut se l'imaginer. On me jeta un matelas sur les dalles de la chambre, car il n'y avait pas de lit ; pour me refaire de la faim que je venais d'endurer tout le jour, on ne me donna que des œufs couvés, du mauvais pain et du vin encore pis ; quant aux mules qui devaient me mener à Fréjus, il n'y avait ni cheval, ni mule, ni âne, rien que quatre bœufs pour le labourage.

Le 26 décembre. Dîné à la Tour-du-Pin et couché à La Verpillière (près de Vienne)... Le pays est réellement superbe... Seules les maisons ont un vilain aspect : au lieu d'être bien bâties et blanches, comme en Italie, ce sont des cabanes de boue, laides, couvertes de chaume, la fumée sortant par un trou percé dans le toit ou bien par les fenêtres. Les vitres semblent inconnues, et ces maisons ont un air de pauvreté et de misère qui jure avec l'aspect général du pays.

Le 20 janvier 1790, Young rentre en Angleterre; il écrit, le 30 du même mois :

A Bradfield ; et ici se terminent, je l'espère, mes voyages. Après avoir étudié l'agriculture et les ressources politiques de l'Angleterre et de l'Irlande, étudier celles de la France, c'était certainement un sujet de grand intérêt, et dont l'importance m'encourageait à le tenter. Mais, quel que fût mon espoir d'être capable de donner de l'agriculture de la France un exposé supérieur à ceux qui ont été publiés jusqu'ici, cependant, la plus grande satisfaction que j'éprouve à présent, c'est la perspective de demeurer à l'avenir dans une ferme, dans cette retraite calme et tranquille qui convient à ma fortune, et qui, j'en ai la confiance, plaira à mon humeur.

Le CAPITAINE COIGNET

1776-1850

Un curieux, Lorédan Larchey, trouva vers 1865, à l'étalage d'un bouquiniste, un livre intitulé *Souvenirs de Jean-Roch Coignet*. Très intéressé par ce « Journal », il fit une enquête pour en connaître l'origine et il apprit du bibliothécaire d'Auxerre que le capitaine Coignet avait réellement existé, que ses Mémoires étaient le récit exact de sa vie et que le manuscrit n'avait pas été détruit. Larchey put se rendre possesseur du document, qu'il appela *Cahiers*, car il se composait effectivement de neuf grands cahiers.

Coignet n'ayant appris à lire qu'à 35 ans, avait écrit de façon directe, sans apprêt, sans orthographe; au moment de publier son texte, il fit faire par un tiers une nouvelle rédaction; celle-ci, malheureusement défectueuse, effaçait la fraîcheur des souvenirs et la naïveté du style.

Le livre fut d'ailleurs édité en peu d'exemplaires, l'auteur se réservant l'exclusivité de la vente pour ses amis et pour les gens rencontrés au café qu'il avait l'habitude de fréquenter. La clientèle, sans cesse renouvelée, suffit à l'écoulement de l'édition; dès qu'un nouveau venu paraissait au café, Coignet liait conversation avec lui, puis, avec une tape amicale sur l'épaule, il disait : « Tu vas acheter ma belle ouvrage. »

Lorsque le vieux capitaine mourut, il laissa une somme de sept cents francs pour les frais d'un grand repas qui devait être servi au retour des funérailles. Tous les anciens et chers souscripteurs, les voyageurs de commerce de passage étaient invités de droit. De plus, un crédit de trois cents francs était ouvert, pour le café, les liqueurs et autres consommations. On devait, bien entendu, assister aux obsèques et se mettre ensuite immédiatement à table.

Cent vingt invitations furent ainsi faites aux ayant droit. La moitié des invités s'abstint, jugeant tout divertissement peu convenable, malgré la volonté formelle du défunt. Le repas n'en fut pas moins animé : un poète récita des vers et on multiplia les libations en l'honneur du brave Coignet. Du fait de l'absence de certains convives, de nombreux restes permirent le lendemain un second repas.

Le capitaine a laissé un bon souvenir dans la mémoire de ses amis. Il a laissé aussi, à la postérité, ses *Cahiers*, où il a fait le récit de sa vie et de ses nombreuses campagnes, de Montebello en 1800 à Waterloo en 1815. C'est seulement le récit de son enfance que nous donnons ici, dans l'édition de Lorédan Larchey où l'on retrouve, sans correction autre que l'orthographe, le style original du manuscrit.

LES CAHIERS DU CAPITAINE COIGNET

Mon enfance. Je suis tour à tour berger, charretier, garçon d'écurie. Je quitte pour la seconde fois mon village. J'entre au service de M. Potier.

Je suis né à Druyes-les-Belles-Fontaines, département de l'Yonne, en 1776, le 16 août.

Mon père eut trois femmes : la première a laissé deux filles ; de la seconde, il lui est resté quatre enfants (une fille et trois garçons). Le plus jeune avait six ans, ma sœur sept ans, moi huit, et mon frère aîné neuf ans, lorsque nous eûmes le malheur de perdre cette mère chérie. Mon père s'est remarié une troisième fois ; il épousa sa servante, qui lui donna sept enfants. Elle avait dix-huit ans ; on l'appelait « la belle ». Cette marâtre prit toute l'autorité. Voyez ces pauvres petits orphelins battus nuit et jour! Elle nous serrait le cou pour nous donner de la mine. Tous les jours, le père revenait de la chasse : « Ma mie, disait-il, et les enfants? — Ils sont couchés », répondait la marâtre.

Et tous les jours la même chose... Jamais nous ne voyions notre père, elle prenait toutes ses mesures pour éviter que nous pussions nous plaindre. Cependant sa vigilance fut bien déçue lorsqu'un matin mon père nous trouvant, moi et mon frère, les larmes sur nos figures : « Qu'avez-vous? demanda-t-il. — Nous mourons de faim ; elle nous bat tous les jours. — Allons! rentrez, je vais voir cela. »

Cette dénonciation fut terrible. Les coups de bâton ne se faisaient pas attendre, et le pain était retranché. Enfin, ne pouvant plus tenir, mon frère, l'aîné, me prit par la main, et dit : « Si tu veux, nous partirons. Prenons chacun une chemise, et nous ne dirons adieu à personne. »

De bon matin en route, nous arrivâmes à Étais, à une heure de nos pénates. C'était le jour d'une foire ; mon frère met un bouquet de chêne sur mon petit chapeau, et voilà qu'il me loue pour garder les moutons. Je gagnais vingt-quatre francs par an, et une paire de sabots.

J'arrive dans le village qui se nomme Charnois ; il est entouré de bois. C'est moi qui servais de chien à la bergère. « Passe par là! » me disait cette fille. Comme je longeais le bois, en détournant mes chèvres, il sort un gros loup qui refoule mes moutons, et qui se charge d'un des plus beaux du troupeau. Moi, je ne connaissais pas cette bête, la bergère se lamentait et me disait de courir. Enfin, j'arrive au lieu de la scène : le loup ne pouvait pas mettre le mouton sur son dos. J'ai le temps de prendre le mouton par les pattes de derrière. Et le loup de tirer de son côté, et moi du mien.

Mais la providence vient à mon secours : deux énormes chiens, qui avaient des colliers de fer, tombent comme la foudre, et dans un moment le loup est étranglé. Jugez de ma joie d'avoir mon mouton, et ce monstre qui gisait sur le carreau !

Je servis de chien à la bergère pendant un an. De là, je pars pour la foire d'Entrains. Je suis loué pour trente francs, une blouse, une paire de sabots, au village des Bardins, près de Menou, chez deux vieux propriétaires qui exploitaient des bois sur les ports, et qui gagnaient de douze à quinze cents francs avec mes deux bras.

Il y avait douze bêtes à cornes, dont six bœufs. L'hiver, je battais à la grange, et couchais sur la paille. La vermine s'était emparée de moi ; j'étais dans la misère la plus complète.

Le 1er mai, je partais avec mes trois voitures pour mener de la moulée (1) sur les ports, et de là au pâturage. Tous les soirs, je voyais mon maître apporter ma miche, une omelette de deux œufs cuite avec des poireaux et de l'huile de chènevis. Je ne rentrais à la maison que le jour de la Saint-Martin, où l'on me faisait l'honneur de me donner un morceau de salé...

Certains jours, vers deux heures du matin, mes six bœufs se levaient sans bruit et je restais sur la place. Ne sachant de quel côté trouver mes bœufs, dans l'obscurité, je remettais mes sabots et je prêtais l'oreille. Je m'acheminais du côté des jeunes bois, en rencontrant des ronces qui me faisaient ruisseler le sang dans mes sabots.

Souvent je rencontrais des loups sur mon passage, avec des prunelles qui brillaient comme des chandelles, mais le courage ne m'a jamais abandonné.

Enfin, retrouvant mes six bœufs, je faisais le signe de croix. Combien j'étais heureux ! Je ramenais mes déserteurs vers mes trois voitures qui étaient chargées de moulée, et là j'attendais mon maître pour les atteler et partir sur le port. De là je revenais au pâturage ; le maître me laissait là le soir. Je recevais ma miche, et toujours les deux œufs cuits avec des poireaux et de l'huile de chènevis. Et tous les jours la même chose pendant trois ans ; la marmite était renversée sous la maie (restait vide). Mais le plus

(1) Bois à brûler qu'on faisait descendre par eau.

pénible, c'était la vermine qui s'était emparée de moi.

Ne pouvant plus tenir, malgré toutes les instances possibles, je quittai le village. Je revins sur mon lancé pour voir si l'on me reconnaîtrait ; mais personne ne pensait à l'enfant perdu. Cela faisait quatre ans d'absence ; je n'étais plus reconnaissable.

J'arrive à Druyes le dimanche ; je vais voir ces belles fontaines qui coulent auprès du jardin de mon père. Je me mets à pleurer ; mais plus fort que l'adversité, je prends mon parti. Je me débarbouille dans cette eau limpide, au lieu où naguère je me promenais avec mes frères et ma sœur.

Enfin, la messe sonne. Je m'approche près de l'église, mon petit mouchoir à la main, car j'avais le cœur bien gros. Mais je tiens bon. Je vais à la messe ; je me mets à genoux. Je fais ma petite prière, regardant en dessous. Personne ne faisait attention à moi. Cependant j'entends une femme qui dit : « Voilà un petit Morvandiau qui prie le bon Dieu de bon cœur. » J'étais si bien déguisé, que personne ne me reconnut ; mais moi ce n'était pas la même chose. Je ne parle à personne ; la messe finie, je sors de l'église. J'avais bien vu mon père qui chantait au lutrin ; il ne se doutait pas qu'il y avait près de lui un de ses enfants qu'il avait abandonné.

J'avais fait trois lieues, et j'avais grand besoin de manger à ma sortie de la messe. Je me dirige chez ma sœur du premier lit qui tenait une auberge ; je lui demande à manger. « Que veux-tu, mon garçon, à dîner? — Madame, une demi-bouteille et un peu de viande et du pain, s'il vous plait. »

On me sert un morceau de ragoût ; je mange comme un ogre ; je me mets dans un coin pour voir tout le monde qui venait des campagnes faire comme moi. Enfin, mon dîner fini, je demande : « Combien vous dois-je, madame? — Quinze sous, mon garçon. — Les voilà, madame. — Tu es du Morvan, mon petit? — Oui madame, je viens pour tâcher de trouver une place. »

Elle appelle son mari. « Granger, dit-elle, voilà un petit

garçon qui demande à se louer. — Quel âge as-tu ? — Douze ans, monsieur. — De quel pays es-tu ? — De Menou. — Ah ! tu es du Morvan ? — Oui, monsieur. — Sais-tu battre à la grange ? — Oui, monsieur. — As-tu déjà servi ? — Quatre ans, monsieur. — Combien veux-tu gagner par an ? — Monsieur, dans mon pays on gagne du grain et de l'argent. — Eh ! bien, si tu veux, tu resteras ici, tu seras garçon d'écurie ; tous les profits seront pour toi. Tu es accoutumé à coucher sur la paille ? — Oui, monsieur. — Si je suis content de toi, je te donnerai un louis par an. — Ça suffit, je reste. Alors je ne paye pas mon dîner ? — Non, me fit-il ; je vais te mettre à la besogne. »

Il me mène dans son jardin, que je connaissais avant lui, et où j'avais fait toutes mes petites fredaines d'enfant. J'étais le plus turbulent de l'endroit ; aussi mes camarades me couraient à coups de pierres, ils m'appelaient le « poil rouge ». J'étais toujours le plus fort, ne craignant pas les coups : notre belle-mère nous y avait accoutumés. Je me rappelle à ce propos que j'avais le nez sale. Elle prit la pincette pour me moucher, et fut assez méchante pour me faire souffrir. « Je te l'arracherai », me dit-elle.

Aussi la pincette fut jetée dans le puits.

Mon beau-frère me mène donc dans son jardin, me donne une bêche. Je travaille un quart d'heure. Il me dit : « Ça suffit, c'est bien. On ne travaille pas le dimanche. — Eh bien, dit ma sœur, que va-t-il faire ? — Il servira à la table ; viens chercher du vin à la cave. »

Je prends un panier de bouteilles, et je sers tout le monde. Je courais comme un perdreau.

Le soir, on me donne du pain et du fromage. A dix heures, mon beau-frère me mène à la grange pour le coucher et me dit : « Il faut se lever de bon matin pour battre la fournée, et puis nettoyer l'écurie bien propre. — Soyez tranquille, tout sera fait. »

Je dis à mon maître bonsoir, et je me fourre dans la paille. Jugez si j'ai pleuré ! Je puis dire que si l'on m'avait regardé, l'on m'aurait vu les yeux rouges comme un lapin, tellement j'étais chagrin en me voyant chez ma sœur, et surtout son domestique, et à la porte de mon père.

Je n'eus pas de peine à me réveiller ; je n'avais qu'à sortir de mon trou et secouer mes oreilles. Je me mets à battre le blé pour faire la fournée à huit heures. Je passe à l'écurie, et je mets tout en ordre, et à neuf heures je vois paraître mon maître. « Eh bien, Jean, comment va ta besogne ? — Mais, monsieur, pas mal. — Voyons la grange. Ce que tu as fait, dit-il, c'est bien travaillé. Ces bottes de paille sont bien faites. — Mais monsieur, à Menou je battais tout l'hiver. — Allons, mon garçon, viens déjeuner. »

Enfin, le cœur gros, je vais chez cette sœur que ma mère avait élevée comme son enfant. J'ôte mon chapeau. « Ma femme, dit-il, voilà un petit garçon qui travaille bien, il faut lui donner à déjeuner. »

On me donne du pain et du fromage, et un verre de vin. Mon beau-frère dit : « Il faut lui faire de la soupe. — Eh bien, demain ; je me suis levée trop tard. »

Le lendemain, je me mis à l'ouvrage, et, à l'heure, je fus manger. Ah! pour le coup, je trouvai une soupe à l'oignon et du fromage, et mon verre de vin. « Ne sois pas honteux, mon garçon, dit-il. Tu vas aller au jardin bêcher. — Oui, monsieur. »

A neuf heures, ma bêche sur l'épaule, je me mis à la besogne. Quelle fut ma surprise! je vois mon père qui arrosait ses choux.

Il me regarde ; j'ôte mon chapeau, le cœur bien gros, mais je tiens ferme.

Il me parle : « Tu es donc chez mon gendre ? — Oui, monsieur. Ah! c'est donc votre gendre ? — Oui, mon garçon. D'où es-tu ? — Du Morvan. — De quel endroit ? — De Menou. Je servais au village des Bardins. — Ah! je connais tous ces pays. Connais-tu le village des Coignet ? — Oui, oui, monsieur. — Eh bien, il a été bâti par mes ancêtres. — Ça se peut, monsieur. — Tu as vu de belles forêts qui appartiennent à Mme de Damas ? — Je les connais toutes, car j'ai gardé les bœufs de mon maître pendant trois ans ; je couchais, toutes les nuits sous les beaux chênes, dans l'été. — Ah! bien, mon garçon, tu seras mieux chez ma fille. — Ça se peut. — Comment te nommes-tu ? — Jean. — Et ton père ? — On le nomme dans le pays l'« Amoureux ». Je ne sais si c'est son véritable nom. — A-t-il beaucoup d'enfants ? — Nous sommes quatre. — Que fait-il, ton père ? — Il va dans les bois ; il y a beaucoup de gibier par là ; on n'y voit que des cerfs et des biches, et du chevreuil. Et des loups c'en est plein ; ils m'ont fait bien peur des fois. Oh ! j'avais trop de peine, et je suis parti. — C'est bien, mon garçon, travaille ! tu es bien chez mon gendre. »

Enfin, il me vint des voyageurs dans deux voitures ; je mets les chevaux à l'écurie, et le lendemain je reçois un franc pour boire. Combien j'étais content ! On me fit descendre à la cave pour rincer des bouteilles, et je m'en acquittais bien. Alors, le petit garçon d'écurie était propre à tout ; aussi on me faisait trotter ferme : « Jean par-ci ! Jean par-là ! » Je servais à table. C'était ensuite la cave, l'écurie, la grange, le jardin. Je voyais mon père, et je disais : « Bonjour, monsieur Coignet. (Je ne pouvais pas oublier ce nom, il était trop bien gravé dans mon cœur.) Bonjour Jean, tu ne t'ennuies pas mon garçon ? — Non, monsieur, pas du tout. »

Enfin, tous les jours, je gagnais de l'argent. Je finis par détruire la vermine ; au bout de deux mois, j'étais propre. Mes dimanches me rapportaient, y compris les pourboires de l'écurie, six francs la semaine. Cette vie a duré trois mois...

Maintenant, la scène change de face ; la Providence vient à mon secours. Deux marchands de chevaux se présentèrent dans l'auberge de M. Romain, gros aubergiste, pour coucher ; mais le maître et la maîtresse se battaient à coups de fourche.

Alors ces messieurs descendent chez ma sœur. Quelle joie pour moi de voir arriver deux beaux messieurs à la maison, et sur deux beaux chevaux ! Quelle aubaine ! « Mon petit, disent-ils, mets nos chevaux à l'écurie, et donne-leur du son. — Soyez tranquilles, vous serez contents ! »

Ces messieurs vont à la maison, se font servir un bon

souper, et après ils viennent à l'écurie voir leurs bidets, qui étaient bien pansés et dans la paille jusqu'au ventre. « C'est bien, mon petit garçon, nous sommes contents de vous. »

Le plus petit me dit : « Mon jeune garçon, pourriez-vous venir nous conduire demain sur la route d'Entrains? Nous allons à la foire, mais il faudrait que nos chevaux soient prêts à trois heures du matin. — Eh bien ! Messieurs, ils seront prêts, je vous le promets. — Nous avons trois lieues à faire, n'est-ce pas ? — Oui messieurs, mais il faudra demander la permission à Madame, pour que je puisse vous conduire. — C'est vrai, nous la lui demanderons. »

Je donne l'avoine et le foin devant ces messieurs, et ils vont se coucher pour partir à trois heures du matin, pour la foire d'Entrains que l'on nomme les « Brandons ». A trois heures les chevaux sont sellés. Je vais réveiller ces messieurs, et leur dis : « Vos bidets sont prêts. »

Je vois sur la table de nuit deux pistolets et une montre ; ils la font sonner. « Deux heures et demie »... C'est bien, mon petit, donnez-leur l'avoine et nous partirons. Dites à madame que nous voudrions manger des œufs à la coque.»

Je vais faire lever ma sœur, qui se dépêche.

Je retourne à l'écurie préparer mes deux bidets. Ces messieurs arrivent et montent à cheval. « Madame vous nous permettez d'emmener votre domestique avec nous pour passer les bois? — Eh bien, va, me dit-elle, avec ces messieurs. »

Me voilà parti. Aussitôt hors de l'endroit, ces messieurs mettent pied à terre, me mettent, entre eux deux, et me demandent combien je gagnais par an. « Je ne puis vous le dire : c'est de l'argent, des chemises, une blouse, des sabots. Et puis j'ai des profits, je ne puis pas dire au juste ce que je gagne. — Eh bien, ça vaut-il bien cent francs. — Oh oui! messieurs. — Comme vous paraissez intelligent, si vous voulez venir avec nous, nous vous emmènerons ; nous vous donnerons trente sous par jour, et nous vous achèterons un bidet tout sellé. Nous vous prendrons en passant ici... Si vous vous ennuyez chez nous, votre voyage sera payé. — Messieurs, je le veux bien, mais vous ne me connaissez pas, et l'on ne me connaît pas non plus à l'auberge où je suis. Eh bien! vous allez me connaître. Je suis le frère de la grande dame chez qui vous avez couché. — Ça n'est pas possible! — Oh! je vous le jure. — Comment ça se fait-il? — Eh bien, si vous le permettez je vais vous l'apprendre. »

Oh! alors, voilà qu'ils me serrent de près. Ils me prennent par le bras. Je vous promets qu'ils sont tout oreilles pour m'entendre : « Voilà quatre ans que je suis perdu. Nous étions quatre enfants. Les mauvais traitements de notre belle-mère nous ont fait quitter la maison paternelle, et pas un ne m'a reconnu. Je suis domestique chez ma sœur du premier lit, vous pouvez vous en assurer à votre premier passage. » Et me voilà à pleurer.

« Allons, ne pleurez pas, nous allons vous faire un mot d'écrit que vous remettrez à madame, qui vous enverra à Auxerre pour aller chercher notre cheval qui est tombé à l'auberge de M. Paquet, près de la porte du Temple. Voilà de l'argent et des assignats pour payer le vétérinaire et l'aubergiste : cela fait trente francs. Vous le ramènerez tout doucement, vous lui ferez manger du son à Courson ; vous ne monterez pas dessus. — Non, messieurs, il ne faut pas parler de moi à ma sœur. — Soyez tranquille, mon jeune garçon. Remettez-lui ce petit mot et demain vous partirez pour Auxerre. Vous aurez bien soin de notre cheval. Nous sommes à Entrains pour huit jours. Quand vous verrez arriver nos chevaux, vous vous tiendrez prêt. Prenez seulement une chemise dans votre poche. — Cela suffit. »

Je quitte ces messieurs, le cœur bien gros. On me dit en arrivant : « Tu as été bien longtemps. — Dame, ils m'ont mené bien loin, ces messieurs-là! Voilà une lettre qu'ils ont donnée pour vous et de l'argent et des assignats pour aller à Auxerre chercher un cheval qui est malade. — Ah! ils ne se gênent pas. — Dame, voilà la lettre ; ça vous regarde. »

Il lit la lettre. « Eh bien! tu partiras à trois heures du matin, tu as quatorze lieues à faire demain. »

De la nuit, je ne ferme l'œil ; ma petite tête était bouleversée de tout ce qui venait de m'arriver. Je fais mes sept lieues en cinq heures ; j'arrive chez M. Paquet à huit heures du matin, je trouve mon cheval bien portant, et présente ma lettre, et l'on m'envoie chez le vétérinaire, qui donne un reçu de son payement. Je reviens à l'hôtel, je règle avec M. Paquet, je pars pour Druyes, et j'arrive à sept heures à la maison, bien fatigué. Faire quatorze lieues dans un jour à douze ans, c'est trop pour mon âge. Enfin je soigne bien mon cheval, je lui fais une bonne litière, et je vais souper. Je remets les reçus et trois francs du reste de l'argent de ces messieurs, et je me vais fourrer dans ma paille. Oh, comme j'ai bien dormi! Je n'ai fait qu'un somme.

Le lendemain, j'ai pansé mon cheval le plus proprement possible, et j'ai déjeuné : « Tu vas battre à la grange, me dit mon beau-frère. — Ça suffit. »

Je bats jusqu'à l'heure du dîner. Il me dit alors : « Tu vas aller au jardin bêcher. »

Me voilà parti, je trouve mon père et ma belle-mère. « Te voilà Jean! — Oui, monsieur Coignet. — Tu viens d'Auxerre? — Oui, monsieur. — Tu as bien marché. Connais-tu cette ville? — Non, monsieur, je n'ai pas eu le temps de la voir. — C'est vrai. »

Et comme j'allais me retirer, j'entends ma belle-mère qui disait à mon père : « La Granger a du bonheur d'avoir un petit jeune homme aussi intelligent. — C'est vrai, lui répondit mon père. Quel âge as-tu? — Douze ans, monsieur. — Ah! tu promets de faire un homme. — Je l'espère. — Allons, continue ; l'on est content de toi. — Je vous remercie. »

Et je me retire, le cœur gros.

Tous les soirs j'allais au jardin pour voir si je verrais venir les marchands de chevaux ; on pouvait les voir d'une demi-lieue.

Enfin, le huitième jour, je vois sur le grand chemin blanc beaucoup de chevaux descendre sur le bourg. Chaque homme ne menait qu'un cheval ; ils n'étaient pas encore accouplés. Il y en avait quarante-cinq ; ça ne finissait pas. Je cours de suite à la maison pour prendre ma plus jolie veste, mettre une chemise, et en mettre une dans ma poche ; je vais vite à l'écurie pour seller le cheval de ces messieurs.

Je n'ai pas sitôt fini que je vois passer tous ces chevaux, tous gris pommelé. Je n'osais parler à ces Morvandiaux ; je pétillais de joie. La queue n'était pas encore passée, que voilà ces messieurs qui arrivent dans la cour avec trois chevaux. « Eh bien! mon petit garçon, et notre bidet, comment va-t-il? — Il est superbe. — Mettons pied à terre, voyons cela... Comment! Il est bien guéri. Il faut le remettre à notre garçon pour qu'il l'emmène ; il n'est pas encore passé. »

Et leurs chevaux défilaient toujours. Leur piqueur passe : « François, prenez votre bidet, suivez les chevaux! »

Ma sœur paraît, ces messieurs la saluent : « Madame, combien vous est-il dû pour la nourriture de notre cheval? — Douze francs, messieurs. — Les voilà, madame. — N'oubliez pas le garçon. — Cela nous regarde. »

Ma sœur m'aperçoit pendant que je sortais le cheval. « Tiens, dit-elle, tu es habillé en dimanche. — Comme tu vois. — Comment, à qui parles-tu? — A toi. — Comment? — Eh bien oui ! à toi. Tu ne sais donc pas que ton domestique est ton frère? — Par exemple! — C'est comme cela. Tu es une mauvaise sœur. Tu nous as laissés partir moi et mon frère, et mon petit frère et ma petite sœur. Te rappelles-tu que tu as coûté trois cents francs à ma mère pour apprendre le métier de lingère chez Mme Morin? Tu n'as pas de cœur. Ma mère qui t'aimait comme nous! et nous avoir laissés partir! »

Voilà ma sœur à pleurer, à crier. « Eh bien, madame, c'est bien la vérité que ce jeune enfant vous dit? Si ça est, ce n'est pas beau. — Messieurs, ce n'est pas moi qui les ai perdus, c'est mon père. Ah! le malheureux, il a perdu ses quatre enfants! »

Aux cris et lamentations de ma sœur, il arrive des voisins qui accourent de toutes parts pour me voir : « C'est un des enfants du père Coignet. En voici un de retrouvé. » Et ma sœur, et moi, de pleurer.

Un de ces messieurs, qui me tenait par la main, me dit :

« Ne pleure pas, mon petit, nous ne t'abandonnerons pas, nous. »

Mes petits camarades viennent m'embrasser. Mon père qui entend ce brouhaha, accourt. On dit : « Le voilà, ce M. Coignet qui a perdu ses quatre enfants ! » Et je dis de mon côté à ces messieurs : « C'est mon père que voilà, messieurs. — Voilà un de vos enfants, monsieur, et nous l'emmenons avec nous. — Eh bien, dis-je alors, à ce père sans cœur, qu'avez-vous fait de mes deux frères et de ma sœur ? Allez donc chercher cette marâtre de belle-mère qui nous a tant battus. — C'est vrai, crie tout le monde. C'est un mauvais père, et leur belle-mère est encore plus mauvaise. »

Enfin, tout le monde était autour de moi, et ces messieurs me tenaient par le bras. « Allons, à cheval ! dit M. Potier (le plus petit des deux) ; en voilà assez ! Partons, montez sur votre bidet. »

Et tout le monde de me suivre, criant : « Adieu, mon petit bon voyage ! » Mes petits camarades viennent m'embrasser tous, et moi, je pleurais à chaudes larmes en disant : « Adieu, mes bons amis ! »

Ces messieurs me mettent au milieu d'eux, et nous traversons entre deux haies de monde. Les hommes avaient le chapeau bas, et les femmes de faire des révérences à ces messieurs.

Et moi de pleurer, mon petit chapeau à la main.

« Nous montons la montagne au trot, disent ces messieurs. Rattrapons nos chevaux ! Allons, mon petit, tenez-vous bien ! »

Nous dépassons les chevaux à la sortie des bois, et nous arrivons à Courson, à la grande auberge de M. Raveneau, où je visitai les écuries, et dis de préparer tout ce qu'il fallait pour quarante-neuf chevaux. Ces messieurs commandent le souper pour quarante-cinq hommes, non compris les maîtres.

En arrivant, on forme les chevaux par quatre pour les accoupler le lendemain, et on les attache à deux longes. C'est la première fois que ces chevaux se trouvaient à côté l'un de l'autre. Il était temps que le foin et l'avoine fussent servis à ces gaillards ; je crois que nous n'aurions pu les contenir ; c'étaient comme des furibonds qui se cabraient. Et moi de taper dessus, je ne les quittais pas d'un instant. Et les maîtres de rire en me voyant frapper de l'un à l'autre.

A sept heures, ces messieurs viennent faire la visite et font souper leurs hommes, qui étaient quarante-cinq ; ils payent leur journée et retiennent les hommes qu'il fallait pour le lendemain. Ils commandent des gardes d'écurie pour la nuit, et m'emmènent. « Allons souper, dirent-ils ; venez avec nous, mon garçon, nous reviendrons, après, les voir. »

Quelle surprise de voir une table servie comme pour des princes ; la soupe, le bouilli, un canard aux navets, un poulet, une salade, du dessert, du vin cacheté !

« Mettez-vous là, entre nous deux et mangez ! comme vous êtes courageux ! »

Le roi n'était pas plus content que moi.

« Ah ça ! dit M. Potier, il faut mettre une cuisse de poulet dans un papier avec du pain, pour la manger le long de la route, parce qu'on ne s'arrête qu'à la couchée. Vous trouverez des garçons d'auberge qui vous attendrons avec de grands verres de vin qu'ils donneront à chaque homme en passant, sans s'arrêter, et tout sera payé. Vous vous tiendrez derrière autant que possible. »

Le matin, on met les chevaux par quatre, avec des « torches » et des « quenouilles (1) » pour maintenir tous ces chevaux (cela a demandé du temps) ; et puis en route !

Nous arrivâmes à Nangis-en-Brie le huitième jour avant la foire, et j'eus tout le temps de connaître mes deux maîtres. L'un se nommait M. Potier, et l'autre M. Huzé. Celui-ci était aimable, spirituel et poli ; M. Potier était petit et laid. Je me disais : « Si je pouvais être chez M. Huzé ! » Pas du tout, c'est chez M. Potier que l'heureux sort m'attendait.

(1) C'est-à-dire avec un assemblage de perches et de coussins de paille.

Je pars donc de Nangis le vendredi pour Coulommiers. J'arrive à trois heures dans une grande cour, à cheval, comme un pacha à trois queues, monté sur mon joli bidet. Voilà madame qui paraît. « Eh bien, mon garçon, et votre maître ne vient pas ce soir ? — Non, madame, il ne viendra que demain. — Que l'on mette le cheval à l'écurie ! venez avec moi. »

Comme je marchais à côté de madame, me voilà assailli par quatre grosses filles de la maison qui se mettent à crier : « Ah ! le voilà ! le voilà ! le petit Morvandiau ! »

Combien ce nom me faisait de peine ! Mon petit chapeau à la main, je suivais madame. « Allons, dit-elle, laissez cet enfant ; allez à votre ouvrage. Venez, mon petit ! »

Comme elle était belle, Mme Potier ! car c'était bien la femme du petit que je redoutais. Je ne l'appris que le lendemain. Quelle surprise pour moi de voir une si belle femme et un si vilain mari !

« Allons, continue-t-elle, il faut manger un morceau et boire un coup, car on ne soupe qu'à sept heures. »

Et voilà, madame qui me fait parler de notre voyage, et je lui dis : « Madame, tous les chevaux sont vendus. — Etes-vous content de votre maître ? — Oh ! madame, je suis enchanté. — Ah ! c'est très bien ce que vous dites là. Aussi mon mari m'a écrit que vous étiez un bon sujet. — Je vous remercie, madame. »

Le soir, à sept heures, on soupe. C'était le vendredi. On me fait appeler pour me mettre à table. Je vois une table servie comme pour un grand repas, tout en argenterie, timbales d'argent, deux paniers de bouteilles. Quelle est ma surprise de voir douze domestiques : garde-moulin, charretiers, laboureur, fille de laiterie, femme de chambre, boulangère et femme de peine. Les six autres étaient à Paris avec des chariots qui menaient les farines pour les boulangers de Paris ; ils faisaient le voyage toutes les semaines. Il y a quinze lieues de Coulommiers à Paris. Il y avait sur cette table deux plats de matelote ! Je croyais que l'on donnait un repas en ma faveur.

On me fait mettre à côté d'un grand gaillard, et madame

lui recommande de me servir. Il me donne un morceau de carpe ; j'en étais honteux de voir mon assiette pleine de poisson, j'aurais pu en faire deux repas. Il s'aperçut que je mangeais peu ; il mit un morceau de pain dans sa poche, et me le présenta à l'écurie en me disant : « Vous n'avez pas mangé, vous êtes trop timide! »

Comme je l'ai dévoré à mon aise, du pain blanc comme la neige!

A neuf heures, il vient une grosse fille faire mon lit dans l'écurie. J'étais bien couché : un lit de plumes, un matelas, des draps bien blancs... Je puis bien dire que je me trouvais tout à fait heureux.

Le matin, mon grand camarade me mène à la salle à manger pour déjeuner, avec ma demi-bouteille et du fromage. Dieu! quel fromage! comme de la crème! et du pain de Gonesse, avec du vin du pays. Je lui demandai ce que je ferais : « Il faut attendre que madame soit levée, elle vous le dira. — Eh bien, je vais panser mon bidet et le faire boire, et nettoyer l'écurie. »

Je pétillais du désir de travailler. Le garçon d'écurie était parti à la ville, je profite de cette occasion pour nettoyer toutes les écuries.

Madame arrive, et me trouve habit bas, le balai à la main : « Qui vous a dit de faire cela ? — Personne, madame. — Eh bien! ce n'est pas votre ouvrage, venez avec moi. Chacun fait son ouvrage dans notre maison ; mais vous avez bien fait. Quand mon mari sera venu, il vous dira ce que vous devrez faire. Allons au jardin, prenez ce panier, nous rapporterons des légumes. Savez-vous bêcher ? — Oui madame. — Ah! tant mieux. Je vous ferai travailler quelquefois dans notre jardin, car, chez nous, chacun fait son ouvrage, personne ne s'en dérange. »

Je rentre à la maison, et vais visiter les moulins de Chamois. De retour, quelle est ma surprise de voir mes deux maîtres qui cherchaient madame! « Te voilà, mon ami », dit Mme Potier à son vilain mari, car c'était bien celui auquel je désirais le moins appartenir. Et c'était l'homme par excellence, tant par le cœur que par la fortune. M. Huzé salue et se retire. On me fait venir. « Ma femme, dit mon maître, voilà un enfant que je t'amène de la Bourgogne, c'est un bon sujet, je te le recommande ; je te conterai son histoire plus tard. » Et moi qui étais là, bien timide!

« Eh bien! dit-il, vous êtes-vous ennuyé, mon garçon? Allons voir nos chevaux! »

Et le voilà à me faire voir toutes les écuries, les moulins. Et les domestiques à saluer leur maître. Ce n'était pas un maître, c'était un père pour tout le monde ; jamais il ne lui échappait une expression déplacée.

Il me dit : « Demain, nous monterons à cheval pour vous faire voir mes laboureurs et mes terres. Il faut que vous soyez à même de connaître tous les morceaux qui m'appartiennent. »

Je me disais : « Que va-t-il faire de moi? »

Il parle à ses laboureurs et à ses autres ouvriers toujours avec un ton affable. Puis il dit : « Allons voir mes prés! » Et toujours il me parlait avec bonté : « Faites attention à tout ce que je vous montre, et aux limites, car je pourrai vous envoyer faire une tournée quelquefois pour voir mes laboureurs et mes autres ouvriers, pour me rendre compte de ce qui est fait. — Soyez tranquille, je rendrai un fidèle compte de tout ce que vous me direz. — Il faut que je vous mette au fait de tout. Vous prendrez toujours votre bidet, car les routes sont longues. »

Nous fûmes bien trois heures dehors. « Allons, me dit-il, rentrons à la maison! Demain nous irons ailleurs. »

Enfin il me mit au courant de tous les détails. Huit jours se passent ainsi en tournées de part et d'autre ; le neuvième jour, il vient un orage épouvantable. Voilà les eaux qui inondent la maison, arrivent de toutes parts ; tout le monde était bloqué. Il se trouvait encore des chevaux à l'écurie. Ni maître, ni garde-moulin ne pouvaient sortir. Et moi de courir d'une écurie à l'autre, car l'eau montait à vue d'œil. Enfin, je barbotais comme un canard. Les chevaux en avaient au-dessus des jarrets, mais l'eau n'a pas pénétré dans la maison.

Il y avait trois étables où les porcs couraient grand risque d'être noyés, vu qu'ils étaient sous la voûte. M. Potier me fait venir et me donne une pince de moulin, et me dit : « Tâcher de délivrer les cochons. — Soyez tranquille, je vais de suite. »

Et me voilà dans l'eau. Je ne croyais pas pouvoir arriver, mais enfin, parvenu à la première porte, je fais une percée, et l'eau m'aide à ouvrir. Voilà mes six gaillards sortis, et nageant comme des canards. Je vais en faire autant aux deux autres étables ; mes dix-huit cochons étaient sauvés. Et tout le monde de la maison de me regarder par les croisées.

M. Potier, qui ne me perdait pas de vue, me guidait : « La petite porte de la cour est-elle fermée? — Non, monsieur. — Les cochons vont sortir, ils suivront le cours de l'eau! »

Je me suis mis à traverser la cour, dans l'eau qui était maîtresse de mes forces ; je n'arrive pas assez à temps. Voilà un des cochons qui enfile la porte et suit le courant. M. Potier, qui s'aperçoit que j'ai un déserteur de parti, court à l'angle de la maison, me crie : « Prenez votre bidet tâchez de gagner le devant. »

Je cours à l'écurie, mets le bridon à mon bidet, et fais jaillir l'eau pour rattraper mon déserteur. M. Potier me crie : « Doucement! appuyez à droite. » Ses paroles se perdent. Je prends trop à gauche : je me plonge dans un trou où l'on avait amorti de la chaux. Du même bond, mon cheval me sort du trou. Je ne voyais plus. Comme je tenais mon cheval ferme de la main droite, je m'essuyai la figure, et poursuivis ma bête, qui filait dans les prés. Enfin, en luttant contre l'eau, je gagne le devant de mon cochon. Lorsqu'il eut le nez tourné du côté de la maison, il revint comme je le désirais. Arrivé dans la cour, je lâche mon bidet, bien transi de froid. Mes maîtres m'attendaient sur le perron. Et les grosses filles de regarder ce pauvre petit orphelin trempé, pâle comme la mort... Mais j'avais sauvé le cochon de mon maître.

« Venez, mon ami, me disent monsieur et madame, venez vous changer. » Ils me mènent dans leur belle chambre où un bon feu était allumé, et les voilà à me déshabiller tout nu comme je suis venu au monde... « Buvez, disent-ils, ce verre de vin chaud. »

Les voilà qui m'essuient comme leur propre enfant, et m'enveloppent dans un drap. M. Potier dit à son épouse : « Ma chère amie, si tu donnais une de mes chemises neuves, il pourrait bien l'essayer. — Tu as raison, ce pauvre petit n'en a que deux. — Eh bien! il faut lui donner la demi-douzaine. Tiens! il faut lui payer sa bonne action : je vais lui faire cadeau du pantalon et du gilet rond que tu m'as fait faire ; il sera habillé tout neuf. — Bien, mon ami, tu me fais plaisir. »

M. Potier me dit : « Vous gagnerez dix-huit francs par mois et les profits : trois francs par cheval. — Monsieur et madame, combien je vous remercie! — Si vous vous étiez noyé en sauvant notre cochon! Vous avez mérité cette récompense. »

Je me vois habillé comme le maître de la maison. Dieu! que j'étais fier! Je n'étais plus le petit Morvandiau.

Comme ils se prêtaient à m'habiller, je dis : « Mais, monsieur, il ne faut pas m'habiller. Et les chevaux! et les cochons, il faut que je retourne à mon poste, mes habits seraient perdus. — Tu as raison, mon enfant. »

Ils vont chercher des vêtements de leur neveu, et me voilà en petite tenue. Je me trouvais seul ; le garçon d'écurie était à la ville, et les garde-moulins ne voulaient pas se mettre les pieds à l'eau. On me donne un grand verre de vin de Bourgogne bien sucré, et je me remets à l'eau. Je donne le foin aux chevaux. Je bloque mes dix-huit cochons dans une écurie qui était vide. Pour cela, je prends une grande perche et poursuis tous mes gaillards devant moi, et finis par être le maître. Je peux dire que j'ai barboté deux heures ce jour-là. Le soir, l'eau avait disparu, et les charretiers arrivent de toutes parts. Et moi, de rentrer à la maison, de changer de tout, et de me coucher de suite. Le vin sucré me fit dormir ; le lendemain je n'y pensais plus.

Monsieur et madame me firent demander de venir, et m'emmenèrent dans leur chambre ; ils m'habillèrent tout à neuf. Après le déjeuner, M. Potier dit au garçon d'écurie : « Selle nos bidets! » Et nous voilà partis pour voir des gros fermiers et acheter des blés. Mon maître fit des affaires pour dix mille francs, et nous fûmes traités en amis. Sans doute que M. Potier avait parlé à ces gros fermiers : on me fit beaucoup d'amitiés, et je fus mis à table près de mon maître.

Il faut dire que j'étais bien décrassé. J'avais l'air d'un secrétaire. S'ils avaient su que je ne savais pas la première lettre de l'alphabet!... Mais les habits de M. Potier me servaient de garantie auprès de ces messieurs. Et dame! après diner, nous partîmes au galop, nous arrivâmes à sept heures, et on me fit changer de place à table. Je vois mon couvert près de M. Potier, à sa gauche, et madame à sa droite. Et le premier garde-moulin près de madame, qui servait nos maîtres les premiers. Il faut dire que monsieur et madame étaient toujours au bout de la table ; on pouvait dire que c'était une table de famille. Jamais on ne disait « *toi* » à personne, toujours « *vous* ». Le dimanche, monsieur demandait : « Qui veut de l'argent ? »

Tous les domestiques étant réunis, M. Potier leur dit : « Je nomme ce jeune homme pour vous transmettre mes ordres. Je lui confie les clefs du foin et de l'avoine ; c'est lui qui fera la distribution à tous les attelages. »

Tout le monde me regarde, et moi qui ne savais rien de cet arrangement, j'étais tout confus, je n'osais lever la tête. Enfin mon maître me dit : « Vous allez venir avec moi à la ville. » J'étais content d'être hors de table.

M. Potier me donne les clefs et me dit : « Partons! nous allons voir des greniers à blé considérables. Eh bien, êtes-vous content de moi? Ma femme aura soin de vous. — Monsieur, je ferai tout mon possible pour que vous soyez content de moi. »

Le lendemain, la sonnette m'appelle pour me donner l'ordre, que je transmis à tous les domestiques. Le plus grand me dit : « Monsieur, que dites-vous? — Je ne suis pas « monsieur », je suis votre bon camarade, dites-le à tout le monde. Je suis aux gages comme vous ; je ferai mon service ; je n'abuserai jamais de la confiance de monsieur et de madame ; j'ai besoin de vos conseils. — Comme je suis le plus ancien de la maison, vous pouvez compter sur moi », dit-il.

Je peux dire que tout le monde me fit bonne mine. Comme c'était moi qui faisais la distribution du son, de l'avoine et du foin, on me faisait la cour pour avoir la bonne mesure...

Le lendemain, il arrive deux gros fermiers qui déjeunent. M. Potier me sonne et dit : « Passez dans mon cabinet. Vous m'apporterez dix sacs. »

Je les apporte... Dieu! que de piles d'écus dans ces sacs!... Je reste le chapeau à la main. « Jean, dit-il, faites seller nos bidets ; nous partirons avec ces messieurs. » Madame me dit : « Habillez-vous proprement. Voilà un mouchoir et une cravate. »

Elle a la bonté de m'arranger : « Allez, mon petit garçon, vous voilà propre! »

Comme j'étais fier! Je présentai le cheval à mon maître, et je tins l'étrier. Cela l'a flatté beaucoup devant ces messieurs, car il me l'a dit depuis. Les voilà tous trois à cheval. Je suivais en arrière, plongé dans mes petites réflexions. Arrivés à une belle ferme, on met nos chevaux à l'écurie, et moi, je me tiens dans la cour à voir ces belles meules de blé et de foin. Un domestique vient me chercher pour me faire mettre à table. Je refusai, disant : « Je vous remercie. » Le maître de la maison me prend par le bras, et dit à mon maître : « Faites-le mettre à table près de vous. »

Je n'étais pas à mon aise, enfin je mangeai du premier plat servi, et je me levai de table. « Où allez-vous? me dit le maître de la maison. — M. Potier m'a permis de me retirer. — C'est différent. »

J'étais flatté de me voir à une table servie comme celle-là. Je me la rappelle toujours. Madame la fermière, après le dîner, m'invite à voir sa laiterie. Je n'ai jamais rien vu de si propre : des robinets partout.

« Tous les quinze jours, me dit-elle, je vends une voiture de fromages. J'ai quatre-vingts vaches! »

Elle me ramène au réfectoire pour me faire voir sa batterie de cuisine ; tout était reluisant de propreté. La table, les bancs, tout était ciré. Ne sachant que dire à cette aimable dame, je lui dis : « Je conterai tout ce que j'ai vu à Mme Potier. — Nous y allons trois fois l'hiver dîner et passer la soirée. Comme l'on est bien reçu chez M. et Mme Potier! »

Ces messieurs arrivent. Je me retire. M. Potier me fait signe et me met vingt-quatre sous dans la main. « Vous donnerez cela au garçon d'écurie ; faites brider, nous partirons. »

On amène nos deux bidets ; la belle fermière dit à M. Potier : « Le bidet de votre domestique est charmant, il me conviendrait. Si mon mari était galant, il me l'achèterait car le mien est bien vieux. — Eh bien! voyons cela, dit celui-ci ; veux-tu l'essayer? Fais mettre ta selle et monte-le. Tu verras comme il va. »

On apporte la selle de côté. Je lui dis : « Madame, il est très doux, vous pouvez le monter sans crainte. »

Voilà madame à cheval, et qui part au trot, va en tous sens, à droite et à gauche, disant : « Il a le trot très doux. Je t'en prie, mon mari, fais-moi cadeau de ce bidet. — Eh bien! monsieur Potier, il faut le lui laisser, dit le mari. Nous nous arrangerons. Combien me le vendrez-vous? — Trois cents francs. — Ça suffit! Te voilà contente. Maintenant c'est toi qui donneras le pourboire au garçon. — Oh! de suite. Venez! » me dit-elle.

Elle me met six francs dans la main, et me fait seller son vieux cheval. Et nous voilà partis au bon trot. Quelle bonne journée pour moi!... M. Potier me dit : « Je suis content de vous. — Je vous remercie, monsieur. Cette dame m'a fait voir sa laiterie et sa batterie de cuisine. Que tout cela est beau! Ce sont de vrais amis ; madame n'est pas fière! »

Le lendemain, on vient chercher le vieux bidet, et M. Potier me dit : « Vous prendrez celui que nous avons amené de votre pays. Demain, nous allons ensacher de la farine : il nous en faut cent sacs pour Paris. C'est vous qui prendrez le boisseau, je vous montrerai cela. Demain vous boirez un coup à sec, il faut que vous appreniez à tout faire ; chez nous, vous n'aurez jamais d'ouvrages comme les autres. Je vous mettrai au courant de bien des ouvrages ; il faut que vous sachiez tout faire. »

Le lendemain matin, il me présenta au garde-moulin,

et lui dit : « Baptiste, voilà Jean que je vous amène, il faut lui montrer à manier le boisseau ; il sera à votre disposition toutes les fois que vous en aurez besoin, il est rempli de bonne volonté. — Mais, monsieur, sera-t-il assez fort pour manier le boisseau avec moi ? — Soyez tranquille, je vais présider à tout cela. »

Voilà M. Potier qui prend le boisseau, et me montre : « Faites comme cela. » Je voulais lui prendre des mains la mesure. « Non, dit-il, laissez-moi finir ce sac ! »

Je m'empare du boisseau et je le manie comme une plume. A mon premier sac, Baptiste dit à M. Potier : « Nous en ferons un homme. — Je vais rester près de vous, dit mon maître. C'est inutile, dit Baptiste, nous nous tirerons d'affaire tous les deux. »

Enfin je m'en acquittai de mon mieux, avec cet homme un peu dur. Cela dura toute la journée. Comme j'avais mal aux reins ! Nous n'en avions fait que cinquante bâches, il fallut recommencer le lendemain. Enfin, j'en vins à bout à mon honneur.

Monsieur et madame s'aperçurent d'une petite pointe de jalousie de la part des domestiques à mon sujet, et ils profitèrent du moment de mon absence pour leur conter mes malheurs. Ils leur dirent que je n'étais pas destiné à faire un domestique, que mon père avait beaucoup de bien, et qu'il avait perdu ses quatre enfants. « C'est moi, dit M. Potier, qui ai retrouvé celui-ci, les autres sont perdus. Je veux qu'il sache tout faire. — Je lui montrerai à tenir la charrue, lui dit le premier laboureur. — Ah ! c'est bien, je vous reconnais là. — Je le mènerai avec moi quand vous voudrez. — Eh bien ! prenez-le sous votre protection, je vous le confie ; ne le fatiguez pas, car il est plein de courage. — Soyez tranquille, je lui montrerai à semer, je lui donnerai mes trois chevaux. »

J'arrive le soir de porter des invitations à trois lieues, et je rapportais les réponses. Je me mis à table : monsieur et madame me firent des questions sur les personnes à qui j'avais remis les lettres. Je répondis que partout l'on avait voulu me faire rafraîchir, que je n'avais rien pris. Je vois tous les domestiques qui me regardent.

Le premier laboureur dit à table : « Jean, si vous voulez, je vous mènerai avec moi demain ; je vous ferai faire un sillon avec ma charrue. — Ah! vous me faites bien plaisir, mon père Pron (c'est le nom de ce brave homme) ; si monsieur le permet, je partirai avec vous. — Non, dit M. Potier, nous irons ensemble. »

En route, monsieur me dit que ce brave homme s'était offert de me montrer de tenir la charrue. Et il ajoutait : « Il faut en profiter, car c'est le plus fort de notre pays. »

Une fois arrivés : « Voilà votre élève, dit monsieur, tâchez d'en faire un bon laboureur. — Je m'en charge, monsieur. — Voyons, faites-lui faire un enrayage. »

Voilà le père Pron qui dresse sa charrue et place ses trois chevaux sur une ligne droite, et me fait prendre des points de vue très loin, et des points intermédiaires de place en place. Il me dit : « Regardez, entre les deux oreilles de votre cheval de devant, les points que je vous montre ; ne faites pas attention à votre charrue, tenez vos guides et fixez bien vos trois points. Aussitôt que le premier sera dépassé, vous en ressaisirez un autre. »

De suite, j'arrive au bout de mon rayage, je regarde ma première raie, elle est droite. « C'est bien, me dit M. Potier, ça n'est pas tremblé. Je suis content ; ça va bien ; continuez. »

Il eut la complaisance de rester deux heures et il me ramena à la maison, où madame l'attendait. « Eh bien, lui dit-elle, et la charrue, comment s'en est-il tiré? — Très bien. Je t'assure que Pron est content de lui ; ça fera un bon laboureur. — Ah! tant mieux. Ce pauvre enfant. — Pron a eu une bonne idée de se charger de lui montrer à tenir la charrue. Je veux qu'il apprenne à semer ; il commencera par semer des vesces, et puis du blé. »

Le lendemain, je m'aperçus que tous les domestiques me faisaient une mine gracieuse. Je ne savais ce que cela voulait dire. C'était monsieur et madame qui leur avaient conté mon histoire. Enfin, je fus l'ami de tout le monde. M. Potier avait sept enfants ; c'est moi qui allais les chercher dans les pensions, et les ramenais. C'étaient des fêtes pour eux et pour moi. J'étais de toutes les parties, à pied et en voiture. C'est moi qui réglais tous les petits différends entre les demoiselles et leurs frères...

Un jour je fus invité à passer à la mairie. Là, on me demanda mes nom et prénoms, ma profession, mon âge. « Je me nomme Jean-Roch Coignet, né à Druyes-les-Belles-Fontaines, département de l'Yonne. — Quel âge avez-vous ? — Je suis né le 16 août 1776. — Vous pouvez vous retirer. »

Ça me mit martel en tête : « Que diable me veulent-ils ? Je n'ai pourtant rien fait. » Je dis cela de suite à mes maîtres, qui me disent : « C'est pour vous enregistrer pour la conscription. — Je vais donc être soldat ? — Pas encore, mais c'est une mesure qu'ils prennent. Si vous voulez nous vous achèterons un homme. — Je vous remercie ; nous verrons cela plus tard. »

Je me trouvais accablé de cette nouvelle ; j'aurais voulu être parti de suite ; mais cela se prolongea jusqu'au mois d'août, où j'eus le temps de faire toutes mes réflexions. Ma tête travaillait nuit et jour ; je me voyais sur le point de quitter cette maison où j'avais passé des jours si heureux, avec de si bons maîtres et de bons camarades.

Je termine la première partie de mon ouvrage, pour ne pas faire trop de répétitions qui pourraient ennuyer. Je vais commencer mon état militaire. J'ai fini la première partie de mes peines ; celles-là ne sont que des roses.

Départ pour l'armée. Ma vie militaire jusqu'à la bataille de Montebello.

Le 6 fructidor an VII, deux gendarmes se présentèrent pour me donner une feuille de route pour partir le 10 fructidor pour Fontainebleau. Je fis de suite mes préparatifs pour partir ; on voulait me faire remplacer, je remerciai en pleurant : « Je vous promets que je reviendrai avec un fusil d'argent, ou je serai tué ! » Mes adieux furent tristes ; je fus comblé d'égards par tout le monde, conduit un bout de chemin, et bien embrassé. Mon petit paquet sous le bras, je viens coucher à Rozoy, première étape militaire.

J'allai chercher mon billet de logement, que je présente à mon hôte, qui ne fait pas attention à moi. Je sors, et vais acheter un pot-au-feu, que le boucher me mit dans la main. Je fus blessé de voir cette viande dans le creux de ma main. Je la présente à ma bourgeoise pour qu'elle ait la complaisance de me la faire cuire, et je vais lui chercher des légumes. On finit par mettre mon petit pot-au-feu ; j'eus alors les bonnes grâces de mes hôtes, qui voulurent bien m'adresser la parole ; mais je ne leur en tins aucun compte.

Ici se place le récit de la vie militaire de Jean Coignet, la journée de Marengo, le camp de Boulogne, les campagnes d'Autriche et de Pologne, le retraite de Moscou, les Cent-Jours. Puis, en 1816.

Je m'en revins à Auxerre pour des affaires plus sérieuses. Je m'étais dit : « Il faut prendre un parti, il faut te marier ; tu ne peux plus rester garçon, maintenant qu'il t'est permis de former un établissement. Mais avant tout il faut la trouver. A qui me confier ? » Je fus faire visite à M. More, qui était un de mes dignes amis ; je le fréquentais depuis 1814, et j'étais toujours bien reçu. Il avait une parente pour fille de boutique, qu'il appelait toujours « ma cousine » ; je l'avais distinguée à cause de son activité au commerce, mais je ne disais mot. Cette aimable demoiselle trouva un petit fonds de commerce et, sans rien dire de ses intentions à ses parents, elle en devint propriétaire. Je l'avais perdue de vue. Passant chez M. Labour, confiseur, pour lui faire visite, Mme Labour me dit : « Connaissez-vous un capitaine décoré qui demeure à Champ ? — Non, madame. — C'est qu'il désirait se marier avec une demoiselle de nos amies qui était chez M. More depuis onze ans, et qui vient de s'établir à son compte. — Et où est-elle établie ? — Au coin de la rue des Belles-Filles ; elle a payé le fonds et la maison tout au comptant, avec un bon mobilier. — Eh bien! madame, je ne connais ce capitaine que pour l'avoir vu aux grandes cérémonies ; je ne puis vous en donner des renseignements positifs ! » Je pris congé : « Ah! me dis-je, on veut me souffler cette demoiselle. Il ne faut pas perdre de temps. »

Le même jour je vais chez Mlle Baillet ; c'était son nom de famille : « Mademoiselle, je désirerais avoir du café et du sucre. — Volontiers, monsieur, dit-elle. — Je voudrais avoir le café frais moulu. — Je vais vous en moudre ; combien en voulez-vous? — Une livre me suffit. » Et voilà que je lui fais tourner le moulin.

Cette opération finie, et mes deux paquets attachés, je paye : « Je n'en ai pas pris beaucoup? — Tant pis, monsieur. — Ce n'est pas cela que je désirais ; c'est à vous que je veux parler. — Eh bien, parlez, je vous écoute. — Je viens vous demander votre main pour moi. Je fais ma commission moi-même, sans préambule et sans détour ; je ne sais pas faire de phrases ; c'est en franc militaire que je vous demande. — Eh bien, je vous réponds de même : Cela se peut. — Eh bien, mademoiselle, votre heure, s'il vous plaît, pour parler de cette sérieuse affaire? — A six heures. »

A six heures précises, je me présente : « Vous n'avez pas la permission. — Je vais la demander, mais il faut convenir de nos faits et de nos fortunes. Pour avoir la permission, il faut que ma future apporte en dot douze mille francs. — Je puis le prouver, dit-elle, y compris ma maison et mon mobilier. Ainsi nous sommes d'accord. — Pour moi, je n'ai rien que quelques arpents de terre et des vignes, mais je ne dois rien. Toutes mes petites économies sont enfouies dans la réparation de mes vignes ; je ne croyais pas me marier sitôt. — Eh bien, demandez votre permission, je vous donne ma parole. — Et moi, mademoiselle, je vous donne la mienne. Demain, je ferai ma demande au général. » Je fus bien accueilli du général : « Je vais faire partir votre demande de suite et je vais l'apostiller. — Je vous remercie, général. »

Huit jours après, j'avais ma permission ; je cours chez Mlle Baillet : « Voilà ma permission, il faut prendre jour pour passer le contrat. Si vous êtes en règle, nous pouvons fixer le jour de notre mariage. — Vous allez bien vite ; il faut que j'en fasse part à mes parents. — Prenez tout le temps nécessaire, et puis nous fixerons l'époque que vous voudrez. » Nous fixâmes le 10 pour le contrat, et le 18 pour notre mariage. Le contrat fut passé ; M. Marais fut mon témoin, et M. Labour celui de ma future. Ma dot en espèces était des plus minces. Je lui dis : « J'ai pour toute fortune quatre francs cinquante centimes ; vous aurez la bonté de faire le reste. Je vous offre une montre à répétition, une belle chaîne et deux couverts d'argent. Pour ma garde-robe, elle ne laisse rien à désirer : quarante chemises, et le reste à proportion, plus soixante-treize francs par mois, cent vingt-cinq francs par an de la Légion d'honneur, et quatre feuillettes de vin. Mais je ne dois pas un sou. — Eh bien, monsieur, nous ferons comme nous pourrons. » Tout fut convenu ; je fus de suite chez M. Rivolet le prier de me prêter quatre-vingts francs pour acheter un châle, que je portai aussitôt à ma future ; elle fut enchantée. J'allai ensuite chez M. More lui faire part de mon mariage : « Avec qui vous mariez-vous ? — Avec votre cousine, Mlle Baillet. — C'est elle que je vous aurais choisie, mon brave ; je vous offre mes services. — Je pourrais en avoir besoin. — Comptez sur moi. »

Le jour du mariage.

J'avais tout prévu pour partir ; j'avais loué une voiture à quatre places qui nous attendait porte Champinot, au sortir de l'église. A six heures, nous étions en voiture après avoir pris la tasse de café. Personne n'était levé dans le quartier ; c'était comme un enlèvement. J'avais prévenu à Mouffy que je mènerais mon épouse le 18, qu'on m'attende, moi quatrième, avec un bon pot-au-feu ; que je me chargeais du reste. Je pris un pâté de trois francs et nous voilà partis dîner à Mouffy.

Le lendemain, nous fûmes à Coulanges, dîner chez M. Ledoux, qui nous attendait avec un dîner de cérémonie ; sa demoiselle était fille de boutique de mon épouse. Nous revînmes à Auxerre à neuf heures du soir. Je peux certifier que, y compris la voiture, pour frais de noce, j'ai dépensé vingt francs en deux jours. On ne peut pas être plus modeste. Personne dans le quartier ne se doutait de rien. Le lendemain, je me lève à cinq heures pour ouvrir ma boutique, et les voisins, me voyant si matin, disaient : « L'amoureux est bien matinal. » Le lendemain, même répétition ; ils ne se doutaient pas que je fusse marié.

Le dimanche, nous fûmes faire nos visites. Partout, des reproches de ne pas les avoir invités à la célébration de notre mariage : « Ne m'en voulez point, je ne le pouvais. Il aurait fallu que je vous renvoyasse au sortir de l'église, ne pouvant vous recevoir ; vous êtes trop nombreux, je ne vous demande que votre amitié. » Les dames disaient : « Si nous avions assisté seulement à la bénédiction! » — Il était trop matin pour vous déranger. » C'était partout les mêmes reproches. La famille était si nombreuse, que nous en eûmes pour trois jours. Ces pénibles visites terminées, je pris de suite le collier ; je me multipliai : à quatre heures du matin sur pied pour faire notre petit ménage, je mettais la main à tout avec mon aimable épouse. Nous n'avions pas les moyens d'avoir une domestique, mais seulement une femme de ménage à trois francs par mois. Je pris donc la serpillière (1) pour brûler mon café ; mais, comme j'étais en disponibilité, il me fut défendu de la porter. Il fallut se résigner...

*

Le 16 août 1848, anniversaire de ma naissance, je fus frappé du plus grand malheur ; je perdis ma compagne chérie après trente ans de jours fortunés ; je restai seul accablé de douleur. Que vais-je devenir à soixante-douze ans? Je ne puis rien entreprendre ; mes petites occupations ne pouvaient me tirer de mes ennuis profonds. Il y avait longtemps que je me creusais la tête de tous mes anciens souvenirs qui se trouvaient bien loin. « Si je savais écrire, disais-je... je pourrais entreprendre d'écrire mes belles campagnes, et l'enfance la plus pénible qu'un enfant de huit ans a pu endurer. Eh bien ! Dieu viendra à mon aide. » Ma résolution bien prise, j'achetai du papier et

(1) Tablier.

tout ce qu'il fallait ; je mis la main à l'œuvre. Le plus difficile pour moi était de n'avoir point de notes ni aucun document pour me guider. Que de veilles et de tourments je me suis donnés pour pouvoir retracer tout le chemin parcouru pendant ma carrière militaire! Il n'est pas possible de se faire une idée de ma peine pour arriver à me reconnaître. Si j'ai atteint mon but, je me trouverai bien récompensé, mais il est temps que je finisse. Ma mémoire est bien affaiblie. Ce n'est pas l'histoire des autres que j'ai écrite, c'est la mienne, avec toute la sincérité d'un soldat qui a fait son devoir et qui écrit sans passion.

Maintenant, qu'il me soit permis de parler aux pères de famille qui me liront. Qu'ils fassent tous leurs efforts pour faire apprendre à leurs enfants à lire et à écrire, et pour les amener au bien ; c'est le plus bel héritage, et il est facile à porter. Si mes parents m'avaient gratifié de ce don précieux, j'aurais pu faire un soldat marquant. Il y avait chez moi courage et intelligence. Jamais puni, toujours présent à l'appel, infatigable dans toutes les marches et contre-marches, j'aurais pu faire le tour du monde sans me plaindre. Pour faire un bon soldat, il faut : courage dans l'adversité, obéissance à tous ses chefs, sans exception de grade. Qui fait aussi le bon soldat, c'est le bon officier. Je termine mes souvenirs le 1er juillet 1850.

Fait par moi,
Jean-Roch COIGNET

LAMARTINE

1790-1869

Il y a dans la vie populaire traditionnelle une atmosphère de rêverie et de jeux qui alimente une puissante sensibilité affective et sentimentale. C'est par un texte de Lamartine que nous évoquons cet aspect du monde.

Le poète passa une partie de son enfance à Milly; c'était pour lui *la terre natale*, bien qu'il soit né moins poétiquement à Mâcon. « Les Confidences » décrivent ce pays, sa famille, son enfance parmi les bergers et l'ambiance paysanne où s'est affirmé son génie. On retrouve également les mêmes thèmes, la même région du Mâconnais dans « Le Tailleur de pierres de Saint-Point ».

Le décor n'en est pas inventé, Lamartine avait souvent séjourné au château de Saint-Point, qui était son lieu de prédilection; ce pays est lié à son œuvre, à sa vie, à sa mort. On y trouve encore son cabinet de travail, sa chambre, son *crucifix*, l'arbre de Jocelyn et la tombe où il a été enterré près de l'église.

Il avait su se faire aimer des gens de son village; à ses funérailles, en 1869, un vieux paysan qui le pleurait disait à Jules Sandau : « Ah! Monsieur, c'était un homme qui faisait honneur à la commune. » Il a été un grand poète, un diplomate, un ministre, un écrivain dont l'œuvre est connue dans le monde entier; nous retiendrons cependant ce témoignage d'un paysan de son village comme un de ses plus beaux éloges; c'est l'homme qui l'a mérité que nous retrouvons dans les pages citées ici.

LES CONFIDENCES

Mon père ne se croyait pas relevé par la Révolution de sa fidélité d'honneur à son drapeau. Ce sentiment fermait toute carrière à sa fortune. Trois mille livres de rente et une petite maison délabrée et nue à la campagne, pour lui, sa femme et les nombreux enfants qui commençaient à s'asseoir à la table de famille, c'était quelque chose de bien indécis entre l'aisance frugale et l'indigence souffreteuse. Mais il avait la satisfaction de sa conscience, son amour pour sa femme, la simplicité champêtre de ses goûts, sa stricte mais généreuse économie ; la conformité parfaite de ses désirs avec sa situation, enfin sa religieuse confiance en Dieu. Avec cela, il abordait courageusement les difficultés étroites de son existence. Ma mère, jeune, belle, élevée dans toutes les élégances d'une cour splendide, passait avec la même résignation souriante et avec le même bonheur intérieur, des appartements et des jardins d'une maison de prince, dans la petite chambre démeublée d'une maison vide depuis un siècle, et dans le jardin d'un quart d'arpent, entouré de pierres sèches, où allaient se confirmer tous les grands rêves de sa jeunesse.

... Il est nuit. Les portes de la petite maison de Milly sont fermées. Un chien ami jette de temps en temps un aboiement dans la cour. La pluie d'automne tinte contre les vitres des deux fenêtres basses, et le vent, soufflant par rafales, produit, en se brisant contre les branches de deux ou trois platanes et en pénétrant dans les interstices des volets, ces sifflements intermittents et mélancoliques que l'on entend seulement au bord des grands bois de sapins quand on s'assoit à leurs pieds pour les écouter. La chambre où je me revois ainsi est grande, mais presque nue. Au fond est une alcôve profonde avec un lit. Les rideaux du lit sont de serge blanche à carreaux bleus. C'est le lit de ma mère; il y a deux berceaux sur des chaises de bois au pied du lit ; l'un grand, l'autre petit. Ce sont les berceaux de mes plus jeunes sœurs qui dorment déjà depuis longtemps. Un grand feu de ceps de vigne brûle au fond d'une cheminée de pierres blanches dont le marteau de la Révolution a ébréché en plusieurs endroits la tablette en brisant les armoiries ou les fleurs de lis des ornements. La plaque de fonte du foyer est retournée aussi, parce que, sans doute, elle dessinait sur sa face opposée les armes du roi ; de grosses poutres noircies par la fumée, ainsi que les planches qu'elles portent, forment le plafond. Sous les pieds, ni parquet ni tapis ; de simples carreaux de brique non vernissés, mais de couleur de terre et cassés en mille morceaux par les souliers ferrés et par les sabots de bois de paysans qui en avaient fait leur salle de danse pendant l'emprisonnement de mon père. Aucune tenture, aucun papier peint sur les murs de la chambre ; rien que le plâtre éraillé à plusieurs places et laissant voir la pierre nue du mur, comme on voit les membres et les os à travers un vêtement déchiré. Dans un angle, un petit clavecin ouvert, avec des cahiers de musique du *Devin de village* de Jean-Jacques Rousseau, épars sur l'instrument ; plus près du feu, au milieu de la chambre, une petite table à jeu avec un tapis vert tout tigré de taches d'encre et de trous dans l'étoffe ; sur la table, deux chandelles de suif qui brûlent dans deux chandeliers de cuivre argenté, et qui jettent un peu de lueur et de grandes ombres agitées par l'air sur les murs blanchis de l'appartement...

... Je vous ai parlé d'une autre scène d'enfance restée vivement imprimée dans ma mémoire à l'origine de mes sensations. Comme elle vous peindra en même temps la nature de l'éducation première que j'ai reçue de ma mère, je vais aussi vous la décrire :

C'est un jour d'automne, à la fin de septembre ou au commencement d'octobre. Les brouillards, un peu tempérés par le soleil encore tiède, flottent sur les sommets des montagnes. Tantôt ils s'engorgent en vagues paresseuses dans le lit des vallées qu'ils remplissent comme un fleuve surgi dans la nuit ; tantôt ils se déroulent sur les prés à quelques pieds de terre, blancs et immobiles comme les toiles que les femmes du village étendent sur l'herbe pour les blanchir à la rosée ; tantôt de légers coups de vent les déchirent, les replient des deux côtés d'une rangée de collines, et laissent apercevoir par moments, entre eux, de grandes perspectives fantastiques éclairées par des traînées de lumière horizontales qui ruissellent du globe à peine levé du soleil. Il n'est pas bien jour encore dans le village. Je me lève. Mes habits sont aussi grossiers que ceux des petits paysans voisins ; ni bas, ni souliers, ni chapeau ; un pantalon de grosse toile écrue, une veste de drap bleu à longs poils ; un bonnet de laine teint en brun, comme celui que les enfants des montagnes de l'Auvergne portent encore : voilà mon costume. Je jette par-dessus un sac de coutil qui s'entrouvre sur la poitrine comme une besace à grande poche. Cette poche contient, comme celle de mes camarades, un gros morceau de pain noir mêlé de seigle, un fromage de chèvre, gros et dur comme un caillou, et un petit couteau d'un sou, dont le manche de bois mal dégrossi contient en outre une fourchette de fer à deux longues branches. Cette fourchette sert aux paysans, dans mon pays, à puiser le pain, le lard et les choux dans l'écuelle où ils mangent la soupe. Ainsi équipé, je sors et je vais sur la place du village, près du portail de l'église, sous deux gros noyers. C'est là que, tous les matins, se rassemblent, autour de leurs moutons, de leurs chèvres et de quelques vaches maigres, les huit ou dix petits bergers de Milly, à peu près du même âge que moi, avant de partir pour les montagnes.

Nous partons, nous chassons devant nous le troupeau commun dont la longue file suit à pas inégaux les sentiers tortueux et arides des premières collines. Chacun de nous à tour de rôle va ramener les chèvres à coups de pierres quand elles s'égarent et franchissent les haies. Après avoir gravi les premières hauteurs nues qui dominent le village, et qu'on n'atteint pas en moins d'une heure au pas des troupeaux, nous entrons dans une gorge, haute, très espacée, où l'on n'aperçoit plus ni maison, ni fumée, ni culture.

Les deux flancs de ce bassin solitaire sont tout couverts de bruyères aux petites fleurs violettes, de longs genêts jaunes dont on fait des balais ; çà et là quelques châtaigniers gigantesques étendent leurs longues branches à demi nues. Les feuilles brunies par les premières gelées pleuvent autour des arbres au moindre souffle de l'air. Quelques noires corneilles sont perchées sur les rameaux les plus secs et les plus morts de ces vieux arbres ; elles s'envolent en croassant à notre approche. De grands aigles ou éperviers, très élevés dans le firmament, tournent pendant des heures au-dessus de nos têtes, épiant les alouettes dans les genêts ou les petits chevreaux qui se rapprochent de leurs mères. De grandes masses de pierres grises, tachetées et un peu jaunies par les mousses, sortent de terre par groupes sur les deux pentes escarpées de la gorge.

Nos troupeaux, devenus libres, se répandent à leur fantaisie dans les genêts. Quant à nous, nous choisissons un de ces gros rochers dont le sommet, un peu recourbé sur lui-même, dessine une demi-voûte et défend de la pluie quelques pieds de sable fin à ses pieds. Nous nous établissons là. Nous allons chercher à brassées des fagots de bruyères sèches et les branches mortes tombées des châtaigniers pendant l'été. Nous battons le briquet. Nous allumons un de ces feux de bergers si pittoresques à contempler de loin, du pied des collines ou du pont d'un vaisseau, quand on navigue en vue des terres.

Une petite flamme claire et ondoyante jaillit à travers les vagues noires, grises et bleues de la fumée du bois vert que le vent fouette comme une crinière de cheval échappé. Nous ouvrons nos sacs, nous en tirons le pain, le fromage, quelquefois les œufs durs, assaisonnés de gros grains de sel gris. Nous mangeons lentement, comme le troupeau rumine. Quelquefois l'un d'entre nous découvre à l'extrémité des branches d'un châtaignier des gousses de châtaignes oubliées sur l'arbre après la récolte. Nous nous armons tous de nos frondes, nous lançons avec adresse une nuée de pierres qui détachent le fruit de l'écorce entrouverte, et le font tomber à nos pieds.

Nous le faisons cuire sous la cendre de notre foyer, et si quelqu'un de nous vient à déterrer de plus quelques pommes de terre oubliées dans la glèbe d'un champ retourné, il nous les apporte, nous les recouvrons de cendres et de charbons, et nous les dévorons toutes fumantes, assaisonnées de l'orgueil de la découverte et du charme du larcin.

A midi on rassemble de nouveau les chèvres et les vaches, couchées déjà depuis longtemps au soleil sur la grasse litière des feuilles mortes et des genêts. A mesure que le soleil, en montant, a dispersé les brouillards sur ces cimes éclatantes et tièdes de lumière, ils se sont accumulés dans la vallée et dans les plaines. Nous voyons seulement surgir au-dessus les cimes des collines, les clochers de quelques hauts villages, et à l'extrémité de l'horizon les neiges rosées et ombrées du mont Blanc, dont on distingue les ossements gigantesques, les arêtes vives et les angles rentrants ou sortants, comme si l'on était à une portée de regard.

Les troupeaux réunis, on s'achemine vers la vraie montagne. Nous laissons loin derrière nous cette première gorge alpestre, où nous avions passé la matinée. Les châtaigniers disparaissent, de petites broussailles leur succèdent ; les pentes deviennent plus rudes ; de hautes fougères les tapissent ; çà et là, les grosses campanules bleues et les digitales pourprées les drapent de leurs fleurs. Bientôt tout cela disparaît encore. Il n'y a plus que de la mousse et des pierres roulantes sur les flancs des montagnes.

Les troupeaux s'arrêtent là avec un ou deux bergers. Les autres, et moi avec eux, nous avons aperçu depuis plusieurs jours, au dernier sommet de la plus haute de ces cimes, à côté d'une plaque de neige qui fait une tache blanche au nord, et qui ne fond que tard dans les étés froids, une ouverture dans le rocher qui doit donner entrée à quelque caverne.

Ici prend place la description des chasses et des jeux du jeune Lamartine.

Mes jours de berger se passaient ainsi, avec quelques variations suivant les saisons. Tantôt c'était la montagne avec ses cavernes, tantôt les prairies avec leurs eaux sous les saules ; les écluses des moulins, dans lesquelles nous nous exercions à nager ; les jeunes poulains montés à cru et domptés par la course ; tantôt la vendange avec ses chars remplis de raisins, dont je conduisais les bœufs avec l'aiguillon du bouvier, et les cuves écumantes que je foulais tout nu avec mes camarades ; tantôt la moisson, et le seuil de terre où je battais le blé en cadence avec le fléau proportionné à mes bras d'enfant. Jamais homme ne fut élevé plus près de la nature et ne suça plus jeune l'amour des choses rustiques, l'habitude de ce peuple heureux qui les exerce, et le goût de ces métiers simples, mais variés comme les cultures, les sites, les saisons, qui ne font pas de l'homme une machine à dix doigts sans âme, comme les monotones travaux des autres industries, mais un être sentant, pensant et aimant, en communication perpétuelle avec la nature qu'il respire par tous les pores, et avec Dieu qu'il sent par tous ses bienfaits.

... Le village obscur où le Ciel m'avait fait naître, et où la Révolution et la pauvreté avaient confiné mon père et ma mère, n'avait rien qui pût marquer ni décorer la place de l'humble berceau d'un peintre ou d'un contemplateur de l'œuvre de Dieu.

... En quittant le lit de la Saône, creusé au milieu de vertes prairies et sous les fertiles coteaux de Mâcon, et en se dirigeant vers la petite ville et vers les ruines de l'antique abbaye de Cluny, où mourut Abailard, on suit une route montueuse à travers les ondulations d'un sol qui commence à s'enfler à l'œil comme les premières vagues d'une mer montante. A droite et à gauche blanchissent des hameaux au milieu des vignes. Au-dessus de ces hameaux, des montagnes nues et sans culture étendent en pentes rapides et rocailleuses des pelouses grises, où l'on distingue comme des points blancs de rares troupeaux. Toutes ces montagnes sont couronnées de quelques masses de rochers qui sortent de terre, et dont les dents usées par le temps et par les vents présentent à l'œil les formes et les déchirures de vieux châteaux démantelés. En suivant la route qui circule autour de la base de ces collines, à environ deux heures de marche de la ville, on trouve, à gauche, un petit chemin étroit voilé de saules, qui descend dans les prés vers un ruisseau où l'on entend perpétuellement battre la roue d'un moulin.

Ce chemin serpente un moment sous les aunes, à côté du ruisseau, qui le prend aussi pour lit quand les eaux courantes sont un peu grossies par les pluies ; puis on traverse l'eau sur un petit pont, et l'on s'élève par une pente tournoyante, mais rapide, vers des masures couvertes de tuiles rouges, qu'on voit groupées au-dessus de soi, sur un petit plateau. C'est notre village. Un clocher de pierres grises, en forme de pyramide, y surmonte sept ou huit maisons de paysans. Le chemin pierreux s'y glisse de porte en porte entre ces chaumières. Au bout de ce chemin, on arrive à une porte un peu plus haute et un peu plus large que les autres : c'est celle de la cour au fond de laquelle se cache la maison de mon père.

La maison s'y cache en effet, car on ne la voit d'aucun côté, ni du village ni de la grand'route. Bâtie dans le creux d'un large pli du vallon, dominée de toutes parts par le clocher, par les bâtiments rustiques ou par des arbres, adossée à une assez haute montagne, ce n'est qu'en gravissant cette montagne et en se retournant qu'on voit en bas cette maison basse, mais massive, qui surgit, comme une grosse borne de pierre noirâtre, à l'extrémité d'un étroit jardin. Elle est carrée, elle n'a qu'un étage et trois larges fenêtres sur chaque face. Les murs n'en sont point crépis ; la pluie et la mousse ont donné aux pierres la teinte sombre et séculaire des vieux cloîtres d'abbaye. Du côté de la cour, on entre dans la maison par une haute porte en bois sculpté. Cette porte est assise sur un large perron de cinq marches en pierres de taille. Mais les pierres, quoique de dimensions colossales, ont été tellement écornées, usées, morcelées par le temps et par les fardeaux qu'on y dépose, qu'elles sont entièrement disjointes, qu'elles vacillent en murmurant sourdement sous les pas, que les orties, les pariétaires humides, y croissent çà et là dans les interstices, et que les petites grenouilles d'été, à la voix si douce et si mélancolique, y chantent le soir comme dans un marais.

On entre d'abord dans un corridor large et bien éclairé, mais dont la largeur est diminuée par de vastes armoires de noyer sculpté où les paysans enferment le linge du ménage, et par des sacs de blé ou de farine déposés là pour des besoins journaliers de la famille. A gauche est la cuisine, dont la porte, toujours ouverte, laisse apercevoir une longue table de bois de chêne entourée de bancs. Il est rare qu'on n'y voie pas des paysans attablés à toute heure du jour, car la nappe y est toujours mise, soit pour les ouvriers, soit pour ces innombrables survenants à qui on offre habituellement le pain, le vin et le fromage, dans des campagnes éloignées des villes et qui n'ont ni auberge ni cabaret. A gauche, on entre dans la salle à manger. Rien ne la décore qu'une table de sapin, quelques chaises et un de ces vieux buffets à compartiments, à tiroirs et à nombreuses étagères, meuble héréditaire dans toutes les vieilles demeures, et que le goût actuel vient de rajeunir en les recherchant. De la salle à manger, on passe dans un salon à deux fenêtres, l'une sur la cour, l'autre au nord, sur un jardin. Un escalier, alors en bois, que mon père fit refaire en pierres grossièrement taillées, mène à l'étage unique et bas où une dizaine de chambres, presque sans meubles, ouvrent sur des corridors obscurs. Elles servaient alors à la famille, aux hôtes et aux domestiques. Voilà tout l'intérieur de cette maison qui nous a si longtemps couvés dans ses murs sombres et chauds ; voilà le toit que ma mère appelait avec tant d'amour sa Jérusalem, sa maison de paix! Voilà le nid qui nous abrita tant d'années de la pluie, du froid, de la faim, du souffle du monde ; le nid où la mort est venue prendre tour à tour le père et la mère, et dont les enfants se sont successivement envolés, ceux-ci pour un lieu, ceux-là pour un autre, quelques-uns pour l'éternité!... J'en conserve précieusement les restes, la paille, les mousses, le duvet ; et, bien qu'il soit maintenant vide, désert et refroidi de toutes ces délicieuses tendresses qui l'animaient, j'aime à le revoir, j'aime à y coucher encore quelquefois, comme si je devais y retrouver à mon réveil la voix de ma mère, les pas de mon père, les cris joyeux de mes sœurs et tout ce bruit de jeunesse, de vie et d'amour qui résonne pour moi seul sous les vieilles poutres, et qui n'a plus que moi pour l'entendre et pour le perpétuer un peu de temps.

L'extérieur de cette demeure répond au-dedans. Du côté de la cour, la vue s'étend seulement sur les pressoirs, les bûchers et les étables qui l'entourent. La porte de cette cour, toujours ouverte sur la rue du village, laisse voir tout le jour les paysans qui passent pour aller aux champs ou pour en revenir ; ils ont leurs outils sur une épaule, et quelquefois sur l'autre un long berceau où dort leur enfant. Leur femme les suit à la vigne, portant un dernier-né à la mamelle. Une chèvre avec son chevreau vient après, s'arrête un moment pour jouer avec les chiens près de la porte, puis bondit pour les rejoindre.

De l'autre côté de la rue est un four banal qui fume toujours, rendez-vous habituel des vieillards, des pauvres femmes qui filent et des enfants qui s'y chauffent à la cendre de son foyer jamais éteint. Voilà tout ce qu'on voit d'une des fenêtres du salon.

L'autre fenêtre, ouverte au nord, laisse plonger le regard au-dessus des murs du jardin et des tuiles de quelques maisons basses sur un horizon de montagnes sombres, presque toujours nébuleux, d'où surgit, tantôt éclairé par un rayon de soleil orangé, tantôt du milieu des brouillards, un vieux château en ruine, enveloppé de ses tourelles et de ses tours. C'est le trait caractéristique de ce paysage Si l'on enlevait cette ruine, les brillants reflets du soir sur ses murs, les fantasques tournoiements des fumées de la brume autour de ses donjons disparaîtraient pour jamais avec elle. Il ne resterait qu'une montagne noire et un ravin jaunâtre. Une voile sur la mer, une ruine sur une colline, sont un paysage tout entier. La terre n'est que la scène ; la pensée, le drame et la vie sont dans les traces de l'homme.

LE TAILLEUR DE PIERRES DE SAINT-POINT

Son portrait

Claude des Huttes était un homme d'environ trente-six à quarante ans, de taille moyenne, de stature plutôt grêle et un peu courbée en avant, comme celle d'un manœuvre accoutumé à se plier sous le poids de choses lourdes. Une de ses épaules était beaucoup plus élevée, plus nouée et plus forte que l'autre ; c'était celle où s'emmanchait le bras droit, qui lève et qui abaisse sans cesse le marteau. Bien que ses bras fussent maigres, et bien que les manches qui n'en couvraient que la moitié en laissassent voir les veines, les tendons et les muscles presque à nu, ses mains étaient longues, massives, nouées aux articulations, rudes d'écorce comme des tenailles. L'habitude de remuer, de tourner, de façonner les grosses pierres, avait développé et endurci chez lui ce premier outil de l'homme, la main. Il les laissait pendre comme deux balanciers inertes qui l'embarrassaient visiblement quand il ne portait rien. Ses pieds nus et larges dont les orteils, puissamment prononcés, mordaient le sol, s'imprimaient devant moi sur le sable de l'allée humide comme les clous des fers de mon cheval dans l'herbe du pré, après une rosée. Il tenait son bonnet de laine rousse à la main. Ses cheveux noirs, épais, saupoudrés de quelques grains de poussière de marbre flottaient de la longueur d'une main derrière son cou ; ils étaient coupés carrément, à larges entailles, par ses propres ciseaux, de manière à déborder seulement comme un ourlet noir entre la nuque et le collet, pour protéger son cou contre la pluie et la neige. Il n'avait pour tout vêtement qu'une chemise de fil de chanvre écru, ouverte au cou, nouée sur la poitrine par deux clous de laiton... Il portait sa veste sur l'épaule gauche. Ce n'était évidemment pour lui qu'un signe de respect, une marque de déférence, une décoration honorifique, qu'il ne portait que pour moi et non pour lui. Un pantalon de laine blanche, de même étoffe que sa veste, était serré autour de sa taille par une forte ceinture de cuir roux à petites poches fermées par un lacet de cuir aussi, d'où sortaient à moitié les branches de son compas et les manches de ses trois marteaux. Ce pantalon ne descendait qu'aux chevilles du pied. Un long tablier de peau de chèvre flottait et bruissait à chaque pas sur ses genoux. Il marchait avec la cadence lente et mesurée d'un homme qui pense en marchant, et dont la symétrie intérieure, ce balancier du pendule humain, règle instinctivement les mouvements du corps. Tel était l'extérieur du tailleur de pierres.

Sa cabane

Le fond de la hutte était de quelques pieds plus élevé que le plancher. C'était une espèce de lit de pierre creusé au ciseau dans le roc vif, à la taille d'un homme. Ce lit avait le rocher en voûte pour plafond ; il était recouvert, au lieu de matelas, d'une litière de paille d'avoine, mêlée de foin de fines herbes des montagnes. Une botte de genêts servait d'oreiller. Trois ou quatre peaux noires de mouton, roulées au pied de cette couche, servaient de couverture, en hiver. Un peu plus loin, contre le mur de pierres sauvages, on voyait un petit foyer couvert d'une pincée de cendres blanches de genêts. La fumée qui avait noirci dans cet endroit les pierres grisâtres s'échappait par l'interstice de deux blocs de granit ménagé pour cet usage par le hasard, et qui se fermait, quand le foyer était mort, par un bouchon d'herbes sèches. Le reste du plancher de la cabane était recouvert tout entier d'une litière épaisse et propre de bruyères et de fougères vertes, sur laquelle étaient imprimées en creux les places que les chiens, les chèvres ou les chevreaux avaient affaissées de leur poids pendant la nuit. Pour toute provision, on voyait des régimes de maïs doré de l'an passé, suspendus à une poutre du toit, dont les paysans de ces montagnes font griller les grains sous la cendre ; des châtaignes écorcées et séchées au four qu'on fait cuire dans du lait, quelques petits fromages de chèvre durs comme les cailloux dont ils ont la forme, et un gros pain de seigle entamé, que les taches de moisissure commençaient à velouter de duvet blanc. Un couteau, un pot de grès pour faire bouillir les pommes de terre, et une poche de cuir luisant, emmanchée d'un long manche de fer, pour puiser et boire à la source, étaient les seuls ameublements et les seuls ustensiles de la cabane. Je regardais par la porte ma maison qui brillait à l'horizon, au soleil de la vallée, avec ses vastes murs, ses toits, ses tours, ses grandes chambres remplies de meubles utiles ou futiles, de tous les serviteurs et de toutes les nécessités d'une civilisation insatiable de besoins et de satisfaction de besoins factices ; je reportai mon regard sur le mobilier de Claude des Huttes et je sortis en disant :

— Voilà donc le résumé des besoins d'un homme.

Le repas

A midi, le tailleur de pierres partage son repas avec son visiteur.

Il m'offrit un morceau de son pain de seigle et un de ses petits fromages de chèvre, assaisonnement du paysan dans toutes nos montagnes. Je rompis avec plaisir ce pain de mon enfance avec lui. Le repas, arrosé de l'eau glacée de la source, puisée dans une gourde, et du jus de quelques cerises précoces piquées du ver et tombées de l'arbre avant l'heure, accrut entre nous la familiarité.

Le tailleur de pierres raconte son enfance.

Mon père s'appelait Benoit la Hutte ; ma mère, je n'ai jamais su son nom de maison : on l'appelait « la mère ». Ils étaient cousin et cousine, frère et sœur, beau-frère et belle-sœur, oncle et tante, neveu et nièce avec tous ceux et toutes celles des deux autres huttes dont vous avez vu les décombres en monceau, et les petits vergers en genêts et en friche en montant vers chez vous. Le creux de la gorge, la pente de la montagne, les bruyères, les genêts et l'enclos où nous sommes étaient toujours restés indivis entre les trois maisons de proches parents. Chacun prenait un champ ou l'autre, et le cultivait pour avoir le seigle ou les pommes de terre de l'année. Les bêtes paissaient où elles voulaient en commun. Quand venait la saison de battre les châtaigniers, les hommes et les garçons montaient sur les arbres, les femmes et les jeunes filles se tenaient dessous pour les ramasser. On faisait trois sacs de la récolte plus ou moins égaux, selon le nombre des enfants de chaque maison, et chacun prenait le sien. Voilà comment on vivait aux Huttes, monsieur. Il y avait un des trois cousins, pères des familles, qui était « coquetier », et qui allait vendre et acheter des châtaignes et des prunes par les hameaux et dans les foires. L'autre était rémouleur ; il partait après la moisson avec sa meule de grès montée sur quatre fins montants de sapin, et avec sa manivelle de fer sur son dos. Il allait aiguiser les serpes, les faux et les couteaux devant les maisons pendant l'automne et pendant l'hiver. On lui donnait la soupe et une place dans le grenier à foin chez les pratiques, et il revenait avec quelques sous dans sa bourse de cuir à la fonte des neiges. Quant à mon père, pour aider notre mère à vivre et à nous habiller, il allait, comme moi, tirer ou tailler de la pierre dans les carrières des hameaux de Saint-Point. Il revenait tous les soirs pour souper avec la mère et avec nous autres enfants, car il aimait tant sa femme et sa maison qu'il disait : « Je ne pourrais jamais être coquetier comme Baptiste, ou rémouleur comme François, car lorsque je ne vois pas, de la carrière où je travaille, le toit de la hutte qui fume quand ma femme met le fagot au feu, le temps me dure et il me semble que le monde est trop grand. » Ah! c'était un bien brave homme et un homme si doux, si doux bien qu'il maniât toujours le pic et les pierres, que le soir, quand il nous asseyait tout petits sur son tablier de peau, mon frère, mes sœurs et moi, nous aimions presque autant ce tablier que celui de notre mère.

Un malheur arriva dans la famille; un des enfants, Gratien, devint aveugle à la suite d'un accident.

L'enfant avait sept ans. Il ne pouvait plus se conduire. Il était toujours pendu au tablier de notre mère, à la main de son père ou à la mienne. Notre pauvre père eu tant de chagrin, qu'il en prit le crève-cœur, comme on dit dans le pays, et qu'il en mourut l'hiver d'après.

Ma mère avait bien du mal à nous nourrir, bien qu'elle fût jeune encore et ouvrière, et qu'elle fît autant d'ouvrage qu'un homme avec la pioche, avec la serpe ou avec le râteau. Mais, moi, mon frère aveugle, une petite sœur à la mamelle et une femme de trente ans, quoique sobres, c'étaient bien des dents autour d'un pain. Ça me faisait de la peine de voir cette pauvre femme couper des fagots. les porter sur son dos à la maison ; sarcler le seigle, faucher le pré, lier les gerbes, les battre avec le fléau devant la cour ; pétrir le pain, allumer le feu, cuire la soupe, mener Gratien par la main et donner encore à téter à la petite. Ajoutez qu'à ce moment, pour comble de misère, la fièvre prit dans les Huttes et emporta le rémouleur, sa femme et ses enfants. Il ne resta rien chez lui qu'une de ses filles du même âge à peu près que moi, qu'on appelait Denise. Le coquetier, effrayé par la maladie qui avait ravagé les Huttes, démolit sa maison pour emporter les planches et les tuiles, et alla se rebâtir une chambre avec une boutique auprès de l'église, sur le bord du chemin du village, où le commerce allait mieux. On ne pouvait pas laisser une enfant de onze à douze ans toute seule auprès du foyer de ses parents morts. Ma mère alla la chercher et l'amena auprès de nous à la maison. La maison vide du rémouleur devint la demeure des hirondelles et des lézards. Elle s'écroula hiver par hiver...

Ça me faisait honte et peine de voir tant de travail, tant de misère et tant de bouches à la maison. Je me sentais déjà courageux et fort. Je dis à ma mère : Le champ de seigle est maigre, les châtaigniers n'ont guère de « chatons » cette année ; donnez-moi les outils de mon père. Elle me les donna en pleurant de les revoir. Je descendis aux hameaux d'en bas, et je dis : « Qui est-ce qui veut que je tire de la pierre pour lui ? Je travaillerai rien que pour mon pain ». Quelques-uns me dirent : Va à la carrière, nous verrons si tu vaux ton pain. » Je commençai à travailler pour l'un et pour l'autre. Afin de prolonger mes journées, je couchais sous quelques planches qu'on m'avait prêtées pour m'échafauder contre le rocher, ou bien dans l'écurie, dans la crèche des bœufs. Je ne remontais que le samedi soir aux Huttes, et je rapportais à ma mère le peu de liards que j'avais gagnés et le peu de pain que j'avais épargné dans la semaine. Ma mère m'embrassait et me disait : « Quel malheur que tu n'aies pas les bras, car tu as le cœur de ton père ! ». J'allais aux champs avec Denise et Gratien, pendant qu'elle berçait notre petite sœur ou qu'elle faisait les gaufres de sarrasin pour le souper du dimanche.

Ça dura comme ça trois ou quatre ans. Je devenais fort, les pierres m'obéissaient comme des mottes de foin. Je ne me contentais plus d'en tirer des carrières pour les murs, je commençais à en tailler à mon idée pour les portes et pour les fenêtres, à la boucharde et à vive arête, et même j'y marquais quelquefois, en façon de bas-relief, une rose ou une tulipe avec leurs tiges et leurs feuilles ouvertes, une poule, un coq, un chat ou un chien, selon que la pierre était destinée au jardin, à l'étable, au poulailler, à la cour ou à la chambre de la maison. C'est un bon maître que la faim, monsieur, et surtout la faim de sa mère, de ses frères et de ses sœurs. Je n'en ai jamais eu d'autres, et pourtant allez voir ici ou là, dans le pays, on vous dira encore : « Qui est-ce qui a taillé cette porte de grange ou cette lucarne de pigeonnier ? C'est le petit Claude avec son ciseau et son maillet. » Je taillais aussi des bancs de pierre pour asseoir les vieilles femmes et les enfants à côté des portes dans les hameaux, et j'y mettais le nom du père de la famille ; ou bien des auges de grès pour faire boire le bétail auprès des fontaines, et j'y dessinais une tête de bœuf avec ses gros yeux et ses cornes, qui semblait sortir de l'auge après avoir bu.

Tout cela m'avait fait une petite renommée dans la montagne, monsieur, et, bien que je n'eusse que dix-sept ans, j'aurais gagné aisément ma vie rien qu'à la pierre. Mais dans les moments de semaille, de fauchaison, de battage des orges, je remontais et je faisais encore tous les gros ouvrages avec ma mère et Denise.

NICOLAS LACHAUX

1814

Avant la description que Jean-Henri Fabre fait de l'institu-teur de son pays, on lira celle de Nicolas Lachaux.

Cet instituteur, né en 1814, était Franc-Comtois; ses écrits ont été publiés par l'abbé René Rondot dans « Barbizier », almanach populaire comtois (1) qui présente de nombreux textes sur les coutumes, la vie et les traditions de la région du Doubs.

L'ÉCOLE DE MAGNY-les-JUSSEY

A l'âge de quatre ans, portant, comme c'était l'usage dans ce temps-là, une longue robe de bacon effrangée par-devant et crottée par-derrière, ma mère voulut me mettre à l'école.

L'instituteur d'alors, qu'on ne nommait que Monsieur le Maître, ne faisait pas de classe pendant tout l'été (il avait un métier quelconque, artisan ou paysan).

La commune où je suis né autorisait alors et par économie deux vieilles sœurs, qui avaient été expulsées du couvent pendant la révolution, à recevoir dans leur école

(1) Jean Garneret. Lantenne-Vertière. 1958.

pendant la bonne saison les petits garçons avec les petites filles. On leur donnait six sous par mois et elles s'estimaient heureuses de cette augmentation d'émolument qui, ajoutée à leur traitement et autres bénéfices annuels relatifs à leur profession, leur faisait... environ deux cents francs par an. La place était bonne et Dieu sait combien elle était enviée!

Ces vieilles maîtresses, comme on les appelait, étaient presque aussi ignorantes que le reste du peuple ; elles savaient cependant lire passablement, récitaient le chapelet très correctement et savaient des prières assez pour émerveiller toutes les vieilles femmes du village.

A la vérité leur costume en disait plus que leur esprit, on leur avait permis de conserver l'habit du couvent : grande cornette et large bandeau sur le front, bavette blanche de la ceinture au menton, chapelet à gros grains attaché à la ceinture et pendant jusqu'à la cheville. Christ énorme sur le sein.

Leur austère vertu leur donnait de l'influence, presque de la vénération. Pour les enfants de mon âge elles passaient pour des créatures extraordinaires : sortaient-elles du ciel ou de la terre, on ne le savait pas... Elles étaient installées dans une grande chambre à cheminée, et à sol naturel. Cette chambre était divisée en deux parties dont l'une renfermait le lit, deux petits coffres et les ustensiles de ménage. Des rideaux beiges toujours tendus sur toute la longueur de la chambre fermaient ce maigre ameublement. L'autre partie de cette chambre servait à l'école où l'on ne voyait que des petits bancs adossés au mur et un fauteuil rustique où l'une des sœurs s'asseyait pour faire les exercices accoutumés. Une table démontée était dressée dans un coin : on ne s'en servait qu'en hiver, pour quelques élèves hors ligne qui apprenaient à écrire.

Elles nous apprenaient donc l'a, b, c et à prier Dieu, c'est à peu près tout le service qu'elles pouvaient nous rendre. Nous étions là une trentaine, tant filles que garçons, tous munis d'une tablette, qui contenait l'alphabet, le B, A, BA, le *Pater*, *l'Ave*, le *Credo* et le *Confiteor*. Quand, dans trois ans, à force de répéter, on pouvait les apprendre et souvent par routine, on entrait alors dans la voie du progrès. Mais combien on usait de douzaines de touches de bois ou de fer et de tablettes d'un sou pour arriver à un pareil succès.

La discipline exercée par ces pauvres bonnes filles n'était pas rigoureuse : le plus souvent pour obtenir le silence, et plus encore pour passer le temps, elles nous racontaient tous les jours des fables de revenants ou des apparitions du diable...

Une fois l'hiver arrivé, la municipalité, qui avait congédié après Pâques l'ancien instituteur comme étant trop vieux, fit choix d'un nouveau maître d'école. C'était je crois en 1821. C'était un jeune garçon de 26 ans qui venait de faire un congé dans un régiment de ligne et qui en était sorti avec le grade de sergent fourrier. Ce garçon était grand, sec, frêle, de mine sévère, ayant beaucoup d'esprit pour le temps.

Il commença donc par se munir... d'un fouet neuf avec cordes à nœuds, d'un signal à targette et à ressort, résonnant comme un timbre et sortant de l'atelier du tourneur, d'une baguette de coudre longue d'une toise, sortant de la forêt, d'une règle plate et flexible pour les petits. L'armure était complète, avec ces engins on pouvait défier les plus taquins et les plus rebelles... Cet appareil déjà ancien n'étonna personne... ces outils étaient entre les mains de tous les magisters.

Tout cela était nouveau pour moi et je m'en effrayais, moi qui n'avais vu encore que la petite verge et la quenouille de ma mère...

On voyait des enfants se trémousser au contact de l'instrument fatal, d'autres simulaient des convulsions des pieds à la tête, on les eût cru atteints de vertige. Pour les habitués c'était autre chose, la souffrance d'un moment n'était plus rien pour eux et il fallait que le maître qui s'en apercevait bientôt doublât la dose ou resserrât les nœuds de son martinet. Le patient s'apercevait toujours du raffinement de l'instrument de son supplice et ne s'approchait de l'exécuteur qu'avec une crainte simulée sinon naturelle... Le patient finissait toujours par être atteint : c'était alors qu'il se tortillait en jetant des cris perçants, serrant sa main dans sa poche et ne l'en retirant le moment après que pour compter les nœuds qui y étaient imprimés.

Tristes moyens pour élever et moraliser les enfants que ces sortes de corrections corporelles et brutales qui nous rapprochaient des temps anciens où la barbarie régnait dans les mœurs.

Une salle de classe vers 1820

Avant 1818 et plus tard encore il n'existait point de maison commune au village.

Je me rappelle que le nouveau maître fut installé dans un logement composé de deux chambres qui, depuis longtemps, n'étaient pas habitées. Une de ces chambres servait de cave au propriétaire, qui occupait l'autre partie de la maison, et l'autre lui servait de remise. Le maître dressa son petit ménage de garçon dans l'une et établit son école dans l'autre. Celle-ci était la plus vaste et pouvait avoir quatorze pieds de long sur treize de large ; elle était éclairée par une seule fenêtre qui prenait jour sur une cour très étroite fermée par un bâtiment voisin ce qui rendait sombre et humide cette nouvelle Sorbonne du village. Le sol de cette chambre était par bosses et par trous, le plancher était bas et noir, disjoint en beaucoup d'endroits, le fourneau, muni d'un long tuyau toujours fumant, fut monté dans un coin de la pièce sur des pierres apportées de la rue. Une longue table vacillante fut dressée au milieu, et les bancs rustiques adossés aux murs.

Nous voilà donc une soixantaine de bambins grands et petits entassés dans ce bouge étroit et sombre pour y passer chaque jour de quatre à cinq heures le matin et autant le soir. Le seul exercice ou dérangement que nous ayons à chaque classe était d'aller l'un après l'autre dire nos leçons près du maître.

Chaque classe était coupée entre nos deux leçons par le Benedicite ou déjeuner le matin et goûter le soir. C'était aussi le moment de la sortie générale au jardin pour satisfaire aux besoins naturels. Cette méthode d'enseignement individuel ne rendait pas les études bien brillantes, et combien d'élèves, après huit ou dix ans de classe, en sortaient sans savoir lire couramment!

Matériel scolaire

Le matériel de l'élève répondait au matériel de l'école, il était tout simple et se composait pour les petits de la tablette d'un sou, ensuite, selon l'âge et les progrès, du psautier de quatre sous, du curé de Pin (missel paroissial), du Catéchisme, de la Pensée chrétienne. Quand l'élève savait lire le latin et le français, le maître le faisait écrire, d'abord en gros et ensuite en fin. Parvenu à ce degré d'instruction il le mettait au calcul, mais beaucoup n'arrivaient pas jusque-là et quittaient la classe à quatorze ou quinze ans sans avoir aucune notion d'arithmétique. Ce n'était donc qu'en fréquentant l'école pendant l'hiver jusqu'à l'âge de dix-sept, dix-huit ou même vingt ans que quelques jeunes gens finissaient par apprendre à calculer et à connaître machinalement le mécanisme des quatre règles. Les plus favorisés de la nature ajoutaient à leur instruction le calcul des parties aliquotes (les fractions) et surtout les règles des fausses positions ; on joignait à tout cela la lecture dans les « manuscrits » et la rédaction d'un marché. Celui qui parvenait à acquérir toutes ces connaissances pouvait aspirer dans la suite aux emplois de la commune et, avant la Révolution de 1789, à quelque place dans la maison seigneuriale. Il pouvait devenir maire, échevin, garde forestier, garde champêtre, officier de la gestion du lieu, etc.

Enseignement individuel

Toutes les leçons se faisaient individuellement... Les soixante enfants passaient une première fois le matin et l'un après l'autre devant le maître pour dire leur leçon de lecture, les règles étaient corrigées ensuite, puis venait l'écriture suivie de la récitation du catéchisme et enfin une seconde et dernière leçon de lecture finissait la classe. Tous les problèmes étaient donnés par le maître et écrits de sa main sur le cahier de l'élève, aucun n'était semblable pour que chacun en fît seul la rédaction. Tous les exemples d'écriture étaient également écrits par le maître au-dessus de chaque page, toutes les plumes étaient taillées par lui et il fallait que tout fût ainsi, car le père de famille qui n'aurait pas vu l'écriture du maître sur toutes les pages des cahiers de ses enfants l'aurait traité de paresseux... et peut-être même l'aurait accusé d'avoir des préférences pour quelques-uns, cela arrivait quelquefois encore.

Le soir on faisait la même répétition, toutefois, au lieu d'un problème, l'élève faisait une copie d'une page sur son livre de lecture. Le maître avait donc toujours un élève de chaque côté de lui auxquels il faisait la leçon, et ces élèves se succédaient jusqu'aux derniers. Avec cette besogne de tous les instants il fallait pour ce pauvre maître maintenir le silence à l'école... Il avait continuellement le fouet en main et le regard menaçant.

C'est ainsi que se passaient toutes les journées d'hiver. Pour l'été il se reposait, et fort heureusement, car autrement il n'aurait pas vécu dix ans maître d'école...

Le maître avait ses peines et ses ennuis, il était comme le pâtre au gage de la commune et par conséquent sous son autorité : il lui fallait faire au gré des administrateurs, contenter le public et surtout M. le Curé, toujours l'esprit tendu et toujours en mouvement, disputant avec les récalcitrants, punissant les uns, retenant les autres, etc. Tant de gens à qui il faut faire plaisir et souvent tant de reproches à essuyer, tout cela tenait le maître en mauvaise humeur.

Nicolas est un bon élève. Il satisfait son maître et son curé

A treize ans je fis ma première communion. C'était un grand pas de fait, car le catéchisme prenait beaucoup de temps, presque tout le temps. Ce temps, je l'employais dans la suite à l'étude.

Depuis quelques années déjà j'allais tous les jours avec deux autres de ma force chanter les messes de Requiem et le dimanche je chantais les versets des vêpres et de la prière. A Noël et à Pâques je chantais les leçons... Bien des personnes me louèrent, d'autres me jalousèrent.

D'ailleurs M. le curé et le maître étaient contents de moi et en témoignaient leur satisfaction à mes parents. Mon père en triomphait et cherchait dans son esprit ce à quoi il pourrait me destiner. Ses amis lui disaient :

— Vous en ferez un maître d'école de votre fils, ce serait dommage d'en faire un vigneron. Au surplus il n'est pas assez robuste.

— Nous verrons plus tard, disait mon père, travaillons toujours en attendant.

Il avait en effet besoin de moi en été : j'étais l'aîné de ses enfants et trois ou quatre me poussaient par-derrière. Il fallait les élever et pour toutes ressources nous n'avions que le travail. J'avais du cœur à la besogne et j'aimais celle des champs presque autant que j'aimais l'étude. D'un autre côté je me sentais tout brut, timide et d'un caractère faible, ne sachant pas parler français, en un mot n'aspirant qu'à continuer la profession de mon père.

Cependant je continuai d'aller à l'école en hiver jusqu'à dix-sept ans...

L'école normale de Saint-Remy

Le jeune homme a dix-huit ans quand, sur les conseils d'un ami, son père l'envoie à l'école normale de Saint-Rémy. La rentrée a lieu le 5 novembre 1832. Le voici dans la cour.

Pauvre jeune homme, comme j'étais neuf au milieu de tous ces professeurs de l'école, de ces gens de science, moi qui n'étais jamais sorti de mon village, qui n'avait vu que des manants, des hommes de terre et de peine, des enfants grossiers et malpropres.

Quel changement pour moi surtout quand je m'entendais appeler « Monsieur ». Oh! cela me faisait mal, je n'étais pas fait de ce bois là : il me semblait qu'on se trompait et qu'on ne savait pas mon nom. Je ne savais pas qu'on pouvait faire des messieurs à si bon marché.

Les élèves qu'on attendait arrivèrent presque tous dans la journée en sorte que le soir on était au complet : c'était tous des jeunes de quinze à vingt-deux ans pour la classe de français et la plupart pour faire des maîtres d'école. Tous ou à peu près étaient à leur seconde ou même à leur troisième année de pensionnat à Saint-Remy ou ailleurs ; ils se connaissaient, causaient et riaient entre eux. Pour moi, n'en connaissant aucun, je me trouvais dans un monde nouveau et ne disais mot... dans la crainte de parler mal le français, car j'en étais à mon coup d'essai, n'ayant de ma vie parlé que le langage du peuple, le patois franc-comtois.

Je ne savais que lire, encore c'était sans principe ; je savais calculer mais sans raisonnement, sans théorie. Pour quant à l'histoire et à la géographie je n'avais aucune idée de ces sciences. J'avais lu à la vérité l'histoire des Quatre Fils Aymon, la Barbe-Bleue... et bien d'autres balivernes qui n'apprennent rien. Je fus donc relégué à la troisième division...

Bientôt absorbés par le travail sans cesse renaissant, nous oubliâmes vite les regrets de la séparation. Il me fallut bûcher pour marcher en avant... J'avais malheureusement peu de mémoire, un esprit lent qu'il fallait dégrossir. Mais une fois remis au courant de l'étude je m'y appliquai avec courage en sorte que trois semaines après la rentrée je passai à la seconde division, puis peu après à la première pour certains cours. Les places que j'y occupais étaient de 2e à 12e : jamais le premier mais jamais le dernier.

Les professeurs, les maîtres d'études, tous des religieux de l'ordre de Marie, n'avaient par-devers eux ni martinet, ni signal, ni baguette et cependant ils punissaient : les mauvais points, les réprimandes, les pensums avec retenue pendant la récréation étaient à peu près toutes les punitions en usage.

Pour l'émulation il y avait, outre les places dans les compositions, les bons points, les témoignages de chaque semaine, la promenade d'honneur de chaque mois, le tableau d'honneur, et pour mériter toutes ces récompenses il ne fallait pas s'endormir sur ses livres...

Je finis par faire des progrès sensibles, aucun témoignage ne m'échappait, aucune promenade d'honneur ne se faisait sans moi... Ces petites récompenses m'encourageaient et me rendaient plus hardi envers les supérieurs et plus communicatif avec mes égaux. Je savais que mes parents seraient contents de moi.

A la Verrerie de Selles.

Grâce à une demi-bourse Nicolas Lachaux termine ses deux semestres. Puis il devient sous-maître à la Verrerie de Selles.

J'étais logé, dans une chambre neuve, laquelle n'avait pas encore été habitée. J'y faisais mon école. La commune l'avait louée et les habitants s'étaient cotisés pour la meubler d'une table, d'un fourneau et de plusieurs bancs. Une chose m'était réservée : à tour de rôle les familles qui avaient des enfants en classe étaient obligées de me nourrir : un jour pour un enfant, deux jours pour deux etc. Il en était de même pour le chauffage : chaque matin la ration arrivait. Pour le balayage, les filles de la maison où je couchais s'en chargeaient.

A sept heures les enfants entraient en classe, à huit heures une femme m'apportait à déjeuner dans l'école : pommes de terre en robe de chambre, beignet à l'huile de faîne, un morceau de pain et un fruit. Les enfants déjeunaient en même temps que moi. La personne qui m'apportait à manger ne manquait pas de dire : C'est chez nous que vous viendrez dîner à midi.

A l'heure fixée je me rendais chez mon hôte où l'on me servait une soupe aux choux dans une assiette de terre rouge, ensuite un rata de pommes de terre ou de carottes, et si la maison était aisée le dîner était arrosé par un ou deux verres de piquette de poires sauvages. Une seule famille me donnait du vin : c'était l'auberge clandestine du pays. Le soir figurait au souper une tourtièrée de pommes de terre frites à l'huile de faîne, rarement autre chose.

Ces gens étaient simples et remplis de bonhomie, le trait suivant en est la preuve : Chez un nommé Ratot je devais y passer deux jours pour un garçon et pour une fille. Le premier jour à midi je trouvai mon écuelle de soupe sur le fourneau avec une portion de lard sur la soupe, je mangeai sans assiette ni fourchette, je pris ensuite mon pain et ma part sous le pouce et je sortis. Le soir au souper les parents étaient là, une tourtièrée de pommes de terre fut mise sur le pétrin, le couvercle chargé de cendres et de charbon en fut ôté. Au même moment le garçon de treize ans et la fille de onze ans s'approchèrent de la table, firent un bond en arrière et les voilà assis sur la table, les pieds pendants, de chaque côté de la tourtière. Armés chacun d'une fourchette ils mirent aussitôt la main au plat. Pour moi, une chaise me fut donnée entre les deux enfants. Le père et la mère se tenaient debout de l'autre côté de la table et vis-à-vis de moi. Je saisis donc ma fourchette et fis comme les autres. Tout à coup le père Ratot qui avait les yeux sur moi et qui me pressait de me défendre au plat me disait :

— Ces mâtins-là ne vous en laisseraient point...

Un homme à tout faire.

Sorti de la Verrerie où je venais de faire mes premières armes, je retombais sur le pavé... Dans ce temps-là la loi de 1833 sur l'instruction primaire n'était pas encore en exécution... personne ne s'intéressait aux jeunes postulants, les communes comme par le passé étaient libres et maîtresses de choisir leur candidat. Il fallait donc courir aux places vacantes.

Certaines communes ne faisaient pas de concours mais examinaient chaque postulant en particulier et choisissaient le plus méritant.

En mai 1834, la commune de Buthier, où était curé M. Horriard, qui était de Magny-les-Jussey, n'avait plus d'instituteur. Le curé détaille ainsi les clauses imposées au maître qui sera agréé : Faire la classe pendant quatre heures le matin et quatre heures le soir, assister le prêtre dans tous les exercices du culte, chanter, sonner, faire le greffe. Pour rétribution de toutes ces charges on offrait depuis la loi, deux cents francs de traitement, et quelques Liberas aux enterrements, mais par surcroît d'abondance, le maître était chargé de porter l'eau bénite tous les dimanches avant la messe, et dans toutes les maisons il recevait pour sa démarche quelques morceaux de pain, quelques liards, des œufs selon la saison, du lard, des pommes de terre, et chez quelques familles rien du tout. A Pâques et à la Pentecôte il était chargé de porter l'eau pour faire l'eau bénite et il avait droit pour cela à faire une quête à domicile, cette quête lui procurait des œufs, du pain et du lard. Il était chargé de balayer l'église tous les jeudis pour ne pas déranger sa classe.

A de telles conditions je ne voulus pas me présenter, je laissai la place à un autre. J'entendis parler de quelques autres communes où les usages n'étaient pas moins ridicules et où un maître était l'égal du berger.

Le 20 novembre 1833 Nicolas Lachaux est reçu au brevet élémentaire, premier sur 11 candidats. Il peut alors passer des concours communaux.

Un concours communal à Betaucourt.

Nous arrivâmes six candidats avant la messe. M. le curé de la paroisse vint nous prendre à l'école pour nous conduire à l'office qui se disait dans les dépendances de la maison commune où il y avait grange et écurie, attendu que l'église était en reconstruction. Il nous installa tous au lutrin. Quand il fut habillé il nous fit signe de commencer la messe. Comme il n'y avait point de maître de chant, tous ouvraient la bouche pour commencer, il en résultat un désaccord qui fit rire tout le monde ; les plus faibles voix cédèrent la place aux stentors de la troupe ; chacun dans la circonstance chercha à faire prévaloir sa voix sur celle des autres ; on savait qu'il serait pris bonne note des virtuoses. On s'égosilla, on toussa, on cracha, on brailla à qui mieux mieux. Tous les yeux étaient sur nous. On chuchota pendant tout l'office.

Après la messe M. le curé vint nous féliciter : « On ne chante pas mieux à la cathédrale » nous dit-il. Puis il emmena quatre d'entre nous pour dîner avec lui, le maire me retint avec le sixième. Après dîner nous allâmes chanter les vêpres ; deux nouveaux candidats nous avaient rejoints et, comme nous, exercèrent leurs poumons pendant la cérémonie. « C'est chanter, cela, disaient les gens en sortant de l'église ; il y a longtemps qu'on n'a chanté si fort dans l'église de Betaucourt. »

Après les vêpres M. le curé et le maire nous conduisirent à la salle d'école des garçons où les choses nécessaires à l'examen étaient préparées d'avance sur les tables. La séance était publique, chacun pouvait y entrer à l'exception des femmes. Le conseil était au premier rang et les jeunes gens étaient à l'entour, causant et riant ; l'affaire était communale, chacun pouvait dire son mot sur tel ou tel candidat.

M. le curé de la paroisse avait été délégué par l'académie pour procéder à l'examen, et d'avance il avait préparé ses batteries et rédigé son programme. Il nous dit qu'il tenait beaucoup à l'orthographe et, pour ce, il avait préparé une dictée exprès, qu'il avait puisée dit-on dans la grammaire des grammaires, où les difficultés se trouvent pour ainsi dire à chaque mot. Je trouvai, moi, qu'il avait non seulement puisé sa composition dans la mère des grammaires, mais qu'il avait puisé dans leur grand-père ce qu'il avait trouvé de plus difficile, pour ne pas dire de plus ridicule, ainsi qu'on va le voir.

D'abord, tout en commençant, il fit pleuvoir sur nos têtes de ces phrases décousues, dépourvues de sens, dans chacune desquelles il y avait un ou plusieurs pourboires, un ou plusieurs crève-cœur, des boute-feu, des cric-crac, des culs-de-jatte, des passe-passe etc. Puis des fricassées de poulets, des potages de pieds de moutons, des soupes aux choux, des cure-dents, des coq-à-l'âne, des rouges-gorges ; il monta ensuite sur les toits couverts d'ardoises, de tuiles ou d'ancelles, pour descendre dans la cave y chercher des pots-de-vin, des eaux-de-vie etc. Puis il s'est rabattu sur les livres, ce qui devenait plus classique et nous a crié des in-quarto, des in-folio. Il nous a fait ensuite de la musique où les ut, les fa, les ré étaient multipliés. Déjà une page écrite et il n'avait pas fini : « Grand Dieu ! me disai-je, s'il vient à nous chanter des *Gloria Patri*, des *Pater* et des *Ave*, nous en aurons bien pour jusqu'à la nuit. » Mais non, il termina bientôt par deux *Amen*. Je ne rapporte qu'une petite partie des mots baroques qu'il nous dicta et qu'un écrivain de profession ne trouve pas dix fois dans sa vie à employer dans ses écrits. »

Nicolas Lachaux n'obtiendra pas le poste de Betaucourt, mais celui de Montureux-les-Baulay en octobre 1834. Sur le bail passé entre lui et la commune il est bien spécifié que : « Ledit Lachaux sera tenu de faire la classe tous les jours deux fois, le matin de six heures à onze heures et le soir de une heure à cinq heures, excepté le jeudi soir de chaque semaine et le temps des vacances. Il sera obligé de sonner l'angélus... Il dira la prière à l'église pendant le carême; il chantera les vêpres quand M. le curé ne pourra venir les chanter. Il fera les hosties de Pâques et les portera dans les maisons... »

MiCHELET

1793-1874

Paysan par ses origines, fils d'un artisan imprimeur ruiné par le régime de la presse sous l'Empire, Michelet fut ouvrier imprimeur pendant son enfance. « Avant de faire des livres, écrira-t-il plus tard, j'en ai composé matériellement; j'ai assemblé des lettres avant d'assembler des idées! »

En même temps qu'il faisait son métier à l'imprimerie, Michelet suivait des cours au lycée Charlemagne et il fut reçu bachelier. De ses origines, de son expérience de travailleur manuel, il a tiré sa compréhension du peuple, son sincère attachement pour lui. Sa double qualité de paysan et d'ouvrier donne à son témoignage une force toute particulière lorsqu'il parle de l'un ou de l'autre de ces deux états.

Dans la longue liste de ses œuvres, on s'étonne de trouver tant de variété. Il est historien avant tout, mais l'histoire est pour lui la résurrection du réel; la réalité s'impose donc à lui, non seulement pour faire revivre le passé, mais pour décrire le présent. Il a le culte de la vie.

Ses sentiments démocratiques s'expriment avec force dans « Le Peuple », écrit en 1846, où il proteste contre la misère des ouvriers et souhaite l'union des classes dans un respect commun de la patrie.

La préface, dont on trouvera ici un large extrait, est le récit de ses propres souvenirs, jusqu'au moment où il devint professeur au Collège de France. On voit qu'il avait gardé de son enfance « la mémoire d'une terre, d'une ville et surtout d'un peuple ». Nous donnons ensuite quelques pages dans lesquelles Michelet décrit la vie ouvrière et la vie paysanne.

LE PEUPLE

Préface

Ce livre est plus qu'un livre ; c'est moi-même...

Les deux familles dont je procède, l'une picarde et l'autre ardennaise, étaient originairement des familles de paysans qui mêlaient à la culture un peu d'industrie. Ces familles étant fort nombreuses (douze enfants, dix-neuf enfants), une grande partie des frères et des sœurs de mon père et de ma mère ne voulurent pas se marier pour faciliter l'éducation de quelques-uns des garçons que l'on mettait au collège. Premier sacrifice que je dois noter.

Dans ma famille maternelle particulièrement, les sœurs, toutes remarquables par l'économie, le sérieux, l'austérité, se faisaient les humbles servantes de messieurs leurs frères, et pour suffire à leurs dépenses elles s'enterraient au village. Plusieurs cependant, sans culture et dans cette solitude sur la lisière des bois, n'en avaient pas moins une très fine fleur d'esprit. J'en ai entendu une, bien âgée, qui contait les anciennes histoires de la frontière aussi bien que Walter Scott. Ce qui leur était commun, c'était une extrême netteté d'esprit et de raisonnement. Il y avait force prêtres dans les cousins et parents, des prêtres de diverses sortes, mondains, fanatiques ; mais ils ne dominaient point. Nos judicieuses et sévères demoiselles ne leur donnaient la moindre prise. Elles racontaient volontiers qu'un de nos grands-oncles (du nom de Michaud ? ou Paillart ?) avait été brûlé jadis pour avoir fait certain livre.

Le père de mon père, qui était maître de musique à Laon, ramassa sa petite épargne, après la Terreur, et vint à Paris, où mon père était employé à l'imprimerie des assignats. Au lieu d'acheter de la terre, comme faisaient alors tant d'autres, il confia ce qu'il avait à la fortune de mon père, son fils aîné, et mit le tout dans une imprimerie au hasard de la Révolution. Un frère, une sœur de mon père, ne se marièrent point, pour faciliter l'arrangement, mais mon père se maria ; il épousa une de ces sérieuses demoiselles ardennaises dont je parlais tout à l'heure. Je naquis en 1798, dans le chœur d'une église de religieuses, occupée alors par notre imprimerie ; occupée, et non profanée ; qu'est-ce que la presse, au temps moderne, sinon l'arche sainte ?

Cette imprimerie prospéra d'abord, alimentée par les débats de nos assemblées, par les nouvelles des armées, par l'ardente vie de ce temps. Vers 1800, elle fut frappée par la grande suppression des journaux. On ne permit à mon père qu'un journal ecclésiastique, et l'entreprise commencée avec beaucoup de dépenses, l'autorisation fut brusquement retirée, pour être donnée à un prêtre que Napoléon croyait sûr, et qui le trahit bientôt.

On sait comment ce grand homme fut puni, par les prêtres mêmes, d'avoir cru le sacre de Rome meilleur que celui de la France. Il vit clair en 1810. Sur qui tomba son courroux ?... sur la presse ; il la frappa de seize décrets en deux ans. Mon père, à demi ruiné par lui au profit des prêtres, le fut alors tout à fait, en expiation de leur faute.

Un matin, nous recevons la visite d'un monsieur, plus poli que ne l'étaient généralement les agents impériaux, lequel nous apprend que S. M. l'Empereur a réduit le nombre des imprimeurs à soixante ; les plus gros sont conservés, *les petits sont supprimés*, mais avec bonne indemnité, à peu près sur le pied de quatre sols pour quatre francs. Nous étions de ces petits : se résigner, mourir de faim, il n'y avait rien de plus à faire. Cependant, nous avions des dettes. L'Empereur ne nous donnait pas de sursis contre les juifs, comme il l'avait fait pour l'Alsace. Nous ne trouvâmes qu'un moyen ; c'était d'imprimer pour nos créanciers quelques ouvrages qui appartenaient à mon père. Nous n'avions plus d'ouvriers, nous fîmes ce travail nous-mêmes. Mon père qui vaquait aux affaires du dehors, ne pouvait nous y aider. Ma mère, malade, se fit brocheuse, coupa, plia. Moi, enfant, je composai. Mon grand-père, très faible et vieux, se mit au dur ouvrage de la presse, et il imprima de ses mains tremblantes.

Ces livres que nous imprimions, et qui se vendaient assez bien, contrastaient singulièrement par leur futilité avec ces années tragiques d'immenses destructions. Ce n'était que petit esprit, petits jeux, amusements de société, charades, acrostiches. Il n'y avait là rien pour nourrir l'âme du jeune compositeur. Mais, justement, la sécheresse, le vide de ces tristes productions me laissaient d'autant plus libre. Jamais, je ne crois, je n'ai tant voyagé d'imagination, que pendant que j'étais immobile à cette case. Plus mes romans personnels s'animaient dans mon esprit, plus ma main était rapide, plus la lettre se levait vite... J'ai compris dès lors que les travaux manuels qui n'exigent ni délicatesse extrême, ni grand emploi de la force, ne sont nullement des entraves pour l'imagination. J'ai connu plusieurs femmes distinguées qui disaient ne pouvoir bien penser, ni bien causer, qu'en faisant de la tapisserie.

J'avais douze ans, et ne savais rien encore, sauf quatre mots de latin, appris chez un vieux libraire, ex-magister de village, passionné pour la grammaire, homme de mœurs antiques, ardent révolutionnaire, qui n'en avait pas moins sauvé au péril de sa vie ces émigrés qu'il détestait. Il m'a laissé en mourant tout ce qu'il avait au monde, un manuscrit, une très remarquable grammaire, incomplète, n'ayant pu y consacrer que trente ou quarante années.

Très solitaire et très libre, laissé tout à fait sur ma foi par l'indulgence excessive de mes parents, j'étais tout imaginatif. J'avais lu quelques volumes qui m'étaient tombés sous la main, une Mythologie, un Boileau, quelques pages de l'Imitation.

Dans les embarras extrêmes, incessants, de ma famille, ma mère étant malade, mon père si occupé au-dehors, je n'avais reçu encore aucune idée religieuse... Et voilà que dans ces pages, j'aperçois tout à coup au bout de ce triste monde, la délivrance de la mort, l'autre vie et l'espérance! La religion reçue ainsi, sans intermédiaire humain, fut très forte en moi. Elle me resta comme chose mienne, chose libre, vivante, si bien mêlée à ma vie qu'elle s'alimenta de tout, se fortifiant sur la route d'une foule de choses tendres et saintes, dans l'art et dans la poésie, qu'à tort on lui croit étrangères.

Comment dire l'état de rêve où me jetèrent ces premières paroles de l'Imitation ? Je ne lisais pas, j'entendais... comme si cette voix douce et paternelle se fût adressée à moi-même... Je vois encore la grande chambre froide et démeublée, elle me parut vraiment éclairée d'une lueur mystérieuse... Je ne pus aller bien loin dans ce livre, ne comprenant pas le Christ, mais je sentis Dieu.

Ma plus forte impression d'enfance, après celle-là, c'est le Musée des monuments français, si malheureusement détruit. C'est là, et nulle autre part, que j'ai reçu d'abord la vive impression de l'histoire. Je remplissais ces tombeaux de mon imagination, je sentais ces morts à travers les marbres, et ce n'était pas sans quelque terreur que j'entrais sous les voûtes basses où dormaient Dagobert, Chilpéric et Frédégonde.

Le lieu de mon travail, notre atelier, n'était guère moins sombre. Pendant quelque temps, ce fut une cave, cave pour le boulevard où nous demeurions, rez-de-chaussée pour la rue basse. J'y avais pour compagnie, parfois mon grand-père, quand il y venait, mais toujours, très assidûment, une araignée laborieuse qui travaillait près de moi, et plus que moi, à coup sûr.

Parmi des privations fort dures et bien au-delà de ce que supportent les ouvriers ordinaires, j'avais des compensations : la douceur de mes parents, leur foi dans mon avenir, inexplicable vraiment, quand on songe combien j'étais peu avancé. J'avais, sauf les nécessités du travail, une extrême indépendance, dont je n'abusai jamais. J'étais apprenti, mais sans contact avec des gens grossiers, dont la brutalité aurait peut-être brisé en moi cette fleur de liberté. Le matin, avant le travail, j'allais chez mon vieux grammairien, qui me donnait cinq ou six lignes de devoir. J'en ai retenu ceci, que la quantité de travail y fait bien moins qu'on ne croit ; les enfants n'en prennent jamais qu'un peu tous les jours ; c'est comme un vase dont l'entrée est étroite ; versez peu, versez beaucoup, il n'y entrera jamais beaucoup à la fois.

Malgré mon incapacité musicale, qui désolait mon grand-père, j'étais très sensible à l'harmonie majestueuse et royale du latin ; cette grandiose mélodie italique me rendait comme un rayon du soleil méridional. J'étais né, comme une herbe sans soleil, entre deux pavés de Paris. Cette chaleur d'un autre climat opéra si bien sur moi, qu'avant de rien savoir de la quantité, du rythme savant des langues antiques, j'avais cherché et trouvé dans mes thèmes des mélodies romano-rustiques, comme les *proses* du moyen âge. Un enfant, pour peu qu'il soit libre, suit précisément la route que suivent les peuples enfants.

Sauf les souffrances de la pauvreté, très grandes pour moi l'hiver, cette époque, mêlée de travail manuel, de latin et d'amitié (j'eus un instant un ami et j'en parle dans ce livre), est très douce à mon souvenir. Riche d'enfance, d'imagination, d'amour peut-être déjà, je n'enviais rien à personne. Je l'ai dit : l'homme de lui-même ne saurait point l'envie, il faut qu'on la lui apprenne.

Cependant, tout s'assombrit. Ma mère devient plus malade, la France aussi (Moscou!... 1813!...) L'indemnité est épuisée. Dans notre extrême pénurie, un ami de mon père lui propose de me faire entrer à l'Imprimerie impériale. Grande tentation pour mes parents! D'autres n'auraient pas hésité. Mais la foi avait toujours été grande dans notre famille : d'abord la foi dans mon père, à qui tous s'étaient immolés ; puis la foi en moi ; moi, je devais tout réparer, tout sauver...

Si mes parents, obéissant à la raison, m'avaient fait ouvrier, et s'étaient sauvés eux-mêmes, aurais-je été perdu, moi ? Non, je vois parmi les ouvriers des hommes de grand mérite, qui pour l'esprit valent bien les gens de lettres, et mieux pour le caractère... Mais enfin, quelles difficultés aurais-je rencontrées! quelle lutte contre le manque de tous les moyens! contre la fatalité du temps!... Mon père sans ressources, et ma mère malade, décidèrent que j'étudierais, quoi qu'il arrivât.

Notre situation pressait. Ne sachant ni vers, ni grec, j'entrai en troisième au collège de Charlemagne. Mon embarras, on le comprend, n'ayant nul maître pour m'aider. Ma mère, si ferme jusque-là, se désespéra et pleura. Mon père se mit à faire des vers latins, lui qui n'en avait fait jamais.

Le meilleur encore pour moi, dans ce terrible passage de la solitude à la foule, de la nuit au jour, c'était sans contredit le professeur, M. Andrieu d'Alba, homme de cœur, homme de Dieu. Le pis, c'étaient les camarades. J'étais justement au milieu d'eux, comme un hibou en plein jour, tout effarouché. Ils me trouvaient ridicule, et je crois maintenant qu'ils avaient raison. J'attribuais alors leurs risées à ma mise, à ma pauvreté. Je commençai à m'apercevoir d'une chose : que j'étais pauvre.

Je crus tous les riches mauvais, tous les hommes ; je n'en voyais guère qui ne fussent plus riches que moi. Je tombai dans une misanthropie rare chez les enfants. Dans le quartier le plus désert de Paris, le Marais, je cherchais les rues désertes... Toutefois dans cette antipathie excessive pour l'espèce humaine, il restait ceci de bon : Je n'avais aucune envie.

Mon charme le plus grand, qui me remettait le cœur, c'était le dimanche ou le jeudi, de lire deux, trois fois de suite un chant de Virgile, un livre d'Horace. Peu à peu, je les retenais ; du reste, je n'ai jamais pu apprendre une seule leçon par cœur.

Je me rappelle que dans ce malheur accompli, privations du présent, craintes de l'avenir, l'ennemi étant à deux pas (1814!), et mes ennemis à moi se moquant de moi tous les jours, un jour, un jeudi matin, je me ramassai sur moi-même : sans feu (la neige couvrait tout), ne sachant pas trop si le pain viendrait le soir, tout semblant finir pour moi, — j'eus en moi, sans nul mélange d'espérance religieuse, un pur sentiment stoïcien, — je frappai de ma main, crevée par le froid, sur ma table de chêne (que j'ai toujours conservée), et sentis une joie virile de jeunesse et d'avenir...

Je ne voulus point vivre de ma plume. Je voulus un

vrai métier ; je pris celui que mes études me facilitaient : l'enseignement. Je pensai dès lors, comme Rousseau, que la littérature doit être la chose réservée, le beau luxe de la vie, la fleur intérieure de l'âme. C'était un grand bonheur pour moi lorsque, dans la matinée, j'avais donné mes leçons de rentrer dans mon faubourg, près du Père-Lachaise, et là paresseusement de lire tout le jour les poètes, Homère, Sophocle, Théocrite, parfois les historiens. Un de mes anciens camarades et de mes plus chers amis, M. Poret, faisait les mêmes lectures, dont nous conférions ensemble, dans nos longues promenades au bois de Vincennes.

Cette vie insoucieuse ne dura guère moins de dix ans, pendant lesquels je ne me doutais pas que je dusse écrire jamais. J'enseignais concurremment les langues, la philosophie et l'histoire. En 1821, le concours m'avait fait professeur dans un collège. En 1827, deux ouvrages qui parurent en même temps, mon *Vico* et mon *Précis d'histoire moderne*, me firent professeur à l'École normale. En 1838, l'Institut et le Collège de France m'ayant également élu pour leur candidat, j'obtins une chaire.

Michelet, faisant le bilan de ses années d'enseignement, conclut ainsi :

Si j'avais, comme historien, un mérite spécial qui me soutînt à côté de mes illustres prédécesseurs, je le devrais à l'enseignement, qui pour moi fut l'amitié. Ces grands historiens ont été brillants, judicieux, profonds. Moi, j'ai aimé davantage.

J'ai souffert davantage aussi. Les épreuves de mon enfance me sont toujours présentes, j'ai gardé l'impression du travail, d'une vie âpre et laborieuse, je suis resté peuple.

Chapitre I

Servitudes du paysan.

Voulez-vous juger nos paysans? Regardez-les, au retour du service militaire! Vous voyez ces soldats terribles,

les premiers du monde qui, revenant à peine d'Afrique, de la guerre des lions, se mettent doucement à travailler, entre leur sœur et leur mère, reprennent la vie paternelle d'épargne et de jeûne, ne font plus de guerre qu'à eux-mêmes. Vous les voyez, sans plainte, sans violence, chercher par les moyens les plus honorables l'accomplissement de l'œuvre sainte qui fait la force de la France : je veux dire, le mariage de l'homme et de la terre.

La France tout entière, si elle avait le vrai sentiment de sa mission, aiderait à ceux qui continuent cette œuvre. Par quelle fatalité faut-il qu'elle s'arrête aujourd'hui dans leurs mains!... Si la situation présente continuait, le paysan, loin d'acquérir, vendrait, comme il fit au milieu du dix-septième siècle, et redeviendrait mercenaire. Deux cents ans de perdus!... Ce ne serait pas là la chute d'une classe d'hommes, mais celle de la patrie.

Ils paient plus d'un demi-milliard à l'État chaque année! Un milliard à l'usure! Est-ce tout? Non, la charge indirecte est peut-être aussi forte, celle que l'industrie impose au paysan par ses douanes qui, repoussant les produits étrangers, empêchent aussi nos denrées de sortir.

Ces hommes si laborieux sont les plus mal nourris. Point de viande ; nos éleveurs (qui sont au fond des industriels) empêchent l'agriculteur d'en manger, *dans l'intérêt de l'agriculture*. Le dernier ouvrier mange du pain blanc ; mais celui qui fait venir le blé, ne le mange que noir. Ils font le vin, et la ville le boit. Que dis-je! le monde entier boit la joie à la coupe de la France, excepté le vigneron français.

L'industrie de nos villes a obtenu récemment un soulagement considérable, dont le poids retombe sur la terre, au moment où la petite industrie des campagnes, l'humble travail de la fileuse, est tué par la machine à lin.

Le paysan, perdant ainsi, une à une, ses industries, aujourd'hui le lin, demain la soie peut-être, a grand'peine à garder la terre ; elle lui échappe, et elle emporte avec elle tout ce qu'il y a mis d'années laborieuses, d'épargne, de sacrifices. C'est de sa vie elle-même qu'il est exproprié.

S'il reste quelque chose, les spéculateurs l'en débarrassent ; il écoute, avec la crédulité du malheur, toutes les fables qu'ils débitent ; Alger produit le sucre et le café ; tout homme en Amérique gagne dix francs par jour ; il faut passer la mer ; qu'importe ? L'Alsacien croit, sur leur parole, que l'Océan n'est guère plus large que le Rhin.

Avant d'en venir là, avant de quitter la France, toute ressource sera employée. Le fils se vendra. La fille se fera domestique. Le jeune enfant entrera dans la manufacture voisine. La femme se placera comme nourrice dans la maison du bourgeois, ou prendra chez elle l'enfant du petit marchand, de l'ouvrier même.

Aucun peintre de mœurs, romancier, socialiste, que je sache, n'a daigné nous parler de la nourrice. Il y a pourtant là une triste histoire qu'on ne connaît pas assez. On ne sait pas combien ces pauvres femmes sont exploitées et malmenées, d'abord par les voitures qui les transportent (souvent à peine accouchées), et ensuite par les bureaux qui les reçoivent. Prises comme nourrices *sur lieu*, il faut qu'elles renvoient leur enfant, qui souvent en meurt. Elles n'ont aucun traité avec la famille qui les loue, et peuvent être renvoyées au premier caprice de la mère, de la garde, du médecin ; si le changement d'air et de vie leur tarit leur lait, elles sont renvoyées sans indemnité. Si elles restent, elles prennent ici les habitudes de l'aisance, et souffrent infiniment quand il leur faut rentrer dans leur vie pauvre ; plusieurs se font domestiques, pour ne plus quitter la ville, elles ne rejoignent plus leur mari, et la famille est rompue.

L'ouvrier, pour peu qu'il gagne bien sa vie, est l'objet de l'envie du paysan. Lui qui appelle bourgeois le fabricant, il est un bourgeois pour l'homme de la campagne. Celui-ci le voit le dimanche se promener vêtu comme un monsieur. Attaché à la terre, il croit qu'un homme qui porte avec lui son métier, qui travaille sans s'inquiéter des saisons, de la gelée ni de la grêle, est libre comme l'oiseau. Il ignore et ne veut point voir les servitudes de l'homme d'industrie. Il en juge d'après le jeune ouvrier voyageur qu'il rencontre sur les routes, faisant son tour de France, qui gagne à chaque halte pour le séjour et le voyage, puis, reprenant la longue canne de compagnonnage et le petit paquet, s'achemine vers une autre ville en chantant ses chansons.

Chapitre II

Servitudes de l'ouvrier dépendant des machines.

« Que la ville est brillante! Que la campagne est triste et pauvre! » Voilà ce que vous entendez dire aux paysans qui viennent voir la ville aux jours de fête. Ils ne savent pas que si la campagne est *pauvre*, la ville, avec tout son éclat, est peut-être plus *misérable*. Peu de gens au reste font cette distinction.

Regardez le dimanche aux barrières ces deux foules qui vont en sens inverse, l'ouvrier vers la campagne, le paysan vers la ville. Entre ces deux mouvements qui semblent analogues, la différence est grande. Celui du paysan n'est pas une simple promenade ; il admire tout à la ville, il désire tout, il y restera, s'il le peut.

Qu'il y regarde. La campagne, une fois quittée, on n'y retourne guère. Ceux qui viennent comme domestiques et qui partagent la plupart des jouissances des maîtres, ne se soucient nullement de revenir à leur vie d'abstinence. Ceux qui se font ouvriers des manufactures voudraient retourner aux champs, qu'ils ne le pourraient ; ils sont en peu de temps énervés, incapables de supporter les rudes travaux, les variations rapides du chaud, du froid : le grand air les tuerait.

Si la ville est tellement absorbante, il ne faut pas trop l'en accuser, ce semble ; elle repousse le paysan autant qu'il est en elle, par des octrois terribles, par l'énorme cherté du prix des vivres. Assiégée par ces foules, elle essaie ainsi de chasser l'assaillant. Mais rien ne le rebute ; nulle condition n'est assez dure. Il entrera, comme on voudra, domestique, ouvrier, simple aide des machines et machine lui-même. On se rappelle ces anciennes populations italiques qui, dans leur frénétique désir d'entrer dans Rome, se vendaient comme esclaves, pour y devenir plus tard affranchis, citoyens.

Le paysan ne se laisse pas effrayer par les plaintes de l'ouvrier, par les peintures terribles qu'on lui fait de sa situation. Il ne comprend pas, lui qui gagne un franc ou deux, qu'avec des salaires de trois, quatre ou cinq francs, on puisse être misérable. « Mais les variations du travail ? les chômages ? » Qu'importe ? Il économisait sur ses faibles journées, combien plus aisément sur un si gros salaire il épargnera pour le mauvais temps !

Même en mettant le gain à part, la vie est plus douce à la ville. On y travaille généralement à couvert ; cela seul, d'avoir un toit sur la tête, semble une grande amélioration. Sans parler de la chaleur, le froid dans nos climats est une souffrance, pour ceux même qui y semblent le plus habitués. J'ai passé pour ma part bien des hivers sans feu, sans être moins sensible au froid. Quand la gelée cessait, j'éprouvais un bonheur auquel peu de jouissances sont comparables. Au printemps, c'était un ravissement. Ces changements de saisons, si indifférents pour les riches, font le fond de la vie du pauvre, ses vrais événements.

Le paysan gagne encore en entrant à la ville, sous le rapport de la nourriture ; elle est, sinon plus saine, au moins plus savoureuse. Il n'est pas rare, dans les premiers mois du séjour, de le voir engraisser. En récompense, son teint change, et ce n'est pas en bien. C'est qu'il a perdu, dans sa transplantation, une chose très vitale, et même nutritive, qui seule explique comment les travailleurs de la campagne restent forts avec des aliments très peu réparateurs ; cette chose, c'est l'air libre, l'air pur, rafraîchi sans cesse, renouvelé des parfums végétaux. L'air des villes est-il aussi malsain qu'on le dit, je ne le crois pas ; mais il l'est à coup sûr dans les misérables logis où s'entassent la nuit un si grand nombre de pauvres ouvriers, entre les filles et les voleurs.

Le paysan n'a pas compté cela. Il n'a pas compté davantage qu'en gagnant plus d'argent à la ville, il perdait son trésor, — la sobriété, l'épargne, l'avarice, s'il faut trancher le mot. Il est facile d'épargner, loin des tentations de dépense, lorsqu'un seul plaisir se présente, celui d'épargner. Mais combien est-ce difficile, quelle force faut-il, quelle domination de soi-même, pour tenir l'argent captif et la poche scellée, quand tout sollicite à l'ouvrir ! Ajoutez que la Caisse d'épargne qui garde un argent invisible, ne donne nullement les émotions du trésor que le paysan enterre et déterre avec tant de plaisir, de mystère et de peur ; encore moins, y a-t-il là le charme d'une jolie pièce de terre qu'on voit toujours, qu'on remue toujours, qu'on veut toujours étendre.

Certes, l'ouvrier a besoin d'une grande vertu pour épargner. S'il est facile, bon enfant et se laisse aller aux camarades, mille dépenses variables emportent tout, le cabaret, le café et le reste. S'il est sérieux, honnête, il se marie dans quelque bon moment, où l'ouvrage va bien ; la femme gagne peu, puis rien, quand elle a des enfants ; l'homme, à l'aise quand il était garçon, ne sait comment faire face à cette dépense, fixe, accablante, qui revient tous les jours.

Il y avait jadis, outre les droits d'entrée, une autre barrière qui repoussait le paysan des villes et l'empêchait de se faire ouvrier ; cette barrière était la difficulté d'entrer dans un métier, la longueur de l'apprentissage, l'esprit d'exclusion des confréries et corporations. Les familles industrielles prenaient peu d'apprentis, le plus souvent leurs enfants qu'elles échangeaient entre elles. Aujourd'hui de nouveaux métiers se sont créés, qui ne demandent guère d'apprentissage et reçoivent un homme quelconque. Le véritable ouvrier, dans ces métiers, c'est la machine ; l'homme n'a pas besoin de beaucoup de force, ni d'adresse ; il est là seulement pour surveiller, aider cet ouvrier de fer.

Cette malheureuse population asservie aux machines

comprend quatre cent mille âmes, ou un peu plus. C'est environ la quinzième partie de nos ouvriers. Tout ce qui ne sait rien faire vient s'offrir aux manufactures pour servir les machines. Plus il en vient, plus le salaire baisse, plus ils sont misérables. D'autre part, la marchandise, fabriquée ainsi à vil prix, descend à la portée des pauvres, en sorte que la misère de l'ouvrier-machine diminue quelque peu la misère des ouvriers et paysans, qui très probablement sont soixante-dix fois plus nombreux.

C'est ce que nous avons vu en 1842. La filature était aux abois. Elle étouffait ; les magasins crevaient, nul écoulement. Le fabricant terrifié n'osait ni travailler ni chômer avec ces dévorantes machines ; l'usure ne chôme pas ; il faisait des demi-journées, et il encombrait l'encombrement. Les prix baissaient, en vain ; nouvelles baisses, jusqu'à ce que le coton fût tombé à six sols... Là, il y eut une chose inattendue. Ce mot *six sols* fut un réveil. Des millions d'acheteurs, de pauvres gens qui n'achetaient jamais, se mirent en mouvement. On vit alors quel immense et puissant consommateur est le peuple, quand il s'en mêle. Les magasins furent vidés d'un coup. Les machines se remirent à travailler avec furie ; les cheminées fumèrent... Ce fut une révolution en France, peu remarquée, mais grande ; révolution dans la propreté, embellissement subit dans le ménage pauvre ; linge de corps, linge de lit, de table, de fenêtres : des classes entières en eurent, qui n'en avaient pas eu depuis l'origine du monde.

On le comprend assez, sans autre exemple : la machine, qui semble une force tout aristocratique par la centralisation de capitaux qu'elle suppose, n'en est pas moins, par le bon marché et la vulgarisation de ses produits, un très puissant agent du progrès démocratique ; elle met à la portée des plus pauvres une foule d'objets d'utilité, de luxe même et d'art, dont ils ne pouvaient approcher. La laine, grâce à Dieu, a descendu partout au peuple, et le réchauffe. La soie commence à le parer. Mais la grande et capitale révolution a été l'indienne. Il a fallu l'effort combiné de la science et de l'art pour forcer un tissu rebelle, ingrat, le coton, à subir chaque jour tant de transformations brillantes, puis transformé ainsi, le répandre partout, le mettre à la portée des pauvres. Toute femme portait jadis une robe bleue ou noire qu'elle gardait dix ans sans la laver, de peur qu'elle ne s'en allât en lambeaux. Aujourd'hui, son mari, pauvre ouvrier, au prix d'une journée de travail, la couvre d'un vêtement de fleurs. Tout ce peuple de femmes, qui présente sur nos promenades un éblouissant iris de mille couleurs, naguère était en deuil.

Ces changements qu'on croit futiles, ont une portée immense. Ce ne sont pas là de simples améliorations matérielles, c'est un progrès du peuple dans l'extérieur et l'apparence, sur lesquels les hommes se jugent entre eux ; c'est, pour ainsi parler, l'*égalité visible.* Il s'élève par là à des idées nouvelles qu'autrement il n'atteignait pas ; la mode et le goût sont pour lui une initiation dans l'art. Ajoutez, chose plus grave encore, que l'habit impose à celui même qui le porte ; il veut en être digne, et s'efforce d'y répondre par sa tenue morale.

Il ne faut pas moins, en vérité, que ce progrès de tous, l'avantage évident des masses, pour nous faire accepter la dure condition dont il faut l'acheter, celle d'avoir, au milieu d'un peuple d'hommes, un misérable petit peuple d'hommes-machines qui vivent à moitié, qui produisent des choses merveilleuses, et qui ne se reproduisent pas eux-mêmes, qui n'engendrent que pour la mort, et ne se perpétuent qu'en absorbant sans cesse d'autres populations qui se perdent là pour toujours.

Beaucoup de gens sensibles, pour ne pas trop souffrir de leur comparaison, la font taire, en disant bien vite que cette population n'a une si triste apparence que parce qu'elle est mauvaise, gâtée, foncièrement corrompue. Ils la jugent ordinairement sur le moment où elle est le plus choquante à voir, sur l'aspect qu'elle présente à la sortie de la manufacture, lorsque la cloche la jette tout à coup dans la rue. Cette sortie est toujours bruyante. Les hommes parlent très haut, vous diriez qu'ils disputent ; les filles s'appellent d'une voix criarde ou enrouée ; les enfants se battent et jettent des pierres, ils s'agitent avec violence. Ce spectacle n'est pas beau à voir ; le passant se détourne ; la dame a peur, elle croit qu'une émeute commence, et prend une autre rue.

Il ne faut pas se détourner. Il faut entrer dans la manufacture, quand elle est au travail, et l'on comprend que ce silence, cette captivité pendant de longues heures, commandent, à la sortie, pour le rétablissement de l'équilibre vital, le bruit, les cris, le mouvement. Cela est vrai surtout pour les grands ateliers de filage et tissage, véritable enfer de l'ennui. *Toujours, toujours, toujours,* c'est le mot invariable que tonne à votre oreille le roulement automatique dont tremblent les planchers. Jamais l'on ne s'y habitue. Au bout de vingt ans, comme au premier jour, l'ennui, l'étourdissement sont les mêmes, et l'affadissement. Le cœur bat-il dans cette foule ? Bien peu, son action est comme suspendue ; il semble, pendant ces longues heures, qu'un autre cœur, commun à tous, ait pris la place, cœur métallique, indifférent, impitoyable, et que ce grand bruit assourdissant dans sa régularité, n'en soit que le battement.

Le travail solitaire du tisserand était bien moins pénible. Pourquoi ? c'est qu'il pouvait rêver. La machine ne comporte aucune rêverie, nulle distraction. Vous voudriez un moment ralentir le mouvement, sauf à le presser plus tard, vous ne le pourriez pas. L'infatigable chariot aux cent broches est à peine repoussé, qu'il revient à vous. Le tisserand à la main tisse vite ou lentement selon qu'il respire lentement ou vite ; il agit comme il vit ; le métier se conforme à l'homme. Là, au contraire, il faut bien que l'homme se conforme au métier, que l'être de sang et de chair où la vie varie selon les heures, subisse l'invariabilité de cet être d'acier.

Il arrive dans les travaux manuels qui suivent notre impulsion, que notre pensée intime s'identifie le travail, le met à son degré, et que l'instrument inerte à qui l'on donne le mouvement, loin d'être un obstacle au mouvement spirituel en devient l'aide et le compagnon. Les tisserands mystiques du moyen âge furent célèbres sous le nom de *lollards,* parce qu'en effet, tout en travaillant, ils *lollaient,* chantaient à voix basse, ou du moins en esprit, quelque chant de nourrice. Le rythme de la navette, lancée et ramenée à temps égaux, s'associait au rythme du cœur ; le soir, il se trouvait souvent qu'avec la toile, s'était tissé, aux mêmes nombres, un hymne, une complainte.

Aussi quel changement pour celui qui est forcé de quitter le travail domestique pour entrer à la manufacture! Quitter son pauvre *chez soi*, les meubles vermoulus de la famille, tant de vieilles choses aimées, cela est dur, plus dur encore de renoncer à la libre possession de son âme. Ces vastes ateliers tout blancs, tout neufs, inondés de lumière, blessent l'œil accoutumé aux ombres d'un logis obscur. Là, nulle obscurité où la pensée se plonge, nul angle sombre où l'imagination puisse suspendre son rêve ; point d'illusion possible, sous un tel jour, qui sans cesse avertit durement de la réalité. Ne nous étonnons pas si nos tisserands de Rouen, nos tisserands français de Londres, ont résisté à cette nécessité, de tout leur courage, de leur stoïque patience, aimant mieux jeûner et mourir, mais mourir au foyer. On les a vus longtemps lutter du faible bras de l'homme, d'un bras amaigri par la faim, contre la fécondité brillante, impitoyable, de ces terribles Briarées de l'industrie qui, jour et nuit, poussés par la vapeur, travaillent de mille bras à la fois ; à chaque perfectionnement de la machine, son rival infortuné ajoutait à son travail, diminuait de sa nourriture. Notre colonie des tisserands de Londres s'est éteinte ainsi peu à peu. Pauvres gens, si honnêtes, d'une vie si résignée et si innocente, pour qui l'indigence et la faim ne furent jamais une tentation! Dans leur misérable Spitalfield, ils cultivaient les fleurs avec intelligence ; Londres aimait à les visiter.

J'ai parlé tout à l'heure des tisserands de Flandre, au moyen âge, des lollards, béghards, comme on les appelait. L'Église, qui souvent les persécuta comme hérétiques, ne reprocha jamais à ces rêveurs qu'une seule chose : l'*amour* ; l'amour exalté et subtil pour l'invisible amant, pour Dieu ; parfois aussi l'amour vulgaire, sous les formes qu'il prend dans les centres populeux de l'industrie, vulgaire, et néanmoins mystique, enseignant pour doctrine une communauté plus que fraternelle qui devait mettre un paradis sensuel ici-bas.

Cette tendance à la sensualité est la même chez ceux d'aujourd'hui, qui d'ailleurs n'ont pas, pour s'élever au-dessus, la rêverie poétique. Un puritain anglais, qui de nos jours a fait un tableau délicieux du bonheur dont jouit l'ouvrier des manufactures, avoue que *la chair s'y échauffe fort* et s'y révolte. Cela ne vient pas seulement du rapprochement des sexes, de la température, etc. Il y a une cause morale. C'est justement parce que la manufacture est un monde de fer, où l'homme ne sent partout que la dureté et le froid du métal, qu'il se rapproche d'autant plus de la femme, dans ses moments de liberté. L'atelier mécanique, c'est le règne de la nécessité, de la fatalité. Tout ce qui y entre de vivant, c'est la sévérité du contre-maître ; on y punit souvent, on n'y récompense jamais. L'homme se sent là si peu homme que, dès qu'il en sort, il doit chercher avidement la plus vive exaltation des facultés humaines, celle qui concentre le sentiment d'une immense liberté dans le court moment d'un beau rêve. Cette exaltation, c'est l'ivresse, surtout celle de l'amour.

Malheureusement, l'ennui, la monotonie à laquelle ces captifs éprouvent le besoin d'échapper, les rendent, dans ce que leur vie a de libre, incapables de fixité, amis du changement. L'amour, changeant toujours d'objet, n'est plus l'amour, ce n'est plus que débauche. Le remède est pire que le mal ; énervés par l'asservissement du travail, ils le sont encore plus par l'abus de la liberté.

Faiblesse physique, impuissance morale. Le sentiment de l'impuissance est une des grandes misères de cette condition. Cet homme, si faible devant la machine et qui la suit dans tous ses mouvements, il dépend du maître de la manufacture, et dépend plus encore de mille causes inconnues qui d'un moment à l'autre peuvent faire manquer l'ouvrage et lui ôter son pain. Les anciens tisserands, qui pourtant n'étaient pas, comme ceux-ci, les serfs de la machine, avouaient humblement cette impuissance, l'enseignaient, c'était leur théologie : « Dieu peut tout, l'homme rien. » Le vrai nom de cette classe, c'est le premier que l'Italie leur donne au moyen âge : *Humiliati*.

Chapitre III

Servitudes de l'ouvrier

L'enfant qui laisse la manufacture et le service de la machine pour entrer apprenti chez un maître, monte certainement dans l'échelle industrielle ; on exige davantage de ses mains et de son esprit. Sa vie ne sera pas l'accessoire d'un mouvement sans vie, il agira lui-même, il sera vraiment ouvrier.

Progrès dans l'intelligence, progrès dans la souffrance. La machine était réglée, et l'homme ne l'est pas. Elle était impassible, sans caprice, sans colère, sans brutalité. Elle laissait d'ailleurs l'enfant libre, à heure fixe ; au moins la nuit reposait-il. Mais ici, l'apprenti du petit fabricant, le jour, la nuit, appartient à son maître. Son travail n'est borné que par l'exigence des commandes qui pressent plus ou moins. Il a le travail et, par-dessus, il a toutes les misères du domestique ; outre les caprices du maître, tous ceux de la famille. Ce qui chagrine, irrite le mari ou la femme, retombe bien souvent sur son dos. Une faillite arrive, l'apprenti est battu ; le maître revient ivre, l'apprenti est battu ; le travail manque, le travail presse... battu également.

C'est le régime ancien de l'industrie, qui n'était que servage. Dans le contrat d'apprentissage, le maître devient un père, mais c'est pour appliquer le mot de Salomon : « N'épargne la verge à ton fils. » Dès le treizième siècle, nous voyons l'autorité publique intervenir pour modérer cette paternité.

Et ce n'était pas seulement du maître à l'apprenti qu'il y avait dureté et violence ; dans les métiers où la hiérarchie se compliquait, les coups tombaient de degrés en degrés, toujours multipliant. Certaines nomenclatures du compagnonnage témoignent encore de cette dureté. Le compagnon est *loup* ; vexé par le *singe*, qui est le maître, il donne la chasse au *renard*, à l'aspirant, lequel le rend avec usure au *lapin*, au pauvre apprenti.

Pour être maltraité, battu, dix ans de suite, il fallait que l'apprenti payât ; et il payait à chaque degré qu'on lui permettait de franchir dans cette rude initiation. Enfin, quand il avait usé comme apprenti, la corde, comme *vallet*, le bâton, il subissait le jugement d'une corporation intéressée à ne pas augmenter de nombre, il pouvait être renvoyé, refusé, sans appel.

Les portes aujourd'hui sont ouvertes. L'apprentissage est moins long, sinon moins dur. Les apprentis ne sont reçus que trop facilement ; le misérable petit gain qu'on en tire (que le maître en profite, le père, ou le corps du métier) est une tentation continuelle pour en faire de nouveaux, et multiplier les ouvriers, au-delà du besoin.

L'ouvrier d'autrefois, admis difficilement, peu nombreux et jouissant par là d'une sorte de monopole, n'avait nullement les inquiétudes de celui d'aujourd'hui. Il gagnait beaucoup moins, mais rarement il manquait d'ouvrage. Gai compagnon et leste, il voyageait beaucoup. Où il trouvait à travailler, il restait. Son bourgeois le logeait le plus souvent, le nourrissait parfois ; sobre nourriture et légère ; le soir, quand il avait mangé son pain sec, il montait au grenier, à la soupente, et s'endormait content.

Que de changements survenus dans sa condition, en bien, en mal! Amélioration matérielle, condition mobile, inquiète, la sombre obscurité du sort! Mille éléments nouveaux de souffrances morales.

Ces changements, résumons-les d'un mot : *Il est devenu homme.*

Etre homme, au vrai sens, c'est d'abord, c'est surtout, avoir une femme. L'ouvrier, rarement marié autrefois, l'est souvent aujourd'hui. Marié ou non, il retrouve généralement, en rentrant, une femme chez lui. Un *chez soi*, un foyer, une femme... Oh! la vie s'est transfigurée.

Une femme, une famille, des enfants tout à l'heure! La dépense, la misère! Si l'ouvrage manquait?...

Il est fort touchant de voir le soir tout ce monde laborieux qui retourne à grands pas. L'homme, après cette longue journée passée souvent à une lieue de chez lui, après avoir tristement déjeuné, dîné seul, cet homme qui est resté quinze heures debout, quelles jambes il a le soir!... Il vole au nid... Etre homme une heure par jour, au fait, ce n'est pas trop.

Chose sainte! lui, il apporte le pain à la maison, et une fois arrivé, il se repose, il n'est plus rien, il se remet, comme un enfant, à la femme. Nourrie par lui, elle le nourrit et le réchauffe ; tous deux servent l'enfant, qui ne fait rien, qui est libre, qui est maître... Que le dernier soit maître, voilà bien la cité de Dieu.

Le riche n'a jamais cette grande jouissance, cette suprême bénédiction de l'homme, de nourrir chaque jour la famille, du meilleur de sa vie, de son travail. Le pauvre seul est père ; chaque jour il crée encore, et refait les siens.

VICTOR HUGO

1802-1885

Victor Hugo, on le sait, se vantait d'être un « écho sonore » du monde qui l'entourait; il est vrai qu'il s'est attaché avec passion au spectacle de la vie quotidienne et sans négliger les thèmes chers aux romantiques : l'amour, la jeunesse, les lacs..., il a décrit aussi la vie des pauvres gens.

Ces réalités, que depuis des siècles les poètes ont pu observer, Victor Hugo en a pris conscience avec plus de force qu'aucun autre homme de son époque. Beaucoup de ses œuvres, évoquant la pauvreté, pourraient être citées ici; nous retiendrons seulement quelques passages représentatifs.

Avant Hugo, le problème de la misère avait été déjà posé par certains écrivains, mais la grande majorité ne prenait pas assez garde à ce qu'elle avait l'habitude de voir tous les jours.

Chez l'auteur des *Misérables*, il y a quelque chose de plus qu'une pitié chaleureuse, c'est l'idée que la vie pourrait être améliorée et qu'un changement est dans le domaine du possible; l'idée que bien des traditions, des manières de juger, des lois, ne sont plus en accord avec l'époque ni avec l'état économique du pays. Cela, d'ailleurs, Arthur Young le savait déjà et l'a exprimé d'une manière plus précise, plus expérimentale et surtout plus constructive.

Au cours même du roman, *Les Misérables*, on assiste à une transformation de la mentalité. Jean Valjean, dans sa jeunesse, est condamné au bagne *parce qu'il a volé un pain*, alors que peu d'années plus tard on pardonne à une pauvre femme qui a commis le même « crime ». Ce vol reparaît comme un leitmotiv au cours du roman, où l'on assiste à un changement de valeur du pain, qui était encore, en 1795, le facteur essentiel de la vie et non pas seulement un des éléments de l'alimentation, comme il l'était devenu en 1860 dans les villes.

Aujourd'hui, il y a tant de pain (et d'autres aliments) gâchés à Paris, qu'il suffirait de la poubelle d'un seul immeuble pour trouver de quoi nourrir une famille de petits Valjean!...

Pour confirmer la réalité du récit de Victor Hugo, nous reproduisons ici une partie d'une affiche de 1806 qui se trouve exposée au Musée de Vendôme.

COUR DE JUSTICE CRIMINELLE DU DÉPARTEMENT DE LOIR-ET-CHER

Janvier 1806
État sommaire des arrêtés portant condamnation

Noms	Délits	Peine
—	—	—
LASNEAU Jacques âgé de 34 ans garçon meunier à Lestiau	Vol de drap, poule, blé fait à Lestiau, dans une grange tenant à une maison habitée, à l'aide d'escalade, la nuit, par deux personnes	14 ans de fers, six heures d'exposition, et aux frais solidairement
GIBAULT Étienne âgé de 39 ans vigneron et cabaretier demeurant à Lestiau	Complicité du vol ci-dessus	idem
RAGON Pierre vigneron demeurant à Lestiau	Recelé d'un vol de blé, sachant que ce blé provenait d'un vol fait dans une grange, la nuit, par deux personnes	Six années de fers, six heures d'exposiiion et frais, solidairement avec Lasneau.

Signé : TH. GIOT
Procureur général impérial
près la Cour de Justice criminelle du
Département de Loir-et-Cher.
A Blois, 2 janvier 1806.

LES MISÉRABLES

Jean Valjean.

Vers le milieu de la nuit, Jean Valjean se réveilla.

Jean Valjean était d'une pauvre famille de paysans de la Brie. Dans son enfance, il n'avait pas appris à lire. Quand il eut l'âge d'homme, il était émondeur à Faverolles. Sa mère s'appelait Jeanne Mathieu, son père s'appelait Jean Valjean ou Vlajean, sobriquet probablement, et contraction de *Voilà Jean.*

Jean Valjean était d'un caractère pensif sans être triste, ce qui est le propre des natures affectueuses. Somme toute, pourtant, c'était quelque chose d'assez endormi et d'assez insignifiant, en apparence du moins, que Jean Valjean. Il avait perdu en très bas âge son père et sa mère. Sa mère était morte d'une fièvre de lait mal soignée. Son père, émondeur comme lui, s'était tué en tombant d'un arbre. Il n'était resté à Jean Valjean qu'une sœur plus âgée que lui, veuve avec sept enfants, filles et garçons. Cette sœur avait élevé Jean Valjean, et tant qu'elle eut son mari elle logea et nourrit son jeune frère. Le mari mourut. L'aîné des sept enfants avait huit ans, le dernier un an. Jean Valjean venait d'atteindre, lui, sa vingt-cinquième année. Il remplaça le père et soutint à son tour sa sœur qui l'avait élevé. Cela se fit simplement, comme un devoir, même avec quelque chose de bourru de la part de Jean Valjean. Sa jeunesse se dépensait ainsi dans un travail rude et mal payé. On ne lui avait jamais connu de « bonne amie » dans le pays. Il n'avait pas eu le temps d'être amoureux.

Le soir il rentrait fatigué et mangeait sa soupe sans dire un mot. Sa sœur, mère Jeanne, pendant qu'il mangeait, lui prenait souvent dans son écuelle le meilleur de son repas, le morceau de viande, la tranche de lard, le cœur de chou, pour le donner à quelqu'un de ses enfants ; lui, mangeant toujours, penché sur la table, presque la tête dans sa soupe, ses longs cheveux tombant autour de son écuelle et cachant ses yeux, avait l'air de ne rien voir et laissait faire. Il y avait à Faverolles, pas loin de la chaumière Valjean, de l'autre côté de la ruelle, une fermière appelée Marie-Claude ; les enfants Valjean, habituellement affamés, allaient quelquefois emprunter au nom de leur mère une pinte de lait à Marie-Claude, qu'ils buvaient derrière une haie ou dans quelque coin d'allée, s'arrachant le pot, et si hâtivement que les petites filles s'en répandaient sur leur tablier et dans leur goulotte. La mère, si elle eût su cette maraude eût sévèrement corrigé les délinquants. Jean Valjean, brusque et bougon, payait en arrière de la mère la pinte de lait à Marie-Claude, et les enfants n'étaient pas punis.

Il gagnait dans la saison de l'émondage vingt-quatre sous par jour (1), puis il se louait comme moissonneur, comme manœuvre, comme garçon de ferme bouvier, comme homme de peine. Il faisait ce qu'il pouvait. Sa sœur travaillait de son côté, mais que faire avec sept petits enfants ? C'était un triste groupe que la misère enveloppa et étreignit peu à peu. Il arriva qu'un hiver fut rude. Jean n'eut pas d'ouvrage. La famille n'eut pas de pain. Pas de pain. A la lettre. Sept enfants !

Un dimanche soir, Maubert Isabeau, boulanger sur la place de l'Église à Faverolles, se disposait à se coucher, lorsqu'il entendit un coup violent dans la devanture grillée et vitrée de sa boutique. Il arriva à temps pour voir un bras passé à travers un trou fait d'un coup de poing dans la grille et dans la vitre. Le bras saisit un pain et l'emporta. Isabeau sortit en hâte ; le voleur s'enfuyait à toutes jambes ; Isabeau courut après lui et l'arrêta. Le voleur avait jeté le pain, mais il avait encore le bras ensanglanté. C'était Jean Valjean.

(1) Rappelons que de 1790 à 1800 le prix du kg de pain était de 6 à 7 sous.

Ceci se passait en 1795. Jean Valjean fut traduit devant les tribunaux du temps « pour vol avec effraction la nuit dans une maison habitée ». Il avait un fusil dont il se servait mieux que tireur au monde, il était quelque peu braconnier ; ce qui lui nuisit. Il y a contre les braconniers un préjugé légitime. Le braconnier, de même que le contrebandier, côtoie de fort près le brigand. Pourtant, disons-le en passant, il y a encore un abîme entre ces races d'hommes et le hideux assassin des villes. Le braconnier vit dans la forêt ; le contrebandier vit dans la montagne ou sur la mer. Les villes font des hommes féroces, parce qu'elles font des hommes corrompus. La montagne, la mer, la forêt, font des hommes sauvages. Elles développent le côté farouche, mais souvent sans détruire le côté humain.

Jean Valjean fut déclaré coupable. Les termes du Code étaient formels. Il y a dans notre civilisation des heures redoutables ; ce sont les moments où la pénalité prononce un naufrage. Quelle minute funèbre que celle où la société s'éloigne et consomme l'irréparable abandon d'un être pensant ! Jean Valjean fut condamné à cinq ans de galères.

Le 22 avril 1796, on cria dans Paris la victoire de Montenotte remportée par le général en chef de l'armée d'Italie, que le message du Directoire aux Cinq-Cents, du 2 floréal an IV, appelle Buona-Parte ; ce même jour une grande chaîne fut ferrée à Bicêtre. Jean Valjean fit partie de cette chaîne. Un ancien guichetier de la prison, qui a près de quatre-vingt-dix ans aujourd'hui, se souvient encore parfaitement de ce malheureux qui fut ferré à l'extrémité du quatrième cordon dans l'angle nord de la cour. Il était assis à terre comme tous les autres. Il paraissait ne rien comprendre à sa position, sinon qu'elle était horrible. Il est probable qu'il y démêlait aussi, à travers les vagues idées d'un pauvre homme ignorant de tout, quelque chose d'excessif. Pendant qu'on rivait à grands coups de marteau derrière sa tête le boulon de son carcan, il pleurait, les larmes l'étouffaient, elles l'empêchaient de parler, il parvenait seulement à dire de temps en temps : *J'étais émondeur à Faverolles.* Puis, tout en sanglotant, il élevait sa main droite et l'abaissait graduellement sept fois comme s'il touchait successivement sept têtes inégales, et par ce geste on devinait que la chose quelconque qu'il avait faite, il l'avait faite pour vêtir et nourrir sept petits enfants.

Il partit pour Toulon. Il y arriva après un voyage de vingt-sept jours, sur une charrette, la chaîne au cou. A Toulon, il fut revêtu de la casaque rouge. Tout s'effaça de ce qui avait été sa vie, jusqu'à son nom ; il ne fut même plus Jean Valjean ; il fut le numéro 24601. Que devint la sœur ? Que devinrent les sept enfants ? Qui est-ce qui s'occupe de cela ? Que devient la poignée de feuilles du jeune arbre scié par le pied.

C'est toujours la même histoire. Ces pauvres êtres vivants, ces créatures de Dieu, sans appui désormais, sans guide, sans asile, s'en allèrent au hasard, qui sait même ? chacun de leur côté peut-être et s'enfoncèrent peu à peu dans cette froide brume où s'engloutissent les destinées solitaires, mornes ténèbres où disparaissent successivement tant de têtes infortunées dans la sombre marche du genre humain. Ils quittèrent le pays. Le clocher de ce qui avait été leur village les oublia ; la borne de ce qui avait été leur champ les oublia ; après quelques années de séjour au bagne, Jean Valjean lui-même les oublia. Dans ce cœur où il y avait eu une plaie, il y eut une cicatrice. Voilà tout. A peine, pendant tout le temps qu'il passa à Toulon, entendit-il parler une seule fois de sa sœur. C'était, je crois, vers la fin de la quatrième année de sa captivité. Je ne sais plus par quelle voie ce renseignement lui parvint. Quelqu'un, qui les avait connus au pays, avait vu sa sœur. Elle était à Paris. Elle habitait une pauvre rue près de Saint-Sulpice, la rue du Gindre. Elle n'avait plus avec elle qu'un enfant, un petit garçon, le dernier. Où étaient les six autres ? Elle ne le savait peut-être pas elle-même. Tous les matins elle allait à une imprimerie rue du Sabot, n° 3, où elle était plieuse et brocheuse. Il fallait être là à six heures du matin, bien avant le jour l'hiver. Dans la maison de l'imprimerie il y avait une école, elle menait à cette école son petit garçon qui avait sept ans. Seulement, comme elle entrait à l'imprimerie à six heures et que l'école n'ouvrait qu'à sept, il fallait que l'enfant attendît, dans la cour, que l'école ouvrît, une heure ; l'hiver, une heure de nuit, en plein air! On ne voulait pas que l'enfant entrât dans l'imprimerie, parce qu'il gênait, disait-on. Les ouvriers voyaient le matin en passant ce pauvre petit être assis sur le pavé, tombant de sommeil, et souvent endormi dans l'ombre, accroupi et plié sur son panier. Quand il pleuvait, une vieille femme, la portière, en avait pitié ; elle le recueillait dans son bouge où il n'y avait qu'un grabat, un rouet et deux chaises de bois, et le petit dormait là dans un coin, se serrant contre le chat pour avoir moins froid. A sept heures, l'école ouvrait et il y entrait. Voilà ce qu'on dit à Jean Valjean. On l'en entretint un jour, ce fut un moment, un éclair, comme une fenêtre brusquement ouverte sur la destinée de ces êtres qu'il avait aimés, puis tout se referma ; il n'en entendit plus parler, et ce fut pour jamais. Plus rien n'arriva d'eux à lui ; jamais il ne les revit, jamais il ne les rencontra, et, dans la suite de cette douloureuse histoire, on ne les retrouvera plus.

Vers la fin de cette quatrième année, le tour d'évasion de Jean Valjean arriva. Ses camarades l'aidèrent comme cela se fait dans ce triste lieu. Il s'évada. Il erra deux jours en liberté dans les champs ; si c'est être libre que d'être traqué ; de tourner la tête à chaque instant ; de tressaillir au moindre bruit ; d'avoir peur de tout, du toit qui fume, de l'homme qui passe, du chien qui aboie, du cheval qui galope, de l'heure qui sonne, du jour parce qu'on voit, de la nuit parce qu'on ne voit pas, de la route, du sentier, du buisson, du sommeil. Le soir du second jour, il fut repris. Il n'avait ni mangé ni dormi depuis trente-six heures. Le tribunal maritime le condamna pour ce délit à une prolongation de trois ans, ce qui lui fit huit ans. La sixième année, ce fut encore son tour de s'évader ; il en usa, mais il ne put consommer sa fuite. Il avait manqué à l'appel. On tira le coup de canon, et à la nuit les gens de ronde le trouvèrent caché sous la quille d'un vaisseau en construction ; il résista aux gardes-chiourme qui le saisirent. Évasion et rébellion. Ce fait prévu par le Code spécial fut puni d'une aggravation de cinq ans, dont deux de double chaîne. Treize ans. La dixième année, son tour revint, il en profita encore. Il ne réussit pas mieux. Trois ans pour cette nouvelle tentative. Seize ans. Enfin, ce fut, je crois, pendant la treizième année qu'il essaya une dernière fois et ne réussit qu'à se faire reprendre après quatre heures d'absence. Trois ans pour ces quatre heures. Dix-neuf ans. En octobre 1815, il fut libéré ; il était entré là en 1796 pour avoir cassé un carreau et pris un pain.

Place pour une courte parenthèse. C'est la seconde fois que, dans ses études sur la question pénale et sur la damnation par la loi, l'auteur de ce livre rencontre le vol d'un pain, comme point de départ du désastre d'une destinée. Claude Gueux avait volé un pain ; Jean Valjean avait volé un pain. Une statistique anglaise constate qu'à Londres quatre vols sur cinq ont pour cause immédiate la faim.

Jean Valjean était entré au bagne sanglotant et frémissant ; il en sortit impassible. Il y était entré désespéré ; il en sortit sombre.

Que s'était-il passé dans cette âme ?

L'histoire de Fantine, comme celle de Jean Valjean, est bien le reflet d'une époque. La misère avait amené Valjean au vol, elle conduit Fantine à la prostitution. Nous prenons le récit au moment où la pauvre fille est renvoyée de la fabrique où elle travaille; elle reçoit un don de 50 Francs. Elle a dû mettre sa fille Cosette en nourrice chez les Thénardier.

Fantine s'offrit comme servante dans le pays ; elle alla d'une maison à l'autre. Personne ne voulut d'elle. Elle n'avait pu quitter la ville. Le marchand fripier auquel elle devait ses meubles, quels meubles ! lui avait dit : « Si vous vous en allez, je vous fais arrêter comme voleuse. »

Le propriétaire auquel elle devait son loyer, lui avait dit : « Vous êtes jeune et jolie, vous pouvez payer. » Elle partagea les cinquante francs entre le propriétaire et le fripier, rendit au marchand les trois quarts de son mobilier, ne garda que le nécessaire et se trouva sans travail, sans état, n'ayant plus que son lit, et devant encore environ cent francs.

Elle se mit à coudre de grosses chemises pour les soldats de la garnison, et gagnait douze sous par jour. Sa fille lui en coûtait dix. C'est en ce moment qu'elle commença à mal payer les Thénardier.

Cependant une vieille femme qui lui allumait sa chandelle quand elle rentrait le soir, lui enseigna l'art de vivre dans la misère. Derrière vivre de peu, il y a vivre de rien. Ce sont deux chambres ; la première est obscure, la seconde est noire.

Fantine apprit comment on se passe tout à fait de feu en hiver, comment on renonce à un oiseau qui vous mange un liard de millet tous les deux jours, comment on fait de son jupon sa couverture et de sa couverture son jupon, comment on ménage sa chandelle en prenant son repas à la lumière de la fenêtre d'en face. On ne sait pas tout ce que certains êtres faibles, qui ont vieilli dans le dénuement et l'honnêteté, savent tirer d'un sou. Cela finit par être un talent. Fantine acquit ce sublime talent et reprit un peu de courage.

A cette époque, elle disait à une voisine :

« Bah! je me dis : « En ne dormant que cinq heures « et en travaillant tout le reste à mes coutures, je par« viendrai bien toujours à gagner à peu près du pain. » Et puis, quand on est triste, on mange moins. Eh bien, des souffrances, des inquiétudes, un peu de pain d'un côté, des chagrins de l'autre, tout cela me nourrira. »

Dans cette détresse, avoir sa petite fille eût été un étrange bonheur. Elle songea à la faire venir. Mais quoi! lui faire partager son dénuement! Et puis, elle devait aux Thénardier! comment s'acquitter? Et le voyage! comment le payer?

La vieille qui lui avait donné ce qu'on pourrait appeler

des leçons de vie indigente était une sainte fille nommée Marguerite, dévote de la bonne dévotion, pauvre, et charitable pour les pauvres et même pour les riches, sachant tout juste assez écrire pour signer *Margeritte*, et croyant en Dieu, ce qui est la science.

Il y a beaucoup de ces vertus-là en bas ; un jour elles seront en haut. Cette vie a un lendemain.

Dans les premiers temps, Fantine avait été si honteuse qu'elle n'avait pas osé sortir.

Quand elle était dans la rue, elle devinait qu'on se retournait derrière elle et qu'on la montrait du doigt ; tout le monde la regardait et personne ne la saluait ; le mépris âcre et froid des passants lui pénétrait dans la chair et dans l'âme comme une bise.

Dans les petites villes, il semble qu'une malheureuse soit nue sous les sarcasmes et la curiosité de tous. A Paris, du moins, personne ne vous connaît et cette obscurité est un vêtement. Oh ! comme elle eût souhaité venir à Paris ! Impossible.

Il fallut bien s'accoutumer à la déconsidération, comme elle s'était accoutumée à l'indigence. Peu à peu elle en prit son parti. Après deux ou trois mois elle secoua la honte et se remit à sortir comme si de rien n'était.

« Cela m'est bien égal », dit-elle.

Elle alla et vint, la tête haute, avec un sourire amer, et sentit qu'elle devenait effrontée.

Mme Victurnien quelquefois la voyait passer de sa fenêtre, remarquait la détresse de « cette créature », grâce à elle « remise à sa place », et se félicitait. Les méchants ont un bonheur noir.

L'excès du travail fatiguait Fantine, et la petite toux sèche qu'elle avait augmenta. Elle disait quelquefois à sa voisine Marguerite : « Tâtez donc comme mes mains sont chaudes. »

Cependant le matin, quand elle peignait avec un vieux peigne cassé ses beaux cheveux qui ruisselaient comme de la soie floche, elle avait une minute de coquetterie heureuse.

Suite du succès.

Elle avait été congédiée vers la fin de l'hiver ; l'été se passa, mais l'hiver revint. Jours courts, moins de travail. L'hiver, point de chaleur, point de lumière, point de midi, le soir touche au matin, brouillard, crépuscule, la fenêtre est grise, on n'y voit pas clair. Le ciel est un soupirail. Toute la journée est une cave. Le soleil a l'air d'un pauvre. L'affreuse saison! L'hiver change en pierre l'eau du ciel et le cœur de l'homme. Ses créanciers la harcelaient.

Fantine gagnait trop peu. Ses dettes avaient grossi. Les Thénardier, mal payés, lui écrivaient à chaque instant des lettres dont le contenu la désolait et dont le port la ruinait. Un jour ils lui écrivirent que sa petite Cosette était toute nue par le froid qu'il faisait, qu'elle avait besoin d'une jupe de laine, et qu'il fallait au moins que la mère envoyât dix francs pour cela. Elle reçut la lettre, et la froissa dans ses mains tout le jour. Le soir elle entra chez un barbier qui habitait le coin de la rue, et défit son peigne. Ses admirables cheveux blonds lui tombèrent jusqu'aux reins.

« Les beaux cheveux! s'écria le barbier.

— Combien me donneriez-vous? dit-elle.

— Dix francs.

— Coupez-les. »

Elle acheta une jupe de tricot et l'envoya aux Thénardier.

Cette jupe fit les Thénardier furieux. C'était de l'argent qu'ils voulaient. Ils donnèrent la jupe à Eponine. La pauvre Alouette continua de frissonner.

Fantine pensa : « Mon enfant n'a plus froid. Je l'ai habillée de mes cheveux. » Elle mettait de petits bonnets ronds qui cachaient sa tête tondue et avec lesquels elle était encore jolie.

Un travail ténébreux se faisait dans le cœur de Fantine. Quand elle vit qu'elle ne pouvait plus se coiffer, elle commença à tout prendre en haine autour d'elle. Elle avait longtemps partagé la vénération de tous pour le père Madeleine ; cependant, à force de se répéter que c'était lui qui l'avait chassée, et qu'il était la cause de son malheur, elle en vint à le haïr lui aussi, lui surtout. Quand elle passait devant la fabrique aux heures où les ouvriers sont sur la porte, elle affectait de rire et de chanter.

Une vieille ouvrière qui la vit une fois chanter et rire de cette façon dit :

« Voilà une fille qui finira mal. »

Elle prit un amant, le premier venu, un homme qu'elle n'aimait pas, par bravade, avec la rage dans le cœur. C'était un misérable, une espèce de musicien mendiant, un oisif gueux, qui la battait, et qui la quitta comme elle l'avait pris, avec dégoût.

Elle adorait son enfant.

Plus elle descendait, plus tout devenait sombre autour d'elle, plus ce doux petit ange rayonnait dans le fond de son âme. Elle disait : « Quand je serai riche, j'aurai ma Cosette avec moi » ; et elle riait. La toux ne la quittait pas, et elle avait des sueurs dans le dos.

Un jour elle reçut des Thénardier une lettre ainsi conçue : « Cosette est malade d'une maladie qui est dans le pays. Une fièvre miliaire, qu'ils appellent. Il faut des drogues chères. Cela nous ruine et nous ne pouvons plus payer. Si vous ne nous envoyez pas quarante francs avant huit jours, la petite est morte. »

Elle se mit à rire aux éclats, et elle dit à vieille voisine : « Ah ! ils sont bons ! quarante francs ! que ça ! ça fait deux napoléons ! Où veulent-ils que je les prenne ! Sont-ils bêtes, ces paysans ! »

Cependant, elle alla dans l'escalier près d'une lucarne et relut la lettre. Puis elle descendit l'escalier et sortit en courant et en sautant, riant toujours. Quelqu'un qui la rencontra lui dit :

« Qu'est-ce que vous avez donc à être si gaie ? »

Elle répondit.

« C'est une bonne bêtise que viennent de m'écrire des gens de la campagne. Ils me demandent quarante francs. Paysans, va ! »

Comme elle passait sur la place, elle vit beaucoup de monde qui entourait une voiture de forme bizarre, sur l'impériale de laquelle pérorait tout debout un homme vêtu en rouge. C'était un bateleur dentiste en tournée, qui offrait au public des râteliers complets, des opiats, des poudres et des élixirs.

Fantine se mêla au groupe et se mit à rire comme les autres de cette harangue où il y avait de l'argot pour la canaille et du jargon pour les gens comme il faut. L'arracheur de dents vit cette belle fille qui riait, et s'écria tout à coup : « Vous avez de jolies dents, la fille qui riez là. Si vous voulez me vendre vos deux palettes, je vous donne de chaque un napoléon d'or.

— Qu'est-ce que c'est que ça, mes palettes? demanda Fantine.

— Les palettes, reprit le professeur dentiste, c'est les dents de devant, les deux d'en haut.

— Quelle horreur! s'écria Fantine.

— Deux napoléons, grommela une vieille édentée qui était là. Qu'en voilà une qui est heureuse! »

Fantine s'enfuit, et se boucha les oreilles pour ne pas entendre la voix enrouée de l'homme qui lui criait : « Réfléchissez, la belle! deux napoléons, ça peut servir. Si le cœur vous en dit, venez ce soir à l'auberge du *Tillac d'argent*, vous m'y trouverez. »

Fantine rentra, elle était furieuse et conta la chose à sa bonne voisine Marguerite :

« Comprenez-vous cela? ne voilà-t-il pas un abominable homme? comment laisse-t-on des gens comme cela aller dans le pays! M'arracher mes deux dents de devant! mais je serais horrible! Les cheveux repoussent, mais les dents! Ah! le monstre d'homme! j'aimerais mieux me jeter d'un cinquième la tête la première sur le pavé! Il m'a dit qu'il serait ce soir au *Tillac d'argent*.

— Et qu'est-ce qu'il offrait? demanda Marguerite.

— Deux napoléons.

— Cela fait quarante francs.

— Oui, dit Fantine, cela fait quarante francs. »

Elle resta pensive, et se mit à son ouvrage. Au bout d'un

quart d'heure, elle quitta sa couture et alla relire la lettre des Thénardier sur l'escalier.

En rentrant, elle dit à Marguerite qui travaillait près d'elle :

« Qu'est-ce que c'est donc que cela, une fièvre miliaire? Savez-vous?

— Oui, répondit la vieille fille, c'est une maladie.

— Ça a donc besoin de beaucoup de drogues?

— Oh! des drogues terribles.

— Où ça vous prend-il?

— C'est une maladie qu'on a comme ça.

— Cela attaque donc les enfants?

— Surtout les enfants.

— Est-ce qu'on en meurt?

— Très bien », dit Marguerite.

Fantine sortit et alla encore une fois relire la lettre sur l'escalier.

Le soir elle descendit, et on la vit qui se dirigeait du côté de la rue de Paris où sont les auberges.

Le lendemain matin, comme Marguerite entrait dans la chambre de Fantine avant le jour, car elles travaillaient toujours ensemble et de cette façon n'allumaient qu'une chandelle pour deux, elle trouva Frantine assise sur son lit, pâle, glacée. Elle ne s'était pas couchée. Son bonnet était tombé sur ses genoux. La chandelle avait brûlé toute la nuit et était presque entièrement consumée.

Marguerite s'arrêta sur le seuil, pétrifiée de cet énorme désordre, et s'écria :

« Seigneur! la chandelle qui est toute brûlée! il s'est passé des événements! »

Puis elle regarda Fantine qui tournait vers elle sa tête sans cheveux.

Fantine depuis la veille avait vieilli de dix ans.

« Jésus! fit Marguerite, qu'est-ce que vous avez, Fantine?

— Je n'ai rien répondit Fantine. Au contraire. Mon enfant ne mourra pas de cette affreuse maladie, faute de secours. Je suis contente. »

En parlant ainsi, elle montrait à la vieille fille deux napoléons qui brillaient sur la table.

« Ah! Jésus Dieu! dit Marguerite. Mais c'est une fortune! Où avez-vous eu ces louis d'or?

— Je les ai eus », répondit Fantine.

En même temps elle sourit. La chandelle éclairait son visage. C'était un sourire sanglant. Une salive rougeâtre lui souillait le coin des lèvres, et elle avait un trou noir dans la bouche.

Les deux dents étaient arrachées. Elle envoya les quarante francs à Montfermeil. Du reste, c'était une ruse des Thénardier pour avoir de l'argent. Cosette n'était pas malade.

Fantine jeta son miroir par la fenêtre. Depuis longtemps elle avait quitté sa cellule du second pour une mansarde fermée d'un loquet sous le toit ; un de ces galetas dont le plafond fait angle avec le plancher et vous heurte à chaque instant la tête. Le pauvre ne peut aller au fond de sa chambre comme au fond de sa destinée qu'en se courbant de plus en plus. Elle n'avait plus de lit, il lui restait une loque qu'elle appelait sa couverture, un matelas à terre et une chaise dépaillée. Un petit rosier qu'elle avait s'était désséché dans un coin, oublié. Dans l'autre coin, il y avait un pot de beurre à mettre l'eau, qui gelait l'hiver, et où les différents niveaux de l'eau restaient longtemps marqués par des cercles de glace. Elle avait perdu la honte, elle perdit la coquetterie. Dernier signe. Elle sortait avec des bonnets sales. Soit faute de temps, soit indifférence, elle ne raccommodait plus son linge. A mesure que les talons s'usaient, elle tirait ses bas dans ses souliers. Cela se voyait à de certains plis perpendiculaires. Elle rapiéçait son corset vieux et usé, avec des morceaux de calicot qui se déchiraient au moindre mouvement. Les gens auxquels elle devait lui faisaient « des scènes », et ne lui laissaient aucun repos. Elle les trouvait dans la rue, elle les retrouvait dans son escalier. Elle passait des nuits à pleurer et à songer. Elle avait les yeux très brillants, et elle sentait une douleur fixe dans l'épaule, vers le haut de l'omoplate gauche. Elle toussait beaucoup. Elle haïssait profondément le père Madeleine, et ne se plaignait pas. Elle cousait dix-sept heures par jour ; mais un entrepreneur du travail des prisons, qui faisait travailler les prisonnières au rabais, fit tout à coup baisser les prix, ce qui réduisit la journée des ouvrières libres à neuf sous. Dix-sept heures de travail, et neuf sous par jour! Ses créanciers étaient plus impitoyables que jamais. Le fripier, qui avait repris presque tous les meubles, lui disait sans cesse : « Quand me paieras-tu, coquine? » Que voulait-on d'elle. Bon Dieu! Elle se sentait traquée et il se développait en elle quelque chose de la bête farouche. Vers le même temps, le Thénardier lui écrivit que décidément il avait attendu avec beaucoup trop de bonté, et qu'il lui fallait cent francs, tout de suite ; sinon qu'il mettrait à la porte, la petite Cosette, toute convalescente de sa grande maladie, par le froid, par les chemins, et qu'elle deviendrait ce qu'elle pourrait, et qu'elle crèverait, si elle voulait. « Cent francs, songea Fantine, Mais où y a-t-il un état à gagner cent sous par jour? »

« Allons! dit-elle, vendons le reste. »

L'infortunée se fit fille publique.

Jean Valjean libéré est devenu Monsieur Madeleine, directeur d'une grande fabrique. A la suite d'une erreur, un brave homme, Champmathieu, est confondu avec Jean Valjean, et ce dernier, pour éviter la condamnation de son sosie, décide de se rendre en cour d'assises.

Pendant l'audience, on interroge Champmathieu.

« J'ai à dire ça. Que j'ai été charron à Paris, même que c'était chez M. Baloup. C'est un état dur. Dans la chose de charron, on travaille toujours en plein air, dans des cours, sous des hangars chez les bons maîtres, jamais dans des ateliers fermés, parce qu'il faut des espaces, voyez-vous. L'hiver, on a si froid qu'on se bat les bras pour se réchauffer ; mais les maîtres ne veulent pas, ils disent que cela perd du temps. Manier du fer quand il y a de la glace entre les pavés, c'est rude. Ça vous use vite un homme. On est vieux tout jeune dans cet état-là. A quarante ans, un homme est fini. Moi, j'en avais cinquante-trois, j'avais bien du mal. Et puis c'est si méchant les ouvriers! Quand un bonhomme n'est plus jeune, on vous l'appelle pour tout vieux serin, vieille bête! Je ne gagnais plus que trente sous par jour, on me payait le moins cher qu'on pouvait, les maîtres profitaient de mon âge. Avec ça, j'avais ma fille qui était blanchisseuse à la rivière. Elle gagnait un peu de son côté. A nous deux, cela allait. Elle avait de la peine aussi. Toute la journée dans un baquet jusqu'à mi-corps, à la pluie, à la neige, avec le vent qui vous coupe la figure ; quand il gèle, c'est tout de même, il faut laver ; il y a des personnes qui n'ont pas beaucoup de linge et qui attendent après ; si on ne lavait pas, on perdrait des pratiques. Les planches sont mal jointes et il vous tombe des gouttes d'eau partout. On a ses jupes toutes mouillées dessus et dessous. Ça pénètre. Elle a aussi travaillé au lavoir des Enfants-Rouges, où l'eau arrive par des robinets. On n'est pas dans le baquet. On lave devant soi, au robinet et on rince derrière soi dans le bassin. Comme c'est fermé, on a moins froid au corps. Mais il y a une buée d'eau chaude qui est terrible et qui vous perd les yeux. Elle revenait à sept heures du soir, et se couchait bien vite ; elle était si fatiguée. Son mari la battait. Elle est morte. Nous n'avons pas été bien heureux. C'était une brave fille qui n'allait pas au bal, qui était bien tranquille. Je me rappelle un mardi gras où elle était couchée à huit heures. Voilà. Je dis vrai. Vous n'avez qu'à demander. Ah! bien oui, demander! que je suis bête! Paris, c'est un gouffre. Qui est-ce qui connaît le père Champmathieu? Pourtant je vous dis M. Baloup. Voyez chez M. Baloup. Après ça, je ne sais pas ce qu'on me veut. »

L'homme se tut, et resta debout. Il avait dit ces choses d'une voix haute, rapide, rauque, dure et enrouée, avec une sorte de naïveté irritée et sauvage. Une fois il s'était interrompu pour saluer quelqu'un dans la foule. Les espèces d'affirmations qu'il semblait jeter au hasard devant lui, lui venaient comme des hoquets, et il ajoutait à chacune d'elles le geste d'un bûcheron qui fend du bois. Quand il eut fini, l'auditoire éclata de rire. Il regarda le public, et voyant qu'on riait, et ne comprenant pas, il se mit à rire lui-même.

Cela était sinistre.

Le président, homme attentif et bienveillant, éleva la voix.

Il rappela à « messieurs les jurés » que « le sieur Baloup, l'ancien maître charron chez lequel l'accusé disait avoir servi, avait été inutilement cité. Il était en faillite et n'avait pu être retrouvé ». Puis se tournant vers l'accusé, il l'engagea à écouter ce qu'il allait lui dire et ajouta :

« Vous êtes dans une situation où il faut réfléchir. Les présomptions les plus graves pèsent sur vous et peuvent entraîner des conséquences capitales. Accusé, dans votre intérêt, je vous interpelle une dernière fois, expliquez-vous clairement sur ces deux faits : Premièrement, avez-vous, oui ou non, franchi le mur du clos Pierron, cassé la branche et volé les pommes, c'est-à-dire commis le crime de vol avec escalade ? Deuxièmement, oui ou non, êtes-vous le forçat libéré Jean Valjean ? »

L'accusé secoua la tête d'un air capable, comme un homme qui a bien compris et qui sait ce qu'il va répondre. Il ouvrit la bouche, se tourna vers le président et dit :

« D'abord... »

Puis il regarda son bonnet, il regarda le plafond, et se tut.

La scène qui suit mériterait d'être illustrée par le tableau de Goya « La Junte des Philippines ». On voit d'un côté les « grands », les justiciers, et de l'autre un pauvre homme qui ignore pourquoi il est là.

« Accusé, reprit l'avocat général d'une voix sévère, faites attention. Vous ne répondez à rien de ce qu'on vous demande. Votre trouble vous condamne. Il est évident que vous ne vous appelez pas Champmathieu, que vous êtes le forçat Jean Valjean caché d'abord sous le nom de Jean Mathieu qui était le nom de sa mère, que vous êtes allé en Auvergne, que vous êtes né à Faverolles où vous avez été émondeur. Il est évident que vous avez volé avec escalade des pommes mûres dans le clos Pierron. Messieurs les jurés apprécieront. »

L'accusé avait fini par se rasseoir ; il se leva brusquement quand l'avocat général eut fini, et s'écria :

« Vous êtes très méchant, vous ! Voilà ce que je voulais dire. Je ne trouvais pas d'abord. Je n'ai rien volé. Je suis un homme qui ne mange pas tous les jours. Je venais d'Ailly, je marchais dans le pays après une ondée qui avait fait la campagne toute jaune, même que les mares débordaient et qu'il ne sortait plus des sables que de petits brins d'herbe au bord de la route, j'ai trouvé une branche cassée par terre où il y avait des pommes, j'ai ramassé la branche sans savoir qu'elle me ferait arriver de la peine. Il y a trois mois que je suis en prison et qu'on me trimbale. Après ça, je ne peux pas dire, on parle contre moi, on me dit : « Répondez! » Le gendarme, qui est bon enfant, me pousse le coude et me dit tout bas : « Réponds donc. » Je ne sais pas expliquer, moi, je n'ai pas fait les études, je suis un pauvre homme. Voilà ce qu'on a tort de ne pas voir. Je n'ai pas volé, j'ai ramassé par terre des choses qu'il y avait. Vous dites Jean Valjean, Jean Mathieu! Je ne connais pas ces personnes-là. C'est des villageois. J'ai travaillé chez M. Baloup, boulevard de l'Hôpital. Je m'appelle Champmathieu. Vous êtes bien malins de me dire où je suis né. Moi, je l'ignore. Tout le monde n'a pas des maisons pour y venir au monde. Ce serait trop commode. Je crois que mon père et ma mère étaient des gens qui allaient sur les routes. Je ne sais pas d'ailleurs. Quand j'étais enfant, on m'appelait Petit, maintenant on m'appelle Vieux. Voilà mes noms de baptême. Prenez ça comme vous voudrez. J'ai été en Auvergne, j'ai été à Faverolles, pardi! Eh bien? est-ce qu'on ne peut pas avoir été en Auvergne et avoir été à Faverolles sans avoir été aux galères? Je vous dis que je n'ai pas volé et que je suis le père Champmathieu. J'ai été chez M. Baloup, j'ai été domicilié. Vous m'ennuyez avec vos bêtises à la fin! Pourquoi donc est-ce que le monde est après moi comme des acharnés! »

La question de l'eau à Montfermeil.

MONTFERMEIL est situé entre Livry et Chelles, sur la lisière méridionale de ce haut plateau qui sépare l'Ourcq de la Marne. Aujourd'hui c'est un assez gros bourg, orné, toute l'année, de villas en plâtre et, le dimanche, de bourgeois épanouis. En 1823, il n'y avait à Montfermeil ni tant de maisons blanches ni tant de bourgeois satisfaits. Ce n'était qu'un village dans les bois. On y rencontrait bien çà et là quelques maisons de plaisance du dernier siècle, reconnaissables à leur grand air, à leurs balcons en fer tordu et à ces longues fenêtres dont les petits carreaux font sur le banc des volets fermés toutes sortes de verts différents. Mais Montfermeil n'en était pas moins un village. Les marchands de drap retirés et les agréés en villégiature ne l'avaient pas encore découvert. C'était un endroit paisible et charmant, qui n'était sur la route de rien ; on y vivait à bon marché de cette vie paysanne si abondante et si facile. Seulement l'eau y était rare à cause de l'élévation du plateau.

Il fallait aller la chercher assez loin. Le bout du village qui est du côté de Gagny puisait son eau aux magnifiques étangs qu'il y a là dans les bois ; l'autre bout, qui entoure l'église et qui est du côté de Chelles, ne trouvait d'eau potable qu'à une petite source à mi-côte, près de la route de Chelles, à environ un quart d'heure de Montfermeil.

C'était donc une assez rude besogne pour chaque ménage que cet approvisionnement de l'eau. Les grosses maisons, l'aristocratie, la gargote Thénardier en faisait partie, payaient un liard par seau d'eau à un bonhomme dont c'était l'état et qui gagnait à cette entreprise des eaux de Montfermeil environ huit sous par jour ; mais ce bonhomme ne travaillait que jusqu'à sept heures du soir l'été et jusqu'à cinq heures l'hiver et, une fois la nuit venue, une fois les volets des rez-de-chaussée clos, qui n'avait pas d'eau à boire en allait chercher ou s'en passait.

C'était là la terreur de ce pauvre être que le lecteur n'a peut-être pas oublié, de la petite Cosette. On se souvient que Cosette était utile aux Thénardier de deux manières, ils se faisaient payer par la mère et ils se faisaient servir par l'enfant. Aussi quand la mère cessa tout à fait de payer, on vient de lire pourquoi dans les chapitres précédents, les Thénardier gardèrent Cosette. Elle leur remplaçait une servante. En cette qualité, c'était elle qui courait chercher de l'eau quand il en fallait. Aussi l'enfant, fort épouvantée de l'idée d'aller à la source la nuit, avait-elle grand soin que l'eau ne manquât jamais à la maison.

La Noël de l'année 1823 fut particulièrement brillante à Montfermeil. Le commencement de l'hiver avait été doux ; il n'avait encore ni gelé ni neigé. Des bateleurs venus de Paris avaient obtenu de M. le maire la permission de dresser leurs baraques dans la grande rue du village, et une bande de marchands ambulants avait, sous la même tolérance, construit ses échoppes sur la place de l'Eglise et jusque dans la ruelle du Boulanger, où était située, on s'en souvient peut-être, la gargote des Thénardier. Cela emplissait les auberges et les cabarets, et donnait à ce petit pays tranquille une vie bruyante et joyeuse. Nous devons même dire, pour être fidèle historien, que parmi les curiosités étalées sur la place, il y avait une ménagerie dans laquelle d'affreux paillasses, vêtus de loques et venus on ne sait d'où, montraient en 1823 aux paysans de Montfermeil un de ces effrayants vautours du Brésil que notre Muséum royal ne possède que depuis 1845, et qui ont pour œil une cocarde tricolore. Les naturalistes appellent, je crois, cet oiseau *Caracara Polyborus* ; il est de l'ordre des apicides et de la famille des vautouriens. Quelques bons vieux soldats bonapartistes retirés dans le village allaient voir cette bête avec dévotion. Les bateleurs donnaient la cocarde tricolore comme un phénomène unique et fait exprès par le Bon Dieu pour leur ménagerie.

Dans la soirée même de Noël, plusieurs hommes, rouliers et colporteurs, étaient attablés et buvaient autour de quatre ou cinq chandelles dans la salle basse de l'auberge Thénardier. Cette salle ressemblait à toutes les salles de cabaret ; des tables, des brocs d'étain, des bouteilles, des buveurs, des fumeurs ; peu de lumière, beaucoup de bruit. La date de l'année 1823 était pourtant indiquée par les deux objets à la mode alors dans la classe bourgeoise qui étaient sur une table, savoir un kaléidoscope et une lampe de fer-blanc moiré. La Thénardier surveillait le souper qui rôtissait devant un bon feu clair ; le mari Thénardier buvait avec ses hôtes et parlait politique.

Outre les causeries politiques, qui avaient pour objet principaux la guerre d'Espagne et M. le duc d'Angoulême, on entendait dans le brouhaha des parenthèses toutes locales comme celles-ci :

« Du côté de Nanterre et de Suresnes le vin a beaucoup donné. Où l'on comptait sur dix pièces on en a eu douze. Cela a beaucoup juté sous le pressoir. — Mais le raisin ne devait pas être mûr ? — Dans ces pays-là il ne faut pas qu'on vendange mûr. Si l'on vendange mûr, le vin tourne au gras sitôt le printemps. — C'est donc tout petit vin ? — C'est des vins encore plus petits que par ici. Il faut qu'on vendange vert. Etc. »

Ou bien, c'était un meunier qui s'écriait :

« Est-ce que nous sommes responsables de ce qu'il y a dans les sacs ? Nous y trouvons un tas de petites graines que nous ne pouvons pas nous amuser à éplucher, et qu'il faut bien laisser passer sous les meules ; c'est l'ivraie, c'est la luzette, la nielle, la vesce, le chènevis, la gaverolle, la queue-de-renard, et une foule d'autres drogues, sans compter les cailloux qui abondent dans de certains blés, surtout dans les blés bretons. Je n'ai pas l'amour de moudre du blé breton, pas plus que les scieurs de long de scier des poutres où il y des clous. Jugez de la mauvaise poussière que tout cela fait dans le rendement. Après quoi on se plaint de la farine. On a tort. La farine n'est pas notre faute. »

Dans un entre-deux de fenêtres, un faucheur, attablé avec un propriétaire qui faisait prix pour un travail de prairie à faire au printemps, disait :

« Il n'y a point de mal que l'herbe soit mouillée. Elle se coupe mieux. La rousée est bonne, monsieur. C'est égal, cette herbe-là, votre herbe, est jeune et bien difficile encore. Que voilà qui est si tendre, que voilà qui plie devant la planche de fer. Etc. »

Cosette était à sa place ordinaire, assise sur la traverse de la table de cuisine près de la cheminée. Elle était en haillons, elle avait ses pieds nus dans des sabots, et elle tricotait à la lueur du feu des bas de laine destinés aux petites Thénardier. Un tout jeune chat jouait sous les chaises.

On entendait rire et jaser dans une pièce voisine deux fraîches voix d'enfants ; c'était Eponine et Azelma.

Au coin de la cheminée, un martinet était suspendu à un clou.

Par intervalles, le cri d'un très jeune enfant, qui était quelque part dans la maison, perçait au milieu du bruit du cabaret. C'était un petit garçon que la Thénardier avait eu un des hivers précédents — « sans savoir pourquoi, disait-elle, effet du froid » — et qui était âgé d'un peu plus de trois ans. La mère l'avait nourri, mais ne l'aimait pas. Quand la clameur acharnée du mioche devenait trop importune : « Ton fils piaille, disait Thénardier, va donc voir ce qu'il veut. — Bah! répondait la mère, il m'ennuie. » Et le petit abandonné continuait de crier dans les ténèbres.

Mélancholia.

Écoutez. Une femme au profil décharné,
Maigre blême, portant un enfant étonné,
Est là, qui se lamente au milieu de la rue.
... Ses enfants ont faim. Elle n'a rien.
Pas d'argent. Pas de pain. A peine un lit de paille.
....
Elle travaille, et peut gagner dans son réduit
En travaillant le jour, en travaillant la nuit,
Un peu de pain, un gîte, une jupe de toile.
....
Mais l'hiver vient. Il fait bien froid en vérité
Dans ce logis mal clos tout en haut de la rampe ;
Les jours sont courts, il faut allumer une lampe ;
L'huile est chère, le bois est cher, le pain est cher.
O jeunesse! printemps! aube! en proie à l'hiver.
La faim passe bientôt la grippe sous la porte,
Décroche un vieux manteau, saisit la montre, emporte
Les meubles, prend enfin quelque humble bague d'or,
Tout est vendu!
....

... L'hiver, dans les temps froids,
Un pauvre a pris un pain pour nourrir sa famille.
Regardez cette salle où le peuple fourmille ;
Ce riche y vient juger ce pauvre. Ecoutez bien.
C'est juste, puisque l'un a tout et l'autre rien.
Ce juge, — ce marchand, — fâché de perdre une heure,
Jette un regard distrait sur cet homme qui pleure,
L'envoie au bagne, et part pour sa maison des champs.
....
Où vont tous ces enfants dont pas un seul ne rit ?
Ces doux êtres pensifs que la fièvre maigrit ?
Ces filles de huit ans qu'on voit cheminer seules ?
Ils s'en vont travailler quinze heures sous des meules ;
Ils vont, de l'aube au soir, faire éternellement
Dans la même prison, le même mouvement.
Accroupis sous les dents d'une machine sombre,
Monstre hideux qui mâche on ne sait quoi dans l'ombre,
Innocents dans un bagne, anges dans un enfer,
Ils travaillent. Tout est d'airain, tout est de fer.
Jamais on ne s'arrête, et jamais on ne joue.
Il fait à peine jour, ils sont déjà bien las...

GEORGE SAND

1804-1876

Peu de gens ont vécu aussi intensément que George Sand. Ce n'est pas rien d'avoir connu et aimé des hommes tels que Sandeau, Musset, Chopin, Delacroix, Mérimée, Balzac... et d'avoir pu réunir chez soi les célébrités les plus remarquables du temps. En 1848, elle fut révolutionnaire avec Louis Blanc et Ledru-Rollin; en 1851, elle écrivit *Le Compagnon du tour de France*, relatant la vie des ouvriers, des artisans, la poésie des antiques initiations et les aspirations de la société future.

Dans sa maison de Nohant, devenue aujourd'hui un musée, la table reste mise, qui réunissait le même jour Pauline Viardot, le prince Jérôme-Napoléon, Tourgueniev, Flaubert et Alexandre Dumas...

Infatigable, la maîtresse de maison est à la fois artiste, poète, habile à la peinture, à la couture; elle écrit des pièces de théâtre, les joue ou les fait jouer... elle rêve dans son jardin, dans le bois de tilleuls à côté de sa bergerie; elle compose un herbier. A cheval dès l'aube, elle parcourt son pays, et c'est peut-être à elle que nous devons les plus beaux romans champêtres. Elle aime ce Berri où elle vit, elle le regarde, elle observe le paysan au travail, la femme à la maison. Elle connaît les croyances, les rites, la langue, les fêtes et tant de choses oubliées, telles que les coutumes des maîtres sonneurs ou celles des meuniers.

C'est dans *La Mare au diable*, le roman préféré de Delacroix, que se trouve le texte cité ici. On y voit la vieille qui vient chez sa voisine « chercher le feu du soir » (c'est-à-dire des braises, dans un sabot), comme cela se faisait, il y a peu de temps encore, dans nos villages, pour épargner de coûteuses allumettes. On y trouve la solidarité, l'entraide désintéressée des petites gens; la soumission à la volonté des parents; la structure rituelle de la société, ses classes, ses catégories autonomes.

Mais c'est surtout la chaude atmosphère sentimentale du village traditionnel que sait évoquer George Sand : le devoir, l'amitié, l'admiration, l'amour, le dévouement... une chaleur où la millénaire humanité a trouvé la force de vivre, de durer.

LA MARE AU DIABLE

Après une conversation avec Germain, son gendre, le père Maurice vient de le décider à se remarier.

Le père Maurice trouva chez lui une vieille voisine qui était venue causer avec sa femme tout en cherchant de la braise pour allumer son feu. La mère Guillette habitait une chaumière fort pauvre. Mais c'était une femme d'ordre et de volonté. Sa pauvre maison était propre et bien tenue, et ses vêtements rapiécés avec soin annonçaient le respect de soi-même au milieu de la détresse. « Vous êtes venue chercher le feu du soir, mère Guillette, lui dit le vieillard. Voulez-vous quelque autre chose?

— Non, père Maurice, répondit-elle ; rien pour le moment. Je ne suis pas quémandeuse, vous le savez, et je n'abuse pas de la bonté de mes amis.

— C'est la vérité ; aussi vos amis sont toujours prêts à vous rendre service.

— J'étais en train de causer avec votre femme, et je lui demandais si Germain se décidait enfin à se remarier.

— Vous n'êtes point une bavarde, répondit le père Maurice, on peut parler devant vous sans craindre les propos ; ainsi je dirai à ma femme et à vous que Germain est tout à fait décidé ; il part demain pour le domaine de la Fourche.

— A la bonne heure! s'écria la mère Maurice ; ce pauvre enfant! Dieu veuille qu'il trouve une femme aussi bonne et aussi brave que lui!

— Ah! il va à Fourche? observa la Guillette. Voyez comme çà se trouve! cela m'arrange beaucoup, et puisque vous me demandiez tout à l'heure si je désirais quelque chose, je vas vous dire, père Maurice, en quoi vous pouvez m'obliger.

— Dites, dites, vous obliger, nous le voulons.

— Je voudrais que Germain prît la peine d'emmener ma fille avec lui.

— Où donc? à Fourche?

— Non, pas à Fourche ; mais aux Ormeaux, où elle va demeurer le reste de l'année.

— Comment! dit la mère Maurice, vous vous séparez de votre fille?

— Il faut bien qu'elle entre en condition et qu'elle gagne quelque chose. Ça me fait assez de peine et à elle aussi, la pauvre âme! Nous n'avons pas pu nous décider à nous quitter à l'époque de la Saint-Jean ; mais voilà que la Saint-Martin arrive, et qu'elle trouve une bonne place de bergère dans les fermes des Ormeaux. Le fermier passait l'autre jour par ici en revenant de la foire. Il vit ma petite Marie qui gardait ses trois moutons sur le communal. « Vous n'êtes guère occupée, ma petite fille, qu'il lui dit ; et trois moutons pour une *pastoure*, ce n'est guère. Voulez-vous en garder cent? je vous emmène. La bergère de chez nous est tombée gravement malade, elle retourne chez ses parents, et si vous voulez être chez nous avant huit jours, vous aurez cinquante francs pour le reste de l'année jusqu'à la Saint-Jean. » L'enfant a refusé, mais elle n'a pu se défendre d'y songer et de me le dire lorsqu'en rentrant le soir elle m'a vue triste et embarrassée de passer l'hiver, qui va être rude et long, puisqu'on a vu, cette année, les grues et les oies sauvages traverser les airs un grand mois plus tôt que de coutume.

Nous avons pleuré toutes deux ; mais enfin le courage est venu. Nous nous sommes dit que nous ne pouvions pas rester ensemble, puisqu'il y a à peine de quoi faire vivre une seule personne sur notre lopin de terre ; et puisque Marie est en âge (la voilà qui prend seize ans), il faut bien qu'elle fasse comme les autres, qu'elle gagne son pain et qu'elle aide sa pauvre mère.

— Mère Guillette, dit le vieux laboureur, s'il ne fallait que cinquante francs pour vous consoler de vos peines et vous dispenser d'envoyer votre enfant au loin, vrai, je vous les ferais trouver, quoique cinquante francs pour des gens comme nous, ça commence à peser. Mais en toutes choses il faut consulter la raison autant que l'amitié. Pour être sauvée de la misère de cet hiver, vous ne le serez pas de la misère à venir, et plus votre fille tardera à prendre un parti, plus elle et vous aurez de peine à vous quitter. La petite Marie se fait grande et forte, et elle n'a pas de quoi s'occuper chez vous. Elle pourrait y prendre l'habitude de la fainéantise...

— Oh ! pour cela, je ne le crains pas, dit la Guillette, Marie est courageuse autant que fille riche et à la tête d'un gros travail puisse l'être. Elle ne reste pas un instant les bras croisés, et quand nous n'avons pas d'ouvrage, elle nettoie et frotte nos pauvres meubles qu'elle rend clairs comme des miroirs. C'est une enfant qui vaut son pesant d'or, et j'aurais bien mieux aimé qu'elle entrât chez vous comme bergère que d'aller si loin chez des gens que je ne connais pas. Vous l'auriez prise à la Saint-Jean, si nous avions su nous décider ; mais à présent vous avez loué tout votre monde, et ce n'est qu'à la Saint-Jean de l'autre année que nous pourrons y songer.

— Eh ! j'y consens de tout mon cœur, Guillette ! Cela me fera plaisir. Mais, en attendant, elle fera bien d'apprendre un état et de s'habituer à servir les autres.

— Oui, sans doute ; le sort en est jeté. Le fermier des Ormeaux l'a fait demander ce matin ; nous avons dit oui, et il faut qu'elle parte. Mais la pauvre enfant ne sait pas le chemin, et je n'aimerais pas à l'envoyer si loin toute seule. Puisque votre gendre va à Fourche demain, il peut bien l'emmener. Il paraît que c'est tout à côté du domaine où elle va, à ce qu'on m'a dit ; car je n'ai jamais fait ce voyage-là.

— C'est tout à côté, et mon gendre la conduira. Cela se doit ; il pourra même la prendre en croupe sur la jument, ce qui ménagera ses souliers. Le voilà qui rentre pour souper. Dis-moi, Germain, la petite Marie à la mère Guillette s'en va bergère aux Ormeaux. Tu la conduiras sur ton cheval, n'est-ce-pas ?

— C'est bien, répondit Germain qui était soucieux, mais toujours disposé à rendre service à son prochain.

Dans notre monde à nous, pareille chose ne viendrait pas à la pensée d'une mère, de confier une fille de seize ans à un homme de vingt-huit ; car Germain n'avait réellement que vingt-huit ans ; et quoique, selon les idées de son pays, il passât pour vieux au point de vue du mariage, il était encore le plus bel homme de l'endroit. Le travail ne l'avait pas creusé et flétri comme la plupart des paysans qui ont dix années de labourage sur la tête. Il était de force à labourer encore dix ans sans paraître vieux, et il eût fallu que le préjugé de l'âge fût bien fort sur l'esprit d'une jeune fille pour l'empêcher de voir que Germain avait le teint frais, l'œil vif et bleu comme le ciel de mai, la bouche rose, les dents superbes, le corps élégant et souple comme celui d'un jeune cheval qui n'a pas encore quitté le pré.

Mais entre toutes les familles de Belair, la famille de Maurice était réputée honnête. Le père Maurice ne fut donc nullement inquiet de lui voir prendre en croupe cette jolie fille ; Marie monta sur la jument en pleurant, après avoir vingt fois embrassé sa mère et ses jeunes amies. Germain, qui était triste pour son compte, compatissait d'autant plus à son chagrin, et s'en alla d'un air sérieux, tandis que les gens du voisinage disaient adieu de la main à la pauvre Marie, sans songer à mal.

Ici se place le récit du voyage; les pronostics des parents se révèlent faux puisque, tout en cheminant sur le cheval, les jeunes gens tombent amoureux l'un de l'autre. Mais Marie sait qu'elle est trop pauvre pour épouser Germain; par honnêteté, elle le repousse, et par fierté elle déclare qu'elle ne l'aime pas. Germain cependant découvrira les vrais sentiments de Marie et l'histoire s'achèvera par le mariage des deux amoureux

Germain a obtenu le consentement de ses parents; il peut épouser la petite Marie. Mais il faut qu'il la persuade...

Enfin le dimanche matin, au sortir de la messe, sa belle-mère lui demanda ce qu'il avait obtenu de sa bonne amie depuis sa conversation dans le verger.

« Mais, rien du tout, répondit-il. Je ne lui ai pas parlé.

— Comment donc voulez-vous la persuader si vous ne lui parlez pas?

— Je ne lui ai parlé qu'une fois, répondit Germain. C'est quand nous avons été ensemble à Fourche ; et, depuis ce temps-là, je ne lui ai pas dit un seul mot. Son refus m'a fait tant de peine que j'aime mieux ne pas l'entendre recommencer à me dire qu'elle ne m'aime pas.

— Eh bien! mon fils, il faut lui parler maintenant ; votre beau-père vous autorise à le faire. Allez, décidez-vous! je vous le dis, et, s'il le faut, je le veux ; car vous ne pouvez pas rester dans ce doute-là. »

Germain obéit. Il arriva chez la Guillette, la tête basse et l'air accablé. La petite Marie était seule au coin du feu, si pensive qu'elle n'entendit pas venir Germain. Quand elle le vit devant elle, elle sauta de surprise sur sa chaise et devint toute rouge.

« Petite Marie, lui dit-il en s'asseyant auprès d'elle, je viens te faire de la peine et t'ennuyer, je le sais bien : mais *l'homme et la femme de chez nous* (désignant ainsi, selon l'usage, les chefs de famille) veulent que je te parle et que je te demande de m'épouser. Tu ne le veux pas, toi, je m'y attends.

— Germain, répondit la petite Marie, c'est donc décidé que vous m'aimez?

— Ça te fâche, je le sais, mais ce n'est pas ma faute : si tu pouvais changer d'avis, je serais trop content, et sans doute je ne mérite pas que cela soit. Voyons, regarde-moi, Marie, je suis donc bien affreux ?

— Non, Germain, répondit-elle en souriant, vous êtes plus beau que moi.

— Ne te moque pas ; regarde-moi avec indulgence ; il ne me manque encore ni un cheveu ni une dent. Mes yeux te disent que je t'aime. Regarde-moi donc dans les yeux, ça y est écrit, et toute fille sait lire dans cette écriture-là. »

Marie regarda dans les yeux de Germain avec son assurance enjouée ; puis, tout à coup, elle détourna la tête et se mit à trembler.

« Ah ! mon Dieu ! je te fais peur, dit Germain, tu me regardes comme si j'étais le fermier des Ormeaux. Ne me crains pas, je t'en prie, cela me fait trop de mal. Je ne te dirai pas de mauvaises paroles, moi ; je ne t'embrasserai pas malgré toi et, quand tu voudras que je m'en aille, tu n'auras qu'à me montrer la porte. Voyons, faut-il que je sorte pour que tu finisses de trembler ? »

Marie tendit la main au laboureur, mais sans détourner la tête penchée vers le foyer et sans dire un mot.

« Je comprends, dit Germain ; tu me plains, car tu es bonne ; tu es fâchée de me rendre malheureux : mais tu ne peux pourtant pas m'aimer ?

— Pourquoi me dites-vous de ces choses-là, Germain ? répondit enfin la petite Marie, vous voulez donc me faire pleurer ?

— Pauvre petite fille, tu as bon cœur, je le sais ; mais tu ne m'aimes pas, et tu me caches ta figure parce que tu crains de me laisser voir ton déplaisir et ta répugnance. Et moi ! je n'ose pas seulement te serrer la main ! Dans le bois, quand mon fils dormait, et que tu dormais aussi, j'ai failli t'embrasser tout doucement. Mais je serais mort de honte plutôt que de te le demander, et j'ai autant souffert dans cette nuit-là qu'un homme qui brûlerait à petit feu. Depuis ce temps-là j'ai rêvé à toi toutes les nuits. Ah ! comme je t'embrassais, Marie ! Mais toi, pendant ce temps-là, tu dormais sans rêver. Et, à présent, sais-tu ce que je pense ? c'est que si tu te retournais pour me regarder avec les yeux que j'ai pour toi, et si tu approchais ton visage du mien, je crois que j'en tomberais mort de joie. Et toi, tu penses que si pareille chose t'arrivait tu en mourrais de colère et de honte! »

Germain parlait comme dans un rêve sans entendre ce qu'il disait. La petite Marie tremblait toujours ; mais comme il tremblait encore davantage, il ne s'en apercevait plus. Tout à coup elle se retourna ; elle était tout en larmes et le regardait d'un air de reproche. Le pauvre laboureur crut que c'était le dernier coup, et, sans attendre son arrêt, il se leva pour partir ; mais la jeune fille l'arrêta en l'entourant de ses deux bras, et, cachant sa tête dans son sein :

« Ah! Germain, lui dit-elle en sanglotant, vous n'avez donc pas deviné que je vous aime? »

Germain serait devenu fou, si son fils qui le cherchait et qui entra dans la chaumière au grand galop sur un bâton, avec sa petite sœur en croupe qui fouettait avec une branche d'osier ce coursier imaginaire, ne l'eût rappelé à lui-même. Il le souleva dans ses bras, et le mettant dans ceux de sa fiancée :

« Tiens, lui dit-il, tu as fait plus d'un heureux en m'aimant! »

Les noces de campagne.

Ici finit l'histoire du mariage de Germain, telle qu'il me l'a racontée lui-même, le fin laboureur qu'il est!...

Certaines coutumes sont si étranges, si curieuses, que j'espère t'amuser encore un instant, cher lecteur, si tu permets que je te raconte en détail une noce de campagne, celle de Germain, par exemple, à laquelle j'eus le plaisir d'assister il y a quelques années.

Car, hélas! tout s'en va. Depuis seulement que j'existe il s'est fait plus de mouvement dans les idées et dans les coutumes de mon village, qu'il ne s'en était vu durant des siècles avant la Révolution. Déjà la moitié des cérémonies celtiques, païennes ou moyen âge, que j'ai vues encore en pleine vigueur dans mon enfance, se sont effacées. Encore un ou deux ans peut-être, et les chemins de fer passeront leur niveau sur nos vallées profondes, emportant, avec la rapidité de la foudre, nos antiques traditions et nos merveilleuses légendes.

C'était en hiver, aux environs du carnaval, époque de l'année où il est séant et convenable chez nous de faire les noces. Dans l'été on n'a guère le temps, et les travaux d'une ferme ne peuvent souffrir trois jours de retard, sans parler des jours complémentaires affectés à la digestion plus ou moins laborieuse de l'ivresse morale et physique que laisse une fête. — J'étais assis sous le vaste manteau d'une antique cheminée de cuisine, lorsque des coups de pistolet, des hurlements de chiens et les sons aigus de la cornemuse m'annoncèrent l'approche des fiancés. Bientôt le père et la mère Maurice, Germain et la petite Marie, suivis de Jacques et de sa femme, des principaux parents respectifs et des parrains et marraines des fiancés, firent leur entrée dans la cour.

La petite Marie n'ayant pas encore reçu les cadeaux de noces, appelés *livrées*, était vêtue de ce qu'elle avait de mieux dans ses hardes modestes : une robe de gros drap sombre, un fichu blanc à grands ramages de couleurs voyantes, un tablier d'*incarnat*, indienne rouge fort à la mode alors et dédaignée aujourd'hui, une coiffe de mousseline très blanche, et dans cette forme heureusement conservée qui rappelle la coiffure d'Anne Boleyn et d'Agnès Sorel. Elle était fraîche et souriante, point orgueilleuse du tout, quoiqu'il y eût bien de quoi. Germain était grave et attendri auprès d'elle, comme le jeune Jacob saluant Rachel aux citernes de Laban. Toute autre fille eût pris un air d'importance et une tenue de triomphe ; car, dans tous les rangs, c'est quelque chose que d'être épousée pour ses beaux yeux. On voyait bien qu'elle était profondément éprise et qu'elle n'avait point le loisir de s'occuper de l'opinion des autres. Son petit air résolu ne l'avait point abandonnée ; mais c'était toute franchise et tout bon vouloir chez elle ; rien d'impertinent dans son succès, rien de personnel dans le sentiment de sa force. Je ne vis oncques si gentille fiancée, lorsqu'elle répondait nettement à ses jeunes amies qui lui demandaient si elle était contente : « Dame! bien sûr, je ne me plains pas du bon Dieu. »

Le père Maurice porta la parole ; il venait faire les compliments et invitations d'usage. Il attacha d'abord au manteau de la cheminée, une branche de laurier ornée de rubans : ceci s'appelle l'*exploit*, c'est-à-dire la lettre de faire part ; puis il distribua à chacun des invités une petite croix faite d'un bout de ruban bleu traversé d'un autre bout de ruban rose ; le rose pour la fiancée, le bleu pour l'épouseur ; et les invités des deux sexes durent garder ce signe pour en orner les uns leur cornette, les autres leur boutonnière le jour de la noce. C'est la lettre d'admission, la carte d'entrée.

Alors le père Maurice prononça son compliment. Il invitait le maître de la maison et toute *sa compagnie*, c'est-à-dire tous ses enfants, tous ses parents, tous ses amis et tous ses serviteurs, à la bénédiction, *au festin, à la divertissance, à la dansière et à tout ce qui en suit.* Il ne manqua pas de dire : — Je viens *vous faire l'honneur* de vous *semondre*. Locution très juste, bien qu'elle nous paraisse un contresens, puisqu'elle exprime l'idée de rendre les honneurs à ceux qu'on en juge dignes.

Malgré la libéralité de l'invitation portée ainsi de maison en maison dans toute la paroisse, la politesse, qui est grandement discrète chez les paysans, veut que deux personnes seulement de chaque famille en profitent, un chef de famille sur le ménage, un de leurs enfants sur le nombre.

Ces invitations faites, les fiancés et leurs parents allèrent dîner ensemble à la métairie.

La petite Marie garda ses trois moutons sur le communal et Germain travailla la terre comme si de rien n'était.

La veille du jour marqué pour le mariage, vers deux heures de l'après-midi, la musique arriva, c'est-à-dire le *cornemuseux* et le *vielleux*, avec leurs instruments ornés de longs rubans flottants, et jouant une marche de circonstance, sur un rythme un peu lent pour des pieds qui ne seraient pas indigènes, mais parfaitement combiné avec la nature du terrain gras et des chemins ondulés de la contrée. Des coups de pistolet, tirés par les jeunes gens et les enfants, annoncèrent le commencement de la noce. On se réunit peu à peu, et l'on dansa sur la pelouse devant la maison pour se mettre en train. Quand la nuit fut venue, on commença d'étranges préparatifs, on se sépara en deux bandes, et quand la nuit fut close, on procéda à la cérémonie des *livrées*.

Ceci se passait au logis de la fiancée, la chaumière à la Guillette. La Guillette prit avec elle sa fille, une douzaine de jeunes et jolies *pastoures*, amies et parentes de sa fille, deux ou trois respectables matrones, voisines fortes en bec, promptes à la réplique et gardiennes rigides des anciens us. Puis elle choisit une douzaine de vigoureux champions, ses parents et amis ; enfin le vieux *chanvreur* de la paroisse, homme disert et beau parleur s'il en fut. (....)

Les livrées

Quand tout ce monde fut réuni dans la maison, on ferma, avec le plus grand soin, les portes et les fenêtres ; on alla même barricader la lucarne du grenier ; on mit des planches, des tréteaux, des souches et des tables en travers de toutes les issues, comme si on se préparait à soutenir un siège ; et il se fit dans cet intérieur fortifié un silence d'attente assez solennel jusqu'à ce qu'on entendît au loin des chants, des rires, et le son des instruments rustiques. C'était la bande de l'épouseur, Germain en tête, accompagné de ses plus hardis compagnons, du fossoyeur, des parents, amis et serviteurs, qui formaient un joyeux et solide cortège.

Cependant, à mesure qu'ils approchèrent de la maison, ils se ralentirent, se concertèrent et firent silence. Les jeunes filles, enfermées dans le logis, s'étaient ménagé aux fenêtres de petites fentes, par lesquelles elles les virent arriver et se développer en ordre de bataille. Il tombait une pluie fine et froide, qui ajoutait au piquant de la situation, tandis qu'un grand feu pétillait dans l'âtre de la maison. Marie eût voulu abréger les lenteurs inévitables de ce siège en règle ; elle n'aimait pas à voir ainsi se morfondre son fiancé, mais elle n'avait pas voix au chapitre dans la circonstance, et même elle devait partager ostensiblement la mutine cruauté de ses compagnes.

Quand les deux camps furent ainsi en présence, une décharge d'armes à feu, partie du dehors, mit en grande rumeur tous les chiens des environs. Ceux de la maison se précipitèrent vers la porte en aboyant, croyant qu'il s'agissait d'une attaque réelle, et les petits enfants, que leurs mères s'efforçaient en vain de rassurer, se mirent à pleurer et à trembler. Toute cette scène fut si bien jouée qu'un étranger y eût été pris et eût songé peut-être à se mettre en état de défense contre une bande de chauffeurs.

Alors le fossoyeur, barde et orateur du fiancé, se plaça devant la porte et, d'une voix lamentable, engagea avec le chanvreur, placé à la lucarne qui était située au-dessus de la même porte, le dialogue suivant :

Le fossoyeur

Hélas! mes bonnes gens, mes chers paroissiens, pour l'amour de Dieu, ouvrez-moi la porte.

Le chanvreur

Qui êtes-vous donc, et pourquoi prenez-vous la licence de nous appeler vos chers paroissiens? Nous ne vous connaissons pas.

Le fossoyeur

Nous sommes d'honnêtes gens bien en peine. N'ayez peur de nous, mes amis! donnez-nous l'hospitalité. Il tombe du verglas, nos pauvres pieds sont gelés, et nous revenons de si loin que nos sabots en sont fendus.

Le chanvreur

Si vos sabots sont fendus, vous pouvez chercher par terre ; vous trouverez bien un brin *d'oisil* (d'osier) pour faire des *arcelets* (petites lames de fer en forme d'arcs qu'on place sur les sabots fendus pour les consolider).

Le dialogue entre le chanvreur et le fossoyeur, entrecoupé des chants et des assauts pour rire des invités, se prolonge pendant une heure. Puis les portes s'ouvrent.

Le mariage.

Aussitôt le chanvreur tira la cheville de bois qui fermait la porte à l'intérieur : c'était encore, à cette époque, la seule serrure connue dans la plupart des habitations de notre hameau. La bande du fiancé fit irruption dans la demeure de la fiancée, mais non sans combat ; car les garçons cantonnés dans la maison, même le vieux chanvreur et les vieilles commères, se mirent en devoir de garder le foyer. Le porteur de la broche, soutenu par les siens, devait arriver à planter le rôti dans l'âtre. Ce fut une véritable bataille, quoiqu'on s'abstînt de se frapper et qu'il n'y eût point de colère dans cette lutte. Mais on se poussait et on se pressait si étroitement, et il y avait tant d'amour-propre en jeu dans cet essai des forces musculaires, que les résultats pouvaient être plus sérieux qu'ils ne le paraissaient à travers les rires et les chansons. Le pauvre vieux chanvreur, qui se débattait comme un lion, fut collé à la muraille et serré par la foule, jusqu'à perdre la respiration. Plus d'un champion renversé fut foulé aux pieds involontairement, plus d'une main cramponnée à la broche fut ensanglantée. Ces jeux sont dangereux, et les accidents ont été assez graves dans les derniers temps pour que nos paysans aient résolu de laisser tomber en désuétude la cérémonie des livrées. Je crois que nous avons vu la dernière à la noce de Françoise Meillant et encore la lutte ne fut-elle que simulée.

Cette lutte fut encore assez passionnée à la noce de Germain. Il y avait une question de point d'honneur de part et d'autre à envahir et à défendre le foyer de la Guillette. L'énorme broche de fer fut tordue comme une vis sous les vigoureux poignets qui se la disputaient. Un coup de pistolet mit le feu à une petite provision de chanvre en *poupées*, placée sur une claie, au plafond. Cet incident fit diversion et, tandis que les uns s'empressaient d'étouffer ce germe d'incendie, le fossoyeur, qui était grimpé au grenier sans qu'on s'en aperçût, descendit par la cheminée et saisit la broche au moment où le bouvier, qui la défendait auprès de l'âtre, l'élevait au-dessus de sa tête pour empêcher qu'elle ne lui fût arrachée. Quelque temps avant la prise d'assaut, les matrones avaient eu le soin d'éteindre le feu, de crainte qu'en se débattant auprès, quelqu'un ne vînt à y tomber et à se brûler. Le facétieux fossoyeur, d'accord avec le bouvier, s'empara donc du trophée sans difficulté et le jeta en travers sur les *landiers*. C'en était fait! il n'était plus permis d'y toucher. Il sauta au milieu de la chambre et alluma un reste de paille, qui entourait la broche, pour faire le simulacre de la cuisson du rôti, car l'oie était en pièces et jonchait le plancher de ses membres épars.

Il y eut alors beaucoup de rires et de discussions fanfaronnes. Chacun montrait les horions qu'il avait reçus, et, comme c'était souvent la main d'un ami qui avait frappé, personne ne se plaignit ni se querella. Le chanvreur, à demi aplati, se frottait les reins, disant qu'il s'en souciait fort peu, mais qu'il protestait contre la ruse de son compère le fossoyeur, et que, s'il n'eût pas été à demi mort, le foyer n'eût pas été conquis si facilement. Les matrones balayaient le pavé, et l'ordre se faisait. La table se couvrait de brocs de vin nouveau. Quand on eut trinqué ensemble et repris haleine, le fiancé fut amené au milieu de la chambre et, armé d'une baguette, il dut se soumettre à une nouvelle épreuve.

Pendant la lutte, la fiancée avait été cachée avec trois de ses compagnes par sa mère, sa marraine et ses tantes, qui avaient fait asseoir les quatre filles sur un banc, dans un coin reculé de la salle, et les avaient couvertes d'un grand drap blanc. Les trois compagnes avaient été choisies de la même taille que Marie, et leurs cornettes de hauteur identique, de sorte que le drap leur couvrant la tête et les enveloppant jusque par-dessous les pieds, il était impossible de les distinguer l'une de l'autre.

Le fiancé ne devait les toucher qu'avec le bout de sa baguette, et seulement pour désigner celle qu'il jugeait être sa femme. On lui donnait le temps d'examiner, mais avec les yeux seulement, et les matrones, placées à ses côtés, veillaient rigoureusement à ce qu'il n'y eût point de supercherie. S'il se trompait, il ne pouvait danser de la soirée avec sa fiancée, mais seulement avec celle qu'il avait choisie par erreur.

Germain, se voyant en présence de ces fantômes enveloppés sous le même suaire, craignait fort de se tromper ; et, de fait, cela était arrivé à bien d'autres, car les précautions étaient toujours prises avec un soin consciencieux. Le cœur lui battait. La petite Marie essayait bien de respirer fort et d'agiter un peu le drap, mais ses malignes rivales en faisaient autant, poussaient le drap avec leurs doigts, et il y avait autant de signes mystérieux que de jeunes filles sous le voile. Les cornettes carrées maintenaient ce voile si également qu'il était impossible de voir la forme d'un front dessiné par ses plis.

Germain, après dix minutes d'hésitation, ferma les yeux, recommanda son âme à Dieu et tendit la baguette au hasard. Il toucha le front de la petite Marie, qui jeta le drap loin d'elle en criant victoire. Il eut alors la permission de l'embrasser, et, l'enlevant dans ses bras robustes, il la porta au milieu de la chambre et ouvrit avec elle le bal, qui dura jusqu'à deux heures du matin. Alors on se sépara pour se réunir à huit heures. Comme il y avait un certain nombre de jeunes gens venus des environs, et qu'on n'avait pas des lits pour tout le monde, chaque invitée du village reçut dans son lit deux ou trois jeunes compagnes, tandis que les garçons allèrent pêle-mêle s'étendre sur le fourrage du grenier de la métairie. Vous pouvez bien penser que là ils ne dormirent guère, car ils ne songèrent qu'à se lutiner les uns les autres, à échanger des lazzi et à se conter de folles histoires. Dans les noces il y a de rigueur trois nuits blanches, qu'on ne regrette point.

A l'heure marquée pour le départ, après qu'on eut

mangé la soupe au lait relevée d'une forte dose de poivre pour se mettre en appétit, car le repas de noces promettait d'être copieux, on se rassembla dans la cour de la ferme. Notre paroisse étant supprimée, c'est à une demi-lieue de chez nous qu'il fallait aller chercher la bénédiction nuptiale. Il faisait un beau temps frais, mais les chemins étant fort gâtés, chacun s'était muni d'un cheval, et chaque homme prit en croupe une compagne jeune ou vieille. Germain partit sur la *Grise*, qui, bien pansée, ferrée à neuf et ornée de rubans, piaffait et jetait le feu par les naseaux. Il alla chercher sa fiancée à la chaumière avec son beau-frère Jacques, lequel, monté sur la vieille *Grise*, prit la bonne mère Guillette en croupe tandis que Germain rentra dans la cour de la ferme, amenant sa chère petite femme d'un air de triomphe. Puis la joyeuse cavalcade se mit en route, escortée par les enfants à pied, qui couraient en tirant des coups de pistolet et faisaient bondir les chevaux. La mère Maurice était montée sur une petite charrette avec les trois enfants de Germain et les ménétriers. Ils ouvraient la marche au son des instruments. Petit-Pierre était si beau, que la vieille grand-mère en était tout orgueilleuse. Mais l'impétueux enfant ne tint pas longtemps à ses côtés. A un temps d'arrêt qu'il fallut faire à mi-chemin pour s'engager dans un passage difficile, il s'esquiva et alla supplier son père de l'asseoir devant lui sur la *Grise*.

« Oui-da! répondit Germain, cela va nous attirer de mauvaises plaisanteries! il ne faut point.

— Je ne me soucie guère de ce que diront les gens de Saint-Chartier, dit la petite Marie. Prenez-le, Germain, je vous en prie : je serai encore plus fière de lui que de ma toilette de noces. »

Germain céda, et le beau trio s'élança dans les rangs au galop triomphant de la *Grise*.

Et, de fait, les gens de Saint-Chartier, quoique très railleurs et un peu taquins à l'endroit des paroisses environnantes réunies à la leur, ne songèrent point à rire en voyant un si beau marié, une si jolie mariée et un enfant qui eût fait envie à la femme d'un roi.

Germain, en arrivant à la mairie, dit à sa fiancée : « Tiens, Marie, j'arrive là un peu plus content que le jour où je t'ai ramenée chez nous, des bois de Chanteloube, croyant que tu ne m'aimerais jamais ; je te pris dans mes bras pour te mettre à terre comme à présent ; mais je pensais que nous ne nous retrouverions plus jamais sur la pauvre bonne *Grise* avec cet enfant sur nos genoux. Tiens, je t'aime tant, j'aime tant ces pauvres petits, je suis si heureux que tu m'aimes, et que tu les aimes, et que mes parents t'aiment, et j'aime tant ta mère et mes amis, et tout le monde aujourd'hui, que je voudrais avoir trois ou quatre cœurs pour y suffire. Vrai, c'est trop peu d'un pour y loger tant d'amitiés et tant de contentement! J'en ai comme mal à l'estomac. »

Il y eut une foule à la porte de la mairie et de l'église pour regarder la jolie mariée. Pourquoi ne dirions-nous pas son costume? il lui allait si bien! Sa cornette de mousseline claire et brodée partout avait les barbes garnies de dentelle. Dans ce temps-là les paysannes ne se permettaient pas de montrer un seul cheveu ; et quoiqu'elles cachent sous leurs cornettes de magnifiques chevelures roulées dans des rubans de fil blanc pour soutenir la coiffe, encore aujourd'hui ce serait une action indécente et honteuse que de se montrer aux hommes la tête nue. Cependant elles se permettent à présent de laisser sur le front un mince bandeau qui les embellit beaucoup. Mais je regrette la coiffure classique de mon temps : ces dentelles blanches à cru sur la peau avaient un caractère d'antique chasteté qui me semblait plus solennel, et quand une figure était belle ainsi, c'était d'une beauté dont rien ne peut exprimer le charme et la majesté naïve.

La petite Marie portait encore cette coiffure, et son front était si blanc et si pur, qu'il défiait le blanc du linge de l'assombrir. Quoiqu'elle n'eût pas fermé l'œil de la nuit, l'air du matin et surtout la joie intérieure d'une âme aussi limpide que le ciel, et puis encore un peu de flamme secrète, contenue par la pudeur de l'adolescence, lui faisaient monter aux joues un éclat aussi suave que la fleur du pêcher aux premiers rayons d'avril.

Son fichu blanc ne laissait voir que les contours délicats d'un cou arrondi comme celui d'une tourterelle ; son déshabillé de drap fin vert myrte dessinait sa petite taille, qui semblait parfaite, mais qui devait grandir et se développer encore, car elle n'avait pas dix-sept ans. Elle portait un tablier de soie violet pensée, avec la bavette, que nos villageoises ont eu le tort de supprimer et qui donnait tant d'élégance et de modestie à la poitrine.

A l'offrande, Germain mit, selon l'usage, le *treizain*, c'est-à-dire treize pièces d'argent, dans la main de sa fiancée. Il lui passa au doigt une bague d'argent, d'une forme invariable depuis des siècles, mais que *l'alliance d'or* a remplacée désormais...

Après la cérémonie du chou, bizarre représentation d'origine gauloise, les fêtes se terminent.

La journée est déjà avancée quand toutes ces choses sont accomplies. Il ne reste plus qu'à faire la conduite aux parrains et marraines des conjoints. Quand ces parents putatifs demeurent au loin, on les accompagne avec la musique et toute la noce jusqu'aux limites de la paroisse. Là, on danse encore sur le chemin et on les embrasse en se séparant d'eux. Le païen et sa femme sont alors débarbouillés et rhabillés proprement, quand la fatigue de leur rôle ne les a pas forcés à aller faire un somme.

On dansait, on chantait et on mangeait encore à la métairie de Belair, ce troisième jour de noce, à minuit, lors du mariage de Germain. Les anciens, attablés, ne pouvaient s'en aller, et pour cause. Ils ne retrouvèrent leurs jambes et leurs esprits que le lendemain au petit jour. Alors, tandis que ceux-là regagnaient leurs demeures, silencieux et trébuchants, Germain, fier et dispos, sortit pour aller lier ses bœufs, laissant sommeiller sa jeune compagne jusqu'au lever du soleil. L'alouette, qui chantait en montant vers les cieux, lui semblait être la voix de son cœur rendant grâce à la Providence.

LA PETITE FADETTE

Le père Barbeau de la Cosse n'était pas mal dans ses affaires, à preuve qu'il était du conseil municipal de sa commune. Il avait deux champs qui lui donnaient la nourriture de sa famille, et du profit par-dessus le marché. Il cueillait dans ses prés du foin à pleins charrois et, sauf celui qui était au bord du ruisseau, et qui était un peu ennuyé par le jonc, c'était du fourrage connu dans l'endroit pour être de première qualité.

La maison du père Barbeau était bien bâtie, couverte en tuile, établie en bon air sur la côte, avec un jardin de bon rapport et une vigne de six journaux. Enfin, il avait, derrière sa grange, un beau verger, que nous appelons chez nous une ouche, où le fruit abondait tant en prunes qu'en guignes, en poires et en cornes. Mêmement les noyers de ses bordures étaient les plus vieux et les plus gros de deux lieues aux entours.

Le père Barbeau était un homme de bon courage, pas méchant, et très porté pour sa famille, sans être injuste à ses voisins et paroissiens.

Il avait déjà trois enfants, quand la mère Barbeau, voyant sans doute qu'elle avait assez de bien pour cinq, et qu'il fallait se dépêcher, parce que l'âge lui venait, s'avisa de lui en donner deux à la fois ; deux beaux garçons ; et, comme ils étaient si pareils qu'on ne pouvait presque pas les distinguer l'un de l'autre, on reconnut bien vite que c'étaient deux bessons, c'est-à-dire deux jumeaux d'une parfaite ressemblance.

La mère Sagette, qui les reçut dans son tablier comme ils venaient au monde, n'oublia pas de faire au premier né une petite croix sur le bras avec son aiguille, parce que, disait-elle, un bout de ruban ou un collier peut se confondre et faire perdre le droit d'aînesse. Quand l'enfant sera plus fort, dit-elle, il faudra lui faire une marque qui ne puisse jamais s'effacer ; à quoi l'on ne manqua pas. L'aîné fut nommé Sylvain, dont on fit bientôt Sylvinet, pour le distinguer de son frère aîné, qui lui avait servi de parrain ; et le cadet fut appelé Landry, nom qu'il garda comme il l'avait reçu au baptême, parce que son oncle, qui était son parrain, avait gardé de son jeune âge la coutume d'être appelé Landriche.

Le père Barbeau fut un peu étonné, quand il revint du marché, de voir deux petites têtes dans le berceau. « Oh! oh! fit-il, voilà un berceau qui est trop étroit. Demain matin, il me faudra l'agrandir. » Il était un peu menuisier de ses mains, sans avoir appris, et il avait fait la moitié de ses meubles. Il ne s'étonna pas autrement et alla soigner sa femme, qui but un grand verre de vin chaud, et ne s'en porta que mieux. « Tu travailles si bien, ma femme, lui dit-il, que ça doit me donner du courage. Voilà deux enfants de plus à nourrir, dont nous n'avions pas absolument besoin ; ça veut dire qu'il ne faut pas que je me repose de cultiver nos terres et d'élever nos bestiaux. Sois tranquille ; on travaillera ; mais ne m'en donne pas trois la prochaine fois, car ça serait trop. »

La mère Barbeau se prit à pleurer, dont le père Barbeau se mit fort en peine. « Bellement, bellement, dit-il, il ne faut pas te chagriner, ma bonne femme. Ce n'est pas par manière de reproche que je t'ai dit cela, mais par manière de remerciement, bien au contraire. Ces deux enfants-là sont beaux et bien faits ; ils n'ont point de défauts sur le corps, et j'en suis content.

— Alas! mon Dieu, dit la femme, je sais bien que vous ne me les reprochez pas, notre maître ; mais moi j'ai du souci, parce qu'on m'a dit qu'il n'y avait rien de plus chanceux et de plus malaisé à élever que des bessons. Ils se font tort l'un à l'autre et, presque toujours, il faut qu'un des deux périsse pour que l'autre se porte bien.

— Oui-da! dit le père, est-ce la vérité? Tant qu'à moi ce sont les premiers bessons que je vois. Le cas n'est point fréquent. Mais voici la mère Sagette qui a de la connaissance là-dessus, et qui va nous dire ce qui en est. »

La mère Sagette étant appelée, répondit : « Fiez-vous à moi : ces deux bessons-là vivront bel et bien, et ne seront pas plus malades que d'autres enfants. Il y a cinquante ans que je fais le métier de sage-femme, et que je vois naître, vivre ou mourir tous les enfants du canton. Ce n'est donc pas la première fois que je reçois des jumeaux. D'abord, la ressemblance ne fait rien à leur santé. Il y en a qui ne se ressemblent pas plus que vous et moi, et souvent il arrive que l'un est fort et l'autre faible ; ce qui fait que l'un vit et que l'autre meurt ; mais regardez les vôtres, ils sont chacun aussi beau et aussi bien corporé que s'il était fils unique. Ils ne se sont donc pas fait dommage l'un à l'autre dans le sein de leur mère ; ils sont venus à bien tous les deux sans trop la faire souffrir et sans souffrir eux-mêmes. Ils sont jolis à merveille et ne demandent qu'à vivre. Consolez-vous donc, mère Barbeau, ça vous sera un plaisir de les voir grandir ; et, s'ils continuent, il n'y aura guère que vous et ceux qui les verront tous les jours qui pourrez faire entre eux une différence ; car je n'ai jamais vu deux bessons si pareils. On dirait deux petits perdreaux sortant de l'œuf ; c'est si gentil et si semblable, qu'il n'y a que la mère-perdrix qui les reconnaisse.

— A la bonne heure ! fit le père Barbeau en se grattant la tête ; mais j'ai ouï dire que les bessons prenaient tant d'amitié l'un pour l'autre, que quand ils se quittaient ils ne pouvaient plus vivre, et qu'un des deux, tout au moins, se laissait consumer par le chagrin, jusqu'à en mourir.

— C'est la vraie vérité, dit la mère Sagette ; mais écoutez ce qu'une femme d'expérience va vous dire. Ne le mettez pas en oubliance ; car, dans le temps où vos enfants seront en âge de vous quitter, je ne serai peut-être plus de ce monde pour vous conseiller. Faites attention, dès que vos bessons commenceront à se reconnaître, de ne pas les laisser toujours ensemble. »

La mère Sagette parlait d'or et on la crut. On lui promit de faire comme elle disait, et on lui fit un beau présent avant de la renvoyer. Puis, comme elle avait bien recommandé que les bessons ne fussent point nourris du même lait, on s'enquit vitement d'une nourrice.

Mais il ne s'en trouva point dans l'endroit. La mère Barbeau, qui n'avait pas compté sur deux enfants, et qui avait nourri elle-même tous les autres, n'avait pas pris ses précautions à l'avance. Il fallut que le père Barbeau partît pour chercher cette nourrice dans les environs ; et pendant ce temps, comme la mère ne pouvait pas laisser pâtir ses petits, elle leur donna le sein à l'un comme à l'autre.

Les gens de chez nous ne se décident pas vite et, quelque riche qu'on soit, il faut toujours un peu marchander. On savait que les Barbeau avaient de quoi payer, et on pensait que la mère, qui n'était plus de la première jeunesse, ne pourrait point garder deux nourrissons sans s'épuiser. Toutes les nourrices que le père Barbeau put trouver lui demandèrent donc 18 livres par mois, ni plus ni moins qu'à un bourgeois.

Le père Barbeau n'aurait voulu donner que 12 ou 15 livres, estimant que c'était beaucoup pour un paysan. Il courut de tous les côtés et disputa un peu sans rien conclure. L'affaire ne pressait pas beaucoup ; car deux enfants si petits ne pouvaient pas fatiguer la mère, et ils étaient si bien portants, si tranquilles, si peu braillards l'un et l'autre, qu'ils ne faisaient presque pas plus d'embarras qu'un seul dans la maison. Quand l'un dormait, l'autre dormait aussi. Le père avait arrangé le berceau et, quand ils pleuraient tous deux à la fois, on les berçait et on les apaisait en même temps.

Enfin le père Barbeau fit un arrangement avec une nourrice pour 15 livres, et il ne se tenait plus qu'à cent sous d'épingles, lorsque sa femme lui dit : « Bah! notre maître, je ne vois pas pourquoi nous allons dépenser 180 ou 200 livres par an, comme si nous étions des messieurs et dames, et comme si j'étais hors d'âge pour nourrir mes enfants. J'ai plus de lait qu'il n'en faut pour cela. Ils ont déjà un mois, nos garçons, et voyez s'ils ne sont pas en bon état! La Merlaude que vous voulez donner pour nourrice à un des deux n'est pas moitié si forte et si saine que moi ; son lait a déjà dix-huit mois, et ce n'est pas ce qu'il faut à un enfant si jeune. La Sagette nous a dit de ne pas nourrir nos bessons du même lait, pour les empêcher de prendre trop d'amitié l'un pour l'autre, c'est vrai qu'elle l'a dit ; mais n'a-t-elle pas dit aussi qu'il fallait les soigner également bien, parce que, après tout, les bessons n'ont pas la vie tout à fait aussi forte que les autres enfants ? J'aime mieux que les nôtres s'aiment trop, que s'il faut sacrifier l'un à l'autre. Et puis, lequel des deux mettrons-nous en nourrice ? Je vous confesse que j'aurais autant de chagrin à me séparer de l'un comme de l'autre. Je peux dire que j'ai bien aimé tous mes enfants, mais, je ne sais comment la chose se fait, m'est avis que ceux-ci sont encore les plus mignons et les plus gentils que j'aie portés dans mes bras. J'ai pour eux un je ne sais quoi qui me fait toujours craindre de les perdre. Je vous en prie, mon mari, ne pensez plus à cette nourrice ; nous ferons pour le reste tout ce que la Sagette a recommandé. Comment voulez-vous que des enfants à la mamelle se prennent de trop grande amitié, quand c'est tout au plus s'ils connaîtront leurs mains d'avec leurs pieds quand ils seront en sevrage ?

— Ce que tu dis là n'est pas faux, ma femme, répondit le père Barbeau en regardant sa femme, qui était encore fraîche et forte comme on en voit peu ; mais si, pourtant, à mesure que ces enfants grossiront, ta santé venait à dépérir ?

— N'ayez peur, dit la Barbeaude, je me sens d'aussi bon appétit que si j'avais quinze ans ; et d'ailleurs, si je sentais que je m'épuise, je vous promets que je ne vous le cacherais pas, et il serait toujours temps de mettre un de ces pauvres enfants hors de chez nous. »

Le père Barbeau se rendit, d'autant plus qu'il aimait bien autant ne pas faire de dépense inutile. La mère Barbeau nourrit ses bessons sans se plaindre et sans souffrir, et même elle était d'un si beau naturel que, deux ans après le sevrage de ses petits, elle mit au monde une jolie petite fille qui eut nom Nanette, et qu'elle nourrit aussi elle-même. Mais c'était un peu trop, et elle eût eu peine à en venir à bout, si sa fille aînée, qui était à son premier enfant, ne l'eût soulagée de temps en temps, en donnant le sein à sa petite sœur.

De cette manière, toute la famille grandit et grouilla bientôt au soleil, les petits oncles et les petites tantes avec les petits neveux et les petites nièces, qui n'avaient pas à se reprocher d'être beaucoup plus turbulents ou plus raisonnables les uns que les autres.

Il y aurait bien d'autres pages à citer, dans ce livre où l'on trouve de nombreuses coutumes, souvent encore en usage dans les campagnes. On y voit aussi le rôle de ces femmes, mi-guérisseuses, mi-sorcières; Landry a recours à l'une d'elles, lorsqu'il cherche son frère avec anxiété, craignant qu'il ne se soit jeté dans la rivière.

Enfin l'idée lui vint d'aller consulter une femme veuve, qu'on appelait la mère Fadet, et qui demeurait tout au bout de la Joncière, rasibus du chemin qui descend au gué. Cette femme qui n'avait ni terre ni avoir autre que son petit jardin et sa petite maison, ne cherchait pourtant point son pain, à cause de beaucoup de connaissance qu'elle avait sur les maux et dommages du monde, et, de tous côtés, on venait la consulter. Elle pansait *du secret*, c'est comme qui dirait qu'au moyen du *secret*, elle guérissait les blessures, foulures et autres estropisons. Elle s'en faisait bien un peu accroire, car elle vous ôtait des maladies que vous n'aviez jamais eues, telles que le décrochement de l'estomac ou la chute de la toile du ventre, et, pour ma part, je n'ai jamais ajouté foi entière à tous ces accidents-là, non plus que je n'accorde grande croyance à ce qu'on disait d'elle, qu'elle pouvait faire passer le lait d'une bonne vache dans le corps d'une mauvaise, tant vieille et mal nourrie fût-elle.

Mais pour ce qui est des bons remèdes qu'elle connaissait et qu'elle appliquait au refroidissement du corps, que nous appelons *sanglaçure* ; pour les emplâtres souverains qu'elle mettait sur les coupures et brûlures ; pour les boissons qu'elle composait à l'encontre de la fièvre, il n'est point douteux qu'elle gagnait bien son argent et qu'elle a guéri nombre de malades que les médecins auraient fait mourir si l'on avait essayé de leurs remèdes. Du moins elle le disait, et ceux qu'elle avait sauvés aimaient mieux la croire que de s'y risquer.

Comme, dans la campagne, on n'est jamais savant sans être quelque peu sorcier, beaucoup pensaient que la mère Fadet en savait encore plus long qu'elle ne voulait le dire, et on lui attribuait de pouvoir faire retrouver les choses perdues, mêmement les personnes ; enfin, de ce qu'elle avait beaucoup d'esprit et de raisonnement pour vous aider à sortir de peine dans beaucoup de choses possibles, on inférait qu'elle pouvait en faire d'autres qui ne le sont pas.

Comme les enfants écoutent volontiers toutes sortes d'histoires, Landry avait ouï dire à la Priche, où le monde est notoirement crédule et plus simple qu'à la Cosse, que la mère Fadet au moyen d'une certaine graine qu'elle jetait sur l'eau en disant des paroles, pouvait faire retrouver le corps d'une personne noyée. La graine surnageait et coulait le long de l'eau et, là où on la voyait s'arrêter, on était sûr de retrouver le pauvre corps. Il y en a beaucoup qui pensent que le pain bénit a la même vertu, et il n'est guère de moulins où on n'en conserve toujours à cet effet. Mais Landry n'en avait point, la mère Fadet demeurait tout à côté de la Joncière, et le chagrin ne donne pas beaucoup de raisonnement.

Le voilà donc de courir jusqu'à la demeurance de la mère Fadet et de lui conter sa peine en la priant de venir jusqu'à la coupure avec lui, pour essayer par son secret de lui faire retrouver son frère, vivant ou mort.

Mais la mère Fadet, qui n'aimait point à se voir outrepassée de sa réputation, et qui n'exposait pas volontiers son talent pour rien, se gaussa de lui et le renvoya même assez durement, parce qu'elle n'était pas contente que, dans le temps, on eût employé la Sagette à sa place, pour les femmes en mal d'enfant au logis de la Bessonnière.

FRANÇOIS LE CHAMPI

Pour terminer, la page que nous choisissons est tirée du roman « François le Champi »; elle évoque la manière dont lisaient nos grands-parents, lorsqu'ils savaient lire; et ce n'est pas une fantaisie de l'imagination, car nous avons connu plus d'un sage, dans notre pays du Quercy, qui méditait ainsi longtemps sur le même texte. L'histoire est celle d'un enfant abandonné, François, recueilli par Madeleine, une fermière.

Le soir, quand le travail était terminé et que tout dormait à la maison, François restait encore dans le temps de veillée, pendant une heure ou deux, avec Madeleine. Il lui faisait lecture de livres ou causait avec elle pendant qu'elle travaillait. Les gens de campagne ne lisent pas vite ; si bien que les deux livres qu'ils avaient suffisaient pour les contenter. Quand ils avaient lu trois pages dans la soirée, c'était beaucoup, et quand le livre était fini, il s'était passé assez de temps depuis le commencement pour qu'on pût reprendre la première page, dont on ne se souvenait pas trop. Et puis il y a deux manières de lire, et il serait bon de dire cela aux gens qui se croient bien instruits. Ceux qui ont beaucoup de temps à eux, et beaucoup de livres, en avalent tant qu'ils peuvent et se mettent tant de sortes de choses dans la tête, que le bon Dieu n'y connaît plus goutte; ceux qui n'ont ni le temps ni les livres et qui sont heureux quand ils tombent sur le bon morceau, ils le recommencent cent fois sans se lasser, et chaque fois, quelque chose qu'ils n'avaient pas bien remarqué leur fait venir une nouvelle idée, mais elle est si retournée, si bien goûtée et digérée, que l'esprit qui la tient est mieux nourri et mieux portant, à lui tout seul, que trente mille cervelles remplies de vent et de fadaises. Ce que je vous dis là, mes enfants, je le tiens de Monsieur le Curé, qui s'y connaît.

VILLERMÉ

1782-1863

Parmi les témoignages sur la vie populaire au cours des années 1830, l'œuvre de Villermé doit être retenue comme exemplaire. A la fois médecin et statisticien, Villermé a publié le *Tableau de l'état physique et moral des ouvriers employés dans les manufactures de coton, de laine et de soie*. Ce livre a été écrit « sous les auspices de l'Académie des sciences morales et politiques de l'Institut » en collaboration avec M. Benoiston de Châteauneuf, pour constater aussi exactement qu'il est possible l'état de la classe ouvrière.

Il fallait examiner les effets de l'industrie sur ceux qu'elle emploie, interroger la misère « sans l'humilier »; se faire aider des médecins, des magistrats, des fabricants... Villermé visita les familles, assista aux repas, suivit l'ouvrier dans ses travaux, dans son ménage, dans ses lieux de réunion; il fut le confident de ses joies, de ses plaintes, de ses regrets.

Les enquêtes ont été faites en particulier dans le Nord et dans l'Est, et notamment à Roubaix, à Lille, à Amiens, à Mulhouse et à Reims.

Elles diffèrent de celles de Frédéric Le Play, qu'on trouvera ci-après, par leur date d'abord, puisque les unes se situent vers 1830 et les autres vingt ans plus tard; ensuite par leur esprit. Tandis que celles de Le Play indiquent les budgets avec beaucoup de détails, l'énumération des meubles, des objets du ménage et des consommations alimentaires, Villermé fait entrevoir les visages, la misère, la désespérance des logements des journaliers. C'est un document plus sensible, plus humain, quoique peut-être économiquement moins utilisable. L'un est plutôt un statisticien, l'autre est davantage un sociologue.

Villermé n'a probablement pas pour but d'améliorer ou de moraliser. Cependant, en l'absence de tout mouvement syndicaliste, il s'attache à dénoncer les abus du libéralisme. A propos du travail des enfants, il obtint un résultat important. Il écrivait en effet, pour donner un exemple stimulant, qu' « en Autriche, grâce à la sollicitude du gouvernement, on ne peut embaucher les enfants dans les manufactures avant l'âge de huit accomplis, et pour une durée qui ne doit pas dépasser dix heures par jour ».

La situation en France était pire. Peu après la publication du livre de Villermé, la loi de mars 1841 intervint, limitant à huit heures par jour le travail des enfants de huit à douze ans.

C'était une victoire pour celui qui avait étudié avec tant de cœur et de sincérité la condition des ouvriers.

FABRIQUE DE MULHOUSE

La durée journalière du travail varie selon l'espèce de manufactures et même un peu selon les localités.

A Mulhouse, à Dornach, etc., les filatures et les tissages mécaniques s'ouvrent généralement le matin à cinq heures, et se ferment le soir à huit, quelquefois à neuf. En hiver, l'entrée en est fréquemment retardée jusqu'au jour, mais les ouvriers n'y gagnent pas pour cela une minute. Ainsi, leur journée est au moins de quinze heures. Sur ce temps, ils ont une demi-heure pour le déjeuner et une heure pour le dîner ; c'est là tout le repos qu'on leur accorde. Par conséquent, ils ne fournissent jamais moins de treize heures et demie de travail par jour.

A Thann, à Wesserling, etc., la journée est aussi longue ; mais dans le dernier endroit les ouvriers disposent chaque jour de deux heures entières. A Guebwiller, dans la belle filature de MM. Nicolas Schlumberger et compagnie, elle est de treize heures et demie au lieu de quinze, et la durée de travail effectif de douze heures au lieu de treize et demie. D'un autre côté, à Bitschwiller, village rempli de filatures et de tissages mécaniques, situé entre Thann et Saint-Amarin, la journée, si l'on m'y a dit vrai, serait toujours de seize heures, car elle commence à cinq heures du matin et le soir finit à neuf.

Enfin, tous les samedis, elle est communément plus courte, ainsi que la durée de travail effectif, dans les établissements où les ouvriers sont à la pièce ou à la tâche ; elle l'est aussi tous les jours pour les ouvriers employés à construire ou à racommoder les métiers et les machines.

La durée du travail est la même dans les filatures et dans les tissages mécaniques. Quant aux ateliers où l'on tisse à la main, comme les métiers y marchent sans le secours d'un moteur général et que les salaires s'y paient constamment à la pièce ou à l'aune, la sortie et l'entrée y sont plus libres que dans les autres. Néanmoins, la durée du travail journalier y est presque toujours fort longue ; elle l'est surtout pour beaucoup de tisserands qui emportent chez eux des fils qu'ils tissent en famille sur leurs propres métiers. Pour ces derniers, la journée commence souvent avec le jour, quelquefois plus tôt, et elle se prolonge très avant dans la nuit, jusqu'à dix ou onze heures. Mais elle est ordinairement moins longue pour les ouvriers des campagnes, qui ne fabriquent des toiles que dans les moments où ils ne sont pas occupés à l'agriculture.

Le travail dans les manufactures d'indiennes, du moins le travail soigné, ne peut se faire que pendant le jour. Voilà pourquoi, sans doute, il n'a lieu que depuis six heures du matin jusqu'à six heures du soir en été, et, en hiver, depuis sept heures et demie, huit heures du matin jusqu'à l'approche de la nuit. Il est interrompu une heure par un seul repas. Dans ces manufactures, où communément tout se paie à la tâche, les heures d'entrée et de sortiesont moins sévèrement observées que dan les filatures.

On suit, dans les ateliers d'apprêts, la règle des fabriques dont ils font partie.

Enfin, on exige souvent des ouvriers qu'ils prolongent leur travail au-delà de l'heure où les ateliers restent ordinairement ouverts ; mais alors cet excédent de travail leur est payé à part.

Il est bien entendu que toutes les durées indiquées ici peuvent être et sont très souvent diminuées dans les temps de stagnation des affaires ou de crise commerciale.

La cherté des loyers ne permet pas à ceux des ouvriers en coton du département du Haut-Rhin, qui gagnent les plus faibles salaires ou qui ont les plus fortes charges, de se loger toujours auprès de leurs ateliers. Cela s'observe surtout à Mulhouse. Cette ville s'accroît très vite ; mais les manufactures s'y développant plus rapidement encore, elle ne peut recevoir tous ceux qu'attire sans cesse dans ses murs le besoin de travail. De là, la nécessité pour les plus pauvres, qui ne pourraient d'ailleurs payer les loyers au taux élevé où ils sont, d'aller se loger loin de la ville, à une lieue, une lieue et demie ou même plus loin, et d'en faire par conséquent chaque jour deux ou trois, pour se rendre le matin à la manufacture, et rentrer le soir chez eux.

Les seuls ateliers de Mulhouse comptaient, en 1835, plus de cinq mille ouvriers logés ainsi dans les villages environnants. Ces ouvriers sont les moins bien rétribués. Ils se composent principalement de pauvres familles chargées d'enfants en bas âge, et venues de tous côtés, quand l'industrie n'était pas en souffrance, s'établir en Alsace, pour y louer leurs bras aux manufactureurs. Il faut les voir arriver chaque matin à la ville et en partir chaque soir. Il y a, parmi eux, une multitude de femmes pâles, maigres, marchant pieds nus au milieu de la boue, et qui, faute de parapluie, portent renversé sur la tête, lorsqu'il pleut, leur tablier ou leur jupon de dessus, pour se préserver la figure et le cou, et un nombre encore plus considérable de jeunes enfants non moins sales, non moins hâves, couverts de haillons tout gras de l'huile des métiers, tombée sur eux pendant qu'ils travaillent. Ces derniers, mieux préservés de la pluie par l'imperméabilité de leurs vêtements, n'ont pas même au bras, comme les femmes dont on vient de parler, un panier où sont les provisions pour la journée ; mais ils portent à la main ou cachent sous leur veste, ou comme ils peuvent, le morceau de pain qui doit les nourrir jusqu'à l'heure de leur rentrée à la maison.

Ainsi, à la fatigue d'une journée déjà démesurément longue, puisqu'elle est au moins de quinze heures, vient se joindre pour ces malheureux, celle de ces aller et retour si fréquents, si pénibles. Il en résulte que le soir ils arrivent chez eux accablés par le besoin de dormir, et que le lendemain ils en sortent avant d'être complètement reposés, pour se trouver dans l'atelier à l'heure de l'ouverture.

On conçoit que, pour éviter de parcourir deux fois chaque jour un chemin aussi long, ils s'entassent, si l'on peut parler ainsi, dans des chambres ou pièces petites, malsaines, mais situées à proximité de leur travail. J'ai vu à Mulhouse, à Dornach et dans des maisons voisines, de ces misérables logements, où deux familles couchaient chacune dans un coin, sur de la paille jetée sur le carreau et retenue par deux planches. Des lambeaux de couverture et souvent une espèce de matelas de plumes d'une saleté dégoûtante, voilà tout ce qui recouvrait cette paille.

Du reste, un mauvais et unique grabat pour toute la famille, un petit poêle qui sert à la cuisine comme au chauffage, une caisse ou grande boîte en guise d'armoire, une table, deux ou trois chaises, un banc, quelques poteries, composent communément tout le mobilier qui garnit la chambre des ouvriers employés dans les filatures et les tissages de la même ville.

Cette chambre, que je suppose à feu et de 10 à 12 pieds en tous sens (16 mètres carrés), coûte ordinairement à chaque ménage, qui veut en avoir une entière, dans Mulhouse ou à proximité de Mulhouse, de 6 à 8 F et même 9 F par mois (50 heures de salaire), que l'on exige en deux termes, c'est-à-dire de 15 en 15 jours, aux époques où les locataires reçoivent leur paie : c'est depuis 72 jusqu'à 96, et quelquefois 108 F par an. Un prix aussi exorbitant tente les spéculateurs : aussi font-ils bâtir, chaque année, de nouvelles maisons pour les ouvriers de la fabrique, et ces maisons sont à peine élevées que la misère les remplit d'habitants.

Et cette misère, dans laquelle vivent les derniers ouvriers de l'industrie du coton, dans le département du Haut-Rhin, est si profonde qu'elle produit ce triste résultat, que tandis que dans les familles de fabricants, négociants, drapiers, directeurs d'usines, la moitié des enfants atteint la vingt-neuvième année, cette même moitié cesse d'exister avant l'âge de deux ans accomplis, dans les familles de tisserands, et d'ouvriers des filatures de coton. Quel manque de soin, quel abandon de la part des parents, quelles privations, quelles souffrances cela ne fait-il pas supposer pour ces derniers ?...

... Les mœurs des ouvriers des grandes manufactures situées dans le Haut-Rhin, plus particulièrement les mœurs des ouvriers en coton, passent dans le pays pour être dissolues.

La réunion des deux sexes dans les mêmes ateliers, surtout pendant la nuit, en est une des principales causes. Rien n'est plus ordinaire, dans ces rassemblements nombreux, que d'entendre des mots, des discours qui blessent la pudeur. L'obscénité, il est vrai, est presque toujours dans les seules paroles, car l'ordre règne dans les ateliers, mais les enfants, dont la curiosité est si pénétrante, saisissent le sens de ces discours, les répètent avec une satisfaction révoltante, et connaissent bientôt des choses qu'ils devraient ignorer.

Aussi, ai-je souvent entendu parler à Mulhouse du libertinage des jeunes gens des manufactures, surtout de celui des imprimeuses. Le fait est que l'on compte dans cette ville une naissance illégitime sur cinq naissances totales, et que j'ai vu dans ses fabriques d'indiennes, ainsi que dans celles de Dornach, un assez grand nombre de filles ou femmes, chez qui la recherche de la mise, la coquetterie des manières, l'expression de la figure, trahissaient des mœurs peu chastes.

On devine déjà que beaucoup d'ouvriers vivent en concubinage. Ils appellent ces sortes d'unions « des mariages à la parisienne », et ils ont même fait, pour les exprimer, le verbe allemand « paristeren », « pariser », c'est-à-dire, faire comme à Paris...

FABRIQUE DE LILLE

La ville de Lille comptait 22 281 pauvres, secourus ou susceptibles de l'être en 1828, sur les 163 453 du département, et 22 205 sur les 171 621 de 1833. Mais aux mois de novembre et décembre 1835, lorsque j'étais dans cette ville, on croyait ce nombre augmenté ; il l'était surtout vingt mois plus tard, en 1837, lorsque je m'y trouvais pour la seconde fois. Comme la population de Lille, qui ne paraît pas s'accroître depuis plusieurs années, est évaluée à 72 000 personnes ou environ, ce serait 4 indigents sur 13 personnes!

On ne sera donc pas étonné que j'aie vu à Lille une grande misère. Voici du reste, comment en parle M. de Villeneuve-Bargemont dans son *Économie politique chrétienne* : « Sans instruction, sans prévoyance, abrutis par la débauche, énervés par les travaux des manufactures, entassés dans des caves obscures, humides ou dans des greniers où ils sont exposés à toutes les rigueurs des saisons, les ouvriers parviennent à l'âge mûr sans avoir fait aucune épargne, et hors d'état de suffire complètement à l'existence de leur famille, qui est presque toujours très nombreuse. Ils sont tellement ivrognes que, pour satisfaire leur goût des boissons fortes, des pères et souvent des mères de famille, mettent en gage leurs effets et vendent les vêtements dont la charité publique ou la bienfaisance particulière a couvert leur nudité. Beaucoup sont en proie à des infirmités héréditaires. Il s'en trouvait, en 1828, jusqu'à 3 687 logés dans des caves souterraines, étroites, basses, privées d'air et de jour, où règne la malpropreté la plus dégoûtante, et où reposent sur le même grabat, les parents, les enfants et quelquefois des « frères et sœurs adultes. »

Ce tableau effrayant doit paraître exagéré. Les faits

que j'ai observés moi-même en 1835, à une époque assez prospère, vont nous apprendre ce qu'il faut en croire.

Le quartier de Lille où il y a, proportion gardée, le plus d'ouvriers pauvres et de mauvaise conduite, est celui de la rue des Étaques, et des allées, des cours étroites, tortueuses, profondes, qui communiquent avec elle. Il comprend un espace de 200 mètres de longueur sur 120 mètres de largeur moyenne. Ces mesures sont exactes, d'après un plan de la ville sur lequel je les ai prises. Le quartier dont il s'agit a donc 24 000 mètres carrés ou environ de superficie. Un recensement fait en 1826, et dont les résultats détaillés m'ont été communiqués, m'a fourni la preuve que sa population était alors de près de 3 000 individus. C'est, terme moyen, huit mètres carrés de terrain pour chacun, presque comme à Paris dans les quartiers des Marchés et des Arcis, où la population a moins d'espace que dans tous les autres.

Mais dans ces quartiers de la capitale, les maisons ont au moins trois étages au-dessus du rez-de-chaussée, ordinairement quatre ou cinq, quelquefois six, même sept ; tandis qu'à Lille, dans la rue des Étaques et dans les cours adjacentes, elles en ont deux ou trois au plus, en comptant pour un les caves qui d'ailleurs ne se voient pas, à beaucoup près, au-dessous de toutes les maisons. Par conséquent, les habitants y sont encore plus rapprochés les uns des autres, plus entassés, si l'on peut s'exprimer ainsi, que dans les deux quartiers les plus populeux de Paris.

Je viens de mentionner la rue des Étaques et ses cours ; voici comment les ouvriers y sont logés :

Les plus pauvres habitent les caves et les greniers. Ces caves n'ont aucune communication avec l'intérieur des maisons : elles s'ouvrent sur les rues ou sur les cours, et l'on y descend par un escalier, qui en est très souvent à la fois la porte et la fenêtre. Elles sont en pierre ou en briques voûtées, pavées ou carrelées, et toutes ont une cheminée ; ce qui prouve qu'elles ont été construites pour servir d'habitation. Communément leur hauteur est de 6 pieds à 6 pieds et demi prise au milieu de la voûte, et elles ont de 10 à 14 ou 15 pieds de côté (*un pied égale 32 cm.*)

C'est dans ces sombres et tristes demeures que mangent, couchent et même travaillent un grand nombre d'ouvriers. Le jour arrive pour eux une heure plus tard que pour les autres, et la nuit une heure plus tôt.

Leur mobilier ordinaire se compose, avec les objets de leur profession, d'une sorte d'armoire ou d'une planche pour déposer les aliments, d'un poêle, d'un réchaud en terre cuite, de quelques poteries, d'une petite table, de deux ou trois mauvaises chaises, et d'un sale grabat dont les seules pièces sont une paillasse et des lambeaux de couverture. Je voudrais ne rien ajouter à ce détail des choses hideuses qui révèlent, au premier coup d'œil, la profonde misère des malheureux habitants ; mais je dois dire que, dans plusieurs des lits dont je viens de parler, j'ai vu reposer ensemble des individus des deux sexes et d'âges très différents, la plupart sans chemise et d'une saleté repoussante (1). Père, mère, vieillards, enfants, adultes, s'y pressent, s'y entassent. Je m'arrête... le lecteur achèvera le tableau, mais je le préviens que s'il tient à l'avoir fidèle, son imagination ne doit reculer devant aucun des mystères dégoûtants qui s'accomplissent sur ces couches impures, au sein de l'obscurité et de l'ivresse.

Eh bien! les caves ne sont pas les plus mauvais logements : elles ne sont pas, à beaucoup près, aussi humides qu'on le prétend. Chaque fois qu'on y allume le réchaud, qui se place alors dans la cheminée, on détermine un courant d'air qui les sèche et les assainit. Les pires logements sont les greniers, où rien ne garantit des extrêmes de température ; car les locataires, tout aussi misérables que ceux des caves, manquent également des moyens d'y entretenir du feu pour se chauffer pendant l'hiver.

Un trait manque à ce tableau : c'est celui des cabarets de la rue des Étaques et des rues voisines, observés le soir,

(1) Il y a même des filatures où la couleur des pieds nus des ouvriers permettrait de les prendre d'abord pour des nègres, tant ces pieds sont noircis par la crasse.

les dimanches et les lundis, en 1835, pendant la saison froide.

J'aurais voulu pénétrer dans ces lieux, où j'ai vu, par les portes et les fenêtres, à travers un nuage de fumée de tabac, comme des fourmilières d'habitants de ce hideux quartier ; mais il était évident que, malgré la précaution que j'avais prise de m'habiller de manière à leur paraître moins suspect, mon apparition au milieu d'eux aurait excité leur surprise, surtout leur méfiance. Un grand nombre se tenait debout, faute de place pour s'asseoir, et l'on voyait parmi eux beaucoup de femmes. Tous buvaient de la détestable eau-de-vie de grain, ou bien de la bière. Quant au vin, il est d'un prix trop élevé pour qu'ils puissent y atteindre. Je me suis donc contenté de suivre toutes ces personnes dans la rue, où beaucoup s'arrêtaient chez les épiciers pour boire de l'eau-de-vie, avant d'entrer au cabaret, et où j'entendais jusqu'aux enfants dire les paroles les plus obscènes. Je puis l'affirmer : je n'ai jamais vu à la fois autant de saletés, de misères, de vices, et nulle part sous un aspect plus hideux, plus révoltant. Et que l'on ne croie pas que cet excès du mal soit offert par quelques centaines d'individus seulement ; c'est, à des degrés divers, par la grande majorité des 3 000 qui habitent le quartier de la rue des Étaques, et par un plus grand nombre d'autres encore qui sont groupés, distribués dans beaucoup de rues, et dans peut-être soixante cours plus ou moins comparables à celles dont j'ai parlé.

Ainsi, M. de Villeneuve-Bargemont n'a point représenté les ouvriers de Lille sous des couleurs trop sombres ; et l'on ne doit accuser d'exagération ni sa description ni la mienne.

Mais si l'on voit, à Lille, un nombre très considérable d'ouvriers tels que ceux de la rue des Étaques et des cours voisines, un plus grand nombre encore est loin d'offrir le spectacle de misère et de dégradation profonde dont je viens de présenter le trop fidèle tableau, quoiqu'il ne gagne pas toujours, à beaucoup près, de meilleurs salaires. Mais propres, économes, sobres surtout, ils savent, avec la même rétribution d'une journée de travail, se loger, s'habiller, se mieux nourrir, en un mot, pourvoir plus complètement à leurs besoins. Il serait superflu, je crois, d'en parler ici plus longuement. J'ajouterai pourtant que beaucoup cherchent, dans le choix de leurs demeures, à se rapprocher des autres ouvriers de bonne conduite, et habitent ainsi le quartier Saint-André, comme les misérables dont il s'agissait tout à l'heure, habitent surtout le quartier Saint-Sauveur et celui de la rue des Étaques.

C'est ici, du reste, pour le mélange des sexes, comme dans tous les ateliers de manufactures, où ils ne sont séparés que lorsque la nature des opérations ne permet pas qu'ils soient réunis. C'est de même pour la longue durée du travail quotidien : chez presque tous les fabricants, la journée est de 15 heures, sur lesquelles on en exige 13 de travail effectif...

... La nourriture habituelle des plus pauvres ouvriers de Lille se compose de pommes de terre, de quelques légumes, de soupes maigres, d'un peu de beurre, de fromage, de lait de beurre ou de charcuterie. Ils ne mangent ordinairement qu'un seul de ces aliments avec leur pain. L'eau est leur unique boisson pendant les repas ; mais un très grand nombre d'hommes et même de femmes, vont chaque jour au cabaret boire de la bière ou, plus souvent encore, un petit verre de leur détestable eau-de-vie de grain. Les ouvriers aisés se nourrissent mieux : ils ont assez souvent le pot-au-feu ou quelque ragoût dans lequel il entre de la viande, et le matin une tasse de café ordinairement mélangé de chicorée, pris au lait et presque sans sucre. Enfin il existe à Lille, comme dans les autres villes manufacturières, des traiteurs-gargotiers chez lesquels beaucoup d'ouvriers vont faire chaque jour un repas. Ils y portent leur pain, se font tremper la soupe et choisissent un mets. Parmi ceux-ci, il y en a même qui ont leur ménage en ville ; mais alors la femme, qui travaille comme son mari dans les manufactures, n'a pas le temps de faire sa cuisine.

Les ouvriers de Lille sont très souvent privés du strict

nécessaire ; et cependant ils ne se plaignent point trop de leur sort, et ne se portent presque jamais à des émeutes. Sous ce rapport seulement, ils ressemblent aux malheureux ouvriers des manufactures de l'Alsace. La douceur, la patience, la résignation, paraissent être d'ailleurs le fond du caractère flamand.

Ils offrent très souvent une constitution scrofuleuse, surtout les enfants, qui sont décolorés et maigres. Les médecins de la ville m'ont affirmé que la phtisie pulmonaire moissonne beaucoup plus d'ouvriers en coton et de filtiers que d'autres habitants.

Lille est peut-être la ville de France où, proportion gardée, il y a le plus d'ouvriers enrôlés dans les associations de secours mutuels, fondées pour fournir à ceux de leurs membres qui deviennent malades, une indemnité représentative du salaire qu'ils ne peuvent gagner. M. de Villeneuve-Bargemont n'a pas compté, en 1828, moins de 113 associations semblables composées de 7 667 personnes ; en 1836 il y en avait 106 réunissant 7 329 sociétaires. Mais ici, la mauvaise organisation de ces sociétés, si dignes d'éloges d'ailleurs, ne permet pas qu'elles fassent du bien. En effet, le lieu où elles s'assemblent une fois par mois pour traiter de leurs affaires, est toujours un cabaret ; et, à la fin de chaque année, ce qui reste en caisse au-dessus d'une certaine somme, se partage entre les sociétaires et se dépense immédiatement en débauches « pour recommencer l'année suivante la formation d'une nouvelle caisse dont les produits auront la même destination ».

Cet exemple tiré d'associations instituées dans un but tout moral, montre combien l'ivrognerie est dans les mœurs des ouvriers lillois. J'ajoute, pour ceux qui croiraient que cette déplorable habitude doit être attribuée surtout, ainsi qu'on l'a dit, au grand développement des manufactures de coton, qu'il y a 33 ans, c'est-à-dire, bien avant le grand développement dont il s'agit, M. Dieudonné, préfet du département du Nord, signalait, dans sa statistique de ce département, l'usage immodéré des liqueurs fortes, principalement du genièvre (eau-de-vie de grain), comme répandu d'« une manière effrayante » parmi le peuple de Lille. « C'est, disait-il, dans les manufactures, surtout dans la classe des gens de métiers et des journaliers, que les effets désastreux de cet usage sont le plus sensibles. » Enfin il affirme que l'ivresse était presque continuelle parmi ces habitués de cabaret, et qu'il n'était pas rare de voir les ouvriers des manufactures de Lille ne travailler que trois jours de la semaine et passer les quatre autres à boire. Le vice de l'ivrognerie paraît être au surplus fort ancien dans le pays. Je citerai comme preuve de cette assertion, qu'on lit dans le *Mémoire de la généralité de Flandre*, dressé par l'intendant en 1698 (il y a maintenant 140 ans), ces mots remarquables sur les habitants de la province dont le département du Nord fait partie : « Ils sont exacts à la messe et au sermon, le tout sans préjudice du cabaret, qui est leur passion dominante. »

Voici un fait qui seul prouverait combien l'ivrognerie est dans les mœurs du peuple de Lille. L'usage est, dans cette ville, de faire prendre aux petits enfants auxquels on veut procurer du sommeil, une dose de thériaque, appelée dormant. Eh bien, je me suis assuré chez les pharmaciens qui vendent ces dormants, que les femmes d'ouvriers en achètent surtout les dimanches, les lundis et les jours de fêtes, lorsqu'elles veulent rester longtemps au cabaret et laisser leurs enfants au logis.

FABRIQUE DE REIMS

... L'ivresse est une source déplorable de désordres et de misères. La morale en gémit, mais elle se trouverait heureuse de n'avoir que cette honteuse habitude à reprocher aux ouvriers de Reims. Non seulement la dissolution des mœurs s'y montre comme dans toutes les autres grandes villes de fabrique, où la prévoyance des maîtres ne tient pas séparés les uns des autres les jeunes gens des deux sexes ; mais elle y a un caractère particulier que l'on ne trouve point ailleurs.

Si j'en crois ce qui m'a été rapporté, beaucoup de filles et de jeunes femmes des manufactures, abandonnent souvent l'atelier dès six heures du soir, au lieu d'en sortir à huit, et vont parcourir les rues dans l'espoir de rencontrer quelque étranger, qu'elles provoquent avec une sorte d'embarras timide. Ce désordre est si bien connu que la plaisanterie, qui manque rarement chez nous de se mêler aux actions les plus répréhensibles comme pour les excuser ou les affaiblir, a créé dans les ateliers une expression particulière pour désigner celle dont il s'agit : quand une jeune ouvrière quitte son travail le soir avant l'heure de la sortie générale, on dit, qu'elle va « faire son cinquième quart de journée ».

Ce mot peut faire sourire, mais on éprouve un sentiment pénible, à voir de très jeunes filles dont la taille n'annonce pas plus de douze à treize ans, s'offrir le soir aux passants. Ce dernier fait, au surplus, se trouve confirmé par un journal imprimé à Reims, dans lequel on lit, non seulement, que cette ville est infectée de prostitution, mais encore qu'il s'y trouve peut-être cent enfants au-dessous de quinze ans qui n'ont, pour ainsi dire, pas d'autre moyen d'existence, et que dans ces cent, dix ou douze n'ont pas atteint leur douzième année... Je n'invente pas, ajoute l'auteur de l'article, je raconte des faits, et je ne dis pas tout...

FABRIQUE D'AMIENS

... Les jeunes gens des deux sexes ont fréquemment entre eux des rapports intimes, même dès l'âge de quinze ans, surtout dans la ville. En 1821, le maire d'Amiens crut qu'il était du devoir de l'autorité de réprimer des désordres devenus trop scandaleux. Il fit afficher dans la ville un arrêté qui défendait aux fileurs et fileuses des manufactures de choisir leurs aides parmi les jeunes gens d'un autre sexe que le leur. J'ignore quelles ont été les conséquences de cette mesure.

C'est ici le lieu de parler de jeunes ouvrières, communément des rentrayeuses, à la mise propre, recherchée, qui sont les maîtresses des commis, des contremaîtres et des fils de fabricants. Le plus souvent, si l'on m'a dit vrai, l'amant ne garde pas dans ses ateliers celle dont il a fait choix, mais il la fait passer dans les ateliers d'un autre, à qui il rend le même service. Cet échange complaisant a pour but de cacher un commerce qui ne manquerait pas de se trahir, et de ne point donner un exemple, toujours mauvais, quoique exceptionnel, de relâchement toléré dans le travail. On m'a signalé ce fait dans beaucoup d'endroits, mais nulle part on ne m'en a peut-être autant entretenu que dans la ville d'Amiens.

On ne s'étonnera donc pas, après ces détails, de trouver pour le chef-lieu du département de la Somme, pendant les onze années de 1825 à 1835 inclusivement, sur 6,36 naissances, une illégitime, lorsque le département entier en compte seulement une sur 13,30.

Mais aussi le libertinage et l'ivrognerie sont des vices très communs chez les ouvriers d'Amiens, moins cependant que chez les ouvriers de Lille. Dans les temps ordinaires, beaucoup font du lundi un jour de repos et de débauches. Les ouvriers qui se conduisent le mieux sont les coupeurs de velours, les tisserands travaillant dans leurs propres domiciles, les tisserands peu nombreux des velours d'Utrecht, et surtout ceux qui ayant leurs familles établies à quelques lieues de la ville, vont s'y réunir chaque samedi soir, pour revenir le lundi matin.

A ces détails sur les mœurs, il faut en ajouter quelques-uns sur leurs mariages.

352 contractés entre ouvriers, en premières noces, dans la ville d'Amiens, pendant les trois années 1834-1836, donnent les résultats suivants : la moitié avait été célébrée à 25 ans pour les hommes et à 24 ans pour les femmes ; l'âge moyen était 26 ans trois mois pour ceux-là, 25 ans

trois mois pour celles-ci ; c'est à 21 et à 22 ans qu'il y en a le plus pour les deux sexes ; les six septièmes se sont concentrés sur la période de la vie qui se trouve comprise entre 21 et 31 ans pour l'homme, et pour la femme, entre 19 et 30 ans. Enfin, si aux mariages en premières noces, on ajoute les autres, ces résultats s'en trouvent si peu modifiés que l'on n'a pas à en changer les termes. Par conséquent, les unions légitimes entre les ouvriers de la fabrique d'Amiens ont lieu, en général, de bonne heure, du moins dans cette ville, et plus tôt que dans les autres villes manufacturières où j'ai fait une semblable recherche.

D'un autre côté, on ne voit pas plus de femmes que d'hommes être mariés à l'âge de 31 ans, mais à partir de la trente-huitième année, il y a un peu plus de personnes qui se marient en premières noces parmi les premières que parmi les seconds, preuve évidente qu'un certain nombre de vieilles filles épousent des hommes plus jeunes qu'elles. Deux choses paraissent y déterminer ceux-ci : les épargnes de la femme et l'ascendant de cette dernière sur un jeune homme inexpérimenté.

Je ne sais si les ouvriers de la fabrique d'Amiens produisent beaucoup d'enfants, mais pendant les onze années 1825-1835 inclusivement, le calcul donne, terme moyen, pour la ville entière 3,35 enfants par mariage, et 3,26 dans le département de la Somme. Voilà donc une grande ville, car on n'y a pas compté moins de 46 129 habitants lors du dénombrement de 1836, où la fécondité des unions n'est pas inférieure, quoique restreinte, à celle que l'on observe dans le département pris en masse dont cette ville fait partie. Ce fait n'est pas unique, à beaucoup près, mais il est digne de remarque.

L'instruction élémentaire paraît se propager beaucoup dans la Somme depuis quelques années ; néanmoins, il résulte des renseignements qui m'ont été fournis à cet égard, que ce serait parmi les ouvriers de la fabrique qu'il y aurait, proportion gardée, le moins d'individus sachant lire et écrire.

Presque tous les ouvriers des manufactures d'Amiens ou de ses faubourgs, y demeurent ; les plus éloignés s'y rendent chaque matin de trois quarts de lieue. Quant à ceux qui travaillent à quelque distance de la ville, une demi-lieue est leur plus long chemin. Mais, quel que soit celui qu'ils parcourent pour aller à leurs ateliers et en revenir, ils ne prennent presque aucune précaution contre les intempéries ; j'ai même vu peu de femmes porter un parapluie lorsqu'il pleuvait.

L'espace et la lumière ne manquent pas, ou manquent rarement dans les manufactures de la fabrique d'Amiens. J'en connais même une où l'on a joint à un très vaste atelier de peignage un vestiaire où, en arrivant, les 50 à 60 peigneurs de cet atelier déposent le vêtement propre avec lequel ils s'y rendent, pour le reprendre en sortant. C'est seulement chez les petits entrepreneurs de tissage que les ateliers ne sont pas toujours ni assez grands, ni assez aérés, surtout dans la ville...

... Les ouvriers de cette ville ne sont pas, en général, aussi bien nourris que ceux de Lyon, Rouen, Reims et Sedan. Chaque famille mange cependant deux ou trois fois par semaine de la soupe grasse ; mais il n'y entre le plus souvent qu'une demi-livre de viande de boucherie ou bien un quarteron de petit salé, et leur pain est communément de moins bonne qualité. Tous font maigre les vendredis, à l'exception de ceux qui vivent dans les pensions. Enfin, ils n'ont ordinairement que du pain au déjeuner et au goûter ; mais parmi les plus aisés, et dans les bons moments, un très grand nombre de femmes et même beaucoup d'hommes prennent chaque matin du café au lait.

Dans les campagnes, on consomme moins de viande, de viande de boucherie surtout, avec plus de légumes et de laitages. Le pain y est aussi moins blanc, moins bon qu'en ville ; chaque ménage fait ordinairement le sien tous les quinze jours ; j'ai trouvé celui des plus pauvres tout à fait bis et de mauvais goût.

L'eau est la boisson habituelle ; mais dans les campagnes beaucoup d'hommes boivent du cidre, et, dans la ville, de la petite bière coupée d'eau.

La femme sans parents ni mari, et qui travaille dans les

manufactures d'Amiens, se met très souvent en demi-pension chez une pauvre famille dont elle partage la chambre. Pour une vingtaine de sous par semaine, on lui fournit un lit où elle couche seule et, pour 18, 20 ou 24 sous de plus, une portion du mets que la famille prend à son souper, avec même un verre de petite bière. Mais elle achète son pain, et chaque jour elle fait pour quatre sous un repas dans le voisinage de l'atelier où elle est employée ; il se compose d'un bouillon gras et d'une petite portion de la viande et des légumes qui ont servi à le faire.

Il en coûte de 20 à 24 sous par semaine dans les pensions d'hommes pour partager un lit avec un camarade et d'avoir chaque jour deux bouillons, un gras au dîner et l'autre maigre au souper. Tout le reste se paie à la portion (ordinairement 4 sous), et un ouvrier n'en prend qu'une à chacun de ses deux grands repas. Il y ajoute le plus souvent une bouteille de bière très légère coupée d'eau, et qu'il paie un sou. Lui-même, enfin, achète son pain, quand on ne le lui fournit pas au prix du boulanger.

Une famille composée du père, de la mère et de deux enfants en très bas âge, peut vivre dans la ville si elle gagne 14 ou 15 F. par semaine. Si elle n'en a que 12 elle vit à peine. Avec moins elle est dans une grande misère : elle ne paie pas ou paie fort mal son loyer, et elle ne peut se passer des secours de la charité. Il n'y a d'épargne, et par conséquent d'amélioration possible, que pour la famille dont les salaires s'élèvent au-dessus de leur moyenne, en supposant d'ailleurs qu'elle n'ait aucune charge, qu'elle ne subisse point de chômage, qu'elle soit économe, rangée, sobre et que tous ses membres se portent bien. Quant aux hommes isolés et dans la force de l'âge, ils pourraient presque toujours faire des épargnes, mais ils en font rarement. Ici, comme ailleurs, les ouvriers de la campagne sont les plus économes, surtout lorsqu'ils ont une petite exploitation rurale.

GÉNÉRALITÉS SUR LA DURÉE JOURNALIÈRE DU TRAVAIL

A Roubaix, la journée est de quatorze heures et demie, dont deux pour les repas et le repos ; les enfants y travaillent aussi longtemps que les hommes faits et il y en a de six ans et beaucoup de huit ans...

... Dans un rapport fait à la Société Industrielle de Mulhouse le 27 février 1827, on établissait que la durée journalière du travail, dans les filatures, était ordinairement de treize ou quatorze heures pour les enfants comme pour les adultes ; et dans un autre rapport fait à la même société, le 31 mai 1837, on trouve ces paroles remarquables : « Il est des filatures en France qui retiennent leurs ouvriers pendant dix-sept heures chaque jour, et les seuls moments de repos pendant ces dix-sept heures sont une demi-heure pour le déjeuner et une heure pour le dîner, ce qui laisse quinze heures et demie de travail effectif... »

Ces durées paraissent bien longues, je pourrais dire excessives, et d'autant plus qu'elles sont semblables pour tous les ouvriers, n'importe leur âge. Ainsi sont-elles une des causes, si même ce n'est la principale, de l'état de souffrance des enfants et d'une partie des adultes les plus pauvres.

Quelque triste que soit la condition de ceux-ci, celle des enfants employés dans un très grand nombre de nos manufactures doit surtout nous émouvoir ; car trop souvent victimes des débauches et de l'imprévoyance des parents, ils ne méritent jamais leur malheur.

En Alsace, beaucoup de ces jeunes infortunés appartiennent à des familles suisses ou allemandes entièrement ruinées, que l'espoir d'un sort meilleur y attire, et qui viennent faire concurrence aux habitants du pays. Leur premier soin, après s'être procuré du travail, est de chercher un logement ; mais on a vu que le taux élevé des loyers, dans les villes où sont les manufactures et dans les villages les plus voisins, les force souvent d'aller s'établir à une lieue de distance, et même jusqu'à une lieue et demie.

Il faut donc que les enfants, dont beaucoup ont à peine sept ans, quelques-uns moins encore, abrègent leur sommeil et leur repos de tout le temps qu'ils doivent employer à parcourir deux fois par jour cette longue et fatigante route, le matin pour gagner l'atelier, le soir pour retourner chez leurs parents...

Plus que partout ailleurs, cette dernière cause de souffrance s'observe à Mulhouse, ville qui, malgré son rapide accroissement, ne peut loger tous ceux qu'appellent sans cesse ses manufactures....

Les enfants employés dans les autres filatures et tissages de coton du Haut-Rhin et dans les établissements de même nature du reste de la France ne sont pas, en général, il est vrai, aussi malheureux ; mais partout pâles, énervés, lents dans leurs mouvements, tranquilles dans leurs jeux, ils offrent un extérieur de misère, de souffrance, d'abattement qui contraste avec le teint fleuri, l'embonpoint, la pétulance et tous les signes d'une brillante santé qu'on remarque chez les enfants du même âge, chaque fois que l'on quitte un lieu de manufactures pour entrer dans un canton agricole....

Afin de mieux faire sentir combien est trop longue la journée des enfants dans les ateliers, rappellerai-je ici que l'usage et les règlements fixent pour tous les travaux, même pour ceux des forçats, la journée de présence à douze heures, réduite à dix par le temps des repas ; tandis que pour les ouvriers qui nous occupent, sa durée est de quinze à quinze heures et demie, sur lesquelles il y a treize à treize heures et demie de travail effectif....

Les deux industries, (celle de la laine et celle du coton) n'exigent guère, il est vrai, de la part des enfants, qu'une simple surveillance. Mais, pour tous, la fatigue résulte d'une station beaucoup trop prolongée. Ils restent seize à dix-sept heures debout chaque jour, dont treize au moins dans une pièce fermée, sans presque changer de place ni d'attitude. Ce n'est plus là un travail, une tâche, c'est une torture ; et on l'inflige à des enfants de six à huit ans, mal nourris, mal vêtus, obligés de parcourir dès cinq heures du matin la longue distance qui les sépare de leurs ateliers, et qu'achève d'épuiser, le soir, leur retour de ces mêmes ateliers. Comment ces infortunés, qui peuvent à peine goûter quelques instants de sommeil, résisteraient-ils à tant de misère et de fatigue? C'est ce long supplice de tous les jours qui ruine principalement leur santé dans les manufactures de coton, et plus encore à Mulhouse et à Thann qu'ailleurs, à cause des conditions dans lesquelles ils vivent.

Enfants employés dans les manufactures.

On n'exerce pas de mauvais traitements, dit-on, envers les enfants dans nos manufactures, c'est-à-dire qu'on ne les bat point. Les maîtres le défendent. « Si parfois, cependant, un enfant est maltraité, c'est presque toujours par son père ou son frère, jamais par un étranger. Il y a sous ce rapport une amélioration. »

On aime à lire ce passage. Au surplus, j'ai pu me convaincre que s'il y a des maîtres qui tolèrent qu'on frappe les enfants, la grande majorité ne le souffre point, surtout parmi les riches fabricants. Mais beaucoup de contremaîtres et de simples ouvriers m'ont soutenu que l'emploi de ce moyen était très souvent nécessaire.

Je me bornerais à ce peu de mots si je ne lisais dans *l'Industriel de la Champagne*, journal imprimé à Reims, que dans les manufactures de cette ville les coups et les mauvais traitements infligés aux enfants sont, pour ainsi dire, chose habituelle et permanente, et si d'un autre côté on ne trouvait dans *le Moniteur du commerce* qu'il existe dans les filatures de coton, à Rouen, un usage barbare et dont les tribunaux ont bien souvent à réprimer d'odieux abus, celui en vertu duquel bon nombre d'ouvriers se croient autorisés à frapper les apprentis rattacheurs.

On lit encore dans le même journal que, dans quelques établissements de la Normandie, par exemple, le nerf de bœuf figure sur le métier au nombre des instruments de travail... « Le fait, ajoute M. le rédacteur, m'a été affirmé à Paris par plusieurs fabricants et par des femmes de fabricants qui frémissaient en le racontant. L'une de ces femmes me disait que, dans les moments de presse, quand les ouvriers passent la nuit à travailler, les enfants doivent également veiller et travailler et que, quand ces pauvres créatures succombant au sommeil cessent d'agir, on les éveille par tous les moyens possibles, les nerfs de bœuf compris. »

Ces allégations sont graves, elles ont été publiées par deux journaux voués l'un et l'autre aux intérêts de l'industrie et personne, que je sache, ne les a niées. Elles sont donc vraies. Mais ce qui ne l'est pas moins, c'est que, parmi les ouvriers qui frappent les enfants, il y a des hommes d'une moralité « irréprochable », auxquels il paraît légitime et même tout simple, après avoir été battus autrefois, de dresser leurs jeunes aides comme ils ont été dressés eux-mêmes.

Cette considération ôte aux faits dont il s'agit leur caractère de cruauté. Il en est encore une autre que je ne dois pas omettre : c'est que quand même les enfants ne seraient pas employés dans les manufactures, ils subiraient les mêmes mauvais traitements. C'est là le malheur de leur naissance et le résultat des habitudes grossières et brutales de la classe du peuple à laquelle ils appartiennent. Par conséquent il ne faut point en accuser l'industrie seule. Il faut surtout s'en remettre aux progrès des mœurs pour voir disparaître ces mauvais traitements, ainsi que plusieurs des maux qui pèsent sur la population ouvrière.

AGRICOL PERDIGUIER

1805-1875

Agricol Perdiguier, paysan, menuisier, écrivain et poète, avait de nombreuses raisons de connaître le peuple, dont il fut élu représentant en 1848.

Dans son livre le plus marquant *Mémoires d'un compagnon*, il raconte sa vie d'ouvrier; affilié à la Société des menuisiers de la liberté « les gavots », il a, plusieurs années durant, pratiqué les lois et les coutumes des compagnons.

Par lui, par George Sand aussi, dont il était l'ami, nous sont révélées les institutions très anciennes qui groupaient les partisans des vieux métiers. Les traditions, les rites en sont presque magiques; l'origine en est souvent oubliée!

Étranges sont les cérémonies d'initiation, les enterrements, les lois, les haines entre les membres des sociétés diverses. Nous nous étonnons de trouver à la fois tant de cruauté et tant de solidarité, de dignité.

On se tue avec rage dans cette sorte de jungle, entre « gavots » et « dévoirants ». Dans leurs chants, dignes des cannibales, les uns hurlent « qu'ils veulent trancher la tête et manger le foie des dévoirants », les autres « qu'ils veulent arracher la peau du ventre et boire le sang des gavots ». Ce sont là des paroles peu gracieuses! Et parfois suivies d'actes violents...

En revanche, c'était une obligation de porter une cravate lorsqu'on se présentait le dimanche chez « la mère ».

Il y avait aussi des devoirs stricts de solidarité : l'assistance aux compagnons dans la maladie, ou pendant le tour de France, ou encore pour la recherche d'un emploi. Celui qui n'obéissait pas aux règles de la Société était sévèrement puni.

Cette rigueur des lois et des châtiments, ces étranges cérémonies nous reportent à un passé mythique, plus proche peut-être de certaines coutumes des sorciers ou des druides que de celles des ouvriers de notre temps.

MÉMOIRES D'UN COMPAGNON

Mon enfance.

Morières est un bourg de deux mille âmes, à une lieue et demie d'Avignon. C'est là que je suis né, *le 3 décembre 1805*, de Pierre Perdiguier, menuisier, et de Catherine Gounin, couturière ; j'étais leur septième enfant ; deux me suivirent encore dans la vie...

Mon père pensait que les filles pouvaient très bien se passer de savoir lire et écrire ; et, pour les jeunes garçons, il n'était guère plus large. Cette pensée naissait sans doute d'un peu d'égoïsme. Mais disons que le menuisier avait une nombreuse famille, qu'il ne pouvait faire de nous des lettrés et des savants, qu'il avait besoin de nos bras, et qu'heureusement il sut très bien les employer.

L'école.

Néanmoins nous mîmes tous un peu les pieds dans l'école du village ; les filles envoyées par la mère, les garçons par le père. Le tarif des mois était de 1 franc pour les enfants qui apprenaient seulement à lire, de 1,50 F pour ceux qui menaient de front la lecture et l'écriture !... Ma mère, la bonne et vaillante femme, payait les mois de ses filles avec l'argent qu'elle gagnait, tout en faisant son important ménage, à confectionner de petits bonnets d'enfants, travail dans lequel elle excellait ; le père ne payait que pour ses fils...

A l'école, M. Madon était à la fois médecin et instituteur, et il n'y allait pas par quatre chemins ni avec ses malades ni avec ses élèves : il menait rudement les uns et les autres. Il disait aux malades : « Ce remède doit vous sauver ou vous tuer ; avalez bien vite, et que votre sort s'accomplisse. » Pour ses élèves, il avait des mains dures, des férules, des courroies ou sortes de tire-pieds de cordonnier, des nerfs de bœuf. L'écolier lisait-il mal ? un soufflet ; regardait-il à droite ou à gauche ? un coup de courroie ; faisait-il du bruit ? le nerf de bœuf allait son train. La férule, de son côté, se reposait rarement...

M. Madon avait deux fils... L'aîné mourut emporté par le choléra, laissant une famille de huit enfants...

Travail.

Un des amis de mon père, M. D... maître menuisier à Avignon vint nous voir à Morières le dimanche de Pâques ; c'était en l'année 1822 ; j'avais seize ans et trois mois. Il me prend à part, et m'engage à aller travailler dans son atelier. Je réponds que je le voulais si mon père y consentait. Ils s'entretiennent ensemble. Le consentement est donné. On me laisse libre d'en user suivant ma volonté. Le lendemain, je quitte Morières pour Avignon.

M. D... me donnait la nourriture et le coucher, rien de plus ; pas le moindre petit encouragement. Il me faisait lever chaque matin, hiver comme été, avant cinq heures, et travailler jusqu'à huit et neuf heures du soir. Les repas, nous les prenions en un instant. Dans le cours de la journée, qu'il fût présent ou non, j'employais mon temps le mieux que je le pouvais ; le dimanche, je mettais de l'ordre dans l'atelier, dans le grenier, où étaient les bouts de bois, et je n'étais guère libre avant dix heures ou midi. J'étais timide, très sensible ; pour peu qu'on m'eût grondé, j'en eusse été au désespoir.

Je couchais au troisième étage ; M. D... avait sa chambre au-dessous. Il m'éveillait le matin en cognant contre son plafond avec une sorte de barre. Il n'avait point à sortir de son lit. Une nuit, il frappe. Je me lève. Mais j'étais encore fatigué, j'avais encore sommeil. Je regarde par la croisée. On fermait la pharmacie de notre voisin. Je ne comprenais rien à cela. Je m'habille, je vais travailler. Il était onze heures du soir. Je dus ainsi rester debout toute la nuit et le lendemain tout le jour. On ne craignait ni d'user de mes forces, ni de les épuiser.

M. D... me donnait le bois à refendre, à corroyer. Ensuite il traçait. Je faisais les mortaises, les tenons ; je poussais les rainures, les feuillures, les moulures. Lui, il se donnait la peine ou le plaisir d'assembler. A moi de cheviller, de replanir, d'affleurer, de ragréer, d'achever...

Il y avait six mois que j'étais chez M. D... et il ne m'avait jamais donné la moindre pièce de monnaie pour passer mon dimanche. J'étais cependant dans ma dix-septième année. Je méritais mieux.

Je dis à mon père qu'il m'était impossible de rester dans une telle situation ; que son ami ne me faisait jamais rien tracer, jamais rien assembler ; que j'ignorais encore la couleur de son argent ; et qu'enfin je voulais le quitter. Mon père me conseilla de rester, ajoutant qu'il me donnerait dix sous par dimanche. C'était peu, mais assez pour moi ; je pris patience.

M. D... continuait à ne rien me laisser tracer, rien assembler, à ne me rien donner le dimanche, je résolus de ne plus rester chez lui. Je priai mon père de l'en avertir. Il le fit. De plus, bien qu'il n'eût avec M. D... aucune convention ni verbale, ni écrite, il lui dit que, s'il pensait que je n'eusse pas gagné ma nourriture, il était prêt à le dédommager. M. D... répondit que je l'avais gagnée.

Je le crois bien ; il aurait pu ajouter que je lui avais donné quelques profits. Je sortis de cet atelier le jour de Pâques. J'y avais travaillé un an, jour pour jour.

Quant à la couleur de l'argent de M. D... je l'ai connue à la fin. J'ai reçu de lui, le premier jour de l'année 1823, un franc cinquante centimes pour mes étrennes, et je me plais à le déclarer. Mais tous ses dons, tous ses encouragements dans le courant de douze mois bien remplis, se sont bornés là : et pourtant, dans les moments de presse, il m'avait fait passer au travail des nuits tout entières. C'était de la ladrerie.

Compagnonnage. — Sociétés diverses.

Pendant que je travaillais chez M. D..., j'étais en rapports journaliers avec les *dévoirants*, ou compagnons du devoir, et si j'avais commencé mon tour de France en sortant de cet atelier, j'aurais été l'un des membres zélés de leur Société. Mon nouveau maître, M. Poussin, occupait des *gavots* ou compagnons du devoir de liberté ; à ce nouveau contact, mes idées devaient se modifier. Pourtant, les premiers jours, des membres et des adhérents de la Société que je ne connaissais point encore, furent loin de m'être sympathiques.

Je sortais d'un atelier de dévoirants! Je devais être un petit aspirant, à tout le moins un esponton, c'est-à-dire un polisson qui aspire à une indépendance absolue et fuit toute Société... J'étais jeune, je ne pouvais être qu'un mauvais ouvrier... Mais lorsque j'eus terminé mes premières croisées, les apprentis s'adoucirent, devinrent polis ; lorsque j'eus assemblé mes quatre premières persiennes, et que l'on vit les traverses, les lames, avant même d'avoir été chevillées, joindre d'une manière parfaite contre les battants, je reçus des félicitations unanimes, sincères...

Je gagnai vite l'affection de tout l'atelier. Tous les compagnons furent sympathiques, doux, bienveillants, serviables pour moi. Ces gavots, que leurs adversaires m'avaient peints si noirs, si affreux, et dont le nom seul m'avait fait frissonner, me parurent charmants, délicieux. Ils m'entraînèrent promener avec eux le dimanche, me menèrent chez leur *mère* à plusieurs reprises, et j'étais toujours bien reçu. Je voyais avec plaisir, avec joie, des jeunes hommes venus de tous les points de la France vivre en frères, s'aider, se soutenir mutuellement. Le calme, l'honnêteté, le respect qui régnaient dans cette maison me frappèrent extrêmement.

Mon entrée dans le compagnonnage.

Arrivons au compagnonnage, qui devra occuper une partie de ma vie.

Chaque premier dimanche du mois les compagnons, dans toutes les Sociétés, se réunissent en assemblée générale, pour faire supporter, à chacun pour sa part, les frais communs à tous. J'avais été embauché ; je devais être introduit au milieu de mes confrères en séance.

Lerouleur *avait parcouru les ateliers le samedi et recommandé à chaque membre de la Société de se trouver le lendemain chez la mère. Le dimanche, à l'heure indiquée, il fait monter en chambre les *compagnons*, puis les *affiliés*. Je restais seul dans la pièce inférieure. Il vient me prendre par la main, me fait monter avec lui, frappe d'une certaine façon à une porte qui s'ouvre aussitôt, et m'introduit dans la salle d'assemblée, au milieu d'hommes formés en cercle, debout, calmes, silencieux, proprement vêtus, décorés de rubans bleus et blancs... Je fus ébloui, étonné, embarrassé. Il me fait traverser la salle dans sa longueur, me présente au premier compagnon, qui présidait, en lui disant : « Voici un jeune homme qui demande à faire partie de la Société. — Vous demandez, me dit le chef, à faire partie de la Société ? — Oui. — Savez-vous quelle est cette Société ? — C'est la Société des Compagnons. — Il est vrai, mais il y a plusieurs Sociétés : celle des compagnons du devoir, ou dévoirants ; celle des compagnons du devoir de liberté, ou gavots. Laquelle des deux avez-vous l'intention de fréquenter ? — Celle des compagnons du devoir de liberté. — Elles sont toutes deux bonnes, mais si vous vous étiez trompé d'adresse vous pourriez vous retirer. — C'est bien de celle-ci que je veux être membre. »

Après ce dialogue, le premier compagnon ordonna au

* Rouleur : commpagnon responsable de l'emploi, qui cherche et facilite l'embauche.

secrétaire de me lire le règlement, auquel tous les membres de la Société, sans exception, doivent se soumettre. La lecture fut faite à haute voix. Ce règlement portait que chacun devait participer aux frais de la Société ; qu'il fallait être polis les uns pour les autres, ne point se tutoyer, ne point se donner de sobriquets ; qu'on devait être respectueux envers la mère, envers le père (c'est-à-dire les aubergistes chez lesquels la Société est établie), envers tous les membres de la Société, compagnons et affiliés ; qu'on devait être propre, rangé ; que, dans la semaine, il ne fallait pas se présenter chez la mère en manches de chemise, ou avec son tablier, et, le dimanche, sans être cravaté et sans avoir des bas ou guêtres aux pieds. Enfin, tous mes devoirs et tous mes droits y étaient exactement décrits.

La lecture achevée, le premier compagnon me dit : « Pouvez-vous vous soumettre à ce règlement ? — Oui », répondis-je. Il ajouta que, si je ne me sentais pas capable de l'observer, j'étais toujours libre de me retirer.

Ce que j'avais entendu, je l'approuvai, et je promis de m'y conformer. Le premier compagnon me proclama affilié. Le rouleur me conduisit à la place qui m'était réservée. Étant le plus nouveau dans la Société, je devais être le dernier dans le rang...

Lorsque les compagnons d'une Société remplaçaient chez un patron les compagnons d'une autre Société.

Il arrivait que les nouveaux venus brûlaient du soufre, de l'eau de Cologne, de la résine, de l'encens, des essences, qu'ils répandaient du vinaigre sur les outils : c'était là désinfecter, désempester un atelier, le laver de toute souillure. Ainsi les compagnons de Sociétés opposées marquaient leur haine, leur répugnance les uns à l'égard des autres ; leur bonheur était de s'offenser, de s'humilier réciproquement...

Dans chaque compagnonnage, on apprenait à manier la canne, le bâton, à assommer promptement son homme.

Les plus forts, les terribles, les plus audacieux, étaient les plus célèbres, les plus aimés des compagnons. Tuer son semblable, du moment qu'il n'était pas de notre petite Société, ce n'était pas un crime, c'était un acte de bravoure. Le tour de France était tout belligérant. Les compagnons étaient des guerriers, les compagnonnages des armées ennemies, des nationalités rivales qui ne rêvaient que de s'écraser les uns les autres...

Les compagnons ont des chants dignes des cannibales : les uns hurlent qu'ils veulent trancher la tête et manger le foie des dévoirants ; les autres, qu'ils veulent arracher la peau du ventre et boire le sang des gavots. Pour le gavot, le dévoirant est un animal immonde, sans intelligence ; pour le dévoirant, le gavot est une bête non moins stupide et dégoûtante. La haine est partout. S'ils se rencontrent dans de mauvais jours, seul à seul, ou plusieurs à plusieurs, ils se fixent, se toisent, s'injurient, se frappent, se blessent, se tuent... Ils n'ont point de pitié les uns pour les autres. Ils se servent du poing, du pied, du bâton à deux bouts, du bâton plombé, du compas, du fléau, etc.

Le bout de chandelle.

A Béziers, mon maître M. Garadot m'avait donné à faire des croisées larges, basses, et d'un bois d'aune filandreux, coriace, difficile à couper. Ce travail était ingrat ; aussi, malgré tous mes efforts, je gagnais très peu d'argent. Nous étions à la fin de février. Un matin, à cinq heures, je faisais des tenons. Mais mon bois était mauvais, rebelle, obstiné, contrariant, désespérant. Ma scie avait-elle pénétré dedans de quelques pouces, il se resserrait, et de telle sorte qu'il ne m'était plus possible de la faire mouvoir. Et pas un pauvre petit morceau de couenne ou de lard pour la graisser! et le patron encore dans son lit!... Comment faire? M'en aller? Perdre mon temps? Non. Je coupe un petit bout de la chandelle qui m'éclairait. La scie reçoit la pâture, et montre de la reconnaissance. Mon travail avance.

Neuf heures sonnent. Nous allons déjeuner. Pendant ce temps, M. Garadot visite son atelier, inspecte nos travaux ; et que voit-il ? Ce qu'il voit, grand Dieu !... mais c'est à peine croyable !... Il voit un bout de chandelle sur mon établi... Le voilà furieux. Il crie, il tempête, il menace. Détériorer sa chandelle ! User son suif ! C'est impardonnable ! Il chassera le polisson qui veut ainsi causer sa ruine.

Mon déjeuner achevé, je retourne à l'atelier ; je reprends mon travail, en attendant l'orage. M. Garadot arrive à pas de loup, sombre, concentré, tenant entre ses doigts le bout de chandelle accusateur, et dit en jetant un vague regard : « Qui a coupé ça ? — Bourgeois, c'est moi. — Pourquoi l'avez-vous coupé ? — Pour graisser ma scie que je ne pouvais faire marcher. — Pourquoi ne m'avez-vous pas demandé de la couenne ? — Parce que vous étiez couché. — Pourquoi ne me l'avez-vous pas demandée hier au soir ? — Parce que je n'y ai pas pensé, et que j'étais loin, d'autre part, de prévoir mon embarras de ce matin : votre bois est le plus atroce des bois. — C'est que, voyez-vous, je suis maître chez moi, et je ne veux pas que l'on gâche ce qui m'appartient. — M. Garadot, il ne faut pas se fâcher pour si peu. Votre chandelle valait trois sous ; j'en ai coupé environ un pouce ; ce n'est pas un dixième. Tenez, voilà un sou, et ne pleurez plus. » M. Garadot fit une épouvantable grimace et se retira en murmurant.

Cette scène me donna la pensée de quitter Béziers. Dès que mon travail fut achevé, je réglai avec le patron. Il me paya. Nous nous séparâmes.

Restait une formalité à remplir à laquelle sont soumis tous les membres de la Société qui sortent d'atelier : c'était le levage d'acquit. Le rouleur me ramène devant le patron ; nous nous plaçons triangulairement, chapeaux bas, comme pour l'embauchage. Il lui demande si j'ai fait mon devoir, si nos comptes sont réglés, si je suis libre à son égard. Le patron répond affirmativement. Mêmes questions me sont adressées. Je fais mêmes réponses. Mais je ne puis m'empêcher d'ajouter : « Donnez à Monsieur, pour me remplacer, un bon ouvrier ; et recommandez-lui bien, surtout, de ne pas toucher à la chandelle. »

M. Garadot sourit, mais d'un sourire sans gaîté.

Le compagnonnage.

Le compagnonnage formait une masse de travailleurs, c'était tout un monde, un monde distinct, ayant des mœurs, des habitudes, des coutumes, des fêtes, des cérémonies qu'on ne pouvait rencontrer nulle autre part. N'eût-ce été que par son côté singulier, étrange, il devait exciter la curiosité, attirer le regard des hommes. Et les historiens ne l'ont pas vu, et n'ont pu seulement constater son existence ; et les voyageurs ne l'ont pas vu, et n'ont pu nous donner les récits les plus piquants...

D'où viennent donc ces vieilles coutumes, ces cérémonies étranges ? Qui les a transmises à nos ouvriers, à nos compagnons ? Sont-ce les Juifs, les Égyptiens, les Phéniciens, les Arabes, d'autres peuples ? On ne le sait. L'histoire est muette. J'ai tâché de tirer de son obscurité ce monde souterrain.

Enterrement d'un compagnon boulanger.

Voilà un magnifique char, un cortège nombreux. Les hommes proprement vêtus, parés de rubans rouges, verts, blancs, de quelques insignes noirs, portent en main une haute canne, défilent deux à deux et forment une longue suite. Ce sont les compagnons boulangers ! Ils vont enterrer l'un de leurs frères. Suivons-les.

Les pas battent la marche, les cannes résonnent sur le pavé, les couleurs flottent au vent, tout est grave et silencieux.

Ils entrent dans le cimetière de la Chartreuse, se dirigent vers une fossse fraîchement remuée ; arrivés là, ils se forment en cercle. Le cercueil est déposé au centre. Deux compagnons s'en approchent, se mettent vis-à-vis l'un de l'autre, le pied gauche en avant, le droit en arrière : ils ne sont séparés que par le cadavre et le bois qui le renferme. Ils se regardent, se fixent avec des yeux mélancoliques. Ils ont chacun une longue canne, qu'ils tiennent de la main droite près de la pomme, de la gauche vers son milieu. Ils la penchent contre terre. Puis ils la relèvent lentement, lui font décrire une courbe, jusqu'à ce que son extrémité inférieure pointe vers le ciel. Ce mouvement est accompagné de cris plaintifs de la part des deux compagnons. Le mouvement des bras, des cannes et les cris recommencent. Tout à coup, chacun d'eux se frappe la poitrine de sa main gauche ; ils se penchent à la fois l'un vers l'autre, forment au-dessus du cercueil une sorte d'arc, une espèce d'ogive et se parlent à l'oreille. Ils se redressent, recommencent leurs mouvements de bras, leurs cris, se parlent encore à l'oreille. Tout cela se répète et se répète encore. Ce dialogue incompréhensible avait duré longtemps.

On descend le cercueil dans la fosse. Un compagnon se place à côté. On pose un grand drap noir à fleur de terre, qui dérobe à tous les regards le vivant et le mort. A ce moment, il sort de la tombe un profond gémissement. Aussitôt tous les compagnons, qui s'en sont rapprochés, répondent ensemble par un cri long et lugubre.

Enfin les cris finissent, la terre tombe avec un bruit sourd sur le cercueil, la fosse est comblée, les compagnons se retirent.

Vol — Flétrissure.

Un vol a été commis; une montre de compagnon a été dérobée dans une chambre, chez la mère. Le voleur, Lansargue, est découvert et l'assemblée des compagnons se réunit pour le juger.

Lansargue est introduit au milieu de la salle. Sa cause était perdue. La réprobation générale l'accablait. On lui fait voir la montre retrouvée ; on lui dit des paroles sévères ; on le fait mettre à genoux ; on lui fait demander pardon à Dieu et aux hommes ; on lui fait jurer qu'il ne se vantera jamais d'avoir appartenu à quelque titre que ce soit, à la Société des compagnons du devoir de liberté. Ensuite, on fait apporter du vin. Les compagnons et les affiliés trinquent ensemble, environ dix par dix, et boivent à l'exécration des fripons, des escrocs, des voleurs. Chaque fois qu'un groupe d'une dizaine d'hommes choquait et vidait un verre de vin, le patient devait avaler un verre d'eau ; et, lorsque son estomac n'en voulait plus, on la lui jetait sur la face. Chaque membre de la Société but un coup de vin, deux au plus ; mais comme on était nombreux et qu'il n'y avait pas de verres pour tous, il y eut plusieurs trinquements, plusieurs toasts d'une singulière espèce, et Lansargue eut plus d'eau à avaler qu'il n'en aurait désiré. Ensuite, on brisa le verre dans lequel il avait bu.

S'il eût été compagnon, on aurait brisé sa canne et brûlé ses couleurs. Le rouleur le fit relever, le prit par la main, lui fit faire le tour de la salle, le fit passer devant chacun ; et chacun donna au voleur un léger soufflet. On lui fit faire un second tour. Une canne passait de main en main, avançait aussi vite que lui, et chaque homme devait l'en toucher doucement sur le dos. Enfin la porte s'ouvrit, Lansargue put sortir... A ce moment le rouleur lui toucha le derrière avec le bout de son pied ; justice était faite.

Les compétitions et les batailles entre les compagnons de Sociétés différentes étaient fréquentes. Il y avait souvent des blessés et parfois des morts.

En voici un exemple, à Montpellier :

Les deux partis ennemis se rencontrèrent, se mêlèrent : plus de cent hommes luttaient avec fureur ; c'était un contre un, plusieurs contre plusieurs. Au moment que l'un terrassait son adversaire, un autre arrivait et l'assommait d'un coup de bâton ou de pierre sur la tête. Ils se frappaient avec le poing, le pied, le bâton ; le compas même fut tiré de la poche et se plongea dans les chairs. Ils se renversaient, se trépignaient sur le corps, se traînaient par les jambes, les bras, les cheveux sur le pavé. On entendait des cris, des hurlements. Le sang coulait ; et la bataille ne se ralentissait pas, prenait toute sorte de formes, d'aspects différents. La garde arriva. Les soldats bien que nombreux, trouvèrent de la résistance. Ce ne fut pas sans peine qu'ils parvinrent à séparer tant de furieux, qui se serraient, s'accrochaient, s'enlaçaient et ne voulaient pas lâcher prise...

Les contrées du Midi ont été témoin de véritables guerres entre travailleurs. La plaine de la Crau fut un lieu de carnage dans les vieux temps. Vergèze et Mus, près de Lunel, ainsi que le village de Ners, peu distant d'Alais, ont vu le sang rougir leurs campagnes : des compagnons y furent blessés en grand nombre, d'autres furent laissés là sans vie...

Traditions du compagnonnage — Cloutiers — Maréchaux.

Les compagnons cloutiers sont fort charitables. Ils se soulagent entre eux fraternellement. Voilà un compagnon en voyage. Il est sans travail. Que fait-il? Il entre dans le premier atelier de clouterie qu'il trouve devant ses pas. Il exprime sa détresse. L'un des ouvriers lui cède son marteau, sa place à l'enclume, et s'en va voyager à son tour, ou bien on donne à l'arrivant des secours, qui ne sont point une aumône, mais une dette ; et alors il continue, après s'être réconforté et avoir serré la main de ses amis, d'avancer sur la route du tour de France.

Les compagnons tisserands usent entre eux des mêmes procédés. Le voyageur trouve partout des frères.

Ces mœurs-là sont des plus anciennes.

Les maréchaux forment l'une des plus fortes associations ; ils se répandent partout ; on les trouve dans les villes, dans les villages. Mais qu'ils sont durs! qu'ils sont rudes!... Ils n'entendent pas raillerie sur le devoir. Ils ont des poignets à tordre le fer : ils le savent ; aussi se battent-ils beaucoup trop souvent. Il y a chez eux des habitudes toutes particulières. Voici ce que j'ai vu :

Ils étaient dans un champ, à côté de la route. Ils faisaient ce qu'ils appellent le « devoir ». C'était une cérémonie en plein vent, une « conduite en règle » à propos du partant.

Leurs cannes sont plantées en terre. Flottent à leurs boutonnières des rubans rouges, blancs, verts. Ayant coudes contre coudes, ils forment une immense circonférence et regardent tous vers son centre. Un des leurs, portant dans sa main droite un verre plein de vin bien coloré, se met à courir, fait le tour extérieur de cette circonférence en criant, en hurlant, et se rapproche de sa place, où un compagnon, le partant sans doute, l'attendait, tenant aussi le verre en main. Ils se dressent vis-à-vis l'un de l'autre, se regardent fixement, font des signes, avancent, inclinent sur un côté, passent leurs bras droits l'un dans l'autre, portent chacun son verre à la bouche et boivent tous deux en même temps. Celui qui avait crié et couru rentre dans son rang. Son voisin en sort, l'imite, et tous, l'un après l'autre, jusqu'au dernier, se livrent aux mêmes exercices, à la même action. Il y eut aussi quelques cris d'ensemble.

Le partant s'éloigne, ayant son sac de peau de chèvre sur le dos, sa longue canne à la main, sa gourde pendante au côté ; deux belles boucles d'or ornées d'un fer à cheval brillent à ses oreilles. Chacun de l'appeler, et de l'appeler encore. La tentation n'a pas de prise sur son âme : il s'en va sans détourner la tête, sans montrer aucune faiblesse. On redouble d'agaceries, de séductions ; rien n'y fait : il marche fièrement devant lui. Tout à coup, il prend son chapeau dans ses mains, le jette par-dessus sa tête, bien loin derrière son dos, et se met à fuir. Des compagnons courent le ramasser, poursuivent le fuyard, l'atteignent à la longue, et le lui enfoncent sur la tête. Le partant reste insensible ; il ne sait, il ne veut savoir qui lui a rendu son couvre-chef : il marche d'un pied ferme, sans se détourner ni à droite ni à gauche ; c'est un bronze, rien ne l'étonne, rien ne l'émeut, rien ne peut le forcer à faire un mouvement oblique. Les autres compagnons retournent sur leurs pas ; la conduite est achevée ; le partant a fait preuve de fermeté.

Avec un cœur pareil, la femme de Loth n'eût pas été changée en statue de sel ; Orphée eût triomphé des Enfers et sauvé sa belle et tout aimable Eurydice.

MARTIN NADAUD

1815-1898

Les *Mémoires de Léonard* (1) par Martin Nadaud ont été imprimés à Bourganeuf (Creuse), en 1895, pour la première fois, puis en 1948 dans la Collection « Voix Ouvrières ».

Ces Mémoires sont, à peu de chose près, la véritable biographie de l'auteur, qui fut d'abord comme son héros, jeune « garçon maçon ». Quittant son village de La Martinèche (arrondissement de Bourganeuf, Creuse), où il était né en 1815, Martin Nadaud, alias Léonard, vint en 1830 travailler sur les chantiers de la capitale, pour un salaire journalier de 1,80 F.

Les garçons s'installaient ainsi à Paris pour deux à trois ans, sans rompre leurs attaches avec leur pays natal où ils étaient prêts à revenir pour reprendre le travail des champs, et où demeuraient leur famille, leur femme, leur fiancée.

Les maçons cherchaient à économiser la majeure partie de leur salaire pour ramener chez eux le plus d'argent possible; leur principale crainte était de manquer d'emploi. Sur un total de vingt cinq-mille ouvriers du bâtiment à Paris vers 1848, treize à quatorze mille venaient de la Creuse ou du Limousin (on les appelait Limousins, « Limousinants », ou Marchois).

Martin Nadaud « campait » dans un garni; il y habitait une chambre à « six lits et douze locataires »! Il avait reçu au village un rudiment d'instruction; à Paris il voulut continuer de s'instruire. Après douze, treize ou quatorze heures de travail dans un chantier, le plus souvent sur un échafau-

(1) *Mémoires de Léonard*, parus dans la collection *Voix Ouvrières*, dirigés par G. Duvau et J. Follain, Librairie Universelle.

dage, il allait le soir à l'école mutuelle; comme il n'y faisait pas de progrès assez rapides à son gré, il se mit en quête de maîtres plus actifs et s'inscrivit à un cours payant, rue de l'École-de-Médecine. Ensuite, il donna lui-même des leçons à ses camarades; tous s'entassaient dans une petite chambre, qu'il vint habiter dans le quartier Saint-Marcel.

Martin Nadaud, déjà maçon et répétiteur, eut enfin une vie politique. Il s'instruisait en lisant le « Populaire » dont le fondateur, Cabet, son ami, le fit entrer à la société des Droits de l'Homme.

En février 1848, il monta sur les barricades et participa à la révolution.

Candidat de la Creuse aux élections d'avril 1848, il échoua; puis l'emporta sur la droite en mai 1849. Député, il montait souvent à la tribune et s'en tirait bien; il fut même question de sa candidature à la Présidence; mais il n'y eut pas d'élection; le matin du 2 décembre 1851, Nadaud fut arrêté, puis exilé. Il vécut ainsi en Angleterre, où il reprit d'abord son ancien métier; il apprit si bien l'anglais qu'il put faire des conférences en cette langue et obtint une place de professeur; il enseigna en effet le français pendant quatorze ans à Wimbledon.

Il revint à Paris en 1870, à l'appel de la République en danger : « Il parlait alors une langue ancienne, écrit George Sand citant sans cesse les mots : bravoure, désintéressement, sacrifice... ; or il n'était plus question de cela depuis vingt ans. »

Après la Commune, Nadaud fut élu conseiller municipal de Paris et, en 1876 député, à Bourganeuf. Il resta député jusqu'en 1889, date à laquelle il échoua aux élections, victime du boulangisme. Il se retira alors dans son village natal, où il écrivit ses Mémoires et mourut en 1898.

Nul n'est plus représentatif de l'élite ouvrière volontaire et courageuse du siècle dernier que ce maçon de la Creuse, travaillant sans cesse à s'instruire, devenant député, profitant de l'exil pour étendre sa connaissance des hommes, finissant patriarche de la République.

Les textes qu'il a laissés sont de précieux témoignages d'une époque proche de nous dans le temps mais déjà lointaine par les idées et le niveau de vie.

MÉMOIRES DE LÉONARD ANCIEN GARÇON MAÇON

Une fête des maçons. Léonard ira-t-il à l'école ou n'ira-t-il pas ?

Un des plus grands agréments du maçon à son retour au village, c'était d'aller le dimanche suivant, avec sa femme, au bourg le plus rapproché. Là, les amis se rencontraient et, après un échange de poignées de main cordiales entre eux et ceux qui n'émigraient pas, on allait au cabaret boire chopine.

D'une table à l'autre régnait la plus franche gaîté ; les conversations les plus amicales avaient lieu. On fêtait le retour de l'arrivant ; on tenait à savoir si l'ouvrage ne lui avait pas manqué, si on avait eu la chance de travailler pour un bon maître, si les journées avaient été bonnes et le pain pas cher. Les femmes ravies de joie du retour des maris donnaient à ces parties de plaisir, par leur contentement, leur figure souriante et gracieuse, un air d'incomparable satisfaction.

Nous rentrâmes, un dimanche, chez Rouchon, de Pontarion, avec mon père et ma mère ; mon grand-père ne tarda pas à venir nous rejoindre. J'assistai alors à un bruit étourdissant. On s'appelait par son nom d'une table à l'autre, mais toujours le sourire sur les lèvres. J'étais joyeux de voir combien mon père était aimé et respecté par les jeunes émigrants. C'est que la plupart d'entre eux avaient été conduits à Paris par lui, et il n'avait pas manqué de diriger leurs premiers pas. On savait en outre que c'était un des meilleurs ouvriers de nos environs et qu'avec ses nombreuses connaissances il était souvent à même de leur procurer du travail.

En face de notre table se trouvait le père Faucher, le marguillier de Pontarion, vieillard universellement respecté de tout le monde de nos environs, et qui buvait aussi chopine. Mon père savait que, de temps en temps, il prenait des enfants chez lui, auxquels il enseignait l'alphabet et quelques notions d'écriture.

En me posant la main sur la tête mon père lui dit : « Voilà un petit gars que je vous enverrais si vous vouliez l'accepter. » La réponse fut affirmative. Jamais je n'oublierai le « tollé » que soulevèrent ces paroles, de la part de mon grand-père et de ma mère. La conversation s'engagea aussitôt sur l'utilité et sur la non-utilité de l'envoi à l'école des enfants de la campagne.

Ma mère protesta avec la plus grande vigueur disant qu'elle avait besoin de moi pour aller aux champs. Mon grand-père fut de son avis ainsi que d'autres paysans qui ne tardèrent pas à prendre part à la conversation. Enfin tous prétendirent que pour des enfants de la campagne ce qu'ils pouvaient apprendre à l'école ne leur servirait pas à grand'chose, sinon à faire quelques lettres et à porter le livre à la messe.

« Depuis ton retour de Paris, disait mon grand-père à son fils, tu n'as pas passé un jour sans nous entretenir de ce que tu voulais faire de ton garçon ; tu aurais mieux fait de rester à Paris que de venir là nous parler de tes projets d'école. Ni mes frères, ni toi, ni moi, n'avons jamais appris à connaître nos lettres et nous avons mangé du pain tout de même.

« Je te disais bien toujours que ces paperasses qui venaient de la guerre, (les Bulletins de la Grande Armée) et que tu achetais au marché Saint-Jean, finiraient par te troubler la cervelle. C'est ce qui est arrivé à mon logeur de la rue de la Mortellerie. Il avait un fils, il voulut l'envoyer à l'école. Qu'en a-t-il fait ? Un petit faiseur d'embarras qui ne nous parlait que pour se moquer de nous. Plus tard il a fait honte à sa famille, car il est devenu une franche canaille. »

Néanmoins, la fermeté de caractère de mon père, son inébranlable volonté en toute chose eurent raison de l'opinion de son père et de ma mère.

Un matin, après avoir mangé la soupe plus de bonne heure que les autres jours, il me mit à la main un joli petit panier qu'il avait tressé lui-même, et me voilà parti chez le père Faucher à Pontarion. Peu de jours après, mon père reprit la route de Paris et je ne devais le revoir que neuf mois après.

Je me rendais tous les matins à Pontarion après avoir ramené les brebis à l'étable ; je restais à peine deux heures chez le vieux marguillier, et le soir je retournais aux champs. Pendant les mois de moissons, on me gardait tout à fait. Je passai l'année à apprendre l'alphabet et à épeler les syllabes...

... Mon père qui brûlait du désir de me voir instruire me conduisit un jour à Saint-Hilaire. L'instituteur, Dyprès, demanda aussitôt à m'interroger, et il ne fut pas long à avouer à mon père que je ne savais presque rien, mais que je lui paraissais bien réveillé et intelligent.

Ce qui donnait de l'ennui à ma famille, c'est que Saint-Hilaire était trop éloigné de notre village de La Martinèche. Il fallait que je prenne pension dans le bourg, — de là des dépenses au-dessus de nos moyens — « Peu importe l'argent, dit mon père, avant tout il faut faire instruire notre fils. »

On s'arrêta aux conditions suivantes : on donnerait cinq francs par mois à l'instituteur, et trois francs à la Jeannette Bussière pour me coucher et me tremper la soupe. Il était réservé à ma mère une rude et fatigante corvée : elle devait m'apporter pendant dix-huit mois une tourte de pain par semaine et un fromage. Aussi, chaque dimanche j'allais au-devant d'elle ; je la rencontrais avec son fardeau qu'elle portait sur l'épaule au bout d'un bâton. La Jeannette la faisait reposer un instant, elle m'embrassait, me faisait maintes recommandations et s'en retournait à la maison, contente de me voir profiter et d'entendre faire mon éloge par la Jeannette et quelquefois par mon maître....

A 15 ans, Martin Nadaud commence sa vie de maçon : il part avec son père vers la capitale.

Levé longtemps avant le jour, je revêtis l'accoutrement que ma mère m'avait fait confectionner à cette occasion, selon les habitudes du pays. Quel drap avait-elle choisi? Naturellement du droguet, produit de la laine de nos brebis. Veste, pantalon et gilet, tout était de même étoffe. L'ensemble était raide comme du carton et paralysait presque tous les mouvements du corps, avec cela de gros souliers qui ne devaient pas tarder à m'écorcher les pieds, un chapeau haut de forme, à la mode du jour, que nous étions allés acheter à Saint-Georges. C'est avec cette armure sur le corps qu'il me fallut entreprendre à pied le voyage de la Creuse à Paris.

Ainsi harnaché, le 26 mars 1830, je fis avec mon père mes adieux à ma famille. Il fallut même nous soustraire aux embrassements de ma mère, de ma grand'mère, de mes sœurs. Ce fut un douloureux et pénible moment. Je crois que si on nous eût portés en terre, les cris de ces femmes n'eussent pas été plus déchirants.

Françoise Tixier, ma grand'mère, était née au Theil, commune de Saint-Hilaire; mais devenue orpheline, on l'amena à Saint-Amand, à l'extrémité sud de notre département, chez des petits cousins qui étaient de très pauvres bordiers. Dès qu'elle fut assez forte, on l'envoya chercher (1) son pain de village en village. Elle grandit ainsi sans savoir son nom et sans connaître le lieu de sa naissance. Elle mourut, comme on dit communément, d'un chaud et froid, en 1832.....

Les adieux s'achèvent alors...

Après ces premières scènes de tendresse, suffisantes pour déchirer le cœur de chacun des membres d'une famille très sincèrement unie, j'allais assister à de nouvelles émotions presque aussi touchantes que les précédentes.

Mes jeunes camarades d'enfance, Martin et Michel Vergnaud, ainsi que les deux Taboury, François et Jean, m'attendaient devant notre porte. Nous nous enfermâmes

(1) Mendier.

dans une grange pour nous faire nos adieux et pour échanger nos sentiments de réelle amitié de jeunesse.

Mes chers camarades partaient pour Lyon, et moi pour Paris. Hélas! nous ne devions plus nous revoir. Trois d'entre nous, Martin Vergnaud et les deux Taboury ne devaient plus reparaître au village ; ils trouvèrent une mort prématurée et des plus affligeantes dans les chantiers de Lyon, ce qui est trop souvent, hélas! le lot des pauvres parias de la Creuse.

Enfin il fallut bien nous séparer, avant même d'avoir pu sécher nos larmes.

Au-delà de Saint-Christophe, nous entrâmes dans la forêt de Guéret, où les chemins boueux et ravinés par les eaux étaient encore plus mauvais ; en certains endroits, les branchilles des arbres nous barraient presque le passage ; en les secouant une pluie fine et froide nous tombait sur les épaules, ce qui était, on le devine, peu agréable.

L'eau avait déjà pénétré dans mes souliers, et j'avoue que si je l'eusse osé, j'aurais demandé à rebrousser chemin.

Vers 11 heures nous arrivâmes à Guéret un peu fatigués et éclopés, mais nous sentions le but, et nous allâmes déjeuner chez le père Gerbeau où mon père et plusieurs autres de nos compagnons de route étaient avantageusement connus.

De passage deux fois par an, les émigrants avaient leurs auberges attitrées et qu'ils changeaient bien rarement. Gerbeau était connu des maçons comme Napoléon de ses soldats ; il n'en passait pas un sans entrer chez lui ; c'est parce qu'il ne nous écorchait pas trop, tout en nous servant bien et à bon marché ; en outre, « il n'était pas chien » pour payer la goutte après le dîner.

A ce premier départ de 1830, et avant de quitter l'hôtel Gerbeau, nos compagnons de route versèrent chacun dix francs, entre les mains de mon père ; le voilà trésorier de notre société jusqu'à Paris. Ses fonctions honorifiques consistaient à aller de l'avant sur la route pour faire préparer nos repas, choisir les plats, compter les bouteilles de vin et débattre le prix de la table. Ce choix lui imposait un plus grand devoir encore ; comme la route était suivie par de nombreux émigrants, chaque groupe choisissait un solide marcheur, dont la mission consistait à arriver le premier, le soir, à l'auberge afin de retenir des lits.

Nous arrivâmes à la nuit tombante à Genouillat, où mon père avait fait préparer le souper à l'auberge du boulanger Meillant ; mais en marchant de l'avant avec d'autres amis, ils s'aperçurent qu'il était venu, par la route de Jarnages, un nombre considérable d'émigrants se rendant comme nous à Paris.

A table, mon père nous fit remarquer qu'il y allait de notre intérêt de hâter notre dîner et de poursuivre à deux lieues de là, à Bordesoulle, notre route, afin d'être le lendemain bien en avant du gros de la foule.

Chacun comprit et, aussitôt après le dîner, on se mit en route, par un clair de lune superbe ; un bon nombre d'entre nous continuaient à entonner des chansons joyeuses ; mais, malgré cela, les jambes défaillaient et quelques traînards restaient en arrière. J'étais du nombre ; un de nos compagnons de route, Chabannat, fort et vigoureux gaillard, s'avança vers moi, m'encouragea et s'offrit à porter mon baluchon ; j'aurais éprouvé un bien grand délassement, s'il eût pu me débarrasser de mes gros souliers neufs qui m'écorchaient les talons.

Enfin nous arrivâmes à l'auberge ; je me trouvais, à la chute de la journée, avoir fait quinze lieues, pour cette première étape. Accablé par la fatigue, un sommeil réparateur m'était plutôt nécessaire que le dîner qu'on allait nous faire servir.

On nous conduisit par un petit escalier et nous vîmes alors les grabats qui nous étaient destinés ; mon père m'aida à retirer mes souliers et mes bas, et quelle ne fut pas sa surprise de voir mes pieds déchirés et en sang ; il les graissa, les entortilla avec quelques menues toiles, puis nous nous couchâmes non sur des lits, mais sur des balles de son et de paille hachée par l'usure et naturellement pleine de vermine.

En ouvrant les draps, on vit qu'ils étaient noirs comme

de la suie et portaient en outre différentes marques de malpropreté. Tel était alors le sans-gêne des aubergistes sur toute notre route. Au moment du passage des émigrants, vers le milieu de novembre, on mettait des draps blancs qui devaient servir jusque vers le milieu de mars, à moins qu'ils ne fussent trop sales ou déchirés ; voilà, lorsqu'il s'agissait du passage des maçons, comment on observait les lois de l'hygiène.

A peine fûmes-nous à une heure ou deux de Vierzon que des ouvriers qui taillaient des haies dans les jardins, se mirent à crier à leur tour : « Aux dindes, à l'oie! » ; d'autres paysans, qui se trouvaient dans les prés, firent chorus ; naturellement, nous, nous étions indignés d'être comparés à des bandes de dindes et d'oies.

Au moment d'arriver à Olivet, on nous montra dans le lointain le clocher de la cathédrale d'Orléans. Encore quelques heures et nous arrivions au port. Mon père, Vacheron et Dizier nous quittèrent après déjeuner, et les voilà arpentant la route à grands pas pour arriver des premiers à Orléans afin de retenir nos places dans les maudits « coucous » qui devaient nous conduire à Paris.

Le panier qui se trouvait accroché sous l'essieu de la voiture contenait quatre d'entre nous et par ses oscillations simulait assez bien le roulis d'un bateau. C'est ballotté de cette manière que j'arrivai à Paris.

Avant d'entrer dans le garni où mon père devait me conduire, chez Mme Champesme, au nº 62 de la rue de la Tissanderie, il me mena sur le quai de la Grève, au bord de la Seine, pour me laver la figure et les mains ; j'avais besoin de cette lessive, mes mains étaient noires comme du charbon ; à force de les frotter avec du sable, je réussis à les blanchir un peu. J'avais retiré ma veste et mon gilet pour chasser la vermine qui me dévorait.

A notre arrivée à Paris, nous nous rendîmes dans le garni où mon père avait passé sa jeunesse et où il m'avait conduit le premier jour de mon arrivée, au numéro 62 de la rue de la Tissanderie, chez Mme Champesme, garni qui, à la mort de cette dernière, était tenu par sa fille aînée, mademoiselle Rose. Celle-ci me conduisit au quatrième étage de cette maison, elle me montra mon lit et déposa mon petit paquet sur une planche, puis elle me présenta aux hommes de la chambrée en ayant soin de me dire qu'ils étaient tous bons enfants, ce qui était vrai, et qu'ils auraient soin de moi, ce qui était encore vrai, et que d'ailleurs c'étaient des gens de ma commune ou de Pontarion.

Dans cette chambre il y avait six lits et douze locataires. On y était tellement entassés les uns sur les autres qu'il ne restait qu'un passage de cinquante centimètres pour servir de couloir le long de cette chambre. Je ne tardai pas en effet à me familiariser avec mes camarades. Soir et matin, j'entendais bien des conversations de « bric et de broc », plus drolatiques les unes que les autres, toujours insignifiantes, quand elles n'étaient pas énervantes ou abrutissantes pour l'enfance.

Il y a dans chaque chambrée deux courants de conversation : celle des avares et celle des prodigues. Chez les premiers, on apprend à compter avec les sous. Généralement ceux-là ont mauvaise langue, ils sont toujours prêts à porter un jugement peu favorable sur ceux dont les qualités s'éloignent des leurs.

L'avare, dont j'entends parler, ne manquait ni de droiture ni de loyauté, il aimait au contraire sa famille et peut-être ses amis, mais il était bourreau de son corps. Il ne devait pas dépenser plus de quatorze à quinze francs par mois, non compris son garni, où on le couchait et où on lui trempait la soupe moyennant six francs par mois, et son pain qu'il prenait à la taille et qu'il réglait aussi tous les mois. Il en laissait chaque matin un morceau sur une planche, qui n'était pas époussetée tous les jours.

L'hôtesse venait ramasser tous ces morceaux de pain dans son tablier, et sans savoir celui qui appartenait à Pierre ou à Paul, elle trempait ces soixante ou quatre-vingts écuelles, dès que l'eau de la grande marmite était chaude.

Le second morceau de pain, notre homme le mettait

sous son bras, le grignotait en allant au chantier, puis déposait le reste, au besoin, dans un trou de boulin ou ailleurs. Il le prenait à neuf heures, pour aller dépenser cinq ou sept sous à son déjeuner, selon qu'il prenait un bouillon ou qu'il n'en prenait pas. Si ce déjeuner était au complet, il conservait le petit morceau de viande qu'on lui servait le matin, pour le repas de deux heures, qu'il prenait assis sur le plâtre, ou dans quelque coin du chantier. C'est ce que l'on appelait *battre les gravats*.

La soupe, le soir, était quelquefois trempée une heure ou deux avant notre arrivée, cela dépendait de la distance qu'on avait à parcourir du chantier à la maison. Si elle était trop froide, si le pain avait bu le bouillon, le retardataire en réclamait, mais il n'y en avait pas toujours, alors il faisait entendre un petit juron. L'hôtesse ne se fâchait pas — la nôtre, qui avait l'esprit d'à-propos, trouvait toujours quelques paroles aimables pour nous faire rire. Puis, nous aimions notre bonne Rose, et d'autres conversations s'engageaient ; car, pour rien au monde on n'eût voulu lui faire de la peine.

A ce moment, il n'entrait ni livres ni journaux dans nos garnis ; on peut dire qu'on mangeait et qu'on dormait, sans jamais songer à la culture de l'esprit. Puis, nous remontions dans nos chambres, respirer un air fétide et vicié et, par comble, le seul cabinet d'aisances qu'il y eût dans la maison, à l'usage de plus de 60 personnes, se trouvait sur notre carré, et j'avoue qu'il n'était pas facile d'y pénétrer bien qu'il y eût de chaque côté de la lunette pierres sur pierres. Quand les hommes de notre chambrée se déchaussaient pour se mettre au lit, les pieds en sueur ou sortant de bas crasseux qu'ils ne changeaient pas toujours chaque semaine, il fallait être bien habitué à ce genre de vie pour ne pas se boucher les narines.

La crise du bâtiment.

J'appris par des camarades du garni que les travaux allaient très mal. Certains d'entre eux m'affirmèrent qu'ils n'avaient pas fait une seule journée pendant la durée de l'hiver. Le lendemain, à la première heure, je me rendis à la Grève, j'acquis aussitôt la certitude que les renseignements qui m'avaient été fournis la veille n'avaient rien d'exagéré. Cette place de Grève, dernier vestige de l'ancien marché aux esclaves de l'antiquité, était bondée d'hommes hâves et décharnés, mais s'accommodant sans trop de tristesse de leur situation de meurt-de-faim.

On les voyait grelottant de froid sous de mauvaises blouses ou des vestes usées jusqu'à la couture, trépignant des pieds sur les pavés pour se réchauffer un peu.

Quand, vers neuf heures, ils quittaient ce lieu de désolation et de misère, c'était pour se diriger, les uns vers la porte des casernes, pour attraper quelques cuillerées de soupe dûes à la générosité de nos braves soldats ; d'autres s'arrêtaient sur les quais auprès de nombreuses marchandes ambulantes qui leur vendaient moyennant un sou ou deux, une tasse de mauvais café, un peu de pain ou des pommes de terre assez bonnes. Mais le plus grand nombre s'en retournait au garni. Ceux-là n'étaient pas les plus à plaindre et j'allais me trouver de ce nombre. Généralement, nous avions une taille chez le boulanger, un crédit chez l'hôtesse ; quant au reste, on se procurait un peu de charcuterie et on vivait comme on pouvait en attendant des jours meilleurs.

J'ai vu, pendant les soixante ans que j'ai habité Paris ou Londres, les ouvriers du bâtiment supporter de bien douloureuses crises, mais aucune, excepté celle de 1848, ne saurait être comparée à celle de 1833 et 1834, dont il est question ici.

Le peuple était d'autant plus attristé et furieux que de grandes espérances s'étaient emparées de son esprit, à la suite des promesses qui lui avaient été prodiguées par le gouvernement de Louis-Philippe.

Ensuite son patriotisme avait été également surexcité ; il avait entendu parler de gloires pour la France, et notre grande patrie ne recueillait que des hontes ; exemple : l'abandon de la Pologne et le refus de nous annexer la Belgique que les Belges étaient venus nous offrir.

Un jour, mon père trouva du travail chez un nommé Laville qui habitait rue de Vaugirard ; et il me dit : « Veux-tu venir me servir ? » J'acceptai et me voilà de nouveau garçon maçon, gagnant 42 sous par jour, pendant que les limousinants gagnaient 55 sous, et les maçons 3 francs 50.

Là encore, comme dans la rue de la Chaussée-d'Antin, il devait m'arriver un accident douloureux et des plus tristes.

Étant occupé à monter des murs de cave en moellons piqués, j'avais pour garçon un nommé Barbat, de Vallière ; après avoir choisi mon rang et lui avoir désigné mon tas de moellons, je redescendis dans la cave ; mais au moment où je me baissais pour en prendre un à terre, il m'en lança un autre sur le bras gauche.

Heureusement mon bras était flottant. Le coup le rejeta en arrière. Il y eut seulement contusion, mais non cassure. L'enflure vint aussitôt ; je m'évanouis. La caserne de la rue Blanche se trouvait en face de notre chantier. On me mena chez le chirurgien-major qui me donna les premiers soins.

Un de mes jeunes camarades me conduisit ensuite au garni dans un état bien triste et bien chagrin.

Lorsque la bonne demoiselle Rose Champesme me vit entrer, elle fut atterrée.

Le soir, à peine entré dans la cuisine, mon père vit que tous ceux qui l'entouraient avaient un air mystérieux. Enfin, mademoiselle Rose s'approcha de lui : « Mangez votre soupe, père Nadaud, lui dit-elle. »

Pas moyen de le décider, il fallut lui faire ce pénible aveu.

Qu'est-ce qui lui traversa l'esprit ? La colère l'emporta, il brisa sa soupière à ses pieds, et s'écria : « Nom de D... ! si je monte le voir dans sa chambre, je vais l'étrangler. » Son neveu, Hippolyte Julien, au lieu de chercher à l'apaiser l'excitait davantage : « Qu'il se tue donc une bonne fois pour toutes ; je serais bien débarrassé. C'est un sans-soin et un véritable étourdi ! »

Quand il entra dans ma chambre, la colère l'étouffait,

il me regarda sans mot dire, en me lançant un regard farouche.

Le chagrin s'empara de moi, et l'idée me vint d'aller le lendemain à l'hôpital. En effet, aussitôt que mes camarades de chambre furent partis à leur travail, je dis à mademoiselle Rose : « Conduisez-moi à l'hôpital. » Elle était rebelle à cette pensée, je ne pouvais la décider. Alors, je fis soudainement un saut hors du lit : « Eh bien! vous allez voir. » Et en même temps je courus vers la croisée pour me lancer dans la rue.

Elle poussa un grand cri, ainsi que deux autres maçons qui ne travaillaient pas. Je lui répétai mes paroles avec tant d'énergie, qu'elle eut peur ; il fallut donc me conduire à l'Hôtel-Dieu. Deux heures après, je traversais le parvis Notre-Dame et j'arrivais enfin à l'hôpital. On me donna tout de suite un lit. Une des sœurs, en me voyant très abattu, m'accueillit avec des paroles douces et bienveillantes. On me déshabilla et je me couchai.

Le lendemain, à l'heure où le célèbre Dupuytren fit sa visite, il m'examina une minute ou deux, puis il dit quelques mots à un des internes qui l'accompagnaient : « Il n'y a pas de fracture, il faut s'attacher à faire disparaître l'enflure. » Tous les soins possibles me furent donnés et je dormis toute la nuit sans me réveiller.

Lorsque mon père revint le soir de son travail et qu'on lui annonça mon départ pour l'hôpital, il fut pendant un moment silencieux, puis il monta dans sa chambre sans dire un mot à personne. Mademoiselle Rose ne lui cacha point que tous nos camarades du garni blâmaient sa conduite et que quelques-uns se livraient à des propos très désobligeants à son égard.

Moi seul, peut-être avais compris que l'effet de sa colère venait plutôt de son excès de tendresse que de toute autre cause. Il vint me voir et me trouva assis vers une croisée avec d'autres malades. Je me levai pour aller à sa rencontre, il m'embrassa et il vit bien que je n'étais animé d'aucun sentiment de rancune. La paix fut faite aussitôt.

Un jour, on vint me prendre pour me conduire à la messe. Nous traversâmes un pont en planches jeté sur un bras de la rivière, et je me trouvai dans une petite et vieille église, située de l'autre côté du quai et qui existe encore. On m'y ramena deux fois de plus, les jours suivants, et il fallut me confesser auprès d'un prêtre d'un certain âge, qui fut loin de me donner de mauvais conseils.

Un nommé Gasne, maître compagnon chez Dayras, me fit apporter mes outils avec lui, rue des Bons-Enfants. Malheureusement, dans cet intervalle, éclata la grève des charpentiers de 1833, elle dura plusieurs mois et les travaux furent forcément arrêtés. Je restai cinq semaines sans travailler.

Ce fut un des plus durs moments de ma vie. Sortant de l'hospice, ayant des dettes antérieures, trop jeune pour inspirer beaucoup de confiance, ne travaillant pas, je devins très pauvre. J'ai bien compris depuis ces paroles que Beaumarchais a mises dans la bouche de Figaro : « J'ai plus enduré de peine pour gagner ma vie que Charles Quint pour gouverner les Espagnes. »

Nos chantiers pendant les années 1835 et 1836.

On trouvait plus facilement à s'embaucher et on gagnait quelques sous de plus par jour : 3 francs pour les limousinants, au lieu de 55 sous, et toujours 3 francs 50 ou 3 francs 75 pour les maçons. Les avances de trente millions faites au commerce de Paris, par la banque, ainsi que celles du Comptoir d'Escompte produisirent à l'époque un effet merveilleux. On reprit la construction des monuments restés en souffrance depuis bien des années, l'Arc de triomphe, l'église de la Madeleine, le palais du quai d'Orsay, le ministère des Affaires étrangères et l'église de Saint-Vincent-de-Paul. L'industrie privée s'aventurait de son côté dans des entreprises importantes comme nous l'avons indiqué dans notre précédent chapitre.

La satisfaction des commerçants et celle des ouvriers se manifestait partout. On commença d'un commun accord à appeler Louis-Philippe « le roi des maçons ». Ce mouvement d'affaires lui donna un regain de popularité qui aurait duré plus longtemps si les hommes clairvoyants du parti libéral avancé ne s'étaient pas trouvés dans la nécessité de dénoncer à la France la politique néfaste du roi qui détruisait l'une après l'autre nos libertés et nos droits électoraux.

On est bien courageux à dix-neuf ou vingt ans. Je me suis toujours rappelé que plus nous faisions d'heures supplémentaires plus nous étions contents. Il n'était pas rare que nos camarades, qui n'avaient pas la même chance que nous, montrassent de la jalousie ; car le temps n'était pas encore venu de parler de la réglementation des heures de travail.

Nous jouissions donc pour la première fois, depuis plusieurs années, d'un repos d'esprit résultant en quelque sorte de nos continuelles occupations. Ayant moins de soucis, nous ressentions moins la fatigue corporelle, bien que nous travaillions comme des nègres.

Je me rappelle encore que le soir en regagnant notre logis, malgré la fatigue qui souvent nous accablait, nous nous arrêtions sur les quais où l'on trouvait des foules de marchands ambulants, de saltimbanques, de joueurs de gobelets, de tireurs de cartes qui nous étourdissaient de leurs cris.

Il y avait aussi beaucoup plus de jeux frivoles, pour piper les quatre sous de l'ouvrier, que de nos jours. L'esprit des masses était plus terre à terre, elles n'avaient pas d'idéal ; car jamais l'espoir d'une vie meilleure que leur promettaient les prêtres, dans un autre monde, n'a pu prendre racine dans leur cerveau.

Le jour du conseil de révision, Nadaud est obligé de se présenter à Bourganeuf; les fractures résultant de ses accidents de travail, le font déclarer « impropre » au service.

Je revins à ma mère dont la joie et le bonheur de me savoir exempt étaient au comble. Rien de plus pressé pour nous que de faire part de ce résultat à mon père.

Nous entrâmes chez M. Antoine Berger, le notaire de notre famille qui nous portait un intérêt des plus vifs et, là, je commençai ma lettre par ces mots : « Dormez tranquille, vous avez un soutien. »

Les autres conscrits de notre commune m'attendaient pour aller dîner, mais il me fut impossible de faire entrer ma mère au cabaret. Il n'était guère de mode alors de voir entrer les femmes des maçons à l'auberge, même en compagnie de leurs maris. Ma mère était d'ailleurs une paysanne assez singulière ; jamais elle ne sut prononcer un mot de français, jamais elle ne s'était mis de souliers aux pieds. Dans son esprit, ce luxe était réservé aux bourgeoises. Elle n'eut pas non plus pendant tout le cours de sa vie d'autre mante à se mettre sur les épaules que celle qu'on lui donna au moment de son mariage. Tout ce que je pus obtenir d'elle, ce fut d'entrer chez un boulanger et d'acheter une miche et nous reprîmes la route du village. Arrivés aux maisons Dupont, nous prîmes un petit chemin de traverse, où nous trouvâmes une source. Elle se baissa, doubla son tablier pour nous servir de verre, et nous bûmes à notre contentement, et tout cela pour économiser quelques sous.

— Année 1839.
Mon mariage.

Quelques semaines après, étant à Soubrebost, chef-lieu de ma commune, un nommé Bouillot me dit : « Je veux te faire marier avec une de mes nièces. » Or, mon ami se trouvait être beau-frère à la mère de la jeune personne que nous avions rencontrée chez la Pouchonnelle. « Allons, me dit Bouillot, prenons un jour et allons voir mes parents. »

Ce qui fut dit fut fait. Dès que je rentrai dans cette maison, Mme Aupetit me reconnut et en parlant de notre première rencontre elle rit beaucoup. La fille entra un instant après, et naturellement elle me reconnut aussi.

On ne tarda pas à nous préparer le dîner, auquel assistèrent le père et tous les enfants.

Resté seul après le repas, avec Bouillot et les deux vieux, on leur dit le motif de notre visite ; on nous répondit que pour plusieurs raisons, ils ne tenaient pas à marier leur fille cette année. La mère alors me conduisit dans une grange où sa fille était occupée à couper des raves pour donner à manger aux bestiaux. Au mot de mariage elle baissa la tête et ne répondit rien. J'avoue que je dus lui paraître sot. Je ne savais par quel bout entamer la conversation ; la mère nous sortit d'embarras l'un et l'autre, et, m'ayant adressé quelques questions, je répondis de mon mieux, mais la fille restait toujours silencieuse, de sorte qu'il me tardait bien d'être sorti, ce qui ne tarda pas à avoir lieu. Ayant demandé à l'embrasser, cette autorisation me fut néanmoins accordée.

Il y avait, dans ce village de Lachaux, un maçon de Paris, nommé Dubost ; je rentrai chez lui au moment de mon départ. La femme de mon ami à laquelle j'annonçai mon peu de succès, ne manqua pas de dire à cette famille et à la jeune fille en particulier, tout le bien que pensait de moi son mari. Comme Dubost jouissait d'une bonne réputation, et cela avec raison, car c'était un homme économe, un gagneur d'argent, qui agrandissait son bien chaque année ; vanté par un tel homme, je gagnai les bonnes grâces de la mère et de la fille. Alors il ne fut plus question de retarder ce mariage.

Arrivés à ce point, les mariages dans la Creuse marchent rapidement, car les émigrants n'ont guère plus de deux mois d'hiver à rester au pays ; aussi, multiplier mes visites chez Jean Aupetit, chercher l'occasion de passer quelques instants avec cette jeune et jolie paysanne, devint l'objet de mes constantes préoccupations. Dès lors, je n'aurais pas manqué, qu'il plût ou qu'il neigeât, de me rendre trois ou quatre fois par semaine auprès de ma fiancée...

Alors on ne tarda pas à parler des conditions du contrat et, comme une autre de leurs filles était déjà mariée, ils me dirent qu'il n'y aurait nulle différence entre l'une et l'autre.

Pourtant, avant d'arriver à ce point, la famille Aupetit

désirait prendre jour pour venir faire chez nous *las vudas*, c'est-à-dire jeter un coup d'œil sur notre maison, nos prés et nos terres. On convint d'un jour et, un matin, il nous arriva le père, la mère et d'autres parents de Mlle Aupetit. La visite à travers champs n'eut pas lieu, le père Aupetit déclara qu'il jugeait de la valeur d'une propriété à quelques mille francs près, à la vue des bestiaux et à l'importance des greniers. Tout leur convint, bien que notre avoir fût inférieur au leur.

On parla du montant de la dot. Mon futur beau-père donnait trois mille francs à sa fille, payables par quatre cents francs chaque année, ainsi que le mobilier, armoire, linge, six brebis et leurs agneaux.

Telles furent les conditions minutieuses de ce mariage de campagne.

Un des frères, peu disposé en ma faveur, voulut soulever la question des dettes, la mère le pria de se taire avec une certaine vivacité, disant que si elle ne croyait pas à mes qualités elle ne serait pas arrivée jusqu'à ce point et la question fut abandonnée.

Quelques jours après, nous allâmes passer le contrat devant maître Laforest, notaire au Monteil-au-Vicomte, et, le lendemain, on prit la route d'Aubusson pour aller acheter les habits de la mariée. La moins exigeante fut la fille ; car lorsqu'on arriva à l'achat des bijoux, elle fit dire par sa mère qu'elle ne désirait que deux ou trois bagues et que nous verrions plus tard. Enfin, le surlendemain, son frère aîné et moi nous allâmes à Felletin acheter une vieille vache, pour le repas de la noce, et le 23 février 1839, le mariage eut lieu.

Cette cérémonie, pour une noce de campagne, ne manqua pas d'un certain éclat. J'étais accompagné par une trentaine de jeunes gens, choisis parmi mes amis de Paris, tous pleins d'entrain, de gaîté et convenablement habillés.

En arrivant chez la mariée avec deux ménétriers devant nous, les jeunes garçons, se conformant à nos anciennes habitudes, tirèrent en l'air une bordée de coups de pistolet. Ils firent de même à la rentrée et à la sortie de l'église.

Même cérémonie à chacun des villages que nous devions traverser pour nous rendre à La Martinèche.

Il y avait à notre repas de noce cent soixante convives qui dansèrent et s'amusèrent pendant deux jours sans qu'on entendît la moindre querelle. On avait mis une barrique de vin à la disposition de la jeunesse des villages. A cette époque, on ne dansait que les vieilles danses villageoises, et, certes, il y en avait dans le nombre de plus amusantes que celles de nos jours.

Une coutume qui s'est à peu près perdue et qui n'est guère à regretter, c'est l'étrange cérémonie de la poule. Deux heures après le coucher des mariés, leur chambre se trouve envahie par une foule de jeunes garçons et de jeunes filles qui commencent par leur offrir une cuisse de poulet et un saladier de vin chaud. On échange force poignées de main et les jeunes filles, l'une après l'autre, embrassent la mariée qui reste assise sur son lit ; toute cette jeunesse chante à la fois la chanson des mariés. Les termes en sont si singulièrement échevelés qu'on se croirait encore au temps de Rabelais, où on appelait un chat un chat et un merle un merle. A la suite de cet amusement burlesque, on se retire et chacun va coucher où il peut.

Le lendemain, on se leva, on déjeuna avec le reste des plats de la veille, on fit quelques danses et chacun reprit le chemin de son village...

Retour au pays.

La fin de l'année 1842 était arrivée et, comme il y avait trois ans que je n'étais pas allé voir ma femme, il ne pouvait que m'être agréable de partir le plus tôt possible surtout que ma bourse était bien garnie.

J'étais tellement novice dans les questions d'argent que je ne songeai même pas à changer mes pièces de cent sous, soit en pièces d'or, soit en billets de banque ; je fourrai le tout dans quatre sacs placés au fond de ma malle et me voilà parti en diligence jusqu'à Châteauroux. Une seconde voiture nous conduisit à La Châtre, puis à

Guéret. Dans cette ville, on trouvait une de ces voitures qu'on établissait pendant la durée du passage des maçons pour faire le trajet jusqu'à Pontarion. Puis, de là, un de mes cousins m'aida à porter ma malle jusqu'à la maison.

Comme on peut l'imaginer, ce n'est pas de la joie que la famille éprouve à l'arrivée de l'émigrant, surtout quand celui-ci est considéré comme le soutien et presque le gagne-pain de tous, c'est du délire ; car au lieu de rire tout le monde pleure.

Puis, selon l'usage, les femmes préparent la soupe au lait. Pendant que notre voyageur s'en régale ou se chauffe au coin du feu de la grande cheminée, les rires commencent et on le met au courant de ce qui se passe dans la maison et aussi chez les voisins.

Cette conversation épuisée, on attend du nouvel hôte qu'il parle lui aussi de ses affaires ; c'est à ce moment qu'il montre de bonne grâce le résultat de sa campagne, c'est-à-dire sa bourse, et chacun se promet de n'en pas dire un mot au-dehors.

Placée sur la grande et longue table de la cuisine, je commençai donc à déficeler ma malle, j'en sortis d'abord une belle robe pour ma femme, deux autres pour mes deux sœurs, un mouchoir d'hiver pour ma mère et une livre de tabac à priser pour mon père.

Je sortis ensuite un sac de mille francs, puis un second, alors, père, mère, femme et sœurs ne se continrent plus de joie ; on se mit à sauter, à s'embrasser.

Un moment après je dis à ma femme : « Cherche donc dans un autre coin, il y a peut-être autre chose. » Elle en sortit un troisième sac et dit en même temps : « Je crois qu'il y en a un autre » ; elle les prit et les posa à côté des deux premiers ; on se regarda, les sanglots étouffaient nos voix, nous étions las de nous embrasser : « Tu m'as surpassé, Martin, dit mon père ; j'ai bien travaillé, mais jamais je n'ai eu autant de chance. » On se mit à vider les sacs et à placer leur contenu par piles de cent francs.

La table était à moitié couverte d'une nappe d'argent d'une blancheur éclatante.

Il était plus de deux heures du matin quand nous cessâmes de contempler ce que nous appelions un ravissant tableau.

Alors, fatigués de notre admiration mutuelle, nous parlâmes d'aller dormir.

Je dis alors à mon père : « Savez-vous maintenant à quoi je pense? C'est d'apporter ce tas d'écus demain à François Thaury. » — « Nous sommes du même avis », ajouta-t-il.

Le lendemain, je mis mon trésor dans un panier et comme c'était assez lourd, je coupai un bâton de houx en traversant notre patural et je plaçai mon petit fardeau sur mon épaule.

Ma femme m'accompagna jusqu'au pied de la grande montagne de Beaumarty et s'en revint ensuite, seule, chez nous.

Lorsqu'elle vit s'éloigner le panier dans une autre direction, son visage s'assombrit. Il était évident qu'elle eût mieux aimé garder le magot que de le voir passer aux mains d'une autre personne.

François Thaury, qui m'avait toujours porté un très vif intérêt depuis le moment où j'avais été son garçon maçon, ne fut pas moins content que mon père ; il me dit : « Depuis les premiers jours où tu m'as servi, tu m'as toujours inspiré beaucoup de confiance ; aussi je n'ai pas manqué de dire souvent que tu ferais un homme. Si je n'étais pas aussi âgé, je te verrais dans quelques années un grand entrepreneur de maçonnerie. »

Mon compagnon ne devait pas me voir entrepreneur ; mais il eut la satisfaction de me voir représentant du peuple.

Entouré de ses héritiers, les Leblanc, de Beaumarty, il se mit à compter l'argent. Je rédigeai le reçu que Thaury signa ; je restais lui devoir mille francs. — « A l'année prochaine, mon cher compagnon, lui dis-je en nous quittant. » Alors je redescendis à La Martinèche, le panier vide.

Il n'y avait d'éloges, de la part des voisins et de tous nos paysans, que pour ceux des émigrants qui étaient connus pour faire campagne, et on disait qu'un maçon avait bien du mérite quand il portait au pays quatre cents francs d'économie au bout d'une année. Je laisse le lecteur deviner ce que l'on devait dire de celui qui, par hasard, avait gagné en trois ans quatre mille francs. Mon nom était dans toutes les bouches suivi des plus grands éloges.

Contente, ravie de joie, ma femme à laquelle on avait dit que je ne viendrais jamais à bout de payer nos dettes, n'eut plus à partir de ce moment cette crainte.

Huit jours après nous allâmes voir sa mère. Lorsqu'elle me vit partir vêtu d'une longue redingote à la propriétaire, selon la mode du jour, elle ajouta : « On ne te reconnaîtra pas à Lachaux. » C'est ma femme elle-même qui apprit à sa mère le résultat de ma campagne. Je fus accueilli avec une joie égale à celle de ma famille.

Mme Aupetit adorait sa fille, et cette amitié, elle la portait bien sur son gendre.

Cet hiver de 1843 à 1844 se passa pour moi de la manière la plus heureuse, et surtout la plus agréable ; il devait en être ainsi. Aimé de mon père, de ma mère et par une femme gracieuse et d'une grande beauté, les jours se passaient pour moi aussi vite que les heures. Bien que les distractions dans un village soient insignifiantes, la famille suffit pour répandre du baume dans le cœur de l'homme et donner à l'âme les joies que nous recherchons. L'hiver, en effet, n'a rien de triste pour les émigrants, encore moins pour leurs femmes.

De temps à autre, ces dernières trouvent l'occasion de se distraire, de montrer leurs toilettes.

Nous sortions, chaque dimanche, pour aller soit à Pontarion, soit à Saint-Hilaire-le-Château où on était sûr de rencontrer, sans s'être donné rendez-vous, les plus délurés et les plus fringants des maçons de Paris et de Lyon. Ceux-là ne manquaient pas, avant leur retour au village, de se payer une toilette plus voyante que solide. Mais il fallait suivre les modes et les faire suivre à nos sœurs et à nos femmes. C'est même pour porter ces belles robes venues de nos grandes villes que nos paysannes ont commencé à se distinguer, bien avant celles de plusieurs autres départements, dans leur personne, dans leur toilette et surtout dans leur maintien et leur conversation ; et ces avantages, loin de les perdre, les Creusoises n'ont fait que les accroître, les rendre, avec le temps, plus visibles et plus éclatants à tous les yeux.

A ce moment, je l'ai déjà dit, cette abominable habitude de se marier pour ne pas vivre avec sa femme était à peu près générale. A quoi tenait-elle ? A la peur qu'on avait de ne pas pouvoir vivre à deux, sur le modique salaire de l'ouvrier de mon temps.

Aujourd'hui que les salaires ont plus que doublé, cette crainte n'existe plus et les Creusoises ont raison de vouloir suivre leurs maris.

D'ailleurs, bien qu'élevées pour le dur travail des champs, ces jeunes femmes sorties de notre laborieuse et énergique race gauloise apprennent facilement à tout âge des métiers qui exigent de l'habileté et de l'intelligence...

Chantier de la mairie du Panthéon.

Dans cet intervalle, j'appris que la ville de Paris venait de donner en adjudication les travaux de la mairie du Ve arrondissement, située sur la place du Panthéon. Après m'être informé du nom et de l'adresse de l'entrepreneur, j'allai lui offrir mes services.

M. Jeoffroy, l'adjudicataire, habitait rue Royer-Collard. Fils d'un coutelier de la rue Saint-Jacques, il ne faisait que sortir de l'école d'architecture et, par conséquent, bien qu'il fût instruit, laborieux et très intelligent, la douceur de son caractère, sa voix faible, sa petite taille, tout cela réuni n'annonçait guère un homme fait pour commander au personnel bourru du bâtiment ; mais comme il avait des qualités naturelles de premier ordre et qu'il était toujours convenable et poli envers tout le monde : architectes, inspecteurs et ouvriers, tout le monde apprit vite à le respecter et nul n'aurait osé lui faire la moindre offense. Il me parlait ainsi qu'à l'appareilleur avec tant de politesse et surtout avec tant d'à-propos en nous commandant, que nous ne tardâmes pas à reconnaître que nous avions affaire à un bon et loyal patron. Jamais je n'avais obéi à un homme avec autant d'empressement ni défendu les intérêts d'un maître avec une plus réelle satisfaction.

Je me trouvais si heureux que j'écrivis à ma femme que son martyrologe allait cesser et qu'elle eût à se préparer pour venir me rejoindre. On sait, en effet, qu'alors le Creusois et sa femme vivaient chacun de leur côté.

La joie de cette digne femme fut bien grande. Nous avions été séparés en quelque sorte pendant sept ans ; elle avait eu la patience de toutes les femmes de sa condition. Je louai une petite chambre rue Saint-Jacques, au fond d'une cour, presque à l'angle de la rue Soufflot. Comme mes travaux étaient situés sur la place du Panthéon, je prenais tous mes repas à la maison ; notre bonheur était complet. Puis, ses frères sortaient de temps en temps avec elle, le soir, pendant que je me rendais auprès de mes élèves.

Élections générales. Assemblée constituante.

Un fait qui frappa beaucoup mon imagination dès les premiers jours qui suivirent la révolution de 1848 et qui devait me servir d'expérience pour apprendre à connaître l'esprit des masses, tout aussi bien que celui des classes instruites et éclairées de la nation, c'est la transformation subite qui eut lieu dans la conduite et le raisonnement des uns et des autres.

Ceux parmi les ouvriers qui avaient toujours fait fi de leurs libertés et de leurs droits devinrent soudainement d'une exigence qu'aucune mesure du gouvernement provisoire ne pouvait contenter ; très souvent même ce raisonnement devenait effrayant à entendre.

Je me demandais alors dans mon for intérieur où ces

exigences pouvaient nous conduire. « A rien de bon, me disais-je alors, sinon à un mouvement de recul qui pourra bien compromettre notre victoire. » Cherchant à savoir s'il y avait plus de bon sens et de sagesse dans l'esprit et la conduite de la portion instruite et éclairée de la société, je la trouvais tout aussi déraisonnable que le peuple. Il y avait pour ce dernier une grande excuse ; il était malheureux et accablé de misère par le manque de travail, pendant que je n'en trouvais aucune pour la bourgeoisie. Et mes craintes sur l'avenir de la République continuaient à devenir de plus en plus grandes...

Mon élection à l'Assemblée législative.

Tout en travaillant dans mon chantier, je suivais les différentes péripéties du mouvement électoral. Un matin, au moment où j'étais occupé à prêter la main à mes camarades pour jeter le grand plafond de la salle des mariages de la mairie, Antoine, mon garçon, nous arriva tenant à la main une lettre que ma femme venait de lui remettre au pied de l'échelle, pour me la monter. Il riait de toutes ses forces. L'enveloppe portait : « Citoyen Nadaud, représentant du peuple. » Bouyer qui devait être le premier gérant de l'association des maçons la lui arracha des mains et en donna lecture pendant que je continuais à bretteler ma part de plafond.

La joie manifestée par tous les ouvriers maçons, tailleurs de pierre, charpentiers et menuisiers, fut très grande. Cinq minutes après, nous étions tous chez le marchand de vin. Inutile de le dire, on but un bon coup. Les jours suivants, on venait de toutes parts me complimenter, tant cela paraissait étrange, alors, de voir arriver à la Chambre des députés un simple ouvrier maçon.

La population de Paris m'encourageait par ses applaudissements et, plus d'une fois, des délégations de plusieurs corps de métiers vinrent me féliciter et m'inviter à assister à leur banquet...

JEAN-HENRI FABRE

1823-1915

Il peut sembler étonnant de trouver ici un extrait des *Souvenirs entomologiques* (1) ; pourtant les pages de Jean-Henri Fabre sur la vie en Rouergue vers 1830 valent d'être citées à plus d'un titre.

Dans toute son œuvre, l'auteur parle peu de lui-même, mais dans les chapitres, « L'atavisme » et « Mon École », il se demande, en posant le problème de l'hérédité, d'où peut lui venir, dans ses antécédents ou dans son passé, cette passion de l'étude des insectes; à ce propos, il évoque son enfance. Car il n'est pas seulement le plus merveilleux des entomologistes, le plus inlassable des chercheurs, il est aussi poète et philosophe à sa manière.

Fabre est né en 1823 dans le Haut-Rouergue, près de Millau, dans un village des Causses, à Saint-Léons. Ses parents « laboureurs, semeurs de seigle, bouviers », faisaient valoir un maigre bien. En ce temps, on s'éclairait le soir avec un éclat de pin imprégné de résine, et quand venaient les grands froids, on passait les veillées dans la bergerie pour économiser le bois.

Après avoir vécu ses premières années chez sa grand-mère, il revint à Saint-Léons pour aller à l'école tenue par l'instituteur du village « qui était de plus le barbier, le sonneur de cloches et le chantre au lutrin ». Ensuite, sa famille émigre à Rodez, et le futur naturaliste entre au collège de cette ville, où il sert la messe afin de payer ses classes. Mais la pauvreté augmente au foyer; il est obligé d'abandonner ses études.

(1) Delagrave éd.

Il erre à la recherche d'un travail, vendant des citrons à la foire de Beaucaire, s'enrôlant comme ouvrier pour la construction de la ligne de chemin de fer de Nîmes à Beaucaire.

Malgré cette vie dure, il réussit à passer le concours des boursiers à l'école primaire d'Avignon, et à dix-neuf ans il débute comme instituteur dans une école de Carpentras (en 1842). Le traitement ne dépassait pas alors 700 francs par an; cela ne permettait qu'une nourriture « de pois chiches et d'un peu de vin »; de plus, le traitement était payé avec beaucoup de retard et on ne pouvait espérer ni pension ni retraite.

Fabre devait donner son enseignement dans une salle « suant la tristesse et l'humidité » devant un auditoire d'une cinquantaine d'élèves d'âges divers, sales et indisciplinés; il était capable de bien supporter de telles conditions et de mener de front ses études personnelles et son travail d'instituteur. Quoique deux fois licencié, il dut attendre longtemps sa nomination de professeur de lycée, qui eut lieu enfin en 1849; il fut alors désigné au collège d'Ajaccio pour enseigner la physique avec les appointements de 1 800 francs par an.

Presque toute sa vie, Fabre garda ses fonctions de professeur. Dans ses *Souvenirs entomologiques*, on trouve de nombreux passages où il se plaint d'avoir à faire un travail ingrat qui l'empêche de continuer ses recherches.

Se comparant au Sisyphe, insecte bousier qui hisse péniblement au sommet d'un monticule le lourd bloc qui doit servir de nourriture à sa famille, il écrit : « J'ai laissé des lambeaux saignants aux angles de l'âpre montée; j'ai sué toutes mes moelles, tari mes veines, dépensé sans compter mes réserves d'énergie pour hisser là-haut, en lieu sûr, mon écrasant fardeau, le pain de chaque jour. »

Ce passage est amer! C'est pourtant sans tristesse que Fabre décrit son enfance et sa vie d'écolier dans le texte que nous citons ici.

SOUVENIRS ENTOMOLOGIQUES

Le populaire n'a pas d'histoire : jugulé par le présent, il ne peut songer à garder souvenir du passé. Ce seraient cependant archives instructives entre toutes, et réconfortantes et pieuses, que les paperasses de famille nous disant ce qu'ont été les nôtres, nous parlant de leurs patientes luttes contre l'âpre destinée, de leurs tenaces efforts pour édifier, grain de sable par grain de sable, ce que nous sommes aujourd'hui. En intérêt individuel, nulle histoire ne vaudrait celle-là. Mais par la force des choses, le foyer s'abandonne et, la nichée envolée, le nid est méconnu.

Humble manœuvre dans la ruche des laborieux je suis donc très pauvre en souvenirs de famille. Au deuxième échelon de l'ascendance, brusquement s'enténèbrent mes données. Je m'y arrêterai quelques instants pour deux motifs : m'informer d'abord de l'influence de l'atavisme, et puis laisser aux miens un feuillet de plus les concernant.

Je n'ai pas connu l'aïeul maternel. Le vénérable ancêtre était, m'a-t-on appris, huissier dans une des plus pauvres communes du Rouergue. Il grossoyait sur du papier timbré une orthographe primitive. Le galimart bien garni d'encre et de plumes, il allait instrumentant par monts et par vaux, d'un miséreux insolvable à un autre plus insolvable. Dans son milieu de chicane, ce lettré rudimentaire, aux prises avec les rudesses de la vie, n'accordait certes pas attention à l'insecte ; tout au plus lui arrivait-il, le rencontrant, de l'écraser sous le talon. La bête inconnue, soupçonnée de malfaisance, ne méritait pas autre information.

De son côté, l'aïeule, hors de son ménage et de son chapelet, était plus étrangère à tout. L'alphabet était pour elle un grimoire bon à gâter la vue sans autre profit, quand on ne noircissait pas du papier à l'estampille de l'État. Qui donc, à son époque, parmi les petites gens, se souciait de savoir lire et écrire ? Ce luxe était réservé au notaire, qui n'en abusait pas d'ailleurs.

L'insecte, est-il nécessaire de le dire, était le moindre de ses soucis. Lavant la salade à la fontaine, si parfois elle trouvait une chenille sur les feuilles de laitue, avec un soubresaut d'effroi elle rejetait au loin l'odieuse vermine, coupant court à des relations réputées dangereuses. Bref, pour les aïeux maternels l'insecte était créature d'intérêt nul, presque toujours objet répugnant qu'on n'aurait osé toucher du bout du doigt. A coup sûr ce n'est pas d'eux que le goût de la bête m'est venu.

J'ai sur les aïeux paternels documents plus précis, car leur verte longévité m'a permis de connaître l'un et l'autre. Gens de la terre et n'ayant ouvert un livre de leur vie, tant leur brouille avec l'alphabet était profonde, ils cultivaient un maigre bien sur l'échine granitique et froide du plateau rouergat. La maison, isolée parmi les genêts et les bruyères, sans voisin aucun bien loin à la ronde, de temps à autre visitée des loups, était pour eux l'orbe du monde. A part quelques villages des alentours, où les jours de foire se conduisaient les veaux, le reste n'était connu, et très vaguement, que par ouï-dire.

Dans cette sauvage solitude, les bas-fonds tourbeux, à fondrières tremblantes, d'où suintaient des eaux irisées, fournissaient herbages drus aux vaches, principale richesse. En été, sur les pentes à courte pelouse, parquaient nuit et jour les moutons, protégés contre la bête de rapine par une enceinte de claies soutenues avec des fourches. A mesure que l'herbe était tondue en un point, le parc était déplacé ailleurs. Au centre était la hutte roulante du pâtre, la cabane de paille. Deux molosses armés de colliers à pointes de clous répondaient de la tranquillité si le larron, le loup, survenait la nuit des bois voisins.

Matelassée d'une perpétuelle couche de bouse de vache où je m'enfonçais jusqu'aux genoux et coupée de flaques où miroitait le purin couleur café, la basse-cour avait de son côté, population nombreuse. Là bondissaient les agneaux à sevrer, claironnaient les oies, grattait la poulaille et grognait la truie avec sa famille de porcelets appendus aux mamelles.

La rudesse du climat ne permettait pas le même essor à l'agriculture. En saison propice, on mettait le feu à quelque lande hérissée de genêts, et l'araire passait sur le sol fertilisé par les cendres de l'incendie. Ainsi s'obtenaient quelques arpents de seigle, d'avoine, de pommes de terre. Les meilleurs coins étaient réservés au chanvre qui, fournissant aux quenouilles et aux fuseaux de la maison les matériaux de la toile, était pour la grand-mère la récolte privilégiée.

L'aïeul était donc avant tout un pasteur versé dans les choses de la vacherie et de la bergerie, mais d'une complète ignorance pour le reste. Quel ahurissement pour lui s'il eût appris que, dans le lointain, l'un des siens se passionnerait de ces bêtes de rien, auxquelles de sa vie il n'avait donné un regard! S'il eût deviné que ce fou c'était moi-même, marmot assis à table à ses côtés, quelle taloche sur ma pauvre nuque, quel regard foudroyant! « Est-il permis de perdre son temps en ces balivernes! » eût-il tonné.

C'est qu'il ne plaisantait pas, le patriarche. Je vois toujours sa mine sérieuse ; sa chevelure intonse, fréquemment ramenée d'un coup de pouce derrière l'oreille et déployant sur les épaules l'antique crinière gauloise. Je vois son petit tricorne, sa culotte courte bouclée aux genoux, ses sabots retentissants bourrés de paille. Ah! mais non, les jeux de l'enfance passés, il n'eût pas fait bon élever la sauterelle et déterrer le bousier dans son entourage.

L'aïeule, sainte femme, portait l'originale coiffure des montagnardes ruthénoises, grand disque de feutre noir, rigide comme une planche, orné au centre d'une forme haute d'un travers de doigt et guère plus large qu'un écu de six francs. Un ruban noir noué sous le menton maintenait en équilibre la gracieuse mais instable roue.

Les conserves de salaison, le chanvre, les poussins, le laitage, le beurre, la lessive, les soins de la marmaille, la pitance de la maisonnée résumaient le cercle des idées de la vaillante. Au flanc gauche la quenouille dressée, garnie d'étoupes ; à la main droite le fuseau qui tournait sous un preste coup de pouce, de temps à autre mouillé de salive, elle allait infatigable, veillant au bon ordre du ménage.

Mes souvenirs me la montrent surtout dans les soirées de l'hiver, plus propices aux causeries de famille. L'heure du repas venue, grands et petits nous prenions place autour de la longue table, sur un double banc, planche de sapin à quatre chevilles boiteuses. Nous y trouvions chacun notre écuelle avec cuiller d'étain.

A l'extrême bout de la table restait en permanence jusqu'à consommation, enveloppée d'un linge en toile fleurant bon la lessive, l'énorme miche de seigle, de l'ampleur d'une roue de voiture. D'un coup de tranchoir, le grand-père en détachait de quoi suffire aux besoins du moment ; puis il subdivisait la pièce entre nous tous avec le couteau auquel seul il avait droit. A chacun maintenant de détailler son morceau, de le rompre entre les doigts et de garnir à sa guise son écuelle.

Venait alors le rôle de l'aïeule. Une marmite pansue chantait à gros bouillons sur la flambée de l'âtre. Il s'en exhalait un savoureux fumet de raves et de lard. Armée d'un plongeon en fer étamé, la grand-mère y puisait, pour chacun de nous tour à tour, d'abord le bouillon, de quoi tremper le pain ; puis, dominant l'écuelle comble, la part de raves et le morceau de jambon, mi-parti gras et maigre. A l'autre bout de la table était la cruche d'eau, laissée à la pleine discrétion des altérés. Ah ! le bel appétit, le gai repas surtout quand un fromage blanc, produit de la maison, venait compléter le régal !

A côté de nous flambait l'énorme cheminée où, par les grands froids, se consumaient des troncs d'arbres entiers. Dans un angle de ce foyer monumental, verni par la suie, faisait saillie, à hauteur convenable, une lame d'ardoise, luminaire des veillées. On y brûlait des éclats de pin, choisis parmi les plus translucides, les mieux imprégnés de résine. Il en rayonnait dans la pièce une clarté rougeâtre, fuligineuse, qui économisait l'huile de noix du lampion à bec.

Les écuelles épuisées, la dernière miette de fromage cueillie, l'aïeule reprenait sa quenouille, au coin du feu, sur un escabeau. Nous, les petits, garçons et filles, accroupis sur les talons et tendant les mains vers la réjouissante flambée de genêts, nous faisions cercle autour d'elle, l'écoutant de toutes nos oreilles. Elle nous racontait des histoires, peu variées il est vrai, merveilleuses toutefois et bien accueillies, car le loup y intervenait souvent. Ce loup, héros de tant de récits qui nous donnaient la chair de poule, j'aurais bien voulu le voir. Le pâtre a toujours refusé de m'admettre de nuit dans sa hutte de paille, au milieu du parc.

Quand on avait assez parlé de l'odieuse bête, du dragon et de l'aspic, et que le luminaire à bûchettes résineuses jetait ses dernières rougeurs, on allait dormir de ce doux sommeil que donne le travail. Comme le plus jeune de la maisonnée, j'avais droit au matelas, un sac bourré de balle d'avoine. Mes camarades ne connaissaient que la paille.

Je vous dois beaucoup, chère aïeule, c'est sur vos genoux que j'ai trouvé consolation à mes premiers chagrins. Vous m'avez légué peut-être un peu de votre robusticité, un peu de votre amour du travail, mais certainement vous êtes étrangère, autant que l'aïeul, à ma passion de l'insecte.

Non moins y sont étrangers mes parents directs. Ma mère, absolument illettrée, n'ayant connu comme éducatrice que l'amère expérience d'une vie tourmentée, était tout l'opposé de ce que demandait l'éclosion de mes goûts. J'en mettrais la main sur le feu : ma caractéristique doit chercher ailleurs son origine.

La trouverai-je dans le père ? Pas davantage. Laborieux et solidement bâti comme l'aïeul, l'excellent homme avait, en son jeune âge, fréquenté l'école. Il savait écrire, mais avec de grandes libertés non approuvées de l'orthographe ; il savait lire et comprenait, pourvu qu'en difficultés littéraires le morceau ne fût pas supérieur aux historiettes d'almanach. Le premier de la lignée, il se laissa tenter par la ville. Mal lui en prit.

De maigre avoir, d'industrie bornée, vivotant Dieu sait comme, il connut tous les déboires du campagnard devenu citadin. Harcelé par la malchance, accablé sous le faix malgré toute sa bonne volonté, il était loin, bien loin de me lancer dans l'entomologie. Il avait d'autres soucis et plus directs et plus poignants. Quelques bonnes taloches quand il me voyait épingler un insecte sur un bouchon de liège, voilà tous les encouragements reçus. Peut-être avait-il raison.

La conclusion est formelle : rien dans l'atavisme n'explique mes goûts d'observateur. Je ne remonte pas assez haut, pourrait-on dire. Que trouverais-je donc par-delà les aïeux où mes données m'arrêtent ? Je le sais en partie. Je trouverais ascendance plus inculte encore, gens de la terre, laboureurs, semeurs de seigle, bouviers tous, par la force même des choses, d'une complète nullité sur les délicatesses de l'observation.

Et cependant en moi, dès le bas âge, l'observateur, le curieux des choses commence à poindre. Pourquoi ne raconterais-je pas mes premières trouvailles ? Elles sont d'une extrême naïveté, bonnes toutefois à nous renseigner un peu sur l'éclosion des aptitudes.

J'avais de cinq à six ans. Pour alléger d'une bouche le pauvre ménage, on m'avait confié aux soins de l'aïeule, ainsi que je viens de le dire. Là, dans la solitude, au milieu des oies, des veaux et des moutons, s'éveillèrent mes premières lueurs intellectuelles. Ce qui précède est pour moi ténèbres impénétrables. Je nais à la vraie vie du moment que se lève l'intime aurore, suffisamment débrouillée des nuages de l'inconscient pour me laisser durable souvenir. Je me revois très bien, vêtu d'une robe de bure traînant crottée sur mes talons nus ; je garde souvenance du mouchoir appendu à la ceinture avec un bout de ficelle, mouchoir souvent perdu et remplacé par le revers de la manche.

Un jour, les mains derrière le dos, me voilà marmot pensif, tourné vers le soleil. L'éblouissante splendeur me fascine. Je suis la phalène attirée par la clarté de la lampe. Est-ce avec la bouche, est-ce avec les yeux que je jouis de la radieuse gloire ?

Telle est la question de ma curiosité scientifique naissante. Lecteur, ne souriez pas : le futur observateur déjà s'exerce, expérimente. J'ouvre toute grande la bouche et je ferme les yeux. La gloire disparaît. J'ouvre les yeux et je ferme la bouche. La gloire reparaît. Je recommence. Même résultat. C'est fait : je sais pertinemment que je vois le soleil avec mes yeux. Oh! la belle trouvaille! Le soir, j'en fis part à la maisonnée. La grand-mère sourit tendrement de ma naïveté ; les autres s'en moquèrent. Ainsi va le monde.

Autre découverte. A la tombée de la nuit, au milieu des broussailles du voisinage, certain cliquetis attirait mon attention, sonnant très faible et très doux dans le silence du soir. Qui bruit de la sorte ? Est-ce un oisillon qui pépie dans son nid ? C'est à voir, et au plus vite. Il y a bien le loup, à cette heure sorti des bois, m'a-t-il été dit ; allons tout de même, mais pas bien loin, rien que là, derrière ce fourré de genêts.

Longtemps je fais le guet, mais en vain. Au moindre bruit des broussailles ébranlées, le cliquetis cesse. Le lendemain je recommence, et le surlendemain. Cette fois, mon tenace affût réussit. Paf! la main est lancée; je tiens le chanteur. Ce n'est pas un oiseau, c'est une sorte de sauterelle dont mes compagnons m'ont appris à savourer les cuissots, maigre dédommagement de mon embuscade prolongée. Dès maintenant je sais, par observation, que les sauterelles chantent. Ma découverte ne fut pas divulguée, crainte de risée comme m'en avait valu mon histoire du soleil...

L'œil toujours en éveil sur la bête et sur la plante, ainsi s'exerçait tout seul, sans y prendre garde, le futur observateur, marmouset de six ans. Il allait à la fleur, il allait à l'insecte comme la piéride va au chou et la vanesse au chardon. Il regardait, s'informait, invité par une curiosité dont l'atavisme ne connaissait pas le secret. Il y avait en lui le germe d'une aptitude inconnue de sa famille ; il couvait une étincelle étrangère au foyer des ascendants. Ce rien, ce néant de fantaisie enfantine, que va-t-il devenir ? Il s'éteindra sans doute si l'instruction n'intervient, l'alimentant par l'exemple, l'accroissant par l'exercice. Alors l'école expliquera ce que l'atavisme laisse inexplicable. C'est ce que nous allons examiner.

Mon école.

Me voici de retour au village, à la maison paternelle. Avec les sept ans, l'heure est venue d'aller à l'école. Je ne pouvais rencontrer mieux ; le maître est mon parrain. Comment appellerai-je la salle où je devais faire connaissance avec l'alphabet ? Le terme juste ne se trouverait pas, car la pièce servait à tout. C'était à la fois école, cuisine, chambre à coucher, réfectoire, et par moments poulailler, porcherie. On ne songeait guère en ce temps-là aux palais scolaires ; un misérable refuge suffisait.

De cette pièce, on montait à l'étage supérieur par une large échelle fixe. Sous l'échelle, un grand lit dans une alcôve de planches. Qu'y avait-il là-haut ? Je ne l'ai jamais bien su. J'en voyais descendre par le maître, tantôt une brassée de foin destinée à l'ânesse, tantôt un panier de pommes de terre que la ménagère versait dans le chaudron où se cuisait la pâtée des porcelets. Ce devait être un grenier, un entrepôt de provisions pour gens et bêtes. Ces deux pièces composaient toute l'habitation.

Revenons à celle d'en bas, l'école. Au midi, une fenêtre, la seule de la maison, fenêtre étroite et basse dont le cadre peut se toucher de la tête et des deux épaules à la fois. Cette ouverture ensoleillée est le seul point gai de la demeure ; elle domine la majeure partie du village, étalé sur les pentes d'une vallée en entonnoir. Dans son embrasure est la petite table du maître.

La muraille d'en face est creusée d'une niche où reluit un seau de cuivre plein d'eau. Là, quand bon leur semble, avec une tasse laissée à leur portée, puisent les altérés. Dans le haut de la niche, sur quelques étagères, brille la vaisselle d'étain, plats, assiettes, gobelets, descendus de leur chapelle les seuls jours de grande fête...

Si le musée à un sou le tableau faisait mon bonheur toute l'année, une autre réjouissance de la salle m'attirait davantage en hiver, lors des grands froids et des neiges prolongées. Contre le mur du fond est la cheminée, un vrai monument pour les dimensions, comme celle de mon aïeule. Sa corniche voûtée occupe toute la largeur de la pièce, car l'énorme réduit a destination multiple.

Au milieu est le foyer, mais à droite et à gauche, à hauteur d'appui, s'ouvrent deux niches, moitié menuiserie, moitié maçonnerie. Chacune d'elles est un lit, avec matelas en écailles de blé vanné. Deux planches glissant dans les coulisses font office de volets et ferment la boîte si le dormeur veut s'isoler. Ce dortoir, abrité sous le manteau de la cheminée, fournit sa double couchette aux privilégiés de la maison, les deux pensionnaires. On doit être bien là-dedans, la nuit, les volets fermés, quand la bise gronde à l'embouchure du noir canal et fait tourbillonner la neige.

Le reste est occupé par le foyer et ses accessoires : escabeaux à trois pieds, boîte à sel appendue contre le mur pour conserver son contenu sec, lourde pelle qu'il faut manier des deux mains, enfin soufflet pareil à celui où je gonflais mes joues dans la demeure du grand-père. Il consiste en un fort rameau de sapin, creusé de tout son long au fer rouge. A l'aide de ce canal, le souffle de la bouche est dirigé à distance sur le point qu'il s'agit de rallumer. Sur l'appui de deux pierres flambent le fagot de ramée fourni par le maître et la bûche que chacun de nous doit apporter le matin, s'il veut avoir droit au régal du foyer.

D'ailleurs le feu ne s'allumait pas précisément pour nous, mais avant tout pour chauffer une rangée de trois chaudrons où doucement se cuisinait la pâtée des porcelets, mélange de son et de pommes de terre. C'était là véritablement, malgré le tribut d'une bûche, la destination des flambées. Les deux pensionnaires aux meilleures places, sur leurs escabeaux, nous autres assis sur les talons, nous formions demi-cercle autour des grandes marmites, pleines jusqu'aux bords et lançant de petits jets de vapeur, avec des bruits de pouf, pouf, pouf.

Les plus hardis, quand les regards du maître étaient tournés ailleurs, piquaient de la pointe du couteau une pomme de terre cuite à point et l'adjoignaient à leur morceau de pain ; car il faut dire que si dans mon école on travaillait peu, du moins on y mangeait beaucoup. C'était l'usage courant que de casser quelques noix et de grignoter son croûton tout en écrivant sa page ou en alignant ses chiffres.

Pour nous, les petits, à cette consolation d'étudier la bouche pleine, s'en ajoutaient par moments deux autres qui valaient bien la noix cassée. La porte du fond communiquait avec une basse-cour où la poule, entourée de sa famille de poussins, grattait le tas de fumier ; où les porcelets, au nombre d'une douzaine, barbotaient dans une auge de pierre. Cette porte s'ouvrait souvent pour des sorties dont nous abusions. Elle s'ouvrait, mais les malins d'entre nous se gardaient bien de la refermer.

Aussi les porcelets d'accourir, à la file l'un de l'autre, attirés par le fumet des pommes de terre bouillies. Le banc des jeunes, le mien, adossé contre le mur au-dessous du seau de cuivre où nous allions boire quand la noix nous avait altérés, était précisément sur leur passage. Ils arrivaient trottinant, grognant, la fine queue bouclée ; ils nous frôlaient les jambes ; de leur groin rose et frais, ils nous fouillaient le creux de la main pour y prendre un reste de croûton ; de leurs petits yeux éveillés, ils nous interrogeaient pour savoir si nous n'avions pas dans les poches, à leur intention, quelque châtaigne sèche. La tournée finie, un peu de-ci, un peu de-là, ils regagnaient la basse-cour, amicalement chassés par le mouchoir du maître.

Que pouvions-nous apprendre à pareille école ? Parlons d'abord des jeunes, dont je faisais partie. Chacun de nous avait, ou plutôt était censé avoir entre les mains un petit livre de deux sous, l'alphabet, imprimé sur du papier gris. Cela débutait, sur la couverture, par un pigeon ou quelque chose d'approchant. Venait après une croix, suivie de la série des lettres. La page tournée, se présentait le terrible ba, be, bi, bo, bu, écueil du plus grand nombre. Ce redoutable feuillet franchi, nous étions censés savoir lire et admis parmi les grands.

Mais pour utiliser le petit livre, fallait-il au moins que le maître s'occupât un peu de nous et nous montrât de quelle manière il fallait s'y prendre. Le loisir manquait au brave homme, trop occupé par les grands. Le fameux alphabet à pigeon nous était imposé uniquement pour nous donner contenance d'écoliers. Nous devions le méditer sur notre banc, le déchiffrer à l'aide du voisin, si par hasard quelques lettres lui étaient connues. Nos méditations n'aboutissaient guère, à tout instant troublées par la visite aux pommes de terre des chaudrons, la dispute entre camarades pour une bille, l'invasion grognante des porcelets, l'arrivée des poussins. Ces distractions aidant, nous attendions avec patience que l'on nous fît sortir. C'était là notre travail le plus sérieux.

Les grands écrivaient... L'encrier d'alors, souvenir de l'antique galimart dont parle Rabelais, était un long étui de carton divisé en deux étages. Le compartiment supérieur recevait les plumes, venues de l'aile du dindon ou de l'oie et taillées avec le canif ; l'inférieur contenait dans une petite fiole un peu d'encre obtenue avec de la suie délayée dans du vinaigre.

La grande occupation du maître était de tailler les plumes, travail délicat, non sans danger pour les doigts inexperts, puis de tracer en tête de la page blanche une ligne de barres, de lettres isolées, de mots, suivant la force de l'écolier. Cela fait, ayez l'œil sur le chef-d'œuvre qui va soudain embellir le modèle.

Par quelques flexions onduleuses du poignet, la main, appuyée sur le petit doigt, prépare, combine son élan. Tout à coup cette main part, vole, tourbillonne ; et voilà que sous la ligne d'écriture se déroule une guirlande de boucles, de spirales et de tire-bouchons, encadrant un oiseau aux ailes déployées. Le tout, s'il vous plaît, à l'encre rouge, la seule digne de pareille plume. Petits et grands, nous restions ébahis devant ces merveilles. Le soir, aux veillées de famille, on repassait de main en main le chef-d'œuvre rapporté de l'école. « Quel homme, disait-on, quel homme qui d'un trait de plume vous fait un Saint-Esprit! »

Que lisait-on dans mon école? — Tout au plus, en français, quelques morceaux d'histoire sainte. Le latin revenait plus souvent pour nous apprendre à chanter à vêpres comme il se doit. Les plus avancés essayaient de déchiffrer le manuscrit, l'acte de vente, grimoire de quelque tabellion.

Et l'histoire, la géographie? — Nul n'entendit jamais parler de cela. Que nous importait que la terre fût ronde ou cubique! La difficulté de lui faire produire quelque chose n'en restait pas moins la même.

Et la grammaire? — Le maître s'en souciait fort peu, et nous encore moins. Substantif, indicatif, subjonctif et autres termes du jargon grammatical nous eussent bien surpris par leur nouveauté et par leur rébarbative tournure. La correction du langage écrit ou parlé devait s'apprendre par l'usage. Du reste, les scrupules sur ce point ne gênaient aucun de nous. A quoi bon tant raffiner lorsque, au sortir de l'école, on revient à son troupeau de moutons!

Et l'arithmétique? — Oui, on en faisait quelque peu, mais pas sous ce nom savant. On appelait cela le calcul. Écrire des nombres pas trop longs, les additionner, les retrancher l'un de l'autre, c'était un travail assez courant. Le samedi soir, pour clore la semaine, il y avait branle-bas général de calcul. Le plus fort se levait, et d'une voix retentissante récitait la première douzaine du livret. Je dis douzaine, car alors, à cause de nos vieilles mesures duodécimales, l'usage était d'étendre jusqu'à douze la table de multiplication.

Le couplet fini, la classe entière, les petits compris, le reprenait en chœur avec un tel tapage que poussins et porcelets prenaient la fuite si, de fortune, ils se trouvaient là. Et cela durait ainsi jusqu'à douze fois douze, le chef de file entonnant la douzaine suivante, toute la classe la répétant aussi haut qu'elle pouvait donner de voix. De tout ce que nous enseignait l'école, le livret était ce qu'on savait le mieux, tant cette bruyante méthode finissait par marteler le nombre dans nos cervelles.

Ce n'est pas à dire que l'on devînt habile calculateur. Les plus experts aisément se perdaient au milieu des retenues d'une multiplication. Quant à la division, étaient bien rares ceux qui pouvaient s'élever jusque-là. En somme, pour résoudre le moindre problème, on avait recours à des combinaisons mentales bien plus qu'à l'intervention savante du chiffre.

Après tout, notre maître était un excellent homme à qui, pour bien mener l'école, il ne manquait qu'une chose, le temps. Il nous consacrait le peu de loisir que lui laissaient ses nombreuses fonctions.

Et d'abord il gérait les biens d'un propriétaire étranger au village, n'apparaissant que de loin en loin. Il avait sous sa surveillance un vieux château à quatre tours, devenues colombiers ; il présidait à la rentrée des foins, à l'abattage des noix, à la cueillette des pommes, à la moisson des avoines. Pendant la belle saison, nous lui venions en aide.

L'école, bien fréquentée pendant l'hiver, était alors presque déserte. Restaient seuls, non utilisables encore aux travaux des champs, quelques enfants, parmi lesquels celui qui devait un jour mettre par écrit ces choses mémorables. La classe était alors plus gaie. Souvent elle se faisait sur le foin, sur la paille; plus souvent encore elle se passait à nettoyer le colombier, écraser les escargots sortis, par un temps pluvieux, de leurs forteresses, les hautes bordures de buis du jardin attenant au château.

Notre maître était barbier. De sa main légère, qui savait si bien embellir nos pages d'écriture d'un oiseau tire-bouchonné, il rasait les notabilités de l'endroit, le maire, le curé, le notaire. Notre maître était sonneur de cloches. Un mariage, un baptême, suspendaient la classe : il fallait carillonner. Une menace d'orage nous donnait vacances : il fallait mettre en branle la grosse cloche pour écarter la foudre et la grêle. Notre maître était chantre au lutrin. De sa voix puissante, il remplissait l'église quand il chantait à vêpres le *Magnificat*. Notre maître remontait et réglait l'horloge du village. C'était sa fonction d'honneur. Un coup d'œil donné au soleil pour s'informer à peu près de l'heure, il montait au clocher, ouvrait une grande cage de planches et se trouvait au milieu des rouages d'un grand tournebroche dont il était seul à connaître les secrets.

Avec telle école, tel maître, tels exemples, que deviendront mes goûts naissants, à peine indiqués ? En ce milieu, ils doivent périr, étouffés pour toujours. Eh bien, non : le germe est vivace ; il me travaille les veines et n'en sortira plus. Il trouve aliment partout, jusque sur la couverture de mon alphabet de deux sous. Il y a là une rustique image de pigeon que j'étudie, que je médite avec bien plus de zèle que je ne fais de l'A B C.

Son œil rond, cerclé d'une couronne de points, semble me sourire. Son aile, dont je compte une à une les plumes, me parle de l'essor là-haut, parmi les beaux nuages ; elle me transporte au bois de hêtres dressant leurs troncs lisses sur un tapis de mousse d'où émergent des champignons blancs, pareils à des œufs laissés là par quelque poule vagabonde ; elle me conduit aux cimes neigeuses où l'oiseau laisse l'empreinte étoilée de ses pattes rouges. Il est magnifique, mon ami le pigeon ; il me console des amertumes cachées sous la couverture du livre. Grâce à lui, je suis bien sage sur mon banc, et j'attends sans trop d'impatiences que l'on nous fasse sortir.

L'école en plein air a d'autres douceurs. Lorsque le maître nous mène écraser les escargots des bordures de buis, je ne remplis pas toujours scrupuleusement mon office d'exterminateur. Mon talon parfois hésite devant la poignée que je viens de cueillir. Ils sont si beaux ! Jugez donc : il y en a de jaunes et de rosés, de blancs et de bruns, tous avec des rubans noirs qui tournent en spirale. Je remplis mes poches des mieux colorés, pour en jouir à mon aise.

Les jours de fenaison au pré du maître, j'entre en relations avec la grenouille qui, écorchée et mise au bout d'une gaule fendue, me sert d'appât, au bord du ruisselet, pour faire sortir l'écrevisse de ses caves. Je prends sur les aulnes l'hoplie, splendide scarabée qui fait pâlir l'azur du ciel. Je récolte le narcisse et j'apprends à puiser, du bout de la langue, la gouttelette mielleuse qu'il faut aller chercher au fond de la corolle fendue. J'apprends aussi qu'un mal de tête est la conséquence de ce régal trop prolongé. Ce malaise ne nuit en rien à mon admiration pour la superbe fleur blanche, portant collerette rouge à l'entrée de son entonnoir.

Lors de l'abattage des noix, les maigres pelouses me réservent les criquets, déployant leurs ailes les uns en éventail bleu, les autres en éventail rouge. Ainsi la rustique école, même au cœur de l'hiver, fournissait un continuel aliment à ma curiosité des choses. Nul besoin de guide et d'exemple ; la passion de la bête et de la plante progressait d'elle-même.

Ce qui ne progressait pas c'était la connaissance des lettres, bien négligées pour le pigeon. J'en étais là, toujours inexpert au revêche alphabet, lorsque mon père, par une inspiration fortuite, m'apporta de la ville ce qui devait me donner l'élan dans la voie de la lecture. Malgré son rôle considérable dans mon éveil intellectuel, l'acquisition n'était pas ruineuse, oh! non. C'était une grande image de six liards, coloriée et subdivisée en compartiments où des animaux de toute sorte enseignaient la série des lettres par les initiales de leur nom.

Où caser le précieux tableau? Il y avait précisément à la maison, dans la pièce réservée aux enfants, une petite fenêtre pareille à celle de l'école, comme cette dernière ouverte au fond d'une sorte de niche, et comme elle donnant vue sur l'ensemble du village. L'une à droite, l'autre à gauche du château à colombiers, les deux s'équivalaient sur les hauteurs de l'entonnoir de la vallée. Je ne pouvais jouir de la fenêtre de l'école que de loin en loin, lorsque le maître quittait sa petite table ; j'avais à ma disposition la seconde tant que je voulais. J'y faisais de longues stations, assis sur une planchette encastrée dans l'embrasure.

On avait là un coup d'œil superbe. J'y voyais les confins du monde, c'est-à-dire les collines qui barraient l'horizon, sauf une trouée vaporeuse par où, sous les vernes et les saules, s'écoulait le ruisseau aux écrevisses. Là-haut, hérissant les crêtes et touchant le ciel, quelques chênes battus par la bise ; au-delà plus rien, l'inconnu plein de mystère.

Au fond de la cuve, l'église avec ses trois cloches et son

cadran de l'horloge. Un peu plus haut, la grande place, où, d'un bassin à l'autre, sous l'abri d'une ample voûte, bruissait une source aménagée en fontaine. De ma fenêtre s'entendaient le caquet des laveuses, les coups de battoir, les grincements des chaudrons écurés avec du sable et du vinaigre. Sur les pentes, des maisonnettes clairsemées, avec jardinets en étages, soutenus par des murs branlants, faisant ventre sous la poussée des terres. Ici et là des ruelles en pente très rapide où les bosselures du roc formaient pavé naturel. Dans ces périlleux couloirs, le mulet, aux sabots fermes pourtant, n'eût osé s'engager avec sa charge de ramée.

Là-bas, hors du village, à mi-hauteur des collines, le grand tilleul archiséculaire, le Tel, comme nous l'appelions, dont les flancs excavés par les siècles étaient, dans nos jeux, la cachette favorite. Les jours de foire, son immense frondaison versait l'ombre sur les troupeaux de bœufs et de moutons.

En ce jour solennel, unique dans l'an, quelques idées me venaient du dehors ; j'apprenais que le monde ne finissait pas avec ma conque de collines. Je voyais arriver à dos de mulet et dans des outres en peau de bouc le vin du cabaretier. J'assistais, sur la grande place, à l'ouverture des jarres pleines de poires cuites, à l'étalage des corbeilles de raisins, fruit à peine connu, objet d'ardentes convoitises. J'admirais le tourniquet qui, pour un sou, suivant le point où s'arrêtait son aiguille sur la rangée circulaire de clous, faisait gagner tantôt un caniche rose en sucre d'orge, tantôt une fiole ronde d'anis praliné, tantôt et plus souvent rien du tout.

A terre, sur une toile grise, s'exposaient les rouleaux d'indiennes, à fleurettes rouges, tentation des filles. Non loin s'élevait le monceau de sabots en bois de hêtre, de toupies et de flûtes en buis. Les gardiens de moutons y choisissaient leurs instruments, les essayaient en soufflant quelques notes naïves. Que de nouveautés pour moi, que de choses à voir en ce monde ! Mais ce temps de merveilles était de courte durée. Le soir, après quelques bourrades au cabaret, tout était fini. Pour un an, le village rentrait dans le silence.

FRÉDÉRIC LE PLAY

1806-1882

Peu après les enquêtes de Villermé se placent celles de Frédéric Le Play, qui commença très tôt une exceptionnelle carrière d'observateur. Il fit en effet ses premiers travaux à sa sortie de l'École polytechnique, alors qu'il était à l'École des mines. L'instruction pratique comprenait des « explorations », observations de divers établissements industriels, qui demandaient de séjourner longuement au même endroit, d'entrer en contact avec les autorités sociales de chaque localité, d'écouter, de noter. Le rythme de ces études devait être lent; la plupart du temps, le voyage se faisait à pied.

Après une interruption due à un accident, Le Play continua pendant de nombreuses années avec quelques chercheurs ce qu'il avait entrepris avec un seul ami. Il reprit le cours de ses voyages en Europe et fit lui-même trois cents monographies. A chacune de ses observations sur les familles, il pénètre dans toutes les parties de l'habitation, il inventorie les meubles, les ustensiles, les vêtements, évalue les immeubles, le montant des sommes disponibles, les animaux domestiques. Il pèse les aliments qui entrent à la maison et suit la composition des divers repas. Il étudie aussi les travaux domestiques, la vie intellectuelle, morale et religieuse du foyer.

Pour obtenir tant de renseignements, il préconise de créer des contacts humains faciles, de ne pas brusquer les gens, d'inspirer la confiance, la sympathie, de demander des récits, plus ou moins utiles, qui intéressent les interlocuteurs, de faire connaître le but de l'enquête, de dédommager les pertes de temps par des indemnité et, enfin, de faire de petits cadeaux.

Toutes ces choses, bien connues aujourd'hui, étaient originales en 1840 : Le Play a été vraiment un pionnier de la sociologie. Mais, sa pensée est moins intéressante que le résultat de ses recherches.

Il écrivait que l'esprit d'épargne et de prévoyance pouvait suffire à sauver le peuple de la misère, et que l'obéissance aux Commandements de Dieu engendrait l'élévation du niveau de vie; sa religion, assez formaliste, était basée sur la notion de hiérarchie, de sorte que sa doctrine est ce que nous appelons un *paternalisme*, fondée sur l'obéissance à l'autorité du patron dans l'atelier, ou à l'autorité du père à la maison; ces deux observances étaient pour lui la *seule* condition de progrès social.

Mais, comme nous l'écrivions, ses monographies valent mieux que sa pensée. Elles décrivent en effet le réel, la situation des familles européennes, avec tant de soin, tant de précision, qu'on souhaiterait voir quelques-unes d'entre elles au programme du baccalauréat.

Le budget familial d'un mineur de Pontgibaud que nous reproduisons ici en partie mériterait, s'il n'était aussi long, d'être cité dans sa totalité; la longueur ne tient d'ailleurs pas au fait que les consommations sont nombreuses et abondantes, mais chaque dépense est indiquée avec un grand détail. Sous les colonnes de chiffres éclate l'émouvante réalité.

Le peu de froment (48 kg par an) est réservé au jeune enfant de moins de deux ans, tandis que le reste de la famille se nourrit de seigle et de sarrasin.

La consommation de viande de la famille est de 12 kg (avec os), soit 2 kg par an et par personne (la valeur de 10 à 15 de nos biftecks moyens). Est citée aussi « une vieille poule » qui a été l'objet d'un festin, unique au cours d'une année.

La liste des ustensiles mérite également d'être méditée : 5 couteaux, 3 fourchettes, 1 seule lampe et 1 quenouille pour 6 personnes; cela caractérise un monde qui ne peut se comparer au nôtre. Quant aux dépenses concernant les besoins moraux, les récréations et les services de santé, elles totalisent 3 f par an pour le foyer. On ne peut lire sans s'étonner le détail de ce budget « Loisirs » qui comprend seulement : un pain d'épices pour le petit enfant et un peu de vin pour l'ouvrier en quelques circonstances exceptionnelles (0 f 50 au total). Le poste « Instruction » comprend seulement cette mention « On ne donne point d'instruction aux enfants ».

Dans le même livre, Le Play décrit une famille de Saint-Léger-de-Fougerette (pays natal de Vauban, en Morvan); les moindres recettes sont évaluées dans ce budget : le bois mort ramassé dans la forêt, les cendres provenant de ce bois utilisées d'abord à la lessive et vendues ensuite comme engrais, la plus petite graine absorbée par les poules et l'herbe broutée par la chèvre sur la terre du propriétaire.

Le premier des budgets que nous rapportons ci-après, celui d'un mineur, comprend des recettes totales de 718 f par an, le second, celui d'un manœuvre agriculteur, est seulement de 570 f. Mais ce ne sont pas les plus pauvres ; il y a dans les six volumes de l'œuvre de Le Play un choix très éclectique: tisserand, blanchisseur, chiffonnier, débardeur, brocanteur, charbonnier, luthier du Tyrol, forgeron de Russie, horloger de Genève, etc. Chaque famille ouvrière est choisie comme représentative de dizaines de milliers d'autres. C'est donc tout le monde ouvrier de 1850 à 1870 que ressuscite Le Play dans une œuvre unique en son genre.

Nous citons d'abord un souvenir personnel de Le Play, qui reflète bien la vie de son temps.

Le prêtre qui compléta en 1816 mon instruction religieuse, et dont les cendres reposent aujourd'hui dans le tombeau de famille, avait été curé dans un village de cette contrée. Possédant une petite fortune personnelle, il pouvait assez bien réparer par l'usage de la viande ses forces épuisées par un service pénible de jour et de nuit. Il partageait même, autant que possible, sa modeste pitance avec ses confrères du voisinage, qui ne vivaient guère que de pain et de légumes. L'un de ces derniers avait, tout au plus une fois par quinzaine, le pot-au-feu au presbytère. Ce régal était procuré au pauvre prêtre et au jeune garçon qui sonnait la cloche et servait la messe, par le travail de la vieille servante. Toutefois, les forces du ménage n'étaient restaurées, par cet heureux événement, que dans le cas où la bonne femme réussissait à obtenir au marché voisin, un bon prix du lot de fil qu'elle venait de fabriquer. Le jour où se traitait cette grande affaire, le bon curé, accompagné de son serviteur, dirigeait sa promenade sur la route par laquelle les gens du village revenaient du marché. Il était convenu que, s'il y avait succès, la servante l'annoncerait de loin en plaçant un grand rameau vert sur le panier qui lui servait à emporter le fil et à rapporter, avec la provision de nourriture, la filasse qu'elle devait élaborer pendant la nouvelle quinzaine. Quand le rameau vert se détachait sur l'horizon, au bout de la côte abrupte qui dominait le village, les deux promeneurs poursuivaient leur route, afin de féliciter plus tôt la vaillante femme ; mais quand le rameau ne se montrait pas, le curé faisait brusquement volte-face ; puis il disait gaiement à son assistant : « Allons, François, encore des haricots! »

En commençant à citer des extraits des « Ouvriers Européens », il nous paraît amusant, pour comprendre l'esprit de l'auteur, de citer le titre entier de la 11e série.

LES OUVRIERS EUROPÉENS

11e série — Populations ébranlées, envahies par la nouveauté, oublieuses de la tradition, peu fidèles au décalogue et à l'autorité paternelle, suppléant mal à la rareté croissante des productions spontanées, par la communauté, la propriété individuelle et le patronage.

Mineur des filons argentifères de Pontgibaud (Puy-de-Dôme).

D'après les renseignements recueillis sur les lieux en 1850.

État civil de la famille.

La famille comprend les deux époux et quatre enfants, savoir :

1. Jacques M..., chef de famille, marié depuis 11 ans, né à Barbecot .... 32 ans
2. Marie S..., sa femme, née à Pontgibaud...... 30 »
3. Maurice M..., leur fils aîné, né à Barbecot .... 10 »
4. Jean M..., leur 2e fils, né à Barbecot .... 8 »
5. Henry M..., leur 3e fils, né à Barbecot .... 5 »
6. Marguerite M..., leur fille, née à Barbecot ...... 2 »

Religion et habitudes morales.

Les deux époux professent la religion catholique romaine et se livrent régulièrement, sans esprit de superstition, aux pratiques religieuses. L'ouvrier est d'un caractère doux ; cependant la déférence et la soumission qu'il accorde à ses supérieurs ne sont pas toujours exemptes d'une nuance de dissimulation. Les mœurs sont bonnes, tant avant qu'après le mariage. La tendance aux rixes sanglantes, si rare chez les Français du Nord, commence déjà à se manifester. La population tout entière montre pour l'épargne une inclination prononcée. Malheureusement cette vertu développe souvent la tendance à négliger l'éducation des enfants et les soins dus aux malades et aux infirmes. Cette disposition efface, en ce qui concerne le vêtement, certains sentiments de convenance et de dignité personnelle. Elle conduit, par exemple, les jeunes filles à vendre, au prix de 2 francs, leur chevelure à des marchands. L'agriculteur se livre à ses travaux avec peu d'énergie, souvent avec indolence. Cet état d'inertie peut sans doute être attribué en partie à l'insuffisance de la nourriture où la viande et les boissons fermentées manquent presque entièrement ; mais la cause dominante se trouve incontestablement dans l'absence de culture intellectuelle et dans les habitudes de repos contractées dès l'enfance, par suite des nécessités de la vie pastorale et pendant de longues journées d'hiver passées dans l'inaction à la douce chaleur de l'étable...

TRAVAUX ET INDUSTRIES

Travaux de l'ouvrier

L'ouvrier a pour travail principal l'abattage de la roche dans les filons métallifères ; il y travaille chaque mois 25 journées, en fournissant alternativement, de semaine en semaine, 6 postes de jour et 6 postes de nuit. Il fait, en outre, quelques postes supplémentaires lorsque le minerai manque pour la fonderie ou lorsque la famille doit subvenir à quelque dépense extraordinaire.

Les travaux secondaires de l'ouvrier, exécutés dans les semaines où il prend le poste de nuit, ont pour objet la culture du jardin et l'entretien de la maison et du mobilier.

Travaux de la femme

Le travail principal de la femme a pour objet les travaux de ménage qui, outre les occupations classées ordinairement sous ce nom, comprennent ici *la cuisson* du pain.

Les travaux secondaires de la femme sont : la culture du jardin, les soins donnés aux volailles et la vente des œufs. Une série de travaux concernant la confection des vêtements du ménage et quelques travaux de tricotage exécutés à prix d'argent. Les occupations de la femme acquerront un nouveau degré d'importance lorsque la famille aura fait l'acquisition d'un champ à céréales et d'une prairie pour entretenir une vache laitière. En attendant cette phase nouvelle, la femme contribue principalement au bien-être de la famille en se livrant à la confection des étoffes et des vêtements : elle teint, lave et file la laine ; elle file le chanvre, lessive, blanchit et dévide le fil obtenu. Avec la toile qu'elle fait tisser au-dehors au moyen de ce fil, elle confectionne les chemises et les draps de lit de la famille. Enfin elle confectionne ses vêtements, ceux des enfants et même, en partie, ceux du mari.

Travaux du fils aîné, âgé de dix ans

Le travail principal du fils aîné est la garde des oies confiées par plusieurs cultivateurs du voisinage. Il reçoit comme rétribution une quantité de pain supérieure à sa propre consommation. Les facilités que donne le pâturage pour assurer un travail lucratif aux plus jeunes enfants sont un obstacle direct à la propagation de l'instruction primaire. Le fils aîné, aidé de son plus jeune frère, récolte en outre du fumier sur les voies publiques...

MODE D'EXISTENCE DE LA FAMILLE

Aliments et repas

La soupe est, à Barbecot, comme dans la majeure partie de la France, le principal aliment des familles. Elle se compose essentiellement de pain et de beaucoup d'eau ; on l'assaisonne avec un peu de beurre et de sel ; on y ajoute, selon la saison, divers légumes, particulièrement des oignons, des pommes de terre et des choux. Le pain est composé de farine de seigle, dont le son n'est pas complètement séparé. Il est toujours confectionné par la femme. Dans la famille prise pour exemple, la femme se sert du four d'une maison voisine, sans payer de loyer, et à la charge seulement de fournir le combustible.

Le matin, à cinq heures, avant de partir pour la mine située à 4 kilomètres de la maison, l'ouvrier mange la soupe, puis un morceau de pain. Le reste de la famille déjeune un peu plus tard. L'ouvrier emporte un morceau de pain pour son second déjeuner à huit heures ; de la soupe, du pain, un morceau de fromage ou des œufs pour son dîner, à midi. Rentré à la maison à sept heures du soir, l'ouvrier prend, avec toute la famille, de la soupe, du pain et un peu de fromage : quelquefois, à ce dernier repas de la journée, la soupe est remplacée par des pommes de terre, par des œufs ou par de la salade. Pendant l'été et l'automne, la famille ajoute des fruits à tous ses repas. Le dimanche, on cuit sur la poêle une bouillie composée d'œufs et de farine de sarrasin. On mange de la viande les jours de fête, à peu près six fois par an.

Habitation, mobilier et vêtements

L'habitation des agriculteurs et des mineurs de Barbecot consiste ordinairement en un rez-de-chaussée composé d'une chambre à feu et d'une seconde pièce qui, selon le degré d'aisance de la famille, est employée comme bûcher, comme magasin de provisions ou comme étable. La première pièce contient : d'un côté, une large cheminée avec la crémaillère pour la suspension de la marmite où se fait la soupe ; du côté opposé, une rangée de lits séparés par des cloisons et quelquefois garnis de rideaux. Lorsqu'elle est parvenue à un état moyen d'aisance, la famille possède une vache, qui est toujours logée dans la seconde pièce du rez-de-chaussée ; mais alors, pour mettre à profit la chaleur de l'étable, la famille en fait ordinairement, au moins pendant l'hiver, sa résidence et sa chambre à coucher. Dans cette dernière distribution, la première pièce est employée comme cuisine et comme salle à manger, et les provisions se conservent dans un grenier situé au-dessus.

Meubles

Entretenus avec peu de soin : 211,50 F.

1° *Lits* : 3 bois de lit, 24,00 F ; matelas et oreiller de plume, du lit des deux époux : valeur d'achat de 7 kg de plume et de toile, 55,00 F ; valeur actuelle, 40,00 F ; 2 couvertures en laine, du même lit, 24,00 F ; 2 matelas remplis de paille d'avoine, du lit des enfants, 12,00 F ; 4 couvertures, du lit des enfants, 24,00 F ; 1 traversin de plume (de poule), 5,00 F. Total, 129,00 F.

2° *Mobilier des deux pièces* : 1 table, 8,00 F ; 6 chaises (faites par l'ouvrier), à 0,75 F, 4,50 F ; 1 armoire en bois blanc pour vêtements et linge, 40,00 F ; 1 coffre rond pour vêtements et linge, 15,00 F ; 1 dressoir (pour vaisselle), 15,00 F. Total, 82,50 F.

Ustensiles

Réduits au strict nécessaire : 34,60 F.

1° *Foyer* : 1 crémaillère, 1,00 F ; 1 poêle (pour les mets de farine et les pommes de terre), 3,00 F. Total, 4,00 F.

2° *Service de l'alimentation* : 2 marmites (pour soupe), 7,00 F ; 6 assiettes en terre (écuelles), 0,60 F ; 5 couteaux de poche, 2,00 F ; 3 fourchettes, 0,60 F ; 6 cuillers, 0,90 F. Total, 11,10 F.

3° *Usages divers* : 1 seau 1,50 F ; 1 cruche, 0,50 F ; 1 huche fermée (pour faire le pain et pour le garder), 10,00 F ; 1 lampe, 2,00 F ; 1 hache, 5,00 F ; 1 quenouille, 0,50 F. Total, 19,50 F.

Linge de ménage

Grossier et peu soigné : 80,00 F ; 10 paires de draps de lit à 8,00 F (la paire valant neuve 12,00 F), 80,00 F.

Vêtements

Une tendance exagérée pour l'épargne conduit souvent les familles de cette localité à se refuser les vêtements qui conviendraient à leur condition : 258,00 F.

Valeur totale

Du mobilier et des vêtements : 584,10 F.

Récréations

Les récréations de cette famille ont ce caractère distinctif, qu'elles ne donnent lieu à aucune dépense. Une recherche approfondie, faite pour constater ce trait exceptionnel, n'a indiqué d'autres dépenses de cette nature que l'achat de quelques friandises pour le plus jeune enfant.

L'agriculteur de ce pays n'a guère d'autre récréation que de converser le dimanche avec ses voisins et de prendre avec eux le plaisir de la promenade. Rarement il se livre à la danse, qui entraîne communément des rixes, et qui, par ce motif, est interdite par les curés. On voit quelquefois les ouvriers mineurs faire, les jours de paie, une consommation modérée de vin et de viande au cabaret. L'usage du tabac à fumer commence aussi à s'introduire parmi eux. Dans l'espèce de torpeur où ils aiment à vivre, les ouvriers de ce pays s'accommodent mieux de ce narcotique que de toute récréation mettant en activité le corps ou l'intelligence.

Les veillées d'hiver sont la principale récréation des femmes. Après avoir accompli les travaux domestiques celles-ci se réunissent le soir dans une étable, au nombre de dix ou douze, pour coudre, filer et tricoter. La douce température de ce lieu dispense des frais de chauffage ; et l'huile nécessaire à l'éclairage est fournie à tour de rôle par les divers membres de la réunion. La conversation des veillées roule ordinairement sur des affaires d'intérêts ou sur des travaux de ménage. Contrairement à ce qui arrive si souvent chez d'autres races et en d'autres contrées, la conversation est rarement alimentée par des légendes et par des récits appartenant à l'ordre surnaturel.

Ici, d'ailleurs, comme chez toutes les populations où l'esprit de prévoyance et le goût de l'épargne se sont développés, la principale récréation des familles se trouve dans les préoccupations et dans les jouissances qui se rattachent à l'administration et à l'accroissement de la propriété. Mais, par une exception assez rare chez les populations ouvrières de l'Europe, cet esprit, poussé au-delà des bornes tracées par la raison, tourne parfois au détriment des familles, en comprimant l'essor de l'intelligence et des facultés physiques.

HISTOIRE DE LA FAMILLE

Le Play, ici, s'élève à des conceptions plus générales.

Phases principales de l'existence.

Les enfants des communes rurales, surtout dans les hameaux éloignés du chef-lieu, reçoivent rarement de l'instruction dans leur premier âge. Vers l'époque de la première communion, les filles apprennent souvent à lire et à écrire ; mais les garçons, dès qu'ils ont atteint l'âge de 10 ans, sont employés à garder les vaches et les brebis de la famille ou celles des propriétaires voisins. Parvenus à l'âge adulte, les fils de propriétaires les plus aisés s'établissent de suite, en qualité d'agriculteurs, avec une dot fournie par les parents. Ceux qui ne disposent point de pareilles ressources, et qui ne peuvent s'employer aux travaux des mines, émigrent vers l'âge de 18 à 20 ans. Ils se rendent pour la plupart à Paris ou à Lyon, où ils conservent les habitudes de sobriété et d'économie qui leur ont été inculquées dès l'enfance. Ils s'y emploient comme porteurs d'eau, commissionnaires, marchands, brocanteurs, aides-maçons, c'est-à-dire dans toutes les professions qui n'exigent, ni un développement notable d'intelligence, ni un apprentissage spécial. Tous réalisent quelques épargnes, au moyen desquelles ils parviennent à acquérir une propriété qui leur assure au pays natal des moyens d'existence.

Les jeunes filles, de leur côté, animées du même esprit d'ordre et d'économie, parviennent toujours à se constituer une dot, soit en travaillant aux ateliers de préparation mécanique annexés aux mines de Pontgibaud, soit en prenant du service chez un cultivateur aisé du pays ou chez un bourgeois de la ville voisine. Ordinairement, lorsqu'elles se marient, elles apportent en ménage une grande quantité de linge et même d'argent nécessaire pour compléter l'acquisition de la maison, d'une vache, ou d'un terrain propre à la culture.

Dans les ménages chargés de famille, on arrive, à force d'économie et sans grever de dettes la propriété immobilière, à faire face aux dépenses résultant de l'entretien des enfants en bas âge. Lorsque les enfants sont devenus grands et concourent aux recettes du ménage, les deux époux peuvent de nouveau faire des épargnes, et ils complètent l'acquisition de la propriété qui doit, dans leurs vieux jours, les mettre à l'abri du besoin.

L'expérience a prouvé que, pour entretenir une vache, il faut au moins posséder 300 F de terre arable. Il est rare que, dans la classe agricole, on divise les héritages ayant seulement cette valeur : ils sont ordinairement attribués à l'aîné, qui dédommage ses cohéritiers par une soulte en argent ou par une redevance annuelle. Deux agriculteurs qui ne possèdent que cette étendue de terre s'associent ordinairement pour entretenir les deux vaches avec lesquelles ils exécutent alternativement les travaux de labour. Comprenant mieux les véritables lois de la propriété rurale qu'on ne le fait ordinairement dans le Nord de la France, la population de cette partie de l'Auvergne a su, jusqu'à présent, se garantir des principaux inconvénients qui s'attachent au morcellement indéfini du sol.

Cet état de stabilité est plus ou moins ébranlé parmi les familles rurales du Puy-de-Dôme ; mais il est maintenu jusqu'à ce jour avec ténacité par celles qui habitent les montagnes du Cantal. Il faut que la « maison fume », dit-on partout, c'est-à-dire, il faut que la maison se maintienne à un certain degré d'aisance relative ; et pour cela on institue un héritier auquel on laisse, avec l'habitation, le mobilier qui la garnit, les bestiaux de culture et, comme apanage, les champs, les prés qui l'entourent ou lui tiennent de plus près. C'est le plus souvent l'aîné des enfants qui reçoit ces avantages. Cependant il n'y a pas de règle absolue ; la volonté du père ou les circonstances peuvent établir dans la maison, avec le titre d'aîné, un des garçons puînés et souvent une fille. Dans tous les cas, le père reçoit une dot avec la fille qui épouse son héritier ; et cette dot, jointe aux épargnes faites pendant l'émigration, sert à désintéresser les autres enfants. Avec ce capital argent, les garçons émigrent et cherchent fortune. Les filles apportent à leurs maris le moyen d'augmenter les affaires ou de devenir maîtres. L'habitude de l'émigration et les profits qui en découlent, pour qui veut travailler et, épargner font que souvent les enfants préfèrent une dot à la propriété de l'aîné, héritier du bien. Celui-ci se trouve en effet dans une position moins bonne pour commencer, il n'a pas reçu de capital argent et celui qui lui vient de sa femme doit être successivement remis aux frères et sœurs qui s'établissent. La condition est acceptée néanmoins à titre de devoir, même lorsqu'elle est désavantageuse.

Le père, avons-nous dit, reçoit la dot apportée par la femme de l'héritier ; et il en dispose selon les intérêts de la maison dont il reste le chef. Le nouveau ménage apporte son contingent de travail ; et il vit en commun avec les parents de tous âges et à tous degrés. Plusieurs générations se trouvent ainsi réunies sous le même toit, acceptant l'autorité du chef de famille aussi longtemps que ce dernier conserve l'aptitude au commandement. Cette autorité passe sans secousses à l'héritier, lorsqu'il a fait preuve d'expérience et qu'il est d'âge à se faire obéir. Outre les enfants, le père, la mère et l'aïeul, il y a toujours dans la maison des oncles ou des tantes célibataires, travaillant au profit de la maison, regardant comme leurs les enfants qui naissent, et cependant laissant presque toujours à l'héritier leur part de la succession des grands-parents et les épargnes qu'ils ont pu faire. Cette donation n'est pas, le plus souvent, déterminée par un motif de préférence ou d'affection plus grande ; c'est dans l'intérêt de la maison, pour lui conserver un certain éclat, pour qu'au nom de la famille, représenté par le nom de la maison et continué même par les gendres, s'attache toujours la possession, autant que possible entière, du domaine patrimonial...

BUDGET DES DÉPENSES DE L'ANNÉE

Désignation des dépenses			Montant des dépenses	
			Valeur des objets consommés en nature en F.	Dépenses en argent en F.
Section 1ere	Poids et prix des aliments			
Dépenses concernant la nourriture	Poids consommé en kg	Prix par kilo en F.		
Art. 1er. — Aliments consommés dans le ménage (Par l'ouvrier, la femme, 4 enfants de 10, de 8, de 5 et de 2 ans, pendant 365 jours, et un ouvrier auxiliaire pendant 1 jour. Céréales :				

Froment, évalué à l'état de pain (pour l'enfant de 2 ans)	48	0,300		144,0
Seigle : partie évaluée à l'état de farine, 984 kg à 0,20 F 196,96F ; partie évaluée à l'état de pain, 150 kg à 0,20 F, 30,00 F..	1 134	0,200	30,00	196,96
Sarrasin, évalué à l'état de grain	80	0,150		12,00
Poids total et prix moyen.......	1 262	0,201		
Corps gras :				
Beurre de vache	48	1,100		52,80
Laitage et œufs :				
Fromage de vache (qualité inférieure)......................	36	0,500		18,00
Œufs	68	0,587	39,90	
Poids total et prix moyen.......	104	0,557		
Viandes et poissons :				
Viandes de boucherie : Vache	12	0,700		8,40
Volailles : 1 vieille poule........	1	0,400	0,40	
Poissons (ils n'entrent jamais dans l'alimentation de la famille)				
Poids total et prix moyen.......	13	0,677		

BUDGET DES DÉPENSES DE L'ANNÉE (*suite*)

Désignation des dépenses			Montant des dépenses	
Section 1ere	Poids et prix des aliments		Valeur des objets consommés en nature évaluée en F.	Dépenses en argent évaluées en F.
Dépenses concernant la nourriture	Poids consommé en kg	Prix par kilo en F.		
Légumes et fruits :				
Tubercules : Pommes de terre	265	0,060	15,90	
Légumes verts à cuire : Choux	45	0,070		3,15
Légumes épices : Oignons, 10 kg à 0,25 F, 2,50 F ; — persil, 1 kg à 1,00 F, 1,00 F	11	0,318	3,50	
Salades diverses	10	0,100	1,00	

Fruits à pépin et à noyau :				
Pommes, poires cerises, raisins	80	0,100	8,00	
Poids total et prix moyen.......	411	0,077		
Condiments et stimulants :				
Sel	60	0,500		30,00
Épices : Poivre	0,2	5,000		1,00
Vinaigre.........................	3	0,300		0,90
Poids total et prix moyen.......	63,2	0,505		
Boissons fermentées :				
Elles n'entrent jamais dans la consommation normale du ménage : l'ouvrier boit un peu de vin, à titre de récréation, dans quelques circonstances exceptionnelles				
Art. 2. — Aliments préparés et consommés en dehors du ménage				
(Aucune nourriture n'est consommée en dehors du ménage) ...				
Totaux des dépenses concernant la nourriture			98,70	337,61

DÉPENSES CONCERNANT LES BESOINS MORAUX, LES RÉCRÉATIONS ET LE SERVICE DE SANTÉ

	Valeur des objets consommés en nature	Dépenses en argent
Culte		
Rétribution payée au curé pour une messe dite le jour des trépassés à l'intention des parents morts		2,25
Instruction des enfants		
(On ne donne point d'instruction aux enfants)		
Secours et aumônes		
(On n'a pas constaté que la famille fasse d'aumônes)		
Récréations et solennités		
Pain d'épices pour le petit enfant; vin bu par l'ouvrier dans quelques circonstances exceptionnelles		0,50
Service de santé		
Secours de la médecine payés par la Société d'assurances mutuelles. Secours de la médecine ou de la chirurgie pour le reste de la famille......................	3,00	13,00
Total des dépenses concernant les besoins moraux, les récréations et le service de santé	3,00	15,75

Le budget annuel de la famille se composait ainsi :

Alimentation	436,31 F	soit environ	61 %
Habitat	107,14 F	—	15 %
Vêtements........	148,16 F	—	20,5 %
Divers...........	18,75 F	—	2,5 %
Impôt, assurances.	8 F	—	1 %
Épargne	0 F	—	0 %
	718,36 F		

LE MANŒUVRE-AGRICULTEUR DU MORVAN

Il s'agit d'un paysan de la commune de Saint-Léger-de Fougeret, canton de Château-Chinon, dans la Nièvre. La famille comprend les deux époux et quatre enfants de moins de 12 ans. L'enquête date de 1868. Comme dans la monographie précédente, cette famille a été choisie par Le Play, parce qu'elle est représentative de situations moyennes. Moyens d'existence de la famille.

Propriétés	F
Immeubles et argent	0,00
Entièrement dépourvu de sentiments de prévoyance, l'ouvrier n'a, ni immeubles, ni capitaux	
Animaux domestiques, entretenus toute l'année	15,00
1 chèvre laitière, 10. F-2 poules et 3 poulets, 5 F	
Animaux domestiques entretenus seulement une partie de l'année	24,00
1 porc d'une valeur moyenne de 36 F entretenu pendant 8 mois : la valeur moyenne, calculée pour l'année entière, équivaut à 24 F.	
Matériel spécial des travaux et industries	22,50
1° Pour les travaux agricoles exécutés au compte du métayer. 1 faux, 4 F. 3 faucilles, 4 F. Total 8 F.	
2° Pour les travaux forestiers exécutés au compte du métayer ou du propriétaire de la métairie. 1 cognée, 3 F. 2 serpes, 3 F. Total 6 F.	
3° Pour les travaux de terrassement exécutés au compte de divers propriétaires et métayers 1 pelle en fer, 1,50 F. 1 pic, 4 F. 2 pioches, 3 F. Total 8,50 F.	
Valeur totale des propriétés	61,50

Subventions.

Le principal propriétaire de la commune, qui possède spécialement la métairie à laquelle le manœuvre est attaché, accorde, par une tolérance fondée sur d'anciennes traditions, diverses subventions à défaut desquelles la famille ne pourrait subsister. Il autorise, à titre gratuit, le pâturage de la chèvre laitière sur sa propriété. Il donne le bois mort et les débris d'exploitation gisant dans les forêts ; il autorise le glanage sur ses métairies et sur les propriétés qu'il cultive en régie ; il subventionne trois sœurs de Saint-Joseph, qui donnent gratuitement aux filles l'enseignement scolaire et l'éducation religieuse. Il vient au secours de la population locale, quand surviennent les maladies, le chômage et le renchérissement des denrées. Il intervient alors de deux manières : tantôt il alloue directement des secours, tantôt il fait exécuter des travaux de terrassement dont la valeur réelle atteint rarement les deux tiers de la dépense qu'ils entraînent. D'un autre côté, la commune, avec une subvention du département et de l'État, donne, à titre gratuit, l'enseignement scolaire aux garçons dans l'école dirigée par l'instituteur communal.

L'auteur de ces subventions conserve donc à cette localité le bienfait des anciennes habitudes de protection et d'assistance. Ce régime, entretenu jusqu'à ce jour par la tradition, impose au patron des charges qui, dans notre organisation sociale, restent sans compensation positive. Il assure, il est vrai, à ce dernier des jouissances morales qui sont d'un grand prix pour les natures d'élite ; mais cette satisfaction est chaque jour moins appréciée en France. Elle y devient, du moins, plus difficile à obtenir, au milieu des sentiments d'antagonisme que développe incessamment l'opposition des intérêts. Au point de vue matériel, l'organisation décrite dans la présente monographie se résume en une diminution considérable du produit net qu'obtiendrait un propriétaire qui administrerait en réclamant tous les avantages que lui assure le droit commun. Il n'y a donc pas lieu de s'étonner que ces derniers vestiges de l'esprit d'un autre âge deviennent chaque jour plus rares dans notre société.

Travaux et industries.

Travaux de l'ouvrier. — Le travail principal du manœuvre a pour objet les opérations d'une métairie de 50 hectares environ qui, pendant toute l'année, est exploitée par un métayer assisté de trois domestiques à engagement annuel. Il exécute, en outre, divers travaux pour le compte des propriétaires, des fermiers et des métayers du voisinage. L'ouvrier vient régulièrement, à certaines époques, accomplir, dans la métairie à laquelle il est attaché, les travaux auxquels le métayer et les domestiques ne peuvent suffire ; tels sont surtout les récoltes de foin et de céréales, le battage du blé, certains sarclages, l'émondage des haies formant les enclos où se tient le bétail, l'abatage et la façon du bois de chauffage. Dans la saison où les travaux agricoles et forestiers ne réclament point un supplément de main-d'œuvre, il s'emploie à divers travaux (terrassement et plantations) chez les propriétaires voisins, surtout chez le propriétaire de la métairie à laquelle il est attaché. Les travaux secondaires de l'ouvrier sont : la culture du jardin-verger loué avec la maison ; la culture d'un champ à pommes de terre livré par le métayer à l'ouvrier après un labour ; la récolte et le port du combustible nécessaire à la famille. L'ouvrier fournit en outre, comme impôt communal, 3 journées pour l'entretien des chemins vicinaux. Faute de travail, une partie du temps de l'ouvrier est inoccupée.

Travaux de la femme. — Le travail principal a pour objet les travaux de ménage, y compris les soins donnés à un nourrisson confié à prix d'argent par l'hospice des enfants trouvés. Les travaux secondaires sont très variés : en effet, la femme cultive le jardin et le champ de pommes de terre qu'exploite la famille ; elle soigne les animaux domestiques ; elle prépare (teille) le chanvre ; elle file le chanvre peigné ; elle tricote des bas de laine ; elle confectionne pour la famille des vêtements de toile et de coton ; enfin elle glane du blé et récolte du bois de chauffage. Les femmes du pays travaillent peu en dehors du cercle des occupations domestiques et des entreprises agricoles ou manufacturières de la famille : dans le ménage pris pour exemple, la femme consacre plusieurs journées de travail à la fenaison, sur la métairie à laquelle son mari est attaché. Ces nombreux travaux témoignent d'une activité et d'une énergie supérieures à celles du mari ; ils exercent sur le bien-être de la famille une heureuse influence.

Travaux du fils aîné âgé de 12 ans. — Le fils aîné est déjà placé comme domestique chez un métayer, et s'initie peu à peu, dans cette situation, à l'exercice des travaux très simples confiés dans ce district au manœuvre-agriculteur.

Travaux de deux filles de 10 et 8 ans. — Ces deux enfants fréquentent régulièrement l'école dirigée par les sœurs religieuses attachées à la commune ; elles donnent quelque assistance à la mère dans les travaux que comporte leur âge.

Industries entreprises par la famille. — La famille trouve une source de recettes dans trois industries : la culture du jardin et du champ de pommes de terre ; l'exploitation des animaux domestiques et l'entretien d'un enfant confié au ménage par l'hospice des enfants trouvés recueillis dans une ville voisine. Ce nourrisson avait été remis au ménage vers le milieu de l'année pour laquelle le présent budget a été établi.

Mode d'existence de la famille.

Aliments et repas. — La nourriture de la famille est peu substantielle : elle se compose principalement de pain et de pommes de terre assaisonnées de lait, de sel et d'une petite quantité de corps gras (lard et huile de navette ou de chènevis). La famille fait ordinairement 3 repas, savoir :

Déjeuner (7 h) : soupe composée de pain, de légumes, de sel avec un peu de lard, d'huile ou de lait ; puis un morceau de pain sans aucun assaisonnement.

Dîner (midi) : pommes de terre cuites à l'eau et au sel, ou assaisonnées avec un peu de lard, et mangées avec du pain. Les pommes de terre sont quelquefois remplacées par de la salade. Quelquefois le repas se compose exclusivement de crêpes préparées avec la farine de sarrasin et cuites sur une poêle enduite de lard ou d'huile.

Souper (7 h) : composé comme le déjeuner.

Pendant l'époque des grands travaux, les ouvriers font 4 repas : à 6 h, 11 h, 4 h et 9 h. En hiver, la soupe est quelquefois remplacée par une bouillie d'avoine ou de farine de sarrasin assaisonnée avec du lait. On ne mange de la viande que le jour de la fête patronale de la commune.

Habitation, mobilier et vêtements. — La chaumière qu'habite la famille est très exiguë. Elle ne comprend qu'un rez-de-chaussée avec deux pièces : l'une pour la cuisine et les repas ; l'autre pour le coucher, et dans laquelle les trois lits des parents, du garçon et des filles, sont presque contigus. Un petit appentis reçoit la chèvre, le porc et la provision de bois. Le jardin-verger est attenant à la maison.

Le mobilier et les vêtements mal tenus, indiquent une situation voisine de l'indigence...

Récréations. — La principale récréation de la famille est le repas fait le jour de la fête patronale de la commune, et dans lequel, une seule fois par an, entre une certaine quantité de viande et de vin. L'ouvrier, à la fin de la moisson, prend sa part d'une autre fête, nommée « poêlée » dans le pays, et à laquelle le métayer convie tous les ouvriers qui l'ont assisté. On y mange des crêpes préparées avec une bouillie de sarrasin, cuite dans une poêle enduite de lard ou d'huile ; on y boit, en outre, du vin, quand le métayer n'est pas dans la gêne. Dans le courant de l'année, la récréation favorite de l'ouvrier consiste à se rendre dans les foires et dans les marchés qui se tiennent dans les petites villes de Château-Chinon et de Moulins-Engilbert. Là, en compagnie de quelques amis, il s'informe des nouvelles du pays et prend au cabaret un repas modeste, composé de viande, de vin et de pain de froment. Il n'est pas sans intérêt de constater que cette fréquentation des foires et des marchés est la récréation la plus généralement adoptée par les populations ouvrières de cette partie de la France. Inspirée par un sentiment égoïste, elle est presque toujours nuisible à la moralité et au bien-être de la famille.

Histoire de la famille.

Phases principales de l'existence. — La classe des manœuvres-agriculteurs, à laquelle appartient l'ouvrier pris pour exemple, ne s'est formée, ou du moins ne s'est développée, que depuis le commencement de ce siècle. Les anciens de la commune constatent que, de leur vivant, le nombre des ouvriers de cette classe a quintuplé. Il est donc certain que, dans le siècle dernier, les manœuvres-agriculteurs de la commune ne se composaient essentiellement que des métayers et de leurs ouvriers-domestiques, c'est-à-dire de familles assurées de tirer en toute éventualité leur subsistance des produits de la terre. Le développement de la population, dépassant les besoins de l'industrie locale, a fait naître cette classe nombreuse d'ouvriers-journaliers dont le type est décrit dans la présente monographie. Ceux-ci dépourvus des qualités morales qui pourraient assurer leur indépendance, et restant inoccupés une partie de l'année, ne trouvent un emploi lucratif qu'au moment des récoltes, et ne vivent guère, le reste du temps, que de travaux et de subventions accordés par la bienfaisance des propriétaires voisins. Cette existence, déjà difficile et précaire, deviendra inévitablement plus pénible encore par l'accroissement incessant de la population, à mesure surtout que la division des grandes propriétés et l'abrogation des anciennes habitudes de patronage, qui subsistent encore, priveront les manœuvres des subventions qui ne reposent aujourd'hui que sur les traditions de famille et sur la bienveillance des grands propriétaires de la contrée. L'ancienne économie européenne, ou du moins la solidarité du propriétaire et de l'ouvrier qui en est le trait fondamental, subsiste encore, en effet, dans cette localité, comme dans plusieurs autres communes du Morvan. On y a conservé les avantages qui restent acquis jusqu'à ce jour aux quatre cinquièmes (au moins) des ouvriers de l'Europe continentale. Il existe encore dans le Morvan des propriétaires qui pensent avoir mission de pourvoir à ce que tout ouvrier, placé dans le cercle de leur influence, soit assuré d'obtenir, en tout temps, le pain quotidien.

Les enfants des manœuvres-agriculteurs, après avoir reçu une instruction peu complète dans les deux écoles de la commune, restent privés de tout apprentissage de métier. Les garçons s'emploient, comme leurs pères, dans tous les travaux qui n'exigent que de la force brute. Quelques-uns entrent comme ouvriers-domestiques dans une métairie voisine ; et, dans cette situation, en se résignant au célibat, ils peuvent sortir de la position précaire dans laquelle ils sont nés. Ceux d'entre eux qui, par exception, se montrent animés de l'esprit de prévoyance s'élèvent tous facilement au-dessus de la condition paternelle. Ils sont très recherchés comme ouvriers-domestiques ; et ils sont ordinairement admis, par un mariage, dans la famille d'un métayer dont ils prennent plus tard la succession. Très souvent ils sont directement placés par un propriétaire à la tête d'une métairie ; dans tous les cas, ils accumulent chaque année un petit capital et se mettent bientôt en mesure d'acquérir une propriété, avec laquelle ils parviennent immanquablement à l'aisance. En revanche, des enfants de métayers et d'ouvriers-domestiques, en nombre plus considérable, ne pouvant rester, faute d'emploi ou d'aptitude, dans la condition de leurs pères, sont incessamment rejetés dans la masse des journaliers. C'est ainsi que cette classe se recrute sans cesse dans la partie la moins intelligente et la moins prévoyante de la population. La classe des manœuvres-agriculteurs se recrute encore parmi les enfants de propriétaires-cultivateurs qui, après avoir divisé l'héritage paternel, n'y peuvent plus trouver, chacun pour son activité, un emploi suffisant. Souvent on voit les propriétaires-cultivateurs eux-mêmes se ruiner, pour servir les intérêts de sommes empruntées dans l'intention d'acquérir, à un taux excessif, des terres situées à proximité de leur domaine, et être ainsi réduits à cultiver comme journaliers des terres qu'ils ont antérieurement possédées.

ZULMA CARRAUD

1796-1889

Les nombreux livres à tendances moralistes publiés dans la seconde moitié du XIXe siècle montrent l'idée que les gens aisés se faisaient du peuple. Pour illustrer ce genre, nous avons choisi un livre de la *Bibliothèque Rose*, remarquable par sa simplicité et par l'accent de vérité qui s'en dégage. Il a pour titre *La Petite Jeanne*.

L'auteur, Zulma Carraud, ne manque pas d'affirmer en maintes occasions la valeur des qualités morales : le pauvre, besogneux, n'accédera évidemment pas à la richesse, car cela est impensable à l'époque, mais s'il est vertueux, à force de travail et d'économie, il se tirera à peu près d'affaire.

Le récit décrit la vie entière d'une femme pauvre. La maladie, la mort ou seulement les intempéries apportent la misère en un temps où n'existent ni sécurité sociale, ni retraite, ni allocations familiales, ni même une assurance contre les accidents du travail.

Aussi voit-on l'héroïne, qui vient de perdre son père, mendier son pain au début du récit. L'aide touchante d'une vieille paysanne, puis une place de servante chez un « bon » maître, permettent à la petite Jeanne d'illustrer les bienfaits de la vertu ; elle fait des économies et peut ainsi se marier. Il est remarquable, que le patron n'accorde pas même une heure de loisir aux fiancés le jour de leur décision : « Embrasse ta promise et va au travail » dit le maître à son domestique.

Le nouveau ménage, ayant ensuite acquis une situation

sinon d'aisance, du moins de subsistance, l'histoire cesserait d'être romanesque si un accident n'exposait de nouveau Jeanne à la misère : Son mari fait une chute au cours de son travail et meurt.

Les pages qui décrivent les circonstances et les conséquences de cette mort sont particulièrement émouvantes. Dans la vie traditionnelle, l'idée de la mort est au centre des préoccupations, comme le cimetière est au centre du village. Tout le monde se lamente et pleure... Cependant, le patron ne doit rien à son salarié, victime d'un accident du travail; l'auteur du livre met en évidence l'extrême et exceptionnelle générosité du maître qui, eu égard à la satisfaction que Jeanne et son mari lui ont toujours donnée, promet à la jeune veuve de labourer gratuitement chaque année la terre que celle-ci possède autour de sa maison.

C'est donc à un autre monde, ou du moins à un autre âge, que nous paraît appartenir cette histoire d'une naïveté souvent féroce. Mais il s'agit, en fait, de la France et du milieu du siècle dernier. Jeanne, c'est l'arrière-grand-mère du Français moyen d'aujourd'hui.

L'auteur de ce livre, Zulma Carraud, était chère à Balzac; entre eux s'était scellée une amitié qui dura toute leur vie. Elle avait été l'amie de pension de sa sœur Laure, et il eut toujours pour elle une fraternelle affection, l'admirant sans réserve.

Un passage d'une lettre de Balzac montre les sentiments qu'il éprouvait pour elle : « Vous êtes mon public, vous et quelques âmes d'élite auxquelles je veux plaire; mais vous surtout, que je suis fier de connaître, vous que je n'ai jamais vue ni entendue sans en avoir gagné quelque chose de bon... Je vous porte une affection qui ne ressemble à aucune autre et qui ne peut avoir ni rivale, ni analogue. Il fait si beau, si bon près de vous. »

Zulma Carraud ne put connaître le jugement de Balzac sur son œuvre, car elle publia ses livres seulement après la mort de son illustre ami. *

* Il faut ajouter qu'elle fut la grand-mère de Raymond Payelle, connu sous le nom de Philippe Hériat, qui évoquait souvent le souvenir de son aïeule.

LA PETITE JEANNE

Enfance de Jeanne. La mère Nannette.

Il y avait dans un bourg du département du Cher une bonne veuve âgée de soixante ans, qu'on appelait la mère Nannette. Elle possédait une petite maison avec une petite chènevière et un jardin planté de pommiers, de pruniers et de groseilliers. Du côté du chemin, un gros noyer, qui avait plus de cent ans, ombrageait le devant de sa porte. Quand les fleurs de cet arbre ne gelaient pas au printemps, il donnait assez de noix pour que la mère Nannette eût sa provision d'huile pour deux ans. S'il se faisait deux bonnes récoltes de suite, elle vendait une partie des noix, ce qui lui faisait un petit profit. Quoiqu'elle possédât une vigne et un beau morceau de terre, elle n'avait que bien juste de quoi vivre. Elle semait du froment deux années de suite dans son champ, qui, la troisième, rapportait alternativement du trèfle et des pommes de terre. Elle récoltait assez de blé pour se nourrir pendant les trois ans. Mais si l'année était mauvaise, la mère Nannette vendait la pièce de toile qu'elle avait fait faire avec le chanvre amassé et filé pendant quatre ans. L'argent qu'elle en retirait lui servait à compléter sa provision de blé ; et, malgré tout cela, elle pâtissait bien un peu l'hiver.

Pour que la terre rapporte chaque année sans se reposer, il faut beaucoup de fumier ; la mère Nannette, qui le savait bien, avait une vache et une chèvre qu'elle menait paître sur les communaux et le long des haies. Avec leur lait elle faisait du beurre et des fromages, qu'elle vendait à la ville voisine. Quand ses bêtes étaient rentrées à l'étable, elle allait chercher pour elles de l'herbe dans les champs et au bord des ruisseaux. Comme elle les tenait bien proprement, elles étaient en bon état. L'hiver, elles mangeaient ou du trèfle qui avait été rentré bien sec, ou du regain récolté après la fauche des grands foins.

La mère Nannette vendait son vin et ne buvait que sa boisson ; mais, comme l'argent qu'elle tirait de son vin suffisait bien juste, avec celui de son beurre et de ses fromages, à payer l'impôt et les façons de son champ, et qu'il lui fallait encore se procurer quelque argent pour son entretien, elle élevait des oisons qu'elle achetait au sortir de la coque. Elle se donnait beaucoup de mal pour appâter les petites bêtes et pour les garantir du froid pendant la nuit. Ses voisines plumaient leurs oies quatre fois avant de les vendre ; mais la mère Nannette disait que c'était une mauvaise méthode, parce qu'ainsi la plume n'avait pas le temps de se nourrir, et elle ne plumait les siennes que trois fois ; puis elle en vendait la moitié pour la Toussaint et l'autre moitié à Noël. Tout cela ne lui rapportait pas une grosse somme ; mais elle était si ménagère qu'il lui restait toujours un peu d'argent à la fin de l'année. Pourtant elle ne se nourrissait pas trop mal ; elle disait qu'elle aimait mieux donner au boucher une pièce de cinquante centimes toutes les semaines, que vingt-cinq francs par an au médecin et au pharmacien.

Catherine et Jeanne.

Un matin, la mère Nannette, tricotant devant sa porte, vit venir à elle une jeune femme qui tenait par la main une petite fille de sept à huit ans et qui lui demanda un morceau de pain. Comme cette femme était très pâle et avait l'air malade, la mère Nannette l'emmena dans sa maison et la fit asseoir. Elle ralluma son feu, fit réchauffer un reste de soupe qu'elle avait gardé pour son repas du soir et le donna aux deux mendiantes. L'enfant mangea de si bon cœur, que la mère Nannette vit bien que cette petite fille n'avait pas souvent si bonne chance. Ensuite elle leur versa un verre de boisson à chacune, et dit à la pauvre femme :

« Mon Dieu ! il faut qu'il vous soit arrivé un bien grand malheur, pour qu'une femme aussi jeune que vous ait pu se décider à demander son pain !

— Oh! oui, un bien grand malheur, ma chère femme. Il faut se trouver dépourvue de toute ressource pour se résoudre à en venir là. J'ai bien souffert de la faim avant de pouvoir me décider à tendre la main ; je crois que je me serais plutôt laissée mourir, si je n'avais la crainte de Dieu et si je n'aimais tant cette pauvre innocente que voilà, et qui serait morte aussi. Quand il m'en coûte trop pour aller demander, je la regarde et je reprends courage. C'est bien triste, allez, ma chère femme, quand on a du cœur, de vivre en ne faisant rien, aux dépens de ceux qui travaillent! mais je ne peux pas faire autrement.

— Pourquoi donc? dit la mère Nannette. Contez-moi ça. »

La pauvre femme dit à la mère Nannette :

« Je suis du village qui est auprès du Cher, à trois lieues d'ici. Il y a deux mois, j'ai perdu mon mari à la suite d'une grosse maladie qui l'a retenu au lit pendant bien longtemps. J'ai vendu tout ce que j'avais afin de pouvoir le soigner. Quand il n'y a plus rien eu à la maison que le lit sur lequel il était couché, il a bien fallu s'endetter. Après sa mort, on a vendu la maison, le jardin, la chènevière, enfin tout, pour payer le médecin et les autres, et je ne sais plus où me retirer. On ne veut pas me louer, même une petite chambre, parce que je n'ai pas de mobilier pour répondre du loyer. Je couche avec ma petite Jeanne dans les granges, quand on veut bien m'y souffrir, ou bien sur les tas de chaume. C'est bon à présent qu'il fait chaud ; mais plus tard, comment faire avec cette enfant, moi à qui les médecins ont défendu de sortir pendant tout l'hiver? »

Et la pauvre malheureuse se mit à pleurer. Sa petite fille pleura aussi en l'embrassant. Elle avait l'air si doux et si aimable, cette petite, que la mère Nannette sentit fondre son cœur en pensant à la misère qu'elle endurerait quand l'hiver serait venu. Aussitôt il lui vint dans l'idée de faire une bonne action.

La mère Nannette donne asile à Catherine.

« Comment vous appelez-vous donc? demanda la mère Nannette.

— On m'appelle Catherine Leblanc.

— Eh bien! Catherine, j'ai là un vieux lit, une paillasse et une couverture ; si vous voulez rester ici, je vous logerai de bien bon cœur et je vous soignerai de mon mieux, ainsi que votre petite ; j'aime beaucoup les enfants, j'en ai eu quatre, que le bon Dieu m'a retirés, et je suis bien seule au monde.

— Grand merci! ma brave femme ; vous me rendez là un service qui nous sauvera la vie à moi et à mon enfant. J'ai encore mon lit, avec un coffre et une petite chaise. Maître Guillaume, le cousin de feu mon pauvre homme, me les garde dans sa grange ; il me les apportera bien dimanche. Si vous me logez avec mon chétif mobilier, je vous donnerai les sous que je ramasserai en allant aux portes.

— Je ne vous demande rien, Catherine ; j'aime déjà votre petite Jeanne et j'en aurai bien soin. Dieu veut que nous fassions aux autres que ce nous voudrions que les autres fissent pour nous ; et si j'étais dans votre position, je serais bien heureuse de trouver quelqu'un qui voulût me recevoir dans sa maison. »

Catherine était bien contente, et sa petite fille lui sauta au cou.

« Maman! il ne faut pas pleurer », lui dit-elle.

Puis, se tournant du côté de la mère Nannette elle dit en baissant la tête :

« Je voudrais bien vous embrasser aussi. »

La mère Nannette la prit sur ses genoux et l'embrassa de bon cœur...

Catherine va dans son village.

Catherine éveilla Jeanne de bon matin ; elle l'habilla lui lava les mains et le visage, puis, après lui avoir fait faire sa prière elle lui dit :

« Ma fille, il faut que j'aille à notre village pour prier maître Guillaume de m'amener ici notre pauvre mobilier. Je ne peux pas t'emmener, tu es trop petite pour faire tant de chemin ; tu ne marcherais pas pendant trois heures de suite. Si la mère Nannette, qui est une brave femme, veut bien te garder avec elle pendant ce temps-là, j'irai trouver maître Guillaume et tu m'attendras ici ; je coucherai dans sa grange, et demain, de bonne heure, je serai de retour. »

La petite Jeanne pleura un peu ; mais, quand elle eut considéré la bonne figure de la mère Nannette, elle dit qu'elle voulait bien rester ; Catherine partit, et Jeanne, s'approchant tout doucement de la mère Nannette, lui dit : « Voulez-vous m'emmener aux champs avec vous ? je garderai bien les oisons.

— Oui, ma Jeanne, je ne demande pas mieux. »

Après l'avoir fait déjeuner avec elle, la mère Nannette amena les oisons sous le noyer, et Jeanne les garda pendant que la vieille femme détachait sa vache et sa chèvre. Cette petite s'entendait si bien à conduire les oies et à les empêcher de faire du dommage, que la mère Nannette en était tout étonnée.

Vers les dix heures, comme il commençait à faire chaud, elles firent rentrer les bêtes, qui ne voulaient plus manger dehors, parce qu'elles étaient tourmentées par les mouches. Jeanne voulut ensuite aller à l'herbe ; elle en ramassa un bon petit paquet, qu'elle lia dans son tablier, et elle le posa sur sa tête en le maintenant avec ses deux petites mains, pour le rapporter à la maison. La mère Nannette lui donna des prunes pour son goûter ; et, quand la chaleur fut tombée, elles firent encore sortir les bestiaux, et ne les ramenèrent qu'à la brune, en passant par l'abreuvoir. On leur donna pour la nuit une grande partie de l'herbe qui avait été ramassée. La mère Nannette fit une bonne soupe aux pommes de terre, et Jeanne, qui n'était pas habituée à en avoir de pareille, en mangea une grande assiettée ; puis elle se coucha. L'enfant était bien un peu lasse, mais très contente d'avoir aidé la mère Nannette.

Le lendemain, en s'éveillant, la petite Jeanne appela sa mère ; puis, se souvenant qu'elle n'était pas là, elle se leva, s'habilla et pria la mère Nannette de la laver et de la peigner, comme faisait Catherine ; ensuite, elle se mit à genoux et elle fit sa prière.

Retour de Catherine.

Vers midi, l'on vit venir maître Guillaume dans une charrette attelée d'un bel âne brun. Il s'arrêta devant la porte de la mère Nannette, et fit descendre Catherine, qui fut bien contente de revoir sa petite Jeanne qu'elle n'avait jamais quittée auparavant. Elle détela l'âne ; la mère Nannette le prit par le licou pour l'attacher dans l'étable à côté de sa vache ; puis elle remplit le râtelier de bon trèfle, et revint aider Guillaume à descendre le coffre et le lit de Catherine. Ce lit avait des rideaux de toile rayée, et une paillasse que Guillaume avait remplie de paille fraîche, en souvenir de son amitié pour son parent, l'homme défunt de Catherine. Il y avait aussi une petite chaise. On monta le ciel du lit dans le coin de la chambre, qui était fort grande ; on mit le châlit dessous et le coffre au pied du lit.

« A présent que tout est en place, maître Guillaume, dit la mère Nannette, vous allez goûter avec nous. J'ai fait une bonne fricassée de pommes de terre nouvelles que j'ai accommodées avec mon beurre tout frais ; j'ai aussi cueilli une salade dans mon jardin, et nous l'assaisonnerons avec l'huile de mon noyer. Mon pain n'a que quatre jours, et mes pruniers, sans les vanter, donnent d'excellentes prunes. »

En disant cela, elle alla au cellier avec la petite Jeanne, et en rapporta du vin bien rouge, qui écumait tout autour de la gueule du broc.

« Voyez-vous maître Guillaume, dit-elle en posant le vase sur la table, j'ai toujours un quartaut de bon vin en perce. Si quelque voisin reçoit un mauvais coup, je lui en porte un peu ; quand un malade en convalescence n'a pas de vin pour se refaire, je lui en donne aussi longtemps qu'il en a besoin ; et tous les dimanches j'en donne aussi une chopine au père Bonnet, le vieux pauvre du bourg : ça le réchauffe, le cher homme, qui aura quatre-vingt ans à Noël prochain. Pour moi, je n'en bois guère que lorsque j'ai du monde, comme aujourd'hui. »

L'on se mit à table et l'on mangea les pommes de terre,

qui étaient excellentes. Maître Guillaume, remplissant son verre jusqu'aux bords, se leva, ôta son chapeau et dit :

« Je bois à la santé de la mère Nannette, qui a compassion du pauvre monde! »

Quand on eut fini, la mère Nannette tira un bon seau d'eau fraiche pour faire boire l'âne de maître Guillaume. Il l'attela et s'en retourna chez lui.

La mère Nannette fait la lessive.

Deux jours après, la mère Nannette dit qu'elle allait faire la lessive. Catherine lui proposa de l'entasser pendant qu'elle mènerait ses bêtes aux champs. La petite Jeanne alla toute seule aux portes : elle eut bien de la peine à s'y décider ; mais quand sa mère lui eut fait comprendre que, si elle ne l'accompagnait pas, c'était pour rendre service à la mère Nannette, la petite partit sans rien dire. Elle rentra le soir bien joyeuse, parce qu'elle rapportait beaucoup de pain et une paire de sabots presque neufs qu'une femme lui avait donnée ; elle les avait mis tout de suite à ses pieds, car les siens étaient tout percés. En passant auprès de l'abreuvoir, elle s'était arrêtée pour regarder un homme qui lavait des radis et en faisait de petits paquets. Il lui avait dit :

« En veux-tu, petite, que tu les regardes si bien? »

Jeanne baissa la tête et ne dit rien, car elle n'était pas hardie.

« Allons, lui dit l'homme, tends ton tablier. »

Et il lui en jeta une bonne poignée. La petite Jeanne le remercia et fut bien contente. La mère Nannette lui donna du sel pour manger ses radis, et elle fit un bon souper, ainsi que sa mère.

Peu de temps après, Catherine tombe malade et ne peut plus marcher. Mme Dumont, châtelaine du lieu, bienfaitrice de la paroisse, mère d'Isaure, que nous retrouvons plus loin, vient s'enquérir des besoins du ménage; elle demande à Jeanne :

— Comment fais-tu pour avoir un peu de bois! car il faut du feu pour faire la soupe.

Jeanne répondit :

— La mère Nannette nous laisse mettre notre pot devant son feu ; elle est si bonne!

Catherine s'affaiblit peu à peu et meurt; Jeanne reste avec la mère Nannette qu'elle soigne de son mieux et qui meurt à son tour. Elle se place alors chez M. Tixier, qu'on nous représente comme le type du bon maître.

Au chapitre suivant, le nouveau patron de Jeanne, maître Tixier, fait ses conditions à ses serviteurs.

On approchait de la Saint-Jean ; maître Tixier dit un soir à ses domestiques : « Ah ça, vous autres, je n'aime pas me trouver dans l'embarras : qui veut me quitter? qui veut rester? » Et, comme personne ne parlait, il dit à Grand Louis : « Voyons, toi qui est le plus vieux, restes-tu?

— Notre maître, si vous n'êtes pas las de moi, je ne suis pas las de vous : aussi je reste si vous me gardez.

— Te garder! je crois bien, mon garçon ; il n'y a pas ton pareil pour le labour à quatre lieues à la ronde ; si tu es content, moi aussi je le suis. Et toi, Claude?

— Notre maître, si vous voulez me laisser aller m'amuser toute la journée à la Saint-Jean et à la Saint-Pierre, je resterai.

— La jeunesse est toujours la jeunesse! Claude, je t'accorde ces deux jours, et tu auras une pièce de trois francs pour faire la fête; le père Bonnet viendra soigner les bœufs. »

Le vacher et le porcher, restèrent aussi ; mais Marguerite, la bergère, dit qu'elle voulait aller à la louée.

« Notre maître, dit-elle, vous me relouerez sur la place, au prix des autres.

— Tu ne te trouves donc pas bien ici, Marguerite? dit la maîtresse.

— Si fait, maîtresse; mais je veux aller à la louée pour avoir un denier à Dieu. D'ailleurs, on m'a dit que les bergères gagnaient vingt-cinq écus, et vous ne m'en donnez que vingt.

— Tu crois ces bêtises là, toi, Marguerite ?

— Dame ! c'est Marie, de la ferme du Chétif-Bail, qui me l'a dit.

— Eh bien, va-t-en si tu le veux ; nous ne ferons pas une grande perte.

— Qu'elle fasse comme elle voudra, dit le maître ; mais je t'avertis, Marguerite, que, quand tu seras sortie de la maison, tu en seras bien dehors, et que je ne te reprendrai pas, même pour rien. Tu me connais, et tu sais si je tiens ma parole. Et toi, petite Jeanne, tu ne dis rien ?

— Moi, notre maître ! que voulez-vous que je dise ? Est-ce qu'il y a pour moi une autre maison que la vôtre ? Je n'en sortirai que quand vous me renverrez, je vous l'ai déjà dit. Je vous aime comme mon propre père, et il me semble que vos filles sont mes sœurs : qu'est-ce qu'il me faut donc de plus ?

— Si c'est comme ça, ma fille, nous ne nous quitterons pas de sitôt ; mais, comme nous ne sommes convenus de prix que jusqu'à la Saint-Jean, il faut dire ce que tu veux gagner l'an prochain.

— Notre maître, vous êtes un homme raisonnable ; je prendrai ce que vous me donnerez, ainsi n'en parlons plus.

— Non pas, petite Jeanne, non pas. Il ne faut pas que tu sois dupe. Iras-tu à l'assemblée ?

— Non, notre maître, je n'ai pas le cœur à la joie ; je pense toujours à ma chère défunte, et je resterai. Je garderai toutes les bêtes pendant que vos filles iront s'amuser.

— Puisque tu ne veux pas aller à la fête, je sais bien ce que je ferai : je marchanderai toutes les bonnes servantes de maison, et tu auras le plus fort gage de la louée, car on n'y trouvera pas ta pareille.

— Merci, notre maître, vous êtes trop bon. »

Grand Louis fait un bon cailloutage devant la porte.

Les foins et la moisson se passèrent sans accident. Jeanne faisait de si bonne soupe aux moissonneurs, et son pain avait si bon goût, qu'ils disaient n'avoir jamais été mieux régalés. Dès le matin, elle tirait de l'eau et la jetait à pleins seaux dans la maison ; puis elle balayait pour ôter la boue et le fumier que chacun apportait aux pieds. Si Grand Louis la voyait faire, il allait lui chercher l'eau. Un jour il lui dit :

« Petite Jeanne, ça m'ennuie de te voir te fatiguer, et pour rien encore! tu as beau nettoyer le matin, à midi il y en a autant.

— C'est bien vrai, Grand Louis, mais, si je n'ôtais pas les ordures à fond tous les jours, nous serions, sans comparaison, comme les bestiaux dans l'étable. S'il y avait seulement un bon cailloutage devant la porte, la boue des sabots y resterait, et la maison ne serait pas si sale. »

Le lendemain, comme il avait beaucoup plu le matin, et que les gerbes étaient trop mouillées pour être rentrées, Grand Louis, après avoir aidé à les mettre debout afin qu'elles pussent sécher, revint vers trois heures et, comme il n'avait rien à faire, il attela son tombereau et fit plusieurs voyages à la carrière voisine ; il en rapporta des pierrailles et fit devant la maison un bon cailloutage.

« Tu as fait là un fameux ouvrage, dit maître Tixier en soupant ; c'était bien nécessaire, et je ne sais pas pourquoi je n'y ai jamais pensé. Comment l'idée t'en est-elle venue ?

— Ce n'est pas mon idée à moi, c'est celle de la petite Jeanne qui a dit que, s'il y avait un bon cailloutage devant la porte de la maison, elle serait plus saine et plus propre.

— Mon garçon, tu as bien raison de faire ce que la petite Jeanne te commande.

— Notre maître, dit Jeanne toute rouge, je ne lui ai rien commandé ; il l'a fait de sa bonne volonté.

— C'est encore mieux, ma fille. »

Grand Louis demande Jeanne en mariage.

On était en carnaval. Un matin, Grand Louis entra dans la boulangerie, où Jeanne était occupée à pétrir le pain.

« Écoute, petite Jeanne, lui dit-il, il y a bien longtemps que j'ai quelque chose à te dire ; mais le courage m'a toujours manqué. Je suis tout triste, je n'ai de cœur à rien ; il faut pourtant que ça finisse : veux-tu être ma femme ? Tu me connais et tu sais que tu ne seras pas malheureuse avec moi ; j'ai cinq cents bons francs dans mon coffre pour nous mettre en ménage ; nous avons chacun un morceau de terre et une vigne ; d'ailleurs je ne crains pas de travailler. Hein! qu'en dis-tu?

— Merci, Grand Louis, je ne veux pas me marier.

— C'est ça! je m'en doutais! tu es trop demoiselle pour prendre un paysan comme moi! Et pourtant, mon Dieu! tu n'en trouveras pas un en ville qui t'aimera autant.

— Vous avez tort de vous fâcher, Grand Louis. Si je voulais me marier, je ne pourrais trouver mieux que vous. Mais la maîtresse est dans son lit, incapable de rien faire, et la pauvre femme n'a aucun espoir de guérir ; Solange ne tardera pas à être demandée en mariage et à quitter la maison ; Joséphine n'a que dix-sept ans, elle est trop jeune pour soigner sa mère et tout : je ne peux donc pas quitter nos maîtres, que j'aime beaucoup ; il y a quelque chose au-dedans de moi qui me dit que, si je le faisais, ce serait mal.

— Qu'à cela ne tienne, ma Jeanne, nous resterons ici, on ne demandera pas mieux que de nous y garder.

— Peut-être bien, Grand Louis, mais les enfants viendront, et quand on a des enfants il faut être à son ménage. On a déjà bien de la peine à vivre toujours d'accord avec ses proches parents ; c'est bien pis chez des étrangers. Mais, pour vous prouver que je fais grand cas de vous, si vous voulez m'attendre, je vous promets de ne pas me marier à un autre ; je n'ai que vingt ans, vous n'en avez pas encore vingt-six, nous avons du temps devant nous.

— Comme tu voudras, Jeanne, quoique j'eusse mieux aimé nous marier tout de suite. »

Maître Tixier, qui cherchait Grand Louis, entra dans la boulangerie comme la petite Jeanne finissait de parler, et comme elle était fort rouge, il dit à son laboureur :

« Pourquoi la brusques-tu encore ? Qu'est-ce qu'elle n'a pas bien fait ?

— Notre maître, il ne faut pas vous fâcher contre lui ; il ne me brusquait pas, au contraire.

— Oui, maître Tixier, je lui demandais si elle voulait se marier avec moi, et elle dit que nous avons bien le temps.

— Et elle a raison ; vous avez bien le temps de vous mettre dans la peine ; mais tu n'es pas dégoûté, certes ! de vouloir prendre Jeanne pour ta femme !

— Vous voulez vous moquer, notre maître, dit Jeanne ; Grand Louis peut bien choisir parmi toutes les jeunes filles du pays, il ne sera pas refusé.

— Et pourquoi le refuses-tu donc ?

— Je lui ai donné mes raisons, et il les comprend bien, et puis nous mettrons un peu d'argent de côté d'ici à quelques années, et après, nous verrons.

— Tu as raison, ma Jeanne ; allons, Grand Louis, puisque les accords sont faits, embrasse-la, et va-t'en à tes juments. »

On fit une belle noce à Solange, la fille des patrons qui épousait maître Tisserand, puis ensuite, Jeanne et Grand Louis se marièrent sans noce et sans bruit.

Quelques jours plus tard... maître Tixier offre un bon dîner au capitaine qui vient lui acheter des chevaux. Pendant qu'ils sont à table, le capitaine s'étonne de voir que les femmes se tiennent debout.

— Mais pourquoi ces deux jolies filles ne se mettent elles pas à table avec nous ? dit le capitaine en mangeant la soupe.

— Monsieur, dans notre pays, les femmes ne se mettent jamais à table avec les hommes, et le maître mange toujours tout seul ; je trouve la coutume bonne et je la conserve.

Étienne Durand revient du régiment pour épouser Joséphine, la seconde fille de maître Tixier.

Étienne Durand revint au bout de huit mois, comme il l'avait promis. Il passa au Grand-Bail avant d'aller chez son père, tant il était impatient de savoir par lui-même si Joséphine l'avait attendu. On fut bien content de le revoir, et, un mois après son retour, on fit la noce chez ses parents, dont la ferme n'était qu'à un quart de lieue du Grand-Bail.

« Qu'est devenu ton capitaine ? dit maître Tixier en ramenant sa fille chez lui.

— Il a eu de l'avancement, et on l'a envoyé en Afrique. »

Un jour que le père Tixier dînait à sa petite table, comme à son ordinaire, son gendre Étienne lui dit :

« Quel profit trouvez-vous donc, mon père, à manger du pain d'orge ? C'est une mauvaise nourriture : il en faut une très grande quantité, et il n'y a pas de pain qui se pétrisse plus mal ni qui soit plus difficile à conserver.

— Et que veux-tu que je fasse de mon orge, Étienne.

— Il n'en faut pas récolter du tout, ou du moins n'en récolter que bien peu. Dans un pays à froment comme celui-ci, c'est une duperie que de semer de l'orge.

— Mais je ne peux pas toujours faire du froment ; la troisième année, il faut bien occuper les terres.

— D'abord, mon père, vous en labourez trop ; si vous en faisiez un tiers de moins, elles seraient mieux fumées, elles vous coûteraient moins de façon et vous en récolteriez autant.

— C'est pourtant vrai, ce que tu dis-là, Étienne ! mais il faut cependant que mes terres soient occupées.

— Eh bien ! vous sèmeriez deux fois plus de trèfle et de sainfoin ; vous élèveriez du bétail qui vous rapportera de bon argent, et vous pourrez fumer davantage vos terres et les améliorer. C'est comme vos foins : vous les coupez beaucoup trop tard, lorsqu'ils sont déjà durs. Or ordinairement, vers la fin de mai, il y a un vent qui souffle entre le nord et le levant, et qui donne du beau temps pour une bonne semaine au moins. Coupez votre foin alors ; vous en aurez davantage, il aura plus de goût, et vos bêtes le mangeront sans en gaspiller ; et puis vos regains seront plus précoces, vous les serrerez avant les pluies d'automne, qui les gâtent si souvent. Voulez-vous me laisser essayer cette année ? J'ai bien observé ce que j'ai vu dans les autres pays, et je voudrais mieux faire qu'on ne fait ici. C'est comme les moutons, à qui vous ne faites de litière que tous les mois, et dont la bergerie n'est nettoyée que deux fois par an ; croyez-vous y trouver du profit ? Mettez donc souvent de la litière, et qu'on ôte le fumier tous les mois ; le chaume ne manque pas ici, et vous verrez vos bêtes ! »

Le père Tixier, qui n'était pas têtu, fit ce que voulait son gendre. Il cultiva aussi des betteraves et des carottes dans ses terrains légers, et il s'en trouva bien.

Simon tire au sort et amène un mauvais numéro.

Le jour du tirage approchait : maître Tixier consulta son gendre pour savoir s'il valait mieux prendre une assurance pour Simon plutôt que de courir la chance de tirer un bon numéro, quitte à chercher un homme si l'on en avait besoin. « Moi, dit Étienne, je vous conseille de ne faire ni l'un ni l'autre. Si votre fils tire un mauvais numéro, laissez-le partir ; rien ne fait plus de bien à un garçon que de voir un peu de pays ; ça lui ouvre les idées. Je serais bien fâché d'être resté chez nous au lieu d'aller au régiment. Je ne savais rien quand je suis parti, et maintenant je sais lire, écrire et parfaitement compter. J'ai oublié toutes les bêtises qu'on se met dans la tête quand on n'est jamais sorti de son endroit, et j'ai de reste les quinze cents francs qu'un homme m'aurait coûté. Est-ce que tu as peur de partir, Simon ?

— Mais non, pas trop ; j'aimerais bien à voir du pays.

— Tu as raison, mon garçon ; d'ailleurs, l'on apprend à obéir quand on est au corps ; et, quand on sait bien obéir, on sait bien commander. »

Le père Tixier suivit le conseil de son gendre ; le sort tomba sur son fils, et il attendit patiemment qu'on l'appelât sous les drapeaux.

Avec leur épargne, Grand-Louis et Jeanne achètent une terre ; puis ils se font construire une maison de quinze cents francs. Mais pour payer, il faut emprunter sept cents francs à Maître

Tixier, et l'on reste devoir de l'argent au vendeur, le père Colis. Jeanne s'installe dans sa nouvelle maison avec son mari et ses trois enfants, la petite Nanette, Sylvain et Paul qui n'a que quelques mois. Elle a de la peine à s'habituer à vivre seule, c'est-à-dire sans maîtres.

Jeanne n'était pas accoutumée à tant de tranquillité.

Jeanne n'était pas accoutumée à tant de tranquillité : il lui semblait qu'elle n'eût point d'occupation. Quand son ménage était fait, qu'elle avait promené la chèvre et qu'elle lui avait amassé de l'herbe, le reste de la journée lui paraissait bien long.

Elle filait sur sa galerie pendant que Nannette amusait son frère ; quand elle s'ennuyait trop, elle prenait ses deux enfants et les emmenait au Grand-Bail. Là, elle aidait à Louise, et bien souvent on la retenait à souper avec son mari, qui battait à la grange ; d'autres fois, elle s'occupait de son jardin. Nannette la suivait partout, et, comme sa mère lui apprenait beaucoup de choses, cette petite fille causait bien mieux que les autres enfants du bourg.

Madame Isaure donne un enfant à nourrir à Jeanne.

Paul avait huit mois quand Mme Isaure vint voir Jeanne et lui dit :

« Je vais te donner bientôt un nourrisson, ma bonne Jeanne, ton Paul n'aura guère que neuf mois quand tu prendras mon enfant. Je ne veux pas que tu les nourrisses tous les deux à la fois ; toute forte que tu es, tu serais bientôt épuisée ; si tu veux mettre ton garçon en nourrice, je payerai ses mois.

— Merci, madame, je le sèvrerai ; il est très fort et mange déjà comme un petit homme. Je vous promets qu'il ne prendra pas le lait de votre enfant.

— Je le sais bien, Jeanne ; tu es trop honnête femme pour tromper personne, moi moins que toute autre. Prépare-toi donc à recevoir bientôt ton nouvel enfant ; nous passerons l'hiver ici pour ne pas le quitter. Mais, dis-moi, si tu prenais une petite fille pour t'aider ? Tu ne pourras pas suffire à tout.

— Madame, j'emploie déjà la mère Henri une partie de la journée ; je la garderai tout à fait. La pauvre femme est bien malheureuse et ne manque pas de courage ; mais elle ne peut travailler aux champs : je serai plus tranquille avec elle qu'avec une fillette de douze à treize ans.

— Alors je payerai la mère Henri en sus de tes mois.

— De mes mois, ma chère dame ! est-ce que vous comptez me payer ? Oh ! vous ne me ferez pas ce chagrin-là !

— Mais, petite Jeanne, n'est-il pas juste que tu sois payée de la peine que tu vas prendre pour mon enfant ?

— Ma récompense, madame, ce sera de vous rendre service et de m'acquitter, selon mon pouvoir, des grandes obligations que je vous ai. Que serais-je donc sans vous ? Ne me payez pas, je vous en prie ! laissez-moi vous prouver combien je vous suis attachée, et que je n'oublie pas tout le bien que vous m'avez fait. Si vous me payiez, je croirais que vous ne faites aucune estime de moi, ajouta Jeanne en pleurant.

— Ne te désole pas, ma bonne Jeanne ; tu as raison, je ne dois pas te payer. D'ailleurs, on ne saurait reconnaître les soins d'une bonne nourrice avec de l'argent ; seulement, je tiens à payer la mère Henri ; car enfin, si je ne te donne rien, je ne puis souffrir que tu débourses quelque chose pour moi. »

Quinze jours après, Mme Isaure confia sa petite fille à Jeanne....

Une grêle terrible ravage tout le pays.

Tout allait au mieux dans le ménage de Jeanne ; elle avait fait faire une pièce de toile avec le chanvre qu'elle filait depuis quatre ans. Elle comptait en faire quatre paires de draps et des chemises pour Grand Louis, dont les vieilles avaient servi pour les enfants. Son mari avait déjà remboursé six cents francs au père Tixier et elle lui avait payé sa plume. Nannette allait avoir douze ans ; elle avait fait sa première communion. Sylvain était enfant de chœur, et il restait chez M. le curé pendant tout le temps qu'il ne passait pas à l'école. Il semblait que rien ne dût troubler le bonheur de Jeanne, quand, au commencement de la moisson, il vint un orage terrible. La grêle tombait grosse comme des noix, et il ne resta pas un épi debout dans les champs. Ils avaient été si bien hachés et entrés en terre, qu'on n'y voyait même pas un brin de paille ; c'était une désolation générale. Maître Tixier éprouva de grandes pertes, pourtant il ne fut pas grêlé partout. Mais chez le pauvre Grand Louis, ce fut bien pis : il ne resta rien de sa récolte ; en voyant ses champs, l'on n'aurait jamais dit qu'il y avait eu là une belle moisson quelques instants auparavant. Les arbres du jardin eurent presque toutes leurs branches cassées ; le chanvre était couché par terre. Le cœur de Jeanne saignait en voyant tomber cette grêle, qui la ruinait pour plus d'une année. Son mari revint du Grand-Bail tout consterné.

« Quel malheur, mon pauvre homme! mais c'est Dieu qui l'envoie il n'y a pas à murmurer. Il ne faut pas perdre courage ; que de gens vont être plus à plaindre que nous!

— Ma Jeanne, ce n'est pas la peur de pâtir qui me rend si triste ; mais je pense aux enfants, à maître Tixier et à la pension du père Colis. Comment faire pour vivre et payer tout ça!

— Console-toi, Grand Louis. Je n'ai pas encore coupé ma toile, heureusement ; tu vas emprunter l'âne au maréchal, et j'irai demain, avant le jour, en ville, où le mari de Louise me la prendra et me la payera comptant. Il n'est pas nécessaire qu'on me voie ni qu'on sache que je l'ai vendue.

— Combien comptes-tu donc en retirer?

— J'en ai soixante-dix mètres, et elle vaut au moins deux francs.

— C'est cent quarante francs qu'on t'en donnera ; mais nous payons deux cents francs au père Colis, et, si je laisse mes journées à maître Tixier jusqu'à ce qu'il soit rentré dans les cent francs que nous lui devons encore, comment ferons-nous pour vivre?

— C'est juste, Grand Louis ; eh bien ! il faut aller trouver le père Colis, et lui demander crédit pour cette année.

— On voit bien que tu ne le connais guère, ma Jeanne. Il va me faire faire un billet et me demander un gros intérêt.

— Il n'y a pas moyen de s'en tirer autrement, pourtant ; j'aurais bien du chagrin qu'on sût notre détresse ; c'est un grand sacrifice, mais que veux-tu ? »...

Maître Tixier découvre la gêne de Jeanne.

Un jour de printemps, maître Tixier entra chez Jeanne, avec M. le curé, à l'instant où elle coupait sa soupe.

« Quel pain coupes-tu donc là, Jeanne, il y a moitié son dedans. »

Jeanne rougit et ne répondit pas.

« Ah ! c'est comme ça que Grand Louis m'a trompé ! Monsieur le curé, jugez-en ! J'ai voulu lui payer ses journées ; et lui, par orgueil, m'a dit qu'il avait de l'avance, et que je pouvais bien garder son gain pour me rembourser. Est-ce bien, voyons ?

— Maître Tixier, dit Jeanne, il n'y a pas d'orgueil là-dedans. Vous avez été si bon pour nous, que c'était notre devoir de nous gêner pour vous rendre votre argent ; vous aviez bien vos peines, vous aussi !

— Tu as beau dire, Jeanne, je ne te passe pas cette menterie-là. Voilà donc pourquoi je vous trouvais si mauvaise mine à tous ! Paul, dis-moi ce que tu as mangé cet hiver ?

— Du pain d'orge bien souvent, et bien souvent rien du tout ; on mangeait des pommes de terre cuites à l'eau, absolument comme vos porcs.

— Voyez-vous, monsieur le curé ! Je vous dis que c'est de l'orgueil, moi !

— Quoique j'admire votre courage, Jeanne, je m'étonne que vous n'ayez pas voulu être assistée de votre ancien maître, ou par Mme Dumont, dit M. le curé.

— Monsieur le curé, ils avaient bien assez de pauvres à nourrir, et qui étaient plus malheureux que nous ; nous devions encore cent francs à notre maître, qui nous a aidés de si bon cœur à bâtir notre maison. On ne sait ni qui vit ni qui meurt, si Grand Louis venait à manquer comment ferais-je pour payer ? Quand il y a des mineurs, on ne peut vendre qu'en justice, et notre petit bien serait mangé en frais. Enfin, le mauvais temps est passé, les journées de mon mari vont nous suffire à présent. L'herbe pousse, et ma vache, qui ne m'a presque rien rapporté cet hiver, faute de fourrage, va donner un peu de beurre que je vendrai chaque semaine.

— C'est égal, Jeanne, je ne suis pas content, et si ton mari s'avise de vouloir me payer le labourage de ses champs, je ne le regarderai de ma vie. »

Madame Isaure fait des reproches à Jeanne.

Une demi-heure après, Mme Isaure entra.

« Comment, Jeanne, tu as souffert tout l'hiver, et tu ne m'en as rien dit! et, quand je te demandais pourquoi tu étais si maigre, tu me répondais que c'était le froid qui te faisait mal! Toi, mon amie, la nourrice de ma fille, tu as manqué de pain, et je n'en ai rien su!

— Ma chère dame, vous avez bien assez de tous vos autres pauvres ; il n'y a pas eu grand mal, comme vous voyez, car nous sommes tous bien portants.

— Que tu aies eu le courage de souffrir, ainsi que ton mari, je le conçois ; mais je ne t'aurais pas crue capable de voir souffrir tes enfants.

— Madame, ne valait-il pas mieux qu'ils pâtissent un peu, que de leur donner l'habitude de demander et de compter toujours sur les autres? S'ils ont été mal nourris, ils n'ont pas souffert de la faim, je vous l'assure ; ils n'ont pas trop mauvaise mine, et, si Grand Louis et moi sommes maigris, c'est plutôt par l'inquiétude que par le manque de nourriture.

— Jeanne, je t'en veux beaucoup de m'avoir caché ta position ; surtout quand je t'en ai parlé la première. Je t'en prie, dis-moi sincèrement si tu as besoin de quelque chose.

— Eh bien! ma chère dame, puisque vous êtes assez

bonne pour vous occuper de ce qui me manque, je vous dirai que nous avons vendu notre dernière pièce de vin pour payer l'impôt. Je me désole en pensant que Grand Louis va boire de l'eau pendant les chaleurs. Si vous pouviez nous donner de la piquette, vous nous rendriez grand service.

— Je ne veux pas que ton mari boive de la piquette ; cet homme a grand besoin de se restaurer et de reprendre des forces pour les travaux de la saison ; ce soir je t'enverrai une pièce de vin, tu peux y compter. »...

Un jour que Jeanne fanait du sainfoin pour le père Tixier, elle entendit un grand bruit du côté de la ferme ; chacun courait et criait. Se doutant bien qu'il était arrivé quelque malheur, elle courut ainsi que les autres femmes. En arrivant auprès de la maison, elle vit tout le monde rassemblé, et elle s'avança pour voir aussi. On était si occupé que personne ne faisait attention à elle. Tout à coup elle poussa un grand cri : c'est qu'elle venait de voir son mari étendu par terre, sans connaissance et la tête toute fracassée. Elle se jeta sur lui sans pouvoir dire un mot. On était allé avertir M. le curé, qui vit tout de suite qu'il n'y avait pas de remède ; il dit pourtant qu'on allât promptement chercher un médecin. On raconta comment le malheur était arrivé : Grand Louis était monté sur l'échafaud de la grange pour ranger ce qui restait de l'ancien fourrage et faire de la place au sainfoin nouveau ; une planche ayant basculé, il était tombé sur la roue d'une charrette qu'on avait remisée là, et il s'était crevé la tête.

On posa le pauvre blessé sur une civière où l'on avait étendu un lit de plume, et on le porta chez lui. Sa femme le suivait suffoquée par les larmes. M. le curé lava la plaie et la banda en attendant le médecin. On fit respirer du vinaigre chaud à Grand Louis, il ouvrit les yeux et rencontra ceux de Jeanne qui le regardait en pleurant.

« Ma pauvre femme, lui dit-il, c'est fini, je le sens bien. J'ai le corps brisé. Il ne faut pas trop te désoler ; dans ton malheur, le Bon Dieu a eu pitié de toi en me faisant mourir tout d'un coup au lieu de me tenir au lit pendant longtemps ; tu aurais tout dépensé pour me soigner, et tu serais restée dans la gêne. »

Jeanne l'embrassa sans pouvoir lui répondre.

Grand Louis meurt.

Maître Tixier eut un grand chagrin de la mort de Grand Louis, surtout en pensant qu'il s'était tué en travaillant pour lui. Le pauvre homme était vieux et infirme, et depuis la mort de sa femme, qu'il avait perdue au commencement de l'année, il baissait tous les jours. Il alla pourtant voir Jeanne.

« Ma chère fille, dit-il en entrant, voilà un grand malheur! Qui m'eût dit, à moi qui suis si vieux, que j'enterrerais mon pauvre Grand Louis? Mais tu n'as pas tout perdu, ma Jeanne, puisque je suis encore là. Je ne te ruinerai pas pour la façon de tes terres, sois tranquille!

— Je sais bien que vous serez toujours bon, maître Tixier ; mais qui me rendra mon pauvre homme que j'aimais tant? Nous ne nous sommes jamais disputés, nous étions toujours de bon accord ; c'était un vrai paradis que notre petit ménage.

— Ma fille, comme c'est la volonté de Dieu que vous soyez séparés, il faut bien s'y soumettre. »

Jeanne, aidée de Marguerite, ensevelit son mari avec beaucoup de courage. Le père Tixier avait tâché de l'emmener chez lui ; elle avait répondu que son devoir était de rester auprès du corps tant qu'il ne serait pas en terre, et que son chagrin ne devait compter pour rien. Mais, quand elle vit emporter la bière, elle eut encore une terrible convulsion, qui la laissa comme morte. Le chant des prêtres la fit revenir à elle, et rien ne put l'empêcher de suivre l'enterrement jusqu'au cimetière. Elle prit ses deux garçons par la main, et Louise conduisait Nannette. Tout le village les suivait, car Grand Louis jouissait d'une grande estime dans tout le pays.

Jeanne reste donc veuve avec quatre enfants, Nannette, Sylvain, Paul et Louis, enfant posthume, dont Mme Isaure « voulut être la marraine ».

Mme Durand prend Nannette comme servante. Sylvain, « garçon très intelligent et beaucoup plus instruit que les enfants de son âge » est placé par M. le curé chez un notaire, à la ville.

Trois ans plus tard, Jeanne « s'aperçoit que le petit Louis sera un enfant simple.

Le père Texier labourait pour rien les terres de Jeanne; mais comme elle avait à payer les façons de ses vignes, l'impôt, la moisson, il lui restait tout juste de quoi vivre et payer les mois d'école et les livres de Paul...

Jeanne passe une mauvaise année.

Il y eut une année pluvieuse : les grains mûrirent mal et les fourrages furent de mauvaise qualité. Le père Tixier qui avait coutume de venir causer souvent avec Jeanne, était mort dans l'hiver. Le Grand-Bail était resté à Étienne Durand, et il fallut que Jeanne payât le labourage de ses terres... elle se trouva dans une grande gêne; mais, comme elle ne se plaignait pas, personne n'en savait rien ; il n'y eut que M. le curé qui vit clair dans sa position. Sa vache mourut pour avoir mangé du mauvais fourrage, ce qui fut une grande perte pour elle ; il ne lui restait pas assez d'avance pour en acheter une autre, parce que, le blé étant cher, il fallait garder son argent pour en avoir. Elle avait employé les économies qu'elle avait faites depuis son veuvage à acheter un bon pré dont elle venait d'achever le payement. On lui offrit bien des cheptels ; mais, comme elle savait que son fourrage était malsain, elle ne voulut pas risquer le bétail qu'on lui confierait. Elle passa un hiver difficile et plein de privations, et Paul ne fut pas toujours raisonnable ; il murmurait souvent contre sa mère.

Sylvain eut un congé de huit jours au printemps, et il fut très content de revenir chez lui. Il paraissait satisfait de sa position ; ses camarades se moquaient bien un peu de ses chemises de grosse toile, mais il ne les écoutait pas ; et, comme il était travailleur et rangé, son patron l'aimait beaucoup. Il rapporta à sa mère une soixantaine de francs qu'il avait gagnés dans l'étude, et il lui dit qu'il allait avoir cinquante francs d'appointements par mois.

« Je vais être riche, ma bonne mère, et il n'y aura plus de mauvais hivers pour vous.

— Mon Sylvain, je vais t'acheter des chemises de calicot et te les faire tout de suite.

— Non, ma mère, cet argent-là est pour vous avoir une vache. Je sais que Nannette va nous en apporter autant au moins. Mais il me semble, Paul, qu'il est temps de quitter l'école, et que tu peux travailler à notre bien maintenant.

— Moi, je ne veux pas être laboureur, dit Paul ; il me faut un état qui me convienne, et, si l'on veut me mettre chez le maréchal du bourg, je veux bien commencer à travailler. J'y vais quelquefois entre les deux classes, et je tiens les pieds des chevaux pendant qu'il les ferre ; il dit que je suis un luron et que, si je veux travailler dans sa boutique, il me prendra avec plaisir.

— Ce n'est pourtant pas raisonnable, Paul, dit sa mère ; les journées me ruinent, et, si tu travaillais pour nous, je pourrais t'acheter ce dont tu as besoin.

— Je vous dis que je veux être maréchal, pour voir du pays quand je serai grand et faire mon tour de France. Je saurai bien gagner de l'argent, soyez tranquille ! Je ne vous en demanderai jamais.

— Il faut le laisser faire. Mon Sylvain, veux-tu aller t'arranger avec le père Maurice ? »

Sylvain fit ce que lui disait sa mère, et il revint dire que le père Maurice, le maréchal, prendrait Paul pour deux ans de son temps, et qu'il lui en avait fait l'éloge. « Tant mieux, mon garçon. Ainsi, Paul, tu y entreras à la fin de ton mois d'école. »

Solange demande Nannette pour son garçon.

A quelque temps de là, Solange, des Ormeaux, vint trouver Jeanne, et lui dit :

« Veux-tu donner ta fille à mon Jean ? Depuis qu'il est revenu de l'armée, il ne pense qu'à elle ; il dit qu'il n'y a pas une fille pareille ; que si elle le refuse, il ne se mariera pas.

— Ma Solange, il faut d'abord savoir ce qu'en dira Nannette.

— Peut-être ne se souciera-t-elle pas de demeurer à la campagne, maintenant qu'elle a tâté de la ville ?

— Tu te trompes, Solange ; je sais qu'elle ne sera heureuse que quand elle vivra auprès de moi. La pauvre enfant me donne plus de la moitié de ses gages pour payer les façons de mes champs ; car moi je ne peux plus rien gagner à présent, et je crois bien qu'elle n'a pas de grandes épargnes.

— Ce n'est pas pour son argent que mon garçon la veut ; tu sais qu'il était le filleul du père Jusserand, qui lui a acheté un remplaçant au bout de quatre ans de service, parce qu'il voulait le voir avant de mourir ; il lui a légué en mourant quinze cents francs d'argent, et, avec les champs que nous donnerons en mariage, il aura de quoi vivre en travaillant.

— Mais, Solange, Nannette ne voudra qu'un homme qui vive dans notre maison et cultive nos terres.

— Justement, c'est le désir de Jean.

— Il faut te dire aussi que je voudrais bien ne pas faire encore mes partages, à cause de mes deux mineurs, parce que les frais nous ruineraient.

— Ne t'inquiète pas de ça, Jeanne ; tout le monde sait comment tu as gouverné ton bien depuis la mort de ton pauvre homme. Vous resterez tous ensemble, et, quand tu auras un bon ouvrier dans ta maison, tu seras enfin à ton aise.

— Ce n'est pas tout encore, Solange ; j'ai mon petit Louis, qui pourrait bien ennuyer ton garçon. Nannette l'aime comme moi, et si Jean ne pouvait l'endurer à la maison, elle serait malheureuse, et moi j'en sortirais ; car pour rien au monde, je ne voudrais me séparer de mon pauvre simple.

— Ton petit Louis, qui est fort comme quatre, plaît beaucoup à mon garçon ; il dit que les enfants simples sont plus près du Bon Dieu que les autres. Il en parlait encore ce matin et disait qu'il se chargerait de lui apprendre à labourer, et qu'il était bien sûr d'y réussir. Ainsi, sois tranquille de ce côté.

— Eh bien! puisque nous sommes d'accord sur tout, il faut que tu ailles chez Mme Dumont, dire à Nannette que j'ai besoin de lui parler, et nous saurons tout de suite ce qu'elle en pense. »

Quand Nannette fut venue, sa mère lui dit : « Ma fille, la maîtresse Jusserand vient te demander pour son garçon.

— Oui, ma petite Nannette, dit Solange ; voudras-tu bien prendre un paysan, maintenant que tu es quasi une demoiselle ?

— Ma mère, je ne me marierai que pour demeurer avec vous.

— Ma fille, Jean Jusserand veut bien vivre dans notre maison et cultiver notre bien ; mais il ne faut pas penser à moi dans une affaire si importante ; je veux que tu me dises, comme devant Dieu, s'il te convient.

— Oui, ma mère, dit Nannette en rougissant ; Jean est plus doux et bien mieux appris que les autres garçons du bourg ; mais je n'oserai jamais dire à madame, qui est si bonne pour moi et que j'aime tant, que je vais la quitter.

— J'irai te reconduire, sois tranquille.

— Embrasse-moi, ma Nannette, dit Solange ; tu ne sais pas comme je serais contente de t'avoir pour bru, moi qui dois tout ce que je vaux à ta mère! »

Jeanne retrouve un peu de bonheur.

Paul tira, et fut exempté par son numéro. Il avait alors vingt et un ans accomplis. Sa mère lui demanda s'il avait toujours, comme Sylvain, l'intention d'abandonner ses droits à Louis. Paul répondit qu'il ne demandait pas mieux. Il écrivit sur-le-champ à Sylvain, qui arriva avec le projet d'acte par lequel lui et Paul donnaient à leur sœur tout leur héritage, dont leur mère aurait l'usufruit, et Louis après elle.

« Mes frères, dit celui-ci qui avait écouté la lecture de l'acte avec attention, Jean n'a pas besoin qu'on lui donne quelque chose pour me garder, car il aime le pauvre simple comme s'il était son enfant.

— C'est bien dit, ça, mon Louis! s'écria Jean; viens, mon garçon, que je t'embrasse, toi qui as vu clair dans mon cœur!

— Louis, dit Sylvain, Jean peut mourir avant toi, et il faut que tu aies quelque chose à cultiver toi-même et une maison pour demeurer ; et tu ne seras pas fâché qu'après toi la famille de Jean en profite. »

Jeanne retrouva un peu de tranquillité ; sa fille, qui la laissait maîtresse à la maison, prenait l'ouvrage qu'elle trouvait à faire, et était employée la moitié de l'année chez Mme Dumont. Jean était un véritable fils pour sa belle-mère, et se montrait plein d'attentions. Il avait pris Louis en grande affection, et disait qu'il serait un jour, comme son père, le meilleur laboureur du pays. Ce pauvre garçon, qui n'était guère guidé que par ses instincts, chérissait son beau-frère et lui était fort soumis ; car il sentait bien qu'il en était véritablement aimé. Il allait quelquefois voir sa marraine tout seul, le matin, quand il croyait ne trouver personne chez elle. Alors, il la prenait par la main et la conduisait au piano, puis la priait de chanter, et se mettait à ses genoux; et, quoique la musique le fît toujours pleurer, il s'en retournait tout heureux chez sa mère et, pendant deux ou trois jours, il semblait avoir l'esprit plus ouvert.

Paul s'établit à la ville où, après quelques années, il prit une boutique et épousa la fille de Louise et du colporteur. Jeanne, dans ses vieux jours, fut donc aussi heureuse que possible en voyant ses enfants dans l'aisance, et surtout en grande estime dans le pays ; elle disait quelquefois :

« Ah ! si mon pauvre Grand Louis était là, serait-il heureux de vous voir, mes enfants, si bien établis!

— Ma mère, répondait Paul, vous lui rendrez bon compte de la famille qu'il vous a laissée ; car en d'autres mains que les vôtres, j'aurais mal tourné. Aussi je vous promets de ne jamais rudoyer mes enfants ; non seulement cela ne les corrige pas, mais ils s'endurcissent, au contraire, par les mauvais traitements. »

Jeanne vieillit doucement au milieu de sa famille et mourut dans un âge fort avancé, regrettée de tout le monde, et surtout de ses enfants, qui ne l'oublièrent jamais.

LA COMTESSE DE SÉGUR

1799-1874

Parmi les témoins de la vie populaire au Second Empire, la comtesse de Ségur doit avoir une place; elle romance en effet des histoires vécues et ses personnages, fantaisistes dans leurs aventures, sont réels dans leur conditionnement économique et social. Elle a observé et décrit avec soin les habitudes de vie, la nourriture, l'habillement, le logement et aussi l'hygiène (ou plutôt le manque d'hygiène); elle sait à la fois être sociologue et moraliste.

Une étude de Pierre Bleton a révélé ce nouvel aspect de son œuvre, en additionnant les nombreux renseignements recueillis à travers les vingt volumes parus dans la « Bibliothèque Rose ». On trouve là une documentation solide, à propos du minimum vital, du niveau de vie, des revenus et de la conception du monde à la fin du XIXe siècle.

Les textes à citer feraient un livre; nous retiendrons seulement quelques pages sur les domestiques et leurs rapports avec les maîtres. Aujourd'hui plus d'un lecteur aura quelque difficulté à admettre ces faits; pourtant des témoignages analogues se retrouvent dans de nombreux romans de la même époque.

Dans « Les Petites Filles Modèles » la bonne, Élisa, a conscience que les distractions ne conviennent pas à sa condition. Lorsqu'on lui demande de participer à un déjeuner sur l'herbe, elle répond :

« Mes chères petites, je vous remercie de penser à moi et de m'inviter à vous accompagner ; mais j'ai autre chose à faire que de m'amuser. A moins que vos mamans n'aient besoin de moi, j'aime mieux rester à la maison et faire mon ouvrage... A chacun son affaire. Amusez-vous ; courez, sautez, mangez sur l'herbe ; mon devoir à moi est de travailler ; d'ailleurs, je suis trop vieille pour gambader et courir les forêts... Mes chères enfants, ne me forcez pas à être de la partie de demain, j'en serais contrariée. Une bonne est une bonne, et n'est pas une dame qui vit de ses rentes ; j'ai mon ouvrage et je dois le faire...

Dans « Les Vacances », on voit le commandant de Rosbourg promettre à son ancien matelot, en suprême récompense, de le prendre à son service :

« Ils trouvèrent Lecomte dans la joie, parce que M. de Rosbourg venait de lui promettre qu'il le prendrait à son service, que sa femme serait près de Mme de Rosbourg comme femme de charge. Lucie (fille de Lecomte) devait être plus tard femme de chambre de Marguerite.

Des faits analogues se présentent dans « Diloy le chemineau ». Le texte montre combien la situation de domestique était enviée, et supérieure à celle d'un ouvrier moyen.

Le général dit à Diloy :

— Si nous te trouvions une place de jardinier, cela te conviendrait-il ?

DILOY. — J'en serais bien heureux, Monsieur le Comte ; mais ce n'est pas facile à trouver.

LE GÉNÉRAL. — Cela se trouve pourtant ; nous allons nous en occuper, ma sœur et moi.

DILOY. — Je remercie Monsieur le Comte ; ce serait un grand bonheur pour moi de me trouver placé tranquillement avec ma femme et mes enfants... Pourvu que nous ayons du pain et de quoi nous couvrir, nous n'en demandons pas davantage.

Cependant, Diloy continue à chercher une place...

LE GÉNÉRAL. — Voyons, mon brave garçon, dis-moi quelle est la place qu'on t'a offerte ?

DILOY. — C'est chez un fabricant de chaussons, Monsieur

le Comte ; on m'offre le logement, le chauffage et deux francs cinquante par journée de travail.

LE GÉNÉRAL. — De combien d'heures la journée?

DILOY. — Douze heures, Monsieur le Comte.

LE GÉNÉRAL. — C'est deux de trop. As-tu les dimanches et fêtes?

DILOY. — Ce n'est pas de droit. On peut exiger que je travaille dans les temps pressés.

LE GÉNÉRAL. — Et c'est toujours pressé pour MM. les fabricants. Et les enfants, les occupe-t-on?

DILOY. — Quand ils ont dix ans, Monsieur le Comte ; on leur donne de l'ouvrage à cinquante centimes par jour.

LE GÉNÉRAL. — Le travail est-il fatigant, difficile?

DILOY. — Sauf qu'on est assis tout le temps du travail, ce n'est pas trop dur.

LE GÉNÉRAL. — Et les enfants, travaillent-ils dehors?

DILOY. — Non, Monsieur le Comte, à l'atelier, ils ne sortent pas.

LE GÉNÉRAL. — Et ont-ils leur dimanche? Peuvent-ils aller au catéchisme, à l'école, dans la semaine?

DILOY. — Pas quand on a besoin d'eux.

LE GÉNÉRAL. — Et on aura toujours besoin d'eux.

Finalement, après une histoire assez compliquée, le général peut annoncer à Diloy qu'on le prendra pour jardinier. Alors :

Mme d'Orvillet et le général s'approchèrent de Diloy, qui voulut parler et se couvrit les yeux de ses mains ; il pleurait.

Quand il put dominer son émotion, il découvrit son visage baigné de larmes.

« Pardon, chère dame ; pardon, Monsieur le Comte... »

Il resta quelques instants sans parler, puis il se leva, demanda encore pardon et voulut sortir.

LE GÉNÉRAL. — Eh bien! eh bien! où vas-tu, mon garçon? Nous ne sommes convenus de rien ; tu ne sais rien, et tu pars comme cela sans dire gare?

DILOY. — Monsieur le Comte, permettez-moi de prendre l'air un quart d'heure seulement. Je ne sais plus où j'en suis. Pensez donc quel bonheur je vais avoir, moi qui ai toujours vu souffrir ma pauvre femme, mes chers enfants ; pensez à la reconnaissance, à la joie qui m'étouffent. Pardon, Monsieur le Comte, pardon ; je serai de retour dans un quart d'heure. »

Et Diloy sortit précipitamment.

Le général, Mme d'Orvillet et Félicie se sentaient émus du bonheur de cet excellent homme...

Dans « Pauvre Blaise » de la comtesse de Ségur, Blaise, fils du concierge, et Jules, fils du maître, assistent au Zoo au repas d'un éléphant qui se prépare ainsi :

Dans chaque boulette il y avait douze œufs, une bouteille de lait, une livre de beurre et deux livres de pain ; tout cela était mêlé, pétri et roulé. La soupe se composait d'un demi-tonneau d'eau dans laquelle on faisait cuire deux énormes paniers de choux, de carottes, de navets et de pommes de terre, avec une forte poignée de sel et une livre de beurre.

— Cet éléphant doit coûter cher à nourrir, dit Blaise, il mange à un seul repas ce qui nous suffirait pour huit jours, à papa, maman et moi.

JULES. — Tu vois bien qu'il n'y a pas de viande ; il vous faut de la viande pour vivre, je suppose.

BLAISE. — De la viande, Monsieur Jules! nous n'en mangeons que le dimanche, et il ne nous en faut pas beaucoup ; avec un morceau gros comme le poing, nous en avons de reste pour le lendemain.

— Pas possible, s'écria Jules avec étonnement. Moi je ne mange que de la viande ; que manges-tu donc les jours de la semaine?

BLAISE. — Du fromage, un œuf dur, des légumes, avec du pain bien entendu. Quant au pain, j'en ai tant que j'en veux.

JULES. — Ah! bien moi, si on ne me donnait pas de viande, je ne mangerais rien du tout.

BLAISE. — Ce serait tant pis pour vous, Monsieur Jules, car vous souffririez de la faim ; et quand on a faim, on trouve bon tout ce qui se mange.

G. BRUNO

1869

Beaucoup de nos contemporains ont encore eu pour premier livre de lecture *Le Tour de France par deux enfants* de G. Bruno. L'auteur écrivit aussi *Francinet*, autre ouvrage de lecture courante pour les écoles primaires publié en 1869 et souvent réimprimé jusqu'en 1900. C'est l'histoire d'un ouvrier ; on y trouve une synthèse de connaissances, la description géographique et économique de diverses contrées, la vie de grands hommes; on y décrit les métiers, les techniques, les sciences; on y fait l'apologie des vertus morales et civiques... Selon l'expression de M. Longchambon, cette œuvre est « un simple et admirable livre de culture générale ». On observera combien le récit est caractéristique du climat social de l'époque. Ce ne sont pas seulement les faits qui sont instructifs, mais les leçons qui en sont tirées.

Nous savons que l'auteur écrivait sous un pseudonyme; G. Bruno était en réalité Mme Alfred Fouillée, femme du philosophe; elle mériterait de ne pas être oubliée .

Nous reprenons ici les premières pages de *Francinet*.

FRANCINET

Entrée de Francinet en apprentissage.

Un vendredi, de bon matin, le jeune Francinet, en compagnie de son parrain, le père Jacques, fit son entrée comme apprenti dans la grande manufacture de tissus dirigée par M. Clertan.

Le portail était situé juste en face de la demeure de Francinet ; il n'y avait donc que la rue à traverser. Bien des fois avant ce jour, Francinet et son petit frère Eugène, assis sur une borne près de leur maison, s'étaient amusés à regarder la riche habitation de M. Clertan. C'était surtout lorsque le domestique ouvrait le portail à double battant pour laisser passer la voiture du maître, que les deux bambins jetaient à loisir des regards de curiosité sur la grande cour sablée, plantée d'arbres. Au milieu, une jolie pelouse dessinait un ovale, dont chaque extrémité se parait d'un massif de fleurs ; dans le fond les murailles, couvertes de plantes grimpantes, faisaient un horizon de verdure qui réjouissait l'œil ; et les deux enfants, plus d'une fois, avaient désiré voir de près ces belles choses, ainsi que l'intérieur de la manufacture où s'entendait toute la journée le bruit des métiers et des machines.

Ce jour-là, Francinet suivait avec émotion le père Jacques dans l'allée qui contournait la pelouse. Après avoir traversé la cour, ils entrèrent dans un corridor un peu sombre, qui aboutissait à de grands ateliers de teinturerie où Francinet allait être occupé. Son travail devait consister à tourner le moulin à l'indigo.

La pièce où se trouvait ce moulin était une sorte de cave très obscure. Une seule petite fenêtre avait jour sur la cour d'entrée, et encore était-elle masquée par un rideau de plantes grimpantes. Cependant ce rideau n'était pas assez épais pour empêcher de voir ce qui se passait dans la cour.

A coup sûr, le lieu de travail destiné à Francinet n'était ni gai ni agréable ; mais l'enfant, habitué déjà à une maison sombre, pauvre et triste, n'y fit guère attention au premier abord. D'après les instructions du père Jacques, il s'assit sur une petite planche au fond de la cave, et se mit à tourner courageusement le moulin. Cela n'était pas difficile, et demandait plus de patience que de force : une fois lancé, le moulin marchait sans grand effort.

Le père Jacques laissa Francinet, et s'en alla vaquer à ses occupations d'un autre côté. Notre petit travailleur ne restait pas pour cela sans surveillance : au-dessus de son moulin même il y avait une large ouverture carrée, donnant dans la pièce voisine où se tenaient d'autres ouvriers. De temps à autre, le contre-maître venait jeter un coup d'œil pour voir ce que faisait l'enfant.

La première demi-heure ne parut pas très longue à Francinet. Il pensait à son père qui était mort ; il se rappelait les paroles que sa mère lui avait dites plus d'une fois :

— Tu es l'aîné des garçons, tu dois être raisonnable, parce que tu seras plus tard le chef de la famille.

Francinet, qui avait un excellent cœur, se sentait fier d'aider sa mère à gagner le pain de la maison ; et il avait bien raison de l'être, car c'est une belle et grande chose de travailler pour les siens et de rendre ainsi en partie à ses parents ce qu'ils vous ont donné.

M. Clertan — L'œil du maître.

Pendant la seconde demi-heure, Francinet, toujours seul dans sa cave, s'amusa à regarder à travers la fenêtre ce qui se passait dans la cour. De sa place c'était très facile, et cela le distrayait beaucoup.

Le domestique allait, venait, étrillant les chevaux qui hennissaient. Une foule de gens entraient et sortaient, la laitière, le boulanger, la cuisinière, et leurs conversations intéressaient le petit ouvrier.

A huit heures, le maître de la maison. M. Clertan, parut. C'était un grand vieillard sec, vif, alerte, l'œil à tout. Il passa une sorte de revue du haut en bas de la manufacture, encourageant les uns, grondant les autres, s'apercevant des négligences les plus légères, ainsi qu'il convient à un bon maître de maison.

En dernier lieu, il entra dans la cave où se tenait Francinet ; le père Jacques était présent.

— Approche petit, dit M. Clertan d'un ton bref.

L'enfant s'avança, sa casquette à la main.

— Quel âge as-tu?

— Neuf ans, monsieur.

— Sais-tu lire?

— Pas beaucoup, monsieur.

— Tu serais mieux à l'école qu'ici, mon garçon.

Francinet baissa la tête.

— La mère est veuve, monsieur Clertan, fit le père Jacques ; elle a trois enfants, et, avant de leur apprendre à lire il faut les faire vivre.

— C'est juste, dit le vieillard. Comment t'appelles-tu, mon petit homme?

— Francinet, monsieur, pour vous servir.

— Eh bien, François, Francinet, il faut travailler avec courage. Si l'on est content de toi, ton salaire sera augmenté ; mais si tu n'es qu'un paresseux, on te renverra.

Le jeu — Francinet oublie son travail

M. Clertan s'était éloigné, et Francinet s'était remis au travail, continuant à regarder par la lucarne.

Il faisait grand soleil. C'était une de ces belles matinées de mars qui annoncent le printemps, et de sa place Francinet voyait briller, comme des perles, les gouttes de rosée sur le gazon de la pelouse.

Tout à coup une petite fille vêtue de blanc, avec de longs cheveux flottant en boucles sur ses épaules, s'avança dans l'allée qui bordait la pelouse. Elle semblait avoir de huit à dix ans.

Un grand chien de fine race épagneule, aux longues soies noires et blanches, accourut aussitôt, saluant sa petite maîtresse par de folles gambades, et aboyant pour lui manifester sa joie de la revoir.

— A bas, Phanor! disait-elle, chut! taisez-vous, ne me salissez pas.

Et quand l'intelligent animal, pour lui complaire, s'éloignait docilement, la petite fille aussitôt, du geste, le rappelait. Tous les deux alors, l'un courant après l'autre, faisaient le tour de la pelouse. Et c'étaient des éclats de rire sans fin, puis des commandements faits de cette petite voix d'enfant qui se grossit pour paraître importante. En revanche, Phanor, adoucissant la sienne, aboyait discrètement, et agitait en signe de joie sa longue queue noire dont l'extrémité avait une tache blanche.

La petite demoiselle prit un cercle, l'éleva à la hauteur de son épaule, et se mit à crier : « Hop, hop! Phanor! » Phanor aussitôt, d'un bond s'élança à travers le cercle. Puis ce fut le foulard de sa maîtresse qu'il courut chercher et que, fièrement, la tête droite, il lui rapporta.

Francinet ne perdait rien de cette scène. Il suivait chaque mouvement du bel épagneul aussi bien que les moindres gestes de la jeune demoiselle ; et, dans la contemplation de ce gai spectacle, son cœur se mit à battre démesurément. Il avait une envie folle d'aller, lui aussi courir, avec le docile Phanor et s'ébattre en plein soleil autour de la pelouse.

Francinet n'avait pas été habitué à travailler longtemps de suite, car sa mère n'avait jamais le temps de le surveiller. La veuve Roullin partait à sa journée dès sept heures du matin ; elle ne rentrait que le soir, quelquefois bien tard. Pendant ce temps, Francinet et son petit frère, toujours seuls, flânaient dans la rue entre les heures de classe.

On comprend combien un travail assidu devait être difficile à Francinet. Rien, en efflet, n'est plus difficile que de se délivrer d'une habitude prise, et c'est pour cela qu'il n'en faut prendre que de bonnes. Francinet eut beau résister d'abord à l'envie de laisser là son travail, il finit par oublier la tâche qui lui était assignée, quitta son moulin, courut à petits pas vers la lucarne, et se consola de ne pouvoir jouer en regardant du moins le jeu de plus près.

La jalousie.

Il y avait cinq minutes à peine que Francinet était là, lorsqu'une grosse voix rude lui cria :

— Eh bien! paresseux, est-ce ainsi que tu gagnes la journée qu'on te paiera demain?

Le jeune garçon honteux retourna à son moulin, osant à peine regarder le visage sévère du contre-maître, qui venait de le gronder.

Il se remit à travailler, mais à contre-cœur, et dès lors sa tâche lui devint lourde. La cave lui parut plus noire, les minutes lui semblèrent des siècles, et, dans l'ennui qu'il éprouvait, les aboiements de Phanor l'irritèrent, la gaîté de la petite fille lui sembla insupportable à voir.

En même temps son esprit mal disposé lui retraça les murmures contre les riches qu'il avait entendus bien des fois, en flânant dans la rue. La rue n'est pas une bonne école et c'était merveille encore que Francinet fût resté aussi raisonnable qu'il l'était ordinairement. Mais en ce moment-là il ne le fut guère, et il se laissa aller à un vilain sentiment de jalousie.

— Que je suis malheureux! disait-il. Pourquoi cette petite fille a-t-elle de si beaux habits, des journées entières pour jouer, des domestiques pour la servir ; tandis que moi j'ai des haillons, je dois travailler sans relâche et déjeuner avec un morceau de pain sec? Cela est bien injuste.

Puis il se rappelait qu'une fois le grand épagneul, étourdiment, était entré dans leur maison au moment où sa mère trempait la soupe ; et la veuve Roullin lui avait jeté un bâton à la tête, en criant : « Veux-tu te sauver, paresseux de chien! Tu es nourri mieux que nous, et tu voudrais nous dévaliser! »

Une autre fois, la jeune maîtresse de Phanor, accompagnée d'une bonne, passait dans la rue sous la fenêtre de la veuve Roullin, et une voisine s'était méchamment écriée : « Voyez ces riches, s'ils aiment à jeter l'argent! Ils habillent de blanc cette petite fille, été comme hiver. Cela habitue mademoiselle à faire la dame, et pendant ce temps les pauvres n'ont pas de quoi se vêtir. »

Tous ces souvenirs de paroles envieuses se pressaient dans la petite tête de Francinet. Comme il était à la fois mécontent de son sort, mécontent de lui-même, et fort blessé d'avoir été appelé paresseux par le contre-maître, la colère fit naître en lui les plus méchantes pensées.

La jalousie mène à la méchanceté.

Au moment où Francinet se laissait aller ainsi à la jalousie, Phanor, entraîné par la vivacité de sa course, s'élança dans le corridor sur lequel s'ouvrait la cave de Francinet; la petite fille le suivait en courant. Tous deux passèrent; puis repassèrent comme des ombres devant la porte.

Francinet avait saisi une pierre.

Après un moment, l'épagneul repassa de nouveau; la pierre lancée avec force lui atteignit la patte. Phanor surpris, la tête basse et boitant, vint chercher un abri dans les jupes de sa maîtresse.

Elle, elle n'avait rien vu et ne comprenait rien. Mais une grosse voix sortant du fond de la cave s'écria :

— Ah! méchant vaurien, tu ne te contentes pas de paresser, tu jettes des pierres! Attends un peu, attends, c'est moi qui vais te corriger.

Le contre-maître, en prononçant ces paroles, sauta par l'ouverture placée au-dessus du moulin de Francinet, et saisit l'enfant par les oreilles. Mais la gentille maîtresse de Phanor était entrée, elle aussi, dans la cave.

— Monsieur André, fit-elle gravement, mon grand-père ne veut pas qu'on frappe les enfants.

— Je le sais, mademoiselle Aimée; mais si M. Clertan avait vu comme moi ce méchant sujet lancer sa pierre, au risque de vous attraper, il lui eût peut-être chiffonné les oreilles plus rudement que je ne le fais.

— Bah! dit l'enfant en secouant avec mutinerie sa tête bouclée ; ce garçon ne savait pas que nous arrivions, Phanor et moi, et il a dû être aussi surpris que nous de sa maladresse. Mais parle donc, petit, et dis que tu ne nous voyais pas.

Si Francinet avait de grands défauts, il n'avait pas du moins celui d'être menteur. Il avait entendu dire bien des fois qu'il n'y a que les lâches à mentir, parce que c'est la peur seulement qui entraîne au mensonge : soit la peur d'être puni, soit celle d'être reconnu méchant ou sot pour une méchante ou sotte action. Or Francinet, pour rien au monde, n'eût voulu être lâche, et en toute occasion il avouait intrépidement la vérité. Il répondit donc sans hésiter :

— Si mademoiselle, je vous voyais.

Et il baissa la tête.

Les grands yeux bleus de la petite exprimèrent une sorte d'effroi et de tristesse.

— Qu'est-ce que je disais, mademoiselle Aimée ? s'écria le contre-maître. Mais soyez tranquille, ce vaurien ne remettra pas les pieds ici.

— Monsieur André, répondit Aimée en faisant un grand effort pour garder son calme, cela me regarde. Laissez-moi m'expliquer avec lui. Il ne peut avoir voulu me faire du mal, puisque je ne lui en ai jamais fait. S'il avait un aussi méchant cœur, il ne serait pas aussi franc. Mon grand-père dit qu'il ne faut pas se méfier de ceux qui ne savent point mentir.

Le contre-maître obéit à Aimée et s'en alla ; mais il se cacha dans une pièce voisine, de façon à tout entendre.

Aimée et Francinet — La fierté.

Les deux enfants restés seuls se regardèrent. Ils avaient l'air aussi émus l'un que l'autre.

— Pourquoi voulais-tu me faire du mal ? dit Aimée ; tu me détestes donc ? Que t'ai-je fait ? C'est la première fois que je te parle, et je ne sais pas même ton nom.

A ces questions prononcées d'une voix douce et presque

tremblante, comme celle d'un enfant qui a envie de pleurer, Francinet se sentit si honteux de sa méchanceté, que le courage lui manqua pour répondre. Il baissa la tête sans rien dire.

— Mais parle donc! reprit Aimée.

Et comme il se taisait toujours, elle ajouta :

— As-tu peur d'être chassé? Je te promets que tu ne le seras pas.

Nous avons dit que Francinet détestait par-dessus tout la lâcheté. Ce mot : « as-tu peur? » lui fit relever la tête; et, voulant faire voir qu'il était brave, il raconta ses méchantes pensées de tout à l'heure, sans même parler de son repentir présent.

— Je n'ai pas peur d'être chassé, dit-il. Vous voulez savoir si je vous déteste? Eh bien! Je déteste tous les riches. Je déteste aussi votre chien, parce qu'il est mieux nourri que moi : c'est pour cela que je vous ai jeté une pierre à tous les deux.

Aimée était une enfant charmante ; elle eût été presque parfaite sans une excessive fierté qui l'emportait toujours trop loin. Les accusations de Francinet, qui lui jetait à la tête, comme un crime, une richesse à laquelle elle ne pensait jamais, la blessèrent extrêmement.

— Alors, dit-elle, tu aurais été bien content si tu avais estropié mon chien, plus content encore si tu m'avais blessée moi-même, et si tu avais pu voir les larmes de mon grand-père? Tout cela parce que ce bon grand-père, à force de travail, m'a gagné de la fortune! Va, tu es bien méchant, mon pauvre garçon! Mais je t'ai promis que tu ne serais point chassé ; tu ne le seras point. D'ailleurs, je ne te crains pas, quoique tu sois tout à fait lâche, toi qui te mets là dans les petits coins pour frapper plus sûrement... N'importe, reprit-elle avec une animation de plus en plus orgueilleuse, tu ne me fais pas peur. Je ne te ressemble pas, moi, je suis très brave, et Phanor aussi. Je te préviens même de bien cacher ton jeu, si tu veux me faire du mal, car mon chien, qui ne s'est pas défendu quand tu l'as blessé, te mettrait en morceaux si tu me touchais, absolument comme il ferait d'un voleur ou d'un brigand.

Aimée, en achevant ces paroles, sortit de la cave, droite et hautaine comme une petite princesse.

— Monsieur André, dit-elle dans le corridor, je me suis expliquée avec votre apprenti ; je lui ai promis que vous seriez bien gentil avec lui ; et vous le serez, n'est-ce pas, mon bon monsieur André ?

Le contre-maître promit de ne pas gronder Francinet ; mais il s'empressa de raconter à M. Clertan ce qui s'était passé.

Remords de Francinet.

Francinet, resté seul, se remit au travail.

Il éprouvait une vive colère d'avor été traité de lâche par Aimée ; il éprouvait une honte plus vive encore en songeant qu'il avait mérité ce nom.

L'habitude de ne jamais mentir lui avait donné une grande droiture de conscience. Il ne s'excusait pas plus en lui-même de ses fautes qu'il ne cherchait à s'en excuser devant autrui. Il ne se dit donc pas pour se justifier, comme l'auraient fait bien des enfants, qu'il n'avait pas réfléchi avant de jeter sa pierre, qu'il avait seulement agi par étourderie, qu'il n'avait pas eu un seul instant la lâche pensée de se cacher pour faire ce mauvais coup. Non, il se dit simplement que son action était très mauvaise, ce qui était vrai.

Il en ressentit une humiliation d'autant plus grande qu'Aimée, au lieu de vouloir qu'il fût puni par le contremaître, avait demandé qu'on fût bon pour lui. Si elle avait fait cela par douceur, Francinet lui eût demandé tout de suite le pardon de sa faute ; mais la petite fille lui avait parlé avec tant de mépris que Francinet ne voyait pas de réconciliation possible. Il se sentit alors châtié par l'orgueil de cette enfant d'une façon si dure, qu'il ne put s'empêcher de pleurer amèrement.

Les humiliations de Francinet.

Lorsque neuf heures sonnèrent, tous les ouvriers quittèrent leur blouse de travail ; ils se lavèrent le visage et les mains à la rivière qui coulait au bord de l'atelier ; puis ils traversèrent la belle cour sablée de M. Clertan, et s'en allèrent déjeuner.

Francinet marchait à la file, honteux et embarrassé de lui-même, car Aimée était assise sur un banc, un livre d'étude à la main. Tous les ouvriers, en passant ôtaient leur casquette et disaient :

— Bonjour, mademoiselle Aimée.

L'enfant leur rendait leur salut en souriant, et les appelait chacun par son nom, celui-ci : père Jacques, cet autre monsieur Louis.

Quand vint Francinet, elle se leva, faisant mine de poursuivre un papillon. Elle tournait le dos à Francinet. Il pensa qu'elle ne voulait pas de son salut. Néanmoins il fit un grand effort, et mit la main à sa casquette.

Au moment où Francinet s'approchait du portail, Phanor, qui lui gardait rancune, s'élança hors de sa niche en montrant les dents ; mais Aimée accourut. Sans daigner regarder Francinet, elle fit un geste de menace à Phanor et le renvoya au chenil. L'épagneul alors essaya d'apaiser sa maîtresse, et se coucha à ses pieds ; mais elle, pour lui faire une leçon, le renvoya sévèrement, levant en l'air son petit bras, comme si elle était très courroucée et avait grande envie de le battre. Le chien tout honteux retourna dans sa niche.

Francinet était plus honteux encore. Il aurait voulu être à cent pieds sous terre plutôt que de se voir défendu par Aimée. Il s'empressa donc d'enjamber le portail pour regagner sa maison ; mais une autre épreuve l'attendait encore.

M. Clertan se promenait les mains derrière le dos dans la rue, devant la porte.

Au moment où Francinet passait, le grand vieillard lui fit signe d'approcher ; il le regardait avec tant d'attention, observant ses yeux rougis par les larmes, que l'enfant perdit contenance.

Francinet s'imagina qu'Aimée avait tout dit à son grand-père malgré sa promesse, et qu'il allait être honteusement chassé, là, en pleine rue, devant les passants et les ouvriers qui s'en allaient. Enfin M. Clertan rompit son examen silencieux.

— Eh bien! Francinet, il paraît que tu travailles comme il faut ; on m'a dit cela.

Francinet regarda le grand-père d'Aimée, pensant qu'il voulait se railler de lui ; mais M. Clertan avait l'air naturel de quelqu'un qui parle très sérieusement.

Cette dernière humiliation fut la plus dure de toutes : Francinet ne put la supporter. Recevoir en silence un éloge quand il ne méritait que des blâmes, lui parut impossible. Quoi de plus honteux, en effet, que d'accepter sans rien dire une louange dont on n'est point digne ? N'est-ce pas comme si on trompait les autres, et comme si on voulait se tromper soi-même ? Double fausseté, double mensonge qui répugnait à Francinet ; car, nous le savons, sa grande qualité était d'être franc avec lui-même et avec les autres.

— Non, monsieur, s'écria-t-il courageusement, je n'ai pas fait mon devoir ce matin ; mais je me conduirai mieux ce soir.

— Alors, dit le grand-père d'Aimée, tu es plus sévère pour toi que mon contre-maître. C'est bon signe, Francinet. Si tu veux, tu deviendras un brave garçon. Va déjeuner.

Francinet ne se le fit pas dire deux fois.

....

La chanson du pauvre.

Cependant la soirée s'avançait. Aimée aurait bien voulu revenir ; elle avait hâte de se réconcilier avec Francinet. Mais M. Clertan, qui avait des affaires importantes à sa ferme, avait chargé la fermière de leur préparer à dîner, si bien qu'il était huit heures du soir lorsque la voiture de M. Clertan le ramena chez lui. Les ouvriers venaient de partir.

Aimée n'avait point revu Francinet. Elle était fatiguée plus que de coutume, parce qu'elle n'avait pas le cœur satisfait ; elle demanda à se mettre au lit de bonne heure. Mais, une fois couchée, l'enfant ne put s'endormir. Tout ce qui s'était passé dans la journée lui revint à l'esprit. Tandis qu'elle y songeait, la nuit se faisait de plus en plus, et bientôt les mille bruits du jour s'éteignirent.

Neuf heures sonnèrent. Le silence était devenu si grand dans l'habitation de M. Clertan, qu'Aimée put compter chaque coup de la grosse horloge. Puis l'horloge elle-même se tut, et Aimée n'entendit plus rien.

Mais un moment après, un bruit très faible et très sourd vint frapper son attention. C'était comme un balancement uniforme qui se fût élevé du sein de la terre.

Aimée songea tout de suite à Francinet, car ce bruit ressemblait à celui de son moulin ; et la chambre de la petite fille étant au-dessus de la cave, il n'était pas étonnant qu'elle l'entendît.

— Mais, se dit Aimée, Francinet veille donc? Grand-père, d'habitude, ne laisse pas veiller les enfants. Il faut que le travail ait été bien pressé. Pauvre Francinet!

Et l'imagination de la petite fille se représenta le jeune garçon seul, dans son obscure cave que la nuit faisait plus obscure encore. Comme Aimée était heureuse, elle, d'être là bien chaudement dans son petit lit aux rideaux de mousseline! Francinet pensait peut-être à cela, lui aussi, et il la haïssait plus encore!... Aimée se sentit envie de pleurer.

Alors, dans le silence de la nuit, une voix s'éleva, une petite voix d'enfant, triste, plaintive ; et la voix chantait :

Je suis l'enfant de la misère,
Et le dur travail est ma loi.
Le riche, dit-on, est mon frère ;
Mon frère pense-t-il à moi?
Si le travail vaut la prière,
Juste Dieu, je m'adresse à toi!

Du berceau jusqu'au cimetière,
Longue est ma chaîne de labeurs!
Mais le travail fait l'âme fière ;
L'oisiveté, les lâches cœurs...

Lorsque la voix de Francinet se tut, Aimée joignit ses petites mains un instant. Elle priait.

Puis elle se leva sans bruit, s'habilla et, d'un pas léger comme celui d'une ombre, descendit dans la cour.

La bonne, qui veillait toujours dans sa cuisine quand les ouvriers veillaient, s'était endormie en tricotant ; elle ne vit point l'enfant passer. Seul le fidèle Phanor, qui avait senti sa petite maîtresse, accourut à elle. Du geste, elle lui fit signe de se taire, et le docile épagneul la suivit en silence.

La réconciliation — Ne nous croyons jamais ennemis les uns des autres.

Il faisait un clair de lune magnifique, et, par la lucarne de Francinet, un long rayon blanc illuminait la cave d'une lueur pâle et douce. Francinet tournait son moulin tristement. Il songeait aux paroles de sa chanson.

Tout à coup une petite forme svelte traversa le seuil de la porte, et s'arrêta au milieu du rayon de lune qui miroitait dans la cave. Cette ombre, toute blanche comme une apparition, c'était Aimée ; de grosses larmes inondaient ses joues.

— Francinet, dit-elle, je ne puis pas dormir, parce que tu m'as dit que tu me détestais. Je le sens, j'ai mérité que tu me haïsses plus encore, puisque, au lieu de te répondre avec douceur, je t'ai injurié et traité de lâche. Pardonne-moi, Francinet, car le devoir est de pardonner toujours. Ne me déteste plus, car l'Évangile dit d'aimer même ses ennemis, et je ne suis pas ton ennemie, Francinet ! Car je t'aime parce que tu es pauvre, parce que tu travailles à l'heure où je me repose ; je t'aime aussi parce que tu ne sais pas mentir, et que mon grand-père a dit qu'on reconnaît à cela les nobles âmes. Veux-tu me pardonner, Francinet ?

Elle tendit ses deux petites mains à Francinet ; il y mit les siennes sans hésiter, il pleurait plus fort qu'elle, et il lui disait :

— C'est à vous de me pardonner, mademoiselle Aimée ; c'est moi qui aurais dû faire ce que vous faites là, et vous êtes plus brave que moi, puisque vous savez mieux remplir votre devoir.

— Ne dis point cela, Francinet, tu te trompes. Du moment que je suis plus heureuse que toi, c'est à moi de te tendre la main la première ; c'est à moi de me faire aimer malgré ma richesse, et de savoir la porter avec tant de justice et de droiture qu'elle ne puisse me faire haïr de personne. Je n'avais jamais pensé à cela avant de t'avoir vu. Tout ce qui s'est passé hier m'a fait réfléchir à des choses auxquelles je n'avais point songé. Je suis bien ignorante, vois-tu, Francinet, car je suis incapable de répondre à tous les reproches que tu fais aux riches ; mais je veux m'instruire, j'interrogerai mon grand-père. Il est bon, il répondra à toutes mes questions. Ce qu'il m'apprendra, je te le répéterai et tu en profiteras aussi. Et puis, mon frère Henri, qui est à faire un voyage avec son précepteur, va bientôt revenir. Mon grand-père me fera assister aux leçons de mon frère ; je deviendrai plus savante et, si tu veux, Henri et moi nous te raconterons les belles choses que nous aurons apprises. Grand-père dit que le savoir est la plus sûre des richesses ; nous serons bien contents de t'enrichir comme cela. Veux-tu, Francinet ?

— Oui, répondit-il, je veux tout ce que vous voulez, mademoiselle Aimée...

....

Histoire du grand-père d'Aimée. Riches et pauvres.

Aimée continua :

— A ton âge, Francinet, mon grand-père marchait pieds nus et ne portait de sabots que quand il gelait très fort. Il ne savait ni lire ni écrire, et ce n'est qu'à l'âge de dix-huit ans qu'il lui a été possible de s'instruire. Il était colporteur ; il portait sa petite boutique à son cou, et commença son métier à neuf ans avec cinquante sous de marchandises. Il dormait la nuit dans les granges, dînait d'un morceau de pain sec, et buvait dans le creux de sa main aux fontaines de la rue.

Il a mené, vingt ans durant, cette existence de travail

sans relâche et de privations continuelles, avant de se décider à jouir un peu de la fortune qu'il avait si péniblement amassée.

Il s'est marié alors, et a monté une manufacture, continuant à travailler et épargnant toujours.

Enfin, Francinet, mon grand-père a soixante-quinze ans ; en voilà soixante-six qu'il travaille. S'il est riche, il ne le doit qu'à lui seul. Ne trouves-tu pas qu'il a mérité le bien-être qui l'entoure, et penses-tu qu'on doive le regarder de travers, parce qu'il peut se servir d'une voiture, maintenant qu'il n'a plus assez de forces pour faire de longues marches à pied ?

— Oh ! dit Francinet, M. Clertan est un fier homme ! Mais comment tout cela peut-il être vrai ?

— Francinet, fit Aimée, c'est mon grand-père lui-même qui me l'a dit, et comment mon grand-père mentirait-il, lui qui m'a inspiré tant d'horreur du mensonge ?

— Pardonnez-moi, mademoiselle Aimée ; mais je trouve cela si singulier de penser que vous êtes la petite-fille d'un ouvrier, et que vous ne vous en cachez pas ! Cela me rend bien honteux du mauvais accueil que je vous ai fait la première fois.

— Ah ! dit la petite fille gaiement, n'en parlons plus. Puisque nous ne sommes plus ennemis, c'est l'essentiel.

ÉMILE ZOLA

1840-1902

Zola a décrit la vie de la classe ouvrière au XIXe siècle, et plus particulièrement au Second Empire; son œuvre est celle d'un romancier, ce n'est donc pas un document scientifique. Cependant il a observé les ouvriers chez eux, à leur travail, il connaît leurs problèmes et s'efforce de donner une image véridique de ce qu'il a vu; selon ses propres termes, il essaie de « verbaliser les faits ».

Il note les bas salaires dont il faut déduire les amendes pour le travail insuffisant, le chômage, si fréquent, qui ne comportait pas d'allocations. Il décrit le logement, une ou deux pièces où s'entasse la famille (parfois dix personnes), la promiscuité : « Est-ce qu'on était des bêtes, pour être ainsi parqués, les uns contre les autres? » — « Ça ne vaut rien de vivre ainsi; ça finit toujours par des hommes soûls et par des filles pleines. » Le romancier montre l'ouvrier au travail, dans des conditions inhumaines : à la chaleur, au froid, dans les courants d'air. Les accidents du travail nombreux, les indemnités inexistantes (pour un jeune garçon qui a eu les jambes brisées et qui restera infirme toute sa vie, l'employeur fait un « don » de 50 francs).

Zola montre avec réalisme que la misère matérielle entraîne la déchéance morale; il pense aussi que la richesse des capitalistes les corrompt également, de sorte que la pourriture des mœurs se répand dans toutes les classes de la société. Il semble se complaire, avec une certaine exagération, aux effets du plus noir pittoresque, à l'étalage des bas-fonds de l'humain; cela nuit sans doute à l'exactitude du tableau.

Zola situe au cours des années mil huit cent soixante les faits décrits dans *Germinal*. A cette époque, le prix du pain a varié de 0,35 à 0,45 le kg; le prix du kg de sucre était voisin de 1,75 f.

GERMINAL (1)

La mère, enfouie dans la couverture, ne montrait que sa figure longue, aux grands traits, d'une beauté lourde, déjà déformée à trente-neuf ans par sa vie de misère et les sept enfants qu'elle avait eus. Les yeux au plafond, elle parla avec lenteur, pendant que son homme s'habillait. Ni l'un ni l'autre n'entendait plus la petite qui s'étranglait à crier.

— Hein? tu sais, je suis sans le sou, et nous voici à lundi seulement : encore six jours à attendre la quinzaine... Il n'y a pas moyen que ça dure. A vous tous, vous apportez neuf francs. Comment veux-tu que j'arrive? nous sommes dix à la maison.

— Oh! neuf francs! se récria Maheu. Moi et Zacharie, trois : ça fait six... Catherine et le père, deux : ça fait quatre ; quatre et six, dix... Et Jeanlin, un, ça fait onze.

— Oui, onze, mais il y a les dimanches et les jours de chômage... Jamais plus de neuf, entends-tu?

Il ne répondit pas, occupé à chercher par terre sa ceinture de cuir. Puis, il dit en se relevant :

— Faut pas se plaindre, je suis tout de même solide. Il y en a plus d'un, à quarante-deux ans, qui passe au raccommodage.

— Possible, mon vieux, mais ça ne nous donne pas du pain... Qu'est-ce que je vais fiche, dis? Tu n'as rien, toi?

(1) Editions J'ai Lu, 901***.

— J'ai deux sous.

— Garde-les pour boire une chope... Mon Dieu! qu'est-ce que je vais fiche? Six jours, ça n'en finit plus. Nous devons soixante francs à Maigrat, qui m'a mise à la porte avant-hier. Ça ne m'empêchera pas de retourner le voir. Mais, s'il s'entête à refuser...

Et la Maheude continua d'une voix morne, la tête immobile, fermant par instants les yeux sous la clarté triste de la chandelle. Elle disait le buffet vide, les petits demandant des tartines, le café même manquant, et l'eau qui donnait des coliques, et les longues journées passées à tromper la faim avec des feuilles de choux bouillies.

Peu après, les mineurs se mettent en grève; les ressources de la famille tombent presque à rien. La famine saisit le coron.

Maheu, de nouveau, s'était affaissé, au bord de la table. Lénore et Henri, étonnés qu'on ne mangeât pas, commençaient à geindre ; tandis que le vieux Bonnemort, silencieux, roulait philosophiquement la langue dans sa bouche, pour tromper la faim. Personne ne parla plus, tous s'engourdissaient sous cette aggravation de leurs maux, le grand-père toussant, crachant noir, repris de rhumatismes qui se tournaient en hydropisie, le père asthmatique, les genoux enflés d'eau, la mère et les petits travaillés de la scrofule et de l'anémie héréditaires. Sans doute, le métier voulait ça : on ne s'en plaignait que lorsque le manque de nourriture achevait le monde ; et déjà l'on tombait comme des mouches, dans le coron. Il fallait pourtant trouver à souper. Quoi faire, où aller, mon Dieu?

Alors, dans le crépuscule dont la morne tristesse assombrissait de plus en plus la pièce, Étienne, qui hésitait depuis un instant, se décida, le cœur crevé.

— Attendez-moi, dit-il. Je vais voir quelque part.

Et il sortit....

— Moi aussi, je vais voir, dit à son tour la Maheude. C'est trop bête.

Elle rouvrit la porte derrière le jeune homme et la rejeta violemment, laissant les autres immobiles et muets, dans la maigre clarté d'un bout de chandelle qu'Alzire venait d'allumer. Dehors, une courte réflexion l'arrêta. Puis, elle entra chez les Levaque.

— Dis donc, je t'ai prêté un pain, l'autre jour. Si tu me le rendais ?

Mais elle s'interrompit, ce qu'elle voyait n'était guère encourageant ; et la maison sentait la misère plus que la sienne.

La Levaque, les yeux fixes, regardait son feu éteint, tandis que Levaque, saoulé par des cloutiers, l'estomac vide, dormait sur la table. Adossé au mur, Bouteloup frottait machinalement ses épaules, avec l'ahurissement d'un bon diable, dont on a mangé les économies, et qui s'étonne d'avoir à se serrer le ventre.

— Un pain, ah! ma chère, répondit la Levaque. Moi qui voulais t'en emprunter un autre!

Puis, comme son mari grognait de douleur dans son sommeil, elle lui écrasa la face contre la table.

— Tais-toi, cochon! Tant mieux, si ça te brûle les boyaux!... Au lieu de te faire payer à boire, est-ce que tu n'aurais pas dû demander vingt sous à un ami ?

Elle continua, jurant, se soulageant, au milieu de la saleté du ménage, abandonné depuis si longtemps déjà, qu'une odeur insupportable s'exhalait du carreau. Tout pouvait craquer, elle s'en fichait! Son fils, ce gueux de Bébert, avait aussi disparu depuis le matin, et elle criait que ce serait un fameux débarras, s'il ne revenait plus. Puis, elle dit qu'elle allait se coucher. Au moins, elle aurait chaud. Elle bouscula Bouteloup.

— Allons, houp! montons... Le feu est mort, pas besoin d'allumer la chandelle pour voir les assiettes vides... Viens-tu à la fin, Louis ? Je te dis que nous nous couchons. On se colle, ça soulage... Et que ce nom de Dieu de saoulard crève ici de froid tout seul!

Quand elle se retrouva dehors, la Maheude coupa résolument par les jardins, pour se rendre chez les Pierron. Des rires s'entendaient. Elle frappa, et il y eut un brusque silence. On mit une grande minute à lui ouvrir.

— Tiens! c'est toi, s'écria la Pierronne en affectant une vive surprise. Je croyais que c'était le médecin.

Sans la laisser parler, elle continua, elle montra Pierron assis devant un grand feu de houille.

— Ah! il ne va pas, il ne va toujours pas. La figure a l'air bonne, c'est dans le ventre que ça le travaille. Alors, il lui faut de la chaleur, on brûle tout ce qu'on a.

Pierron, en effet, semblait gaillard, le teint fleuri, la chair grasse. Vainement il soufflait, pour faire l'homme malade. D'ailleurs, la Maheude, en entrant, venait de sentir une forte odeur de lapin : bien sûr qu'on avait déménagé le plat. Des miettes traînaient sur la table ; et, au beau milieu, elle aperçut une bouteille de vin oubliée.

— Maman est allée à Montsou pour tâcher d'avoir un pain, reprit la Pierronne. Nous nous morfondons à l'attendre.

Mais sa voix s'étrangla, elle avait suivi le regard de la voisine, et elle aussi était tombée sur la bouteille. Tout de suite, elle se remit, elle raconta l'histoire : oui, c'était du vin, les bourgeois de la Piolaine lui avaient apporté cette bouteille-là pour son homme, à qui le médecin ordonnait du bordeaux. Et elle ne tarissait pas en remerciements, quels braves bourgeois ; la demoiselle surtout, pas fière, entrant chez les ouvriers, distribuant elle-même ses aumônes!

— Je sais, dit la Maheude, je les connais.

Son cœur se serrait à l'idée que le bien va toujours aux moins pauvres. Jamais ça ne ratait, ces gens de la Piolaine auraient porté de l'eau à la rivière. Comment ne les avait-elle pas vus dans le coron? Peut-être tout de même en aurait-elle tiré quelque chose.

— J'étais donc venue, avoua-t-elle enfin, pour savoir s'il y avait plus gras chez vous que chez nous... As-tu seulement du vermicelle, à charge de revanche?

La Pierronne se désespéra bruyamment.

— Rien du tout, ma chère. Pas ce qui s'appelle un grain de semoule... Si maman ne rentre pas, c'est qu'elle n'a point réussi. Nous allons nous coucher sans souper.

A ce moment, des pleurs vinrent de la cave, et elle s'emporta, elle tapa du poing contre la porte. C'était cette coureuse de Lydie qu'elle avait enfermée, disait-elle, pour la punir de n'être rentrée qu'à cinq heures, après toute une journée de vagabondage. On ne pouvait plus la dompter, elle disparaissait continuellement.

Cependant, la Maheude restait debout, sans se décider à partir. Ce grand feu la pénétrait d'un bien-être douloureux, la pensée qu'on mangeait là, lui creusait l'estomac davantage. Évidemment, ils avaient renvoyé la vieille et enfermé la petite, pour bâfrer leur lapin. Ah! on avait beau dire, quand une femme se conduisait mal, ça portait bonheur à sa maison!

— Bonsoir, dit-elle tout d'un coup.

Dehors, la nuit était tombée, et la lune, derrière des nuages, éclairait la terre d'une clarté louche. Au lieu de retraverser les jardins, la Maheude fit le tour, désolée, n'osant rentrer chez elle. Mais, le long des façades mortes, toutes les portes sentaient la famine et sonnaient le creux. A quoi bon frapper? c'était misère et compagnie. Depuis des semaines qu'on ne mangeait plus, l'odeur de l'oignon elle-même était partie, cette odeur forte qui annonçait le coron de loin, dans la campagne ; maintenant, il n'avait que l'odeur des vieux caveaux, l'humidité des trous où rien ne vit. Les bruits vagues se mouraient, des larmes étouffées, des jurons perdus ; et, dans le silence qui s'alourdissait peu à peu, on entendait venir le sommeil de la faim, l'écrasement des corps jetés en travers des lits sous les cauchemars des ventres vides...

Elle se retrouvait devant chez elle. Ses jambes ne la portaient plus, et elle rentra.

Personne n'avait bougé. Maheu était toujours au bord de la table, abattu. Le vieux Bonnemort et les petits se serraient sur le banc, pour avoir moins froid. Et on ne s'était pas dit une parole, seule la chandelle avait brûlé, si courte, que la lumière elle-même bientôt leur manquerait. Au bruit de la porte, les enfants tournèrent la tête ; mais, en voyant que la mère ne rapportait rien, ils se remirent à regarder par terre, renfonçant une grosse envie de pleurer, de peur qu'on ne les grondât. La Maheude était retombée à sa place, près du feu mourant. On ne la questionna point, le silence continua. Tous avaient compris, ils jugeaient inutile de se fatiguer encore à causer ; et c'était maintenant une attente anéantie, sans courage, l'attente dernière du secours qu'Étienne, peut-être, allait déterrer quelque part. Les minutes s'écoulaient, ils finissaient par ne plus y compter.

Lorsque Étienne reparut, il avait, dans un torchon, une douzaine de pommes de terre, cuites et refroidies.

— Voilà tout ce que j'ai trouvé, dit-il.

Chez la Mouquette, le pain manquait également : c'était son dîner qu'elle lui avait mis de force dans ce torchon, en le baisant de tout son cœur.

— Merci, répondit-il à la Maheude qui lui offrait sa part. J'ai mangé là-bas.

Il mentait, il regardait d'un air sombre les enfants se jeter sur la nourriture. Le père et la mère, eux aussi, se retenaient, afin d'en laisser davantage : mais le vieux, goulûment, avalait tout. On dut lui reprendre une pomme de terre pour Alzire...

Le feu était mort et la chandelle brusquement s'éteignit. Il n'y avait plus de houille, plus de pétrole, il fallut se coucher à tâtons, dans le grand froid qui pinçait la peau. Les petits pleuraient.

ALPHONSE DAUDET

1840-1897

Cet extrait, dans le style caractéristique de Daudet, a sa place dans ce recueil parce qu'il retrace un phénomène social très important, qui a complètement disparu aujourd'hui. La courte description du voyage de retour au pays est atroce; on rapprochera ce texte de celui de Michelet page 197 et de *La Petite Jeanne* page 383.

SOUVENIRS D'UN HOMME DE LETTRES — NOTES SUR PARIS — 1888

Les nounous.

Rien de joli au Luxembourg, aux Tuileries, par ces premiers joyeux soleils, par ces premiers frissons de verdure, comme la sortie des bébés et des nounous de une à deux heures de l'après-midi.

En ces coins abrités où elles se donnent toutes rendez-vous, les nourrices se promènent par groupes aux rubans flottants ou s'alignent sur des chaises, protégeant le bébé sous le large parasol de doublure rose ou bleue au reflet favorable ; et tandis que le poupon, endormi dans son voile transparent et la dentelle mousseuse de ses petits bonnets, aspire de tout son être mignon la sève du printemps, Nounou radieuse, reposée, ayant aux lèvres un sourire de perpétuelles relevailles, promène tout autour un regard vainqueur, dresse la tête, rit et jase avec les camarades.

Elles sont là cinquante, ces nourrices, toutes en costume du pays, mais le costume affiné, transformé et donnant à la solennité du jardin royal une vieillotte poésie d'opéra-comique. Des coiffures variées et superbes : madras éclatants des Gasconnes et des mulâtresses, coiffes conventuelles des Bretonnes, énorme et léger papillon noir des Alsaciennes, aristocratique hennin des filles d'Arles, et les hauts bonnets du pays de Caux, ajourés comme des flèches de cathédrales et, fichées dans des chignons sauvages, les grandes épingles à boules d'or des Béarnaises.

L'air est doux, les parterres embaument, une odeur de résine et de miel tombe des bourgeons de marronniers. Là-bas, près du bassin, la musique militaire attaque une valse. Nounou s'agite, Bébé piaille, tandis que le petit soldat en promenade devient rouge comme son pompon devant cette haie de payses qu'il trouve considérablement embellies. Cela, c'est la nourrice de promenade et de parade, costumée et métamorphosée par l'orgueil des parents et six mois de séjour à Paris.

Mais pour voir la vraie nounou, pour bien la connaître, il faut la surprendre à l'arrivée, dans un de ces établissements étranges qu'on nomme bureaux de placement et où se fait, à l'usage des bébés parisiens affamés d'un lait quelconque, le commerce des femmes-mères. C'est du côté du Jardin des Plantes, au bout d'une de ces rues paisibles, demeurées provinciales en plein Paris, avec des pensions, des tables d'hôte, des maisonnettes à jardinet, peuplées de vieux savants, de petits rentiers et de poules ; sur la façade d'un antique logis à grand porche, une enseigne à lettres roses étale ce simple mot : Nourrices.

Devant la porte, par groupes ennuyés, flânent des femmes en guenilles, avec des enfants sur les bras. On entre : un pupitre, un guichet grillé, le dos de cuivre d'un grand livre, du monde qui attend sur des banquettes, l'éternel bureau, le même toujours, également correct et froid, aux Halles comme à la Morgue, qu'il s'agisse d'expédier des pruneaux ou d'enregistrer des cadavres. Ici c'est de la chair vivante qu'on trafique.

Comme on reconnaît en vous des personnes « bien », on vous épargne la banquette d'attente, et vous voici dans le salon.

Du papier à fleurs sur les murs, le carreau rouge et ciré comme dans un parloir de couvent, et, de chaque côté de la cheminée, au-dessus de deux cylindres de verre recouvrant des roses en papier, les portraits à l'huile et cerclés d'or de Monsieur le Directeur et de Madame la Directrice.

Monsieur est quelconque : tête d'ancien agent d'affaires ou de pédicure qui a réussi ; Madame, bien en chair, sourit de ses trois mentons dans l'engraissement d'un métier facile, avec ce je ne sais quoi de dur que donne au visage et au regard le maniement d'un troupeau humain. Quelquefois, c'est une sage-femme ambitieuse ; le plus souvent une ancienne nourrice douée du génie des affaires. Un jour, il y a longtemps, elle est venue dans une maison pareille à celle-ci, peut-être dans la même, vendre, pauvre fille de campagne, un an de sa jeunesse avec son lait. Elle a rôdé devant la porte comme les autres, affamée, son enfant au bras ; comme les autres elle a usé la bure de ses jupes sur le banc de pierre. Aujourd'hui les temps ont changé : elle est riche, célèbre. Son village, qui la vit partir en loques, ne parle d'elle qu'avec respect. Elle est une autorité là-bas, presque une providence.

La récolte a manqué, le propriétaire presse. Le soir, sous la cheminée, l'homme dit en présentant la large paume de sa main à la flamme : « Phrasie, écoute voir... ton lait est bon, l'argent se fait cher ; si t'allais à Paris faire une nourriture ? On n'en meurt pas ; et la patronne du bureau, qu'est d'ici et qui nous connaît ben, t'aurait une bonne place tout de suite. »

Elle s'en va, puis une autre. Peu à peu l'habitude se prend, l'amour du lucre continuant ce qu'avait commencé la misère. Maintenant, chaque fois qu'un enfant naît, son affaire est claire et son destin réglé d'avance. Il restera au pays à téter la chèvre ; et le lait de la mère, bien vendu, servira à acquérir un champ, à arrondir un bout de pré.

Toute célébrité nourrisseuse, toute directrice de bureau de placement exploite ainsi spécialement sa province d'origine. L'une a l'Auvergne, l'autre la Savoie, celle-ci les landes bretonnes ou les côtes boisées du Morvan. Chose à remarquer, le marché aux nounous, à Paris, suit les fluctuations de la vie rustique. Rare, les années de récolte, la nourrice afflue en temps de disette ; mais que l'année soit mauvaise ou bonne, elle devient presque introuvable pendant la moisson et la vendange, au moment des grands travaux des champs.

Aujourd'hui, le bureau de placement semble bien fourni. Sans compter les nourrices que nous avons vues à l'entrée traînant leurs sabots devant la porte, en voici vingt, trente, sous la fenêtre, dans un petit jardin transformé en cour, lugubre avec ses bordures de buis piétinées, ses plates-bandes effacées, et les couches d'enfant qui sèchent sur une ficelle tendue au travers, entre un figuier malade et un lilas mort. Tout autour un alignement de logettes sans étage, dont la nudité sordide fait songer à la fois aux *paillotes* des nègres esclaves et aux cabanons des forçats. C'est là que logent les nourrices avec leurs enfants, en attendant d'être placées.

Elles campent sur des lits de sangle, dans un aigre relent de malpropreté rustique, au milieu du perpétuel tintamarre des marmots en tas, qui s'éveillent tous dès que l'un crie, et se mettent à brailler ensemble, bouche fendue, vers le sein défait. Aussi aiment-elles mieux l'air libre du jardinet, où elles traînent d'un coin à l'autre, toute la journée, avec des allures ennuyées de démentes, ne s'asseyant que pour coudre un peu, mettre une pièce de plus à quelque jupe déjà cent fois rapiécée, loque de couleur spéciale, terreuse et grise, ou bien affectant ces tons jaunes et éteints, bleus expirants, que la mode parisienne emprunte, par raffinement, à la misère campagnarde.

Mais voici Madame qui entre, avec la tenue de l'emploi, à la fois coquette et sérieuse, une avalanche de nœuds, flamme de punch, sur un corsage d'un noir janséniste, regard sévère et parler doux.

« Vous désirez une nourrice ?... Soixante-dix francs par mois ?... Bien... Nous avons un assortiment dans ces prix-là... »

Elle donne un ordre, la porte s'ouvre, les nourrices arrivent par fournée de huit ou dix, piétinent et s'alignent, soumises, leur enfant au bras, avec un bruit *d'esclots*, de souliers à clous, des poussées gauches de bétail... Celles-ci ne conviennent pas ? Vite, dix autres... Et ce sont toujours les mêmes yeux baissés, les mêmes timidités misérables, les mêmes joues séchées et tannées, couleur d'écorce et couleur de terre. Madame présente et fait l'article.

« ... Saine comme l'œil... une vraie laitière... regardez le poupon. » Le poupon est beau, en effet, toujours beau. On en garde deux ou trois dans l'établissement pour figurer à la place de ceux qui seraient trop malingres.

« De combien votre lait, nourrice ?

— De trois mois, M'sieu. »

Leur lait est toujours de trois mois. Voyez plutôt : du corsage entr'ouvert un long filet blanc a jailli, riche de sève campagnarde. Mais ne vous y fiez pas ; ceci est le sein de réserve que jamais l'enfant ne tète. C'est l'autre côté qu'il faudrait voir, celui qui se cache honteux et flasque. Sans compter qu'avec quelques jours d'absolu repos, toujours un peu de lait s'emmagasine.

Et Madame étale, Madame déballe avec l'autorité de la possession, et l'impudence de l'habitude, ces pauvres créatures effarouchées.

Enfin le choix est fait, la nourrice est retenue ; il faut régler. La directrice passe derrière son grillage et fait le compte. Effrayant, ce compte. D'abord le tant pour cent de la maison, puis l'arriéré de la nourrice en logement et en nourriture, quoi encore ? Les frais de route. Est-ce fini ? Non, il y a la « meneuse » qui va prendre l'enfant à la mère pour le reconduire au pays.

Triste voyage, celui-là. On attend qu'il y ait cinq ou

six poupons ; et la « meneuse » les emporte ficelés dans de grands paniers, la tête en dehors comme des poules. Plus d'un meurt dans ce trimbalement à travers des salles d'attente glaciales, sur les dures banquettes des wagons de troisième classe, avec le lait du biberon et un peu d'eau sucrée au bout d'un chiffon pour nourriture.

Et ce sont des recommandations pour la tante, pour la grand'mère. L'enfant brutalement arraché du sein, s'agite et piaille ; la mère l'embrasse une dernière fois, elle pleure. On sait bien que ces larmes ne sont qu'à demi sincères, et que l'argent les séchera bientôt, ce terrible argent qui tient si fort aux entrailles paysannes. Malgré tout la scène est navrante et fait songer douloureusement aux séparations de familles d'esclaves.

La nourrice a pris son paquet, quelques guenilles dans un mouchoir.

« Comment! c'est votre trousseau?

— Oh! mon bon M'sieu, j'sommes si pauvres par chez nous... J'n'avons censément ren que c'que j'portions sur la piau. »

Et le fait est que ce n'est guère. Avant toute chose, il va falloir la renipper, la vêtir. C'était prévu. La première tradition, chez les nourrices, comme chez les flibustiers allant au pillage, est d'arriver les mains vides, sans bagages encombrants ; la seconde est de se procurer une grande malle, la malle à serrer la *denraie*. Car vous aurez beau la choyer et la soigner, cette sauvagesse ainsi introduite chez vous, et qui détonne d'abord si étrangement parmi les élégances d'un intérieur parisien avec sa voix rauque, son patois incompréhensible, sa forte odeur d'étable et d'herbe ; vous aurez beau laver son hâle, lui apprendre un peu de français, de propreté et de toilette, toujours chez la nounou la plus friande et la mieux dégrossie, à tous les instants, en toute chose, la brute bourguignonne ou morvandiote reparaîtra. Sous votre toit, à votre foyer, elle reste la paysanne, l'ennemie, transportée ainsi de son triste pays, de sa noire misère, en plein milieu de luxe et de féerie.

Tout ce qui l'entoure lui fait envie, elle voudrait tout

emporter là-bas, dans son trou, dans son gîte, où sont les bestiaux et l'homme. Au fond elle n'est venue que pour cela, son idée fixe est *la denraie*. La denrée, mot surprenant qui, dans le vocabulaire des nourrices, prend des élasticités inattendues de gueule de serpent boa. La denrée ce sont les cadeaux et les gages, ce qu'on vous paye, ce qu'on vous donne, ce qui se ramasse et se vole, le bric-à-brac et le pécule qu'aux yeux des voisins pleins d'envie on compte déballer au retour. Pour engraisser ou pour enfler cette denrée sainte, votre bourse et votre bon cœur vont être mis en coupe réglée. Et vous n'avez pas affaire à la seule nourrice ; l'homme, la grand'mère, la tante sont complices et, du fond du hameau perdu dont vous ignorez même le nom, toute une famille, toute une tribu ourdit contre vous des ruses de Peau-Rouge. Chaque semaine une lettre arrive, d'une écriture matoise et lourde, et cachetée d'un dé sur du pain bis.

Elles vous attendrissent d'abord ces lettres comiques et naïves, avec leur orthographe compliquée, les endimanchements de style, des phrases tortillées et retortillées comme le bonnet d'un paysan qui ne veut pas avoir l'air timide, et ces suscriptions minutieuses ainsi qu'en imaginait Durandeau dans ses fantaisies militaires :

> A Madame, Madame Phrasie Darnet,
> nourrice chez M. X, rue des Vosges 18,
> 3e arrondissement, Paris, Seine, France, Europe, etc.

Patience. Ces fleurs de naïveté campagnarde ne vous attendriront pas longtemps. Toutes visent à votre bourse, toutes respirent le même parfum de carotte rurale et d'idyllique escroquerie. « C'est pour te faire savoir, ma chère et digne compagne — mais tu n'as pas besoin d'en parler à nos respectés maîtres et bienfaiteurs parce qu'ils voudraient peut-être encore te donner de l'argent et que ce n'est jamais bien d'abuser... »

Là-dessus, l'annonce circonstanciée d'un épouvantable orage qui vient de tout ravager au pays. Plus de récolte, les blés hachés, les prairies perdues. Il pleut dans la maison comme en pleins champs, vu que les grêlons ont crevé les tuiles ; et le porc, une si belle bête, qu'on devait saigner pour Pâques, dépérit du saisissement qu'il a eu d'entendre le tonnerre.

D'autres fois, c'est la vache qui est morte, l'aîné des petiots qui s'est cassé le bras, la volaille atteinte d'épilepsie. Sur le même bout de toit, le même coin de champ, c'est un invraisemblable amoncellement de catastrophes pareilles aux plaies d'Égypte. Cela est grossier, stupide, cousu d'un fil blanc à crever les yeux. N'importe, il faut faire semblant d'être pris à ces inventions, payer encore et toujours, sans quoi gare à Nounou ! Elle ne se plaindra pas, elle ne demandera rien, oh ! non, certes, mais elle boudera, pleurnichera dans les coins, bien sûre d'être vue. Et quand Nounou pleure, Bébé crie, parce que le gros chagrin *tourne les sangs* et les sangs tournés font le lait aigre. Vite un mandat-poste et que Nounou rie.

Ces grands coups hebdomadaires n'empêchent pas la nourrice de travailler quotidiennement à sa petite *denraie* personnelle. Ce sont des chemises pour le petit, le malheureux déshérité, tout seul là-bas à téter la chèvre ; un jupon pour elle, un paletot pour son homme, et la permission de ramasser ce qui traîne, les menus riens qui vont aux balayures. La permission d'ailleurs n'est pas toujours demandée, Nounou ayant rapporté de son village des idées particulières sur la propriété des bons Parisiens. La même femme qui, chez elle, ne ramasserait pas la pomme du voisin par le trou d'une haie, mettra paisiblement, et sans que sa conscience en soit troublée, toute votre maison au pillage. Pour le zouave, dépouiller l'Arabe ou le colon n'est pas voler, c'est chaparder, faire son fourbi. Différence énorme ! De même pour Nounou, voler le bourgeois, c'est *faire sa denraie.*

Chez moi, il y a quelques années, car c'est par expérience que je puis faire ainsi un cours de nourrices, des couverts d'argent disparurent. Plusieurs domestiques pouvaient être soupçonnés ; il fallut ordonner une perquisition, ouvrir des malles. J'avais déjà mes convictions sur la *denraie*, et je commençai par la malle de Nounou. Non, jamais le trou de clocher de la pie voleuse, jamais creux d'arbre où un corbeau collectionneur entasse le fruit de ses rapines, n'offrit si disparate assemblage d'objets brillants et inutiles ; des bouchons de carafe et des boutons de porte, des agrafes, des fragments de glace, des bobines sans fil, des clous, des chiffons de soie, des rognures, du papier à chocolat, des coloriages de magasins de nouveautés et, tout au fond, sous la denrée, les deux couverts devenus denrée eux-mêmes.

Jusqu'au dernier moment, Nounou refusa d'avouer ; elle protestait de son innocence, déclarant qu'elle avait pris les couverts sans penser à mal, pour s'en servir de corne à souliers. Pourtant elle ne voulut pas remettre son départ au lendemain. Elle avait peur qu'on ne se ravisât, qu'on envoyât « quérir les gendarmes ». Il faisait nuit, il pleuvait. Nous la vîmes, silencieuse, louche, redevenue sauvagesse pour de bon, disparaître à pas de fauve sous la voûte de l'escalier, ne voulant pas même qu'on l'aidât et traînant à deux mains sa malle, lourde de la précieuse denrée.

Vous figurez-vous votre enfant aux soins de pareilles personnes... Aussi n'est-ce pas trop d'une surveillance de tous les instants. Si vous laissiez faire la nourrice, elle ne sortirait jamais Bébé pour le mener boire le soleil, respirer l'air de verdure des squares. Paris, au fond, l'excède ; et elle préférerait rester près du feu, sans lumière, l'enfant aux genoux, le nez dans les cendres comme à la campagne, dormant, des heures durant, de son lourd sommeil de paysanne. C'est le diable encore de l'empêcher de coucher le nourrisson avec elle dans son propre lit. Pourquoi faire un berceau ? Ces bourgeois vraiment ont des idées, des exigences ! Ne vaudrait-il pas mieux l'avoir là, tout près, et lui donner le sein sans se réveiller, ni avoir froid, quand il crie ? Il est vrai que parfois, en se retournant, on l'étouffe mais ces sortes d'accidents sont rares.

Et puis des traditions de campagne assurent qu'un enfant de lait ça mange de tout, qu'on peut impunément le bourrer de poires acides et de prunes vertes. Arrive une inflammation, on court au médecin et l'enfant meurt.

D'autres fois encore pour une chute, pour un coup non avoués, ce sont des convulsions ou la méningite... Ah! comme nos Parisiennes feraient mieux de suivre les conseils de Jean-Jacques et de nourrir leurs enfants elles-mêmes! Il est vrai que ce n'est pas facile toujours, ni pour toutes, dans cet air anémiant des grandes villes qui fait tant de mères sans lait.

EUGÈNE LE ROY

1837-1907

Deux livres d'Eugène Le Roy doivent être cités ici, c'est *Le Moulin du Frau* paru en 1895 et *Jacquou le Croquant* (1) paru en 1899. Ce sont d'émouvantes évocations de la paysannerie périgourdine. Ce genre littéraire résume l'expression essentielle d'une province, mais, de même que Mistral en Provence, Le Roy dépasse le cadre régional et rejoint la littérature universelle. Il n'est régionaliste qu'à l'origine, mais il fait partie de ces auteurs sincères, réalistes ou poètes qui, à partir de leur propre village, décrivent le véritable visage, non seulement économique, mais aussi psychologique, de la France.

Le Roy est né en 1837, et c'est en 1815 qu'il place le début de *Jacquou le Croquant*; il est certain qu'il en a puisé l'inspiration en écoutant de vieux paysans. Il s'efface devant ses personnages, de sorte que ses livres semblent s'être faits seuls, sans artifice littéraire et sans plan préconçu.

Le meunier, dans *Le Moulin du Frau* (2), se raconte « en personne »; il dit sa vie de famille, celle de ses voisins; il expose ses idées, ses peines et ses joies. C'est un beau livre; ni comédie, ni tragédie, aucune préméditation ni complication, aucune recherche pour produire un effet, et pourtant quel drame dans ces récits de la routine quotidienne!

L'auteur situe ses romans dans le village, les champs et les bois... On y trouve le meunier et sa famille, le tailleur, le

(1) Calmann-Lévy, éd.
(2) Fasquelle, éd.

sorcier, la servante, les charbonniers, etc. gens du Périgord qu'on rencontre dans ses livres comme on les rencontrait dans la vie. On y découvre tout un monde, ses coutumes, le travail quotidien, les deuils, les fêtes...

La spontanéité, l'accent de sincérité ne nous permettent pas de mettre en doute la bonne foi de Le Roy; il n'est pas un Périgourdin d'occasion; s'il sait émouvoir en décrivant la misère de son pays, et s'il la décrit si bien, c'est qu'il l'a vue.

LE MOULIN DU FRAU

C'est un dur travail que la moisson. Etre toujours plié en deux, la tête en bas, sous un soleil qui brûle, à respirer la chaleur que la terre renvoie, et ça toute une journée et des semaines, on se demande comment des femmes y peuvent tenir. Les pauvres, pourtant, elles le font, les jeunes et les vieilles, et il y en a qui sont nourrices de ce temps, et qui couchent leur petit à l'ombre d'un pilo de gerbes, et vont le faire téter de temps en temps quand il s'éveille. C'est un malheur et une honte que de voir les femmes, dans nos pays, travailler la terre comme des hommes ; c'est un malheur, parce que ce travail trop fort les crève et nuit à la race, et c'est une honte, quand on voit tant d'hommes qui ne font rien et qui se plaignent! On comprendrait, pour les femmes, des petits travaux point trop fatigants quand ça presse, comme de faner, de vendanger, de ramasser les haricots ; mais de les voir moissonner, travailler la terre avec de grosses pioches, battre le blé, ou même fouir la vigne avec des hoyaux de cinq à six livres, c'est une chose à laquelle je n'ai jamais pu m'habituer et qui me met toujours dans des colères noires.

Il ne faut pas s'étonner après ça si on voit tant, par chez nous, de ces pauvres vieilles cassées en deux par les reins : à force de s'être courbées vers la terre, elles ne peuvent plus se relever. Et comme la grossesse ne les arrête pas, les enfants qui en sont venus, de ces pauvres femmes, se ressentent de toutes ces fatigues trop fortes et de la nourriture mauvaise, et c'est pour ça qu'on voit aux conseils de révision tant de conscrits chétifs et qui n'ont pas la taille.

Le travail des femmes anticipe par là sur les populations à venir ; c'est comme si nous mangions notre blé en herbe. Je le dis comme je le pense, rien que le travail des femmes, ça justifie toutes les jacqueries!

JACQUOU LE CROQUANT

Le plus loin dont il me souvienne, c'est 1815, l'année que les étrangers vinrent à Paris, et où Napoléon, appelé par les messieurs du château de l'Herm « l'ogre de Corse », fut envoyé à Sainte-Hélène, par-delà les mers. En ce temps-là, les miens étaient métayers à Combenègre, mauvais domaine du marquis de Nansac, sur la lisière de la Forêt Barade, dans le Haut-Périgord. C'était le soir de Noël : assis sur un petit banc dans le coin de l'âtre, j'attendais l'heure de partir pour aller à la messe de minuit dans la chapelle du château, et il me tardait fort qu'il fût temps. Ma mère, qui filait sa quenouille de chanvre devant le feu, me faisait prendre patience à grand-peine en me disant des contes. Elle se leva enfin, alla sur le pas de la porte, regarda les étoiles au ciel et revint aussitôt :

— Il est l'heure, dit-elle, va, mon drôle ; laisse-moi arranger le feu pour quand nous reviendrons.

Et aussitôt, allant quérir dans le fournil une souche de noyer gardée à l'exprès, elle la mit sur les landiers et l'arrangea avec des tisons et des copeaux.

Cela fait, elle m'entortilla dans un mauvais fichu de laine qu'elle noua par-derrière, enfonça mon bonnet tricoté sur mes oreilles, et passa de la braise dans mes sabots.

Enfin, ayant pris sa capuce de bure, elle alluma le falot aux vitres noircies par la fumée de l'huile, souffla le chaleil pendu dans la cheminée, et, étant sortis, ferma la porte au verrou en dedans au moyen de la clef torte qu'elle cacha ensuite dans un trou du mur :

— Ton père la trouvera là, mais qu'il revienne.

Le temps était gris, comme lorsqu'il va neiger, le froid noir et la terre gelée. Je marchais près de ma mère qui me tenait par la main, forçant mes petites jambes de sept ans par grande hâte d'arriver, car la pauvre femme, elle, mesurait son pas sur le mien. C'est que j'avais tant ouï parler à notre voisine la Mïon de Puymaigre, de la crèche faite tous les ans dans la chapelle de l'Herm par les demoiselles de Nansac, qu'il me tardait de voir tout ce qu'elle en racontait. Nos sabots sonnaient fort sur le chemin durci, à peine marqué dans la lande grise et bien faiblement éclairé par le falot que portait ma mère. Après avoir marché un quart d'heure déjà, voici que nous entrons dans un grand chemin pierreux appelé *lou cami ferrat*, c'est-à-dire le chemin ferré, qui suivait le bas des grands coteaux pelés des Grillières. Au loin, sur la cime des termes (1) et dans les chemins, on voyait se mouvoir comme des feux follets les falots des gens qui allaient à la messe de minuit, ou les lumières portées par les garçons courant la campagne en chantant une antique chanson.

Lorsque nous fûmes sous Puymaigre, une autre métairie du château, ma mère mit une main contre sa bouche et hucha fortement :

— Hô, Mïon!

La Mïon sortit incontinent sur sa porte et répondit :

— Espère-moi, Françou!

Et, un instant après, dévalant lentement par un chemin d'écoursière ou de raccourci, elle nous rejoignit.

— Et tu emmènes le Jacquou!... fit-elle en me voyant.

— M'en parle pas! il veut y aller que le ventre lui en fait mal. Et, avec ça, notre Martissou est sorti : je ne pouvais pas le laisser tout seul.

(1) Buttes.

Un peu plus loin, nous quittions le chemin qui tombait dans l'ancienne route de Limoges à Bergerac, venant de la forêt, et nous suivîmes cette route un quart d'heure de temps, jusqu'à la grande allée du château de l'Herm.

Cette allée, large de soixante pieds, dont il ne reste plus de traces aujourd'hui, avait deux rangées de vieux ormeaux de chaque côté. Elle était pavée de grosses pierres, tandis qu'une herbe courte poussait dans les contre-allées où il faisait bon passer, l'été. Elle montait en droite ligne au château campé sur la cime du puy, dont les toits pointus, les pignons et les hautes cheminées se dressaient tout noirs dans le ciel gris.

Comme nous grimpions avec d'autres gens rencontrés en chemin, il commença de neiger fort, de manière que nous étions déjà tout blancs en arrivant en haut ; et cette neige, qui tombait en flottant, faisait dire aux bonnes femmes : « Voici que le vieux Noël plume ses oies. » La porte extérieure renforcée de gros clous à tête pointue pour la garder jadis des coups de hache, était ce soir-là grande ouverte, et donnait accès dans l'enceinte circulaire bordée d'un large fossé, au milieu de laquelle était le château. Cette porte était percée dans un bâtiment crénelé, défendu par des meurtrières, maintenant rasé, et, sous la voûte qui conduisait à la cour intérieure, un fanal se balançait, éclairant l'entrée et le pont jeté sur la douve.

Au fond de l'enceinte de murs solides et à droite du château, on voyait briller les vitraux enflammés d'une chapelle qui n'existe plus ; ma mère tua son falot et nous entrâmes.

Que de lumières! Dans le chœur de la chapelle, le vieil autel de pierre en forme de tombeau en était garni, et voici qu'on achevait d'éclairer la crèche de verdure faite dans une large embrasure de fenêtre. Après s'être signés avec de l'eau bénite, les gens allaient s'agenouiller devant la crèche et prier l'Enfant Jésus qu'on voyait couché dans une mangeoire sur de la paille ruisselante comme de l'or, entre un bœuf pensif et un âne tout poilu qui levait la tête pour attraper du foin à un petit râtelier. Que c'était beau! On aurait dit une croze ou grotte, toute garnie de mousse, de buis et de branches de sapin sentant bon. Dans la lumière amortie par la verdure sombre, la Sainte Vierge, en robe bleue, était assise à côté de son nouveau-né, et, près d'elle, saint Joseph debout, en manteau vert, semblait regarder tout ça d'un œil attendri. Un peu à distance, accompagnés de leurs chiens, les bergers agenouillés, un bâton recourbé en crosse à la main, adoraient l'enfançon, tandis que, tout au fond, les trois rois mages, guidés par l'étoile qui brillait suspendue à la voûte de branches, arrivaient avec leurs longues barbes, portant des présents...

Je regardais goulûment toutes ces jolies choses, avec les autres qui étaient là, écarquillant nos yeux à force. Mais il nous fallut bientôt sortir du chœur réservé aux messieurs, car la messe était sonnée.

Ils entrèrent tous, comme en procession. D'abord le vieux marquis, habillé à l'ancienne mode d'avant la Révolution, avec une culotte courte, des bas de soie blancs, des souliers à boucles d'or, un habit à la française de velours brun à boutons d'acier ciselés, un gilet à fleurs brochées qui lui tombait sur le ventre et une perruque enfarinée, finissant par une petite queue entortillée d'un ruban noir qui tombait sur le collet de son habit. Il menait par le bras sa bru, la comtesse de Nansac, grosse dame coiffée d'une manière de châle entortillé autour de sa tête, et serrée dans une robe de soie couleur puce, dont la ceinture lui montait sous les bras quasi.

Puis venait le comte, en frac à l'anglaise, en pantalon collant gris à sous-pieds, menant sa fille aînée qui avait les cheveux courts et frisés comme une drôlette, quoiqu'elle fût bien en âge d'être mariée. Ensuite venaient un jeune garçon d'une douzaine d'années, quatre demoiselles entre six et dix-sept ans, et une gouvernante qui menait la plus jeune par la main.

Tout ce monde défila, regardé de côté par les paysans craintifs, et alla se placer sur des prie-Dieu alignés dans le chœur.

Et la messe commença, dite par un ancien moine de Saint-Amand-de-Coly, qui s'était habitué au château, trouvant le gîte bon, et servie par le jeune monsieur, blondin, chaussé de jolis escarpins découverts, habillé d'un pantalon gris clair et d'un petit justaucorps de velours noir, sur lequel retombait une collerette brodée.

Au moment de la communion, les femmes de la campagne mirent leur voile et attendirent. Les messieurs ne se dérangèrent pas : comme de juste, le chapelain vint leur porter le Bon Dieu d'abord. Tous ceux qui étaient d'âge compétent communièrent, manque le vieux marquis, lequel, disaient les gens du château, par suite d'une grande imbécillité d'estomac, ne pouvait jamais garder le jeûne le temps nécessaire. Mais les vieux du pays riaient de ça, se rappelant fort bien qu'avant la Révolution il ne croyait ni à Dieu, ni au Diable, ni à l'Aversier, cet être mystérieux plus puissant et plus terrible que le Diable.

Après les messieurs, ce fut le tour des domestiques, agenouillés à la balustrade qui fermait le chœur, M. Laborie, le régisseur, en tête avec sa figure dure et fourbe en même temps. Ensuite vinrent les bonnes femmes voilées, les paysans, métayers du château, journaliers et autres manants comme nous. Pour tous ceux qui étaient sous la main des messieurs, il fallait de rigueur communier aux bonnes fêtes, c'était de règle ; pourtant ma mère n'y alla pas cette fois ; mais on sut bien le lui reprocher peu après.

La messe finie, dom Enjalbert posa son ornement doré sur le coin de l'autel, et, la grille de la balustrade ayant été ouverte, on nous fit entrer tous dans le chœur pour prier devant la crèche. On chanta d'abord un noël ancien, entonné par le chapelain, ensuite chacun fit son oraison à part. Tout ce monde à genoux regardait pieusement le petit Jésus rose, aux cheveux couleur de lin, en marmottant ses prières, quand voici que tout d'un coup il ouvre les bras, remue les yeux, tourne la tête et fait entendre un vagissement de nouveau-né...

Alors de cette foule de paysans superstitieux sortit discrètement un : « Oh ! » d'étonnement et d'admiration. Ces bonnes gens, bien sûr, pensaient pour la plupart qu'il y eût là quelque miracle, et en restaient immobiles, les yeux écarquillés, badant, avec l'espoir que le miracle allait recommencer.

Mais ce fut tout. Lorsque nous sortîmes en foule, tout ce monde babillait, échangeant ses impressions. D'aucuns tenaient pour le miracle, d'autres étaient en doute, car de vrais incrédules point. Ma mère s'en fut allumer notre falot à la cuisine dont la porte ouverte flambait au bas de l'escalier de la tour. Quelle cuisine! Sur de gros contre-hâtiers de fer forgé, brûlait un grand feu de bois de brasse devant lequel rôtissait un gros coq d'Inde au ventre rebondi, plein de truffes qui sentaient bon. Au manteau de la cheminée, un râtelier fait à l'exprès portait une demi-douzaine de broches avec leurs hâtelets, placés par rang de taille. Accrochées à des planches fixées aux murs, des casseroles de toutes grandeurs brillaient des reflets du foyer, au-dessous de chaudrons énormes et de bassines couleur d'or pâle. Des moules en cuivre rouge ou étamés étaient posés sur des tablettes, et encore des ustensiles de forme bizarre dont on ne devinait pas l'usage. Sur la table longue et massive, des couteaux rangés par grandeur sur un napperon, et des boîtes en fer battu, à compartiments, pour les épices. Deux grils étaient là aussi, chargés, l'un de boudins, l'autre de pieds de porc, tout prêts à être posés sur la braise qu'une fille de cuisine tirait par côté de la cheminée. Il y avait encore sur cette table des pièces de viande froide et des pâtés qui faisaient plaisir à voir dans leur croûte dorée.

Ayant allumé son falot, ma mère remercia et donna le bonsoir à ceux qui étaient là. Mais les deux femmes seules le lui rendirent. Quant au chef cuisinier qui se promenait, leur donnant des ordres, glorieux comme un dindon, avec sa veste blanche et son bonnet de coton, il ne daigna tant seulement pas lui répondre.

Au-delà de la première porte, après avoir passé le pont, la Mïon de Puymaigre et d'autres nous attendaient : leurs falots ayant été allumés au nôtre, nous nous en allâmes tous.

Il neigeait toujours, « comme qui jette de la plume

d'oie à grandes poignées », pour parler ainsi que les bonnes femmes, et la neige était épaisse d'un pied déjà, dans laquelle nos sabots enfonçaient. A mesure que les gens rencontraient leur chemin, ils nous laissaient avec un : « A Dieu sois! » A Puymaigre, la Mïon nous ayant quittés, nous suivîmes seuls notre route. Cette neige me lassait fort et, tout au rebours de l'aller, je me faisais tirer par le bras.

— Tu es fatigué, dit ma mère : monte à la chèvre-morte.

Et, s'étant baissée, je grimpai à cheval sur son échine, entourant son col de mes petits bras, tandis qu'avec les siens elle ramenait mes jambottes en avant. Tout en allant, je lui faisais des questions sur tout ce que j'avais vu, principalement sur le Petit Jésus :

— Est-ce qu'il est vivant, dis?...

Ma mère, qui était une pauvre paysanne ignorante, comme celle qui n'entendait pas seulement le français, mais femme de bon sens au demeurant, me fit comprendre que s'il avait remué, c'était par le moyen de quelque mécanique.

Et elle allait toujours, lentement, enfonçant dans la neige molle, me rehissant d'un coup de reins lorsque j'avais glissé quelque peu, et s'arrêtant de temps à autre pour secouer, contre une pierre, ses sabots embottés de neige. Un vent âpre s'était élevé, faisant tourbillonner la neige qui tombait toujours à force. La campagne déserte était toute blanche ; les coteaux semblaient couverts d'un grand linceul triste, comme ceux qu'on met sur la caisse des pauvres morts. Les châtaigniers, aux formes bizarres, marquaient leurs branches tourmentées par une ligne blanche. Les fougères poudrées de neige penchaient vers la terre, tandis que sur les bruyères, la brande et les ajoncs, plus solides, elle s'amassait par places. Un silence de mort planait sur la terre désolée, et l'on n'entendait même pas le bruit des pas de ma mère, amorti par la neige épaisse. Pourtant, comme nous entrions dans la lande du Grand-Castang, un crapaud-volant jeta dans la nuit son cri malplaisant qui me fit frissonner.

Cependant, ma mère peinait fort à suivre le mauvais chemin perdu sous la neige. Des fois elle s'écartait un peu et, le reconnaissant, revenait incontinent, se guidait sur un arbre, une grosse touffe d'ajoncs, une flaque d'eau, gelée maintenant. Moi, bercé par le mouvement, malgré le froid, je finissais par m'endormir sur son échine, et mes bras gourds se dénouaient malgré moi.

— Tiens-toi bien! me disait-elle ; dans un moment nous serons chez nous.

Malgré ça, j'avais peine à me tenir éveillé lorsque, tout à coup, à cent pas en avant, éclate un hurlement prolongé qui me fit passer dans la tête comme un millier d'épingles : « Hoû!... oû... oû... », et je vois une grande bête, comme un bien fort chien, aux oreilles pointues, qui gueulait ainsi en levant le museau vers le ciel.

— N'aie pas peur, me dit ma mère.

Et, m'ayant donné le falot, elle ôta ses sabots, en prit un dans chaque main et marcha droit à la bête, en les choquant l'un contre l'autre à grand bruit. Ça n'est pas pour dire, mais lors, j'aurais fort voulu être couché contre elle, dans le lit bien chaud. Lorsque nous fûmes à une cinquantaine de pas, le loup se jeta dans la lande en quelques sauts, et nous passâmes, épiant de côté, sans le voir pourtant. Mais, un instant après, le même hurlement sinistre s'éleva en arrière : « Hoû!... oû... oû... », qui m'effraya encore plus, car il me semblait que le loup fût sur nos talons. De temps à autre, ma mère se retournait, faisant du tapage avec ses sabots, pour effrayer cette sale bête ; mais, si ça gardait le loup d'approcher trop, ça ne l'empêcha pas de nous suivre à une trentaine de pas, jusqu'à la claire-voie de notre cour. Ayant pris la clef torte dans la cache, car mon père n'était pas rentré, ma mère fit jouer le loquet de dedans et referma vivement la porte derrière nous.

Au lieu du bon feu que nous pensions trouver, la souche était sur les landiers, toute noire, éteinte.

— Ah! s'écria ma mère, c'est méchant signe! il nous arrivera quelque malheur!

En farfouillant sous la cendre avec une brindille, elle

trouva quelques braises, sur lesquelles elle jeta un petit fagot de menu bois, qui flamba bientôt sous le vent du tuyau de fer qu'elle mit à sa bouche.

Lorsque je fus un peu réchauffé, n'ayant plus peur du loup, je dis :

— Mère, j'ai faim.

— Pauvre drôle! il n'y a rien de bon ici... fit-elle, pensant au réveillon du château et, découvrant une marmite, elle ajouta : — Te voici une mique.

Tout en mangeant cette boule de farine de maïs, pétrie à l'eau, cuite avec des feuilles de choux, sans un brin de lard dedans, et bien froide, je pensais à toutes ces bonnes choses vues dans la cuisine du château et, je ne le cache pas, ça me faisait trouver la mique mauvaise, comme elle l'était de vrai ; mais, ordinairement, je n'y faisais pas attention. Oh! je n'étais pas bien gourmand en pensée, je n'appétais pas la dinde truffée, ni les pâtés, mais seulement un de ces beaux boudins d'un noir luisant...

Pourquoi, là-haut, tant de bonnes choses, plus que de besoin, et chez nous de mauvaises miques froides de la veille? Dans ma tête d'enfant, la question ne se posait pas bien clairement ; mais, tout de même, il me semblait qu'il y avait là quelque chose qui n'était pas bien arrangé.

— Il te faut aller au lit, dit ma mère.

Elle me prit sur ses genoux et me dépouilla en un tour de main. Aussitôt couché, je m'endormis sans plus penser à rien.

Lorsque je me réveillai, le lendemain, ma mère attisait le feu sous la marmite où cuisait la soupe, et mon père triait sur la table les oiseaux attrapés la nuit à la palette. Aussitôt levé, je vins le voir faire. Il y en avait une trentaine, petits ou gros : grives, merles, pinsons, verdiers, chardonnerets, mésanges, et même un mauvais geai. Mon père les assemblait, pour les vendre mieux, par cinq ou six, avec un fil qu'il leur passait dans le bec. Ayant fini, il mit toutes ces pauvres bestioles dans son havresac et le pendit à un clou, de crainte de la chatte. Cela fait, ma mère, ayant taillé le pain cependant, fit bouillir la marmite et trempa la soupe. Il était un peu tôt, sur les huit heures, mais mon père voulait aller à Montignac vendre ses oiseaux. Ayant mis la soupière sur la table, ma mère nous servit d'abord, mon père et moi puis elle ensuite, et nous nous mîmes à manger de bon goût, ayant faim tous trois, surtout mon père, qui avait passé presque toute la nuit dehors. Lorsqu'il eut mangé ses deux grandes assiettes de soupe, et bu, mêlée à un reste de bouillon, de mauvaise piquette gâtée, ma mère ôta les assiettes de terre brune, décrocha l'oule de la crémaillère et versa sur la nappe de grosse toile grise les châtaignes fumantes. C'est bon, les châtaignes blanchies lorsqu'elles sont vertes ; lorsqu'elles ont passé par le séchoir, ça n'est plus la même chose. Mais quoi ! il faut bien les manger sèches, puisqu'on ne peut pas les garder toujours vertes. Nous les mangions donc tout de même, avec des raves un peu grillées qui étaient au fond de l'oule, et triant les gâtées pour les poules. Lorsqu'il n'y eut plus de châtaignes, mon père but un plein gobelet de piquette, s'essuya les babines avec le revers de la main et se leva.

— Il te faudra me porter une paire de sabots, lui dit ma mère ; j'ai fini d'écraser les miens en faisant peur à cette méchante bête de loup.

— Je t'en porterai, mais que je vende mes oiseaux, répondit mon père, car, autrement, je n'ai point de sous.

Et, prenant une petite baguette au balai de genêts, il la mit dans le vieux sabot de ma mère et la coupa juste à la longueur. Cela fait, il prit son havresac, mit la mesure dedans, décrocha le fusil au manteau de la cheminée, et s'en alla, laissant notre chienne qui voulait bien le suivre pourtant :

— Tu te perdrais là-bas, à Montignac.

Moi, je restai à me chauffer dans le coin du feu, mais bientôt, ne pouvant tenir en place, comme c'est l'ordinaire des petits drôles, je sortis sur le pas de la porte. Il était tombé de la neige toute la nuit ; dans notre cour, il y en avait deux pieds d'épaisseur, de manière qu'il avait fallu faire un chemin avec la pelle pour aller à la grange donner aux bestiaux. Du côté de la forêt, au loin, la lande n'était plus qu'une large plaine blanche, semée çà et là de grandes touffes d'ajoncs, dont la verdure foncée s'apercevait au pied. Sur les coteaux, les maisons grisâtres, sous leurs tuilées chargées de neige, fumaient lentement. Là-bas, sur ma droite, j'apercevais le château de l'Herm avec ses tours noires coiffées d'une perruque blanche, comme le vieux marquis de Nansac. Devant moi, à une lieue de pays, les hauteurs de Tourtel, avec leurs arbres dépouillés et chargés de givre, cachaient le massif clocher de Rouffignac, où les cloches commençaient à campaner, appelant les gens à la messe. Un peu sur la droite, à demi-heure de chemin, la métairie de Puymaigre, les portes closes, semblait comme endormie au flanc du coteau, et en haut, tout en haut, dans le ciel couleur de plomb, des corbeaux battaient lourdement l'air de leurs ailes et passaient en couahnant.

Près de moi, le long du mur de notre cour, dans un gros tas de fagots, un rouge-gorge sautelait, cherchant un bourgeon desséché, ou, dans les trous du mur, quelque barbotte (1) engourdie par le froid ; sous la charrette, nos quatre poules se tenaient tranquilles à l'abri. Le temps était toujours dur ; un aigre vent de bise faisait poudroyer la neige sur la campagne ensevelie et coupait la figure : je rentrai vite m'asseoir dans le coin du foyer.

— Nous irons à la messe, mère ? demandai-je.

— Non, mon petit, il fait trop méchant temps, et puis nous y avons été cette nuit.

Je m'ennuyai bientôt de ne rien faire et de ne pouvoir sortir, car la maison, basse et délabrée, n'était guère plaisante.

Il n'y avait qu'une chambre, pas bien grande encore, qui servait de cuisine et de tout, comme c'est assez l'ordinaire dans les anciennes métairies de notre pays. On n'y voyait guère non plus, car il n'y avait qu'un petit fenestrou fermant par un contrevent sans vitres, de manière que, lorsqu'il faisait mauvais temps et qu'il était clos, la clarté ne venait qu'un petit peu au-dessus de la porte et par la

(1) Insecte.

cheminée large et basse. Joint à ça que les murs décrépis étaient sales, et le plancher du grenier tout noirci par la fumée, ce qui n'était pas pour y faire voir plus clair.

Dans un coin, touchant la cheminée, était le grand lit de grossière menuiserie où nous couchions tous trois ; et au pied du lit, à des chevilles plantées dans le mur, pendaient quelques méchantes hardes. Du côté opposé, il y avait un mauvais cabinet tout troué par les vers, auquel il manquait un tiroir, et dont un pied pourri était remplacé par une pierre plate. Dans le fond, la maie où l'on serrait le chanteau ; sous la maie, une tourtière à faire les millas, et, à côté, un sac de méteil à moitié plein, posé sur un bout de planche pour le garder de l'humidité de la terre. A l'entrée, près de la porte, était dressée l'échelle de meunier qui montait à la trappe du grenier, et, sous l'échelle, un pile de bois pour la journée. Dans un autre coin était l'évier, dont le trou ne donnait guère de chaleur par ce temps de gel, et, au milieu, une mauvaise table avec ses deux bancs. Aux poutres pendaient des épis de blé d'Espagne, quelques pelotons de fil, et c'était tout. La maison avait été pavée autrefois de petits cailloux, mais il y en avait la moitié toute dépavée, ce qui faisait des trous où l'on marchait sur la terre battue.

En ce temps dont je parle, je ne faisais pas guère attention à ça, étant né et ayant été élevé dans des baraques semblables ; mais, depuis, j'ai pensé qu'il était un peu odieux que des chrétiens, comme on dit, fussent logés ainsi que des bêtes. Où c'est le pire encore, c'est lorsque la famille est nombreuse, et que tous, père, mère, garçons et filles, petits et grands, logent dans la même chambre, entassés dans deux ou trois lits à trois ou quatre, en maladie comme en santé : tout ça n'est pas bien sain, ni convenable. Il n'est pas honnête non plus que le père et la mère se dépouillent devant leurs enfants, les sœurs devant les frères. Et puis quand ces enfants prennent de l'âge, il n'est pas bonnement possible qu'ils ne s'aperçoivent pas de choses qu'ils ne devraient point voir, et ne surprennent des secrets qu'ils devraient ignorer.

Mais revenons : ma mère, me voyant tout de loisir

et ne sachant que faire, coupa avec la serpe des petites bûchettes bien droites et me les donna :

— Tiens, fais des petites quilles, et tu t'en amuseras.

Je façonnai ces quilles de mon mieux, avec son couteau, et, ayant fini, je les plantai, et me mis à tirer dessus avec une pomme de terre bien ronde, en manière de boule.

Cependant, ce triste jour de Noël, touchait à sa fin. Sur les quatre heures, mon père revint de Montignac ; en entrant, il se secoua, car il était tout blanc, la neige tombant toujours, et posa son fusil dans le coin du foyer. Ensuite, ayant ôté son havresac, il en tira une paire de sabots jaunes, en bois de vergne liés par un brin de vîme, et les posa à terre.

Ma mère mit le pied dans un sabot, et dit :

— Ils m'iront tout à fait bien. Et que te coûtent-ils ?

— Douze sous... et six liards de clous pour les ferrer, ça fait treize sous et demi. J'ai vendu les oiseaux vingt-six sous, j'ai acheté un tortillon pour le Jacquou, ça fait qu'il me reste onze sous et deux liards : te les voilà.

Ma mère prit les sous et alla les mettre dans le tiroir du cabinet.

Alors, mon père, ayant pris le tortillon dans la poche de dessous de sa veste, me le donna. Je l'embrassai, et je me mis à manger ce gâteau de paysan, après en avoir porté un morceau à ma mère, qui ne le voulut pas :

— Non, mon petit, mange-le, toi.

Ah ! quel bon tortillon ! j'ai depuis tâté de la tourte aux prunes, et même, une fois, du massepain, mais je n'ai jamais rien mangé de meilleur que ce premier tortillon.

Mon père me regardait faire avec plaisir, tout heureux de ce que j'étais content, le pauvre homme ! Puis il se leva, alla quérir dans le tiroir du cabinet un vieux marteau rouillé, et, revenant près du feu, se mit à ferrer les sabots. Lorsqu'il eut fini, il ôta les brides des vieux et les posa aux neufs, après les avoir ajustées à la mesure du pied. Étant ainsi tout prêts, ma mère prit les sabots sur-le-champ car elle n'avait autre chose à se mettre aux pieds.

Après ça, elle descendit de la crémaillère l'oule où cuisait pour le cochon, et, ayant vidé les pommes de terre dans le bac, les écrasa avec la pelle du foyer en y mêlant quelques poignées de farine de blé rouge. Puis, ayant laissé manger un peu notre chienne, elle porta cette baccade ou pâtée à notre porc qui, connaissant l'heure, geignait fort en cognant son nez sous la porte de son étable.

La nuit noire venue, le chalel fut allumé, et ma mère, en ayant fini avec le cochon, découvrit la tourtière où cuisait un ragoût de pommes de terre pour notre souper. Après l'avoir goûté, elle y ajouta quelques grains de sel, et mit sur la table trois assiettes et trois cuillers de fer rouillées quelque peu. De gobelets elle n'en mit que deux, pour la bonne raison que nous n'en avions pas davantage : moi, je buvais dans le sien. Après cela, elle alla tirer à boire dans le petit cellier attenant à la maison, et, étant rentrée, mit la tourtière sur la table. De ce temps, mon père, revenu de la grange où il avait été soigner les bœufs, avait tiré de la maie une grande tourte plate de pain de méteil, seigle et orge, avec des pommes de terre râpées et, après avoir fait une croix sur la sole avec la pointe de son couteau, se mit à l'entamer. Mais c'était tout un travail : cette tourte était la dernière de la fournée faite il y avait près d'un mois, de manière qu'elle était dure en diable, un peu gelée peut-être, et criait fort sous le couteau, que mon père avait grand-peine à faire entrer. Enfin, à force, il en vint à bout ; mais, en séparant le chanteau, il vit qu'il y avait dans la mie, par places, des moisissures toutes vertes.

— C'est bien trop de malheur! fit-il.

On dit : « blé d'un an, farine d'un mois, pain d'un jour » ; mais ce dicton n'était pas à notre usage. Nous attendions toujours la moisson avec impatience, heureux lorsque nous pouvions aller jusque-là sans emprunter quelques mesures de seigle ou de baillarge ; et pour le pain, nous ne le mangions jamais tendre : on en aurait trop mangé.

Si mon père se faisait tant de mauvais sang pour un peu de pain perdu, c'est qu'autrefois chez les pauvres on en était très ménager. Le pain, même très noir, dur et grossier, était une nourriture précieuse pour ceux qui vivaient en bonne partie de châtaignes, de pommes de terre et de bouillie de blé d'Espagne. Puis les gens se souvenaient des disettes fréquentes autrefois, et avaient ouï parler par leurs anciens de ces famines où les paysans mangeaient les herbes des chemins, comme des bêtes, et ils sentaient vivement le bonheur de ne pas manquer de ce pain sauveur. Aussi pour le paysan, ce pain, obtenu par tant de sueurs et de peines, avait quelque chose de sacré : de là ces recommandations incessantes aux petits drôles de ne point le prodiguer.

Mon père resta un bon moment tout estomaqué, regardant fixement le pain gâté ; mais qu'y faire ?...

Il coupa donc trois morceaux de pain, ôtant à regret le plus moisi et le jetant à notre chienne, puis nous nous mîmes à souper. Il n'y avait pas grande différence entre notre ragoût et la pâtée du cochon : c'était toujours des pommes de terre cuites dans de l'eau ; seulement, dans notre manger, il y avait un peu de graisse rance, gros comme une noix, et du sel.

Avec un souper comme ça, on ne s'attarde pas à table ; pourtant nous y restâmes longtemps, car il fallait avoir de bonnes dents pour mâcher ce pain dur comme la pierre. Aussitôt que nous eûmes fini, ma mère me mena dehors, puis me mit au lit.

Ce mauvais temps de neige dura une dizaine de jours qui me semblèrent bien longs. C'est que ça n'est rien de bien plaisant que d'être enfermé toute une grande journée dans une maison comme la nôtre, noire et froide. Lorsqu'il fait beau, ça passe, on est tout le jour dehors sous le soleil, on ne rentre guère au logis que le soir pour souper et dormir, et ainsi on n'a pas le loisir de s'ennuyer. Mais par ce méchant temps, si je mettais le nez sur la porte, je ne voyais au loin que la neige et toujours de la neige. Personne aux champs, les gens étant au coin du feu, et les bêtes couchées sur la paillade, dans l'étable tiède. Cette solitude triste, cette campagne morte, sans un bruit, sans un mouvement, me faisait frissonner autant que le froid : il me semblait que nous étions séparés du monde ; et, de fait, dans ce lieu perdu, avec plus de deux pieds de neige partout, et des fois un brouillard épais venant jusqu'à notre porte, c'était bien la vérité. Pourtant, malgré ça, le matin, ayant donné à manger aux bœufs et aux brebis, mon père prenait son fusil et s'en allait avec notre chienne chercher un lièvre à la trace. Il en tua cinq ou six dans ces jours-là, car il était adroit chasseur et la chienne était bonne. Ça fut heureux ; nous n'avions plus chez nous que les onze sous et demi rapportés le jour de la Noël. Mais il lui fallait se cacher pour vendre son gibier et aller au loin, à Thenon, au Bugue, à Montignac, son havre-sac sous sa blouse, à cause de nos messieurs de Nansac qui étaient très jaloux de la chasse. Ces quelques lièvres, donc, mirent un peu d'argent dans le tiroir du cabinet, quoiqu'on ne les achetât pas cher, car il ne fallait pas penser de les vendre au marché, mais les proposer aux aubergistes, qui profitaient de l'occasion et vous payaient dans les vingt-cinq sous un lièvre pesant six ou sept livres. Dans la journée, lorsqu'il était rentré, mon père faisait des paniers en vîme blanc, des rondelles pour atteler les bœufs, avec de la guidalbre ou liane, des cages en bois et autres menus ouvrages comme ça, pour avoir quelques sous. Ça m'amusait un peu de le voir faire et de m'essayer à tresser un panier comme lui.

Quoique notre pain fût bien noir, bien dur, nous l'eûmes fini tout de même avant la fonte des neiges. Le meunier de Bramefont ne pouvant pas venir nous rendre notre mouture, nous ne pouvions pas cuire, de manière qu'il nous fallut aller emprunter une tourte à la Mïon de Puymaigre, qui nous la prêta avec plaisir, car c'était une bonne femme, encore que, des fois, elle mouchât bien un peu fort ses drôles lorsqu'ils avaient mal fait.

Pour le dire en passant, cette tourte n'a jamais été rendue à la Mïon. La coutume veut que l'emprunteur du pain ne le rende pas de son chef : c'est le prêteur qui doit venir le chercher, faisant semblant d'en avoir besoin. Mais la Mïon, par la suite, nous voyant dans la peine et le malheur, n'est jamais venue la demander.

Enfin, le dégel vint, et les terres grises, détrempées, reparurent, laissant voir les blés verts qui pointaient sur les sillons. Lorsque la terre fut un peu ressuyée, ma mère fit sortir les brebis, car la feuille que nous avions ramassée pour l'hiver était mangée et notre peu de regain était presque fini. Elle m'emmena avec elle, touchant nos bêtes, vers les coteaux pierreux des Grillières, où poussait une petite herbe fine qu'elles aimaient fort. C'était dans l'après-midi ; un pâle soleil d'hiver éclairait tristement la terre dénudée, et un petit vent soufflait par moments, froid comme les neiges des monts d'Auvergne sur lesquels il avait passé. Mais, au prix du temps qu'il avait fait une dizaine de jours durant, c'était un beau jour. Ma mère et moi, nous étions assis à l'abri du nord contre un de ces gros tas de pierres que nous appelons un *cheyrou* ; elle, filant sa quenouille, et moi, m'amusant à faire de petites maisons, tandis que nos brebis paissaient tranquillement.

La famille de Jacquou n'a pas seulement à souffrir de la pauvreté; elle a aussi à subir les incessantes vexations du propriétaire, le comte de Nansac. Le régisseur du comte, qui ne cesse d'importuner la femme de Martissou de ses malhonnêtes propositions, ordonna un jour à ce dernier de se séparer de son chien et, comme on ne lui obéissait pas assez vite, il tua le chien sous les yeux de son maître.

Poussé alors à bout, usé par des années de résignation, l'homme tira sur le garde et l'étendit raide mort. Le meurtrier se sauva dans les bois, espérant se cacher, mais on l'arrêta cependant après des semaines de poursuite.

Ce qui doit arriver arrive. En apprenant l'arrestation de son homme, ma mère eut un profond soupir, comme si elle se mourait :

— O mon pauvre Martissou!

Moi, je me mis à pleurer, et, tout le jour, nous restâmes tous deux bien tristes et dolents. Elle était assise sur un petit banc, les mains jointes sur ses genoux, regardant fixement devant elle sans rien dire. Par moments, une pensée plus grièvement pénible lui faisait échapper une plainte :

— Mon pauvre homme, que vas-tu devenir?

Le soir, comme elle n'avait pas songé à faire de soupe,

la pauvre femme me coupa un morceau de pain que je mangeai lentement, après quoi nous fûmes nous coucher.

Nous n'étions pas au bout de nos peines. Le lendemain, le maître valet du château vint dire à ma mère qu'à cette heure elle ne pouvait plus faire marcher la métairie toute seule, et que par ainsi il fallait nous en aller tout de suite, pour laisser la maison à celui qui nous remplaçait, à cause du travail en retard depuis deux mois tantôt.

Quoi faire? Où aller? Nous ne savions. En cherchant bien dans sa tête, ma mère vint à penser à un homme de Saint-Geyrac qui avait dans la forêt une tuilière, ou tuilerie. abandonnée depuis longtemps, où peut-être nous pourrions nous mettre, s'il le voulait. Le lendemain matin, de bonne heure, ma mère fit tomber du foin du fenil, en donna aux bœufs, et en laissa un tas pour le leur mettre dans la crèche à midi. Puis, ayant jeté un peu de regain aux brebis, elle rentra à la maison, me coupa un morceau de pain pour ma journée et, m'ayant embrassé, s'en alla vers l'homme de la tuilière en me recommandant bien de ne pas m'écarter.

Il n'y avait pas de danger à ça : où aurais-je été?

Bientôt je sortis de la maison et je m'assis, sur une pierre, devant la porte. Je restai là de longues heures, pensant à mon pauvre père, maintenant fermé dans une prison et, de temps en temps, le pleurer me prenait. Quelle triste journée je passai là, ayant en face de moi les coteaux pelés des Grillières, où pas un arbre n'apparaissait, et, tout autour des bâtiments, les terres de la métairie environnées de grandes landes grises, au-delà desquelles, du côté du nord et du couchant, étaient les bois profonds. Par moments, fatigué d'être assis et de contempler cet horizon brumeux et désolé comme l'avenir que j'entrevoyais confusément dans mes idées d'enfant, je me levais et je faisais le tour de la maison, ou bien j'allais voir les bœufs, qui ruminaient tranquillement sur leur paillade et se dressaient en me voyant entrer. Je leur donnais quelques fourchées de foin, et je m'en retournais, épiant au loin sur les chemins si ma mère revenait. Dans leur étable, les brebis bêlaient, ayant faim, et, de temps à autre, je leur jetais une petite brassée de regain pour leur faire prendre patience.

Et je me rasseyais, regardant fixement la place où était tombé Laborie, qu'il me semblait voir encore, avec sa bouche ouverte, ses yeux épouvantés et la plaie sanglante de sa poitrine.

Sur les cinq heures, nos quatre poules revinrent des terres où elles avaient été picorer, et, après s'être un peu épouillées, se décidèrent à monter une à une la petite échelle de leur poulailler. Le jour baissait, et je commençais à m'inquiéter de ne pas voir arriver ma mère, lorsque pourtant mon oreille, habituée par la vie de plein air à ouïr de loin, reconnut son pas précipité venant du côté du couchant. Enfin elle arriva, harassée de fatigue, essoufflée car elle s'était hâtée beaucoup, à cause de moi. Je courus à sa rencontre, et elle m'embrassa bien fort, comme si elle avait cru m'avoir perdu ; puis nous entrâmes tous deux dans la maison noire.

En fouillant sous les cendres du foyer, ma mère trouva une braise, et finit par allumer le chalel à force de souffler. Puis ayant fait du feu, elle pela un oignon, le coupa en petits morceaux, et mit la poêle sur le feu, avec un peu de graisse, la moitié d'une pleine cuiller : c'était tout ce qui restait à la maison. L'oignon étant frit, elle remplit la poêle d'eau, tailla le pain dans la soupière, et, lorsque l'eau eut pris le bout, elle la versa dessus. Ordinairement, chez les pauvres gens de nos pays, on mettait une pincée de poivre sur la soupe pour lui donner un peu de goût, mais nous n'en avions plus. Dire que ce méchant bouillon sur de mauvais pain noir faisait quelque chose de bon, ça ne se peut ; mais c'était chaud, et ça valait encore mieux que du pain tout sec ou une pomme de terre froide ; ayant mangé notre soupe, nous nous mîmes au lit.

L'homme de Saint-Geyrac avait dit à ma mère qu'elle pouvait aller demeurer à la tuilière, qu'il ne lui demandait rien, mais que la maison était en mauvais état. Avant de partir, il nous fallut prendre un homme pour faire l'estimation du cheptel avec le nouveau régisseur de l'Herm. L'estimation faite, ma mère comptait qu'il nous devait revenir dans les dix écus ; mais lorsqu'elle fut pour régler, il se trouva que c'était le contraire, que nous autres redevions une quarantaine de francs, comme le lui dit l'autre. Laborie nous avait marqué un demi-sac de blé dont ma mère n'avait aucune connaissance ; il n'avait pas porté en compte tout le prix d'un cochon que nous avions vendu à Thenon, et, de plus, il avait omis d'inscrire l'argent de trois brebis que mon père lui avait remis. Il nous fallut donc quitter Combenègre soi-disant dans les dettes des messieurs.

Ce fut un rude coup pour ma pauvre mère. Nous n'avions qu'une trentaine de sous à la maison, un chanteau de six ou sept livres, quelque peu de pommes de terre et un fond de sac de farine de blé d'Espagne qui pesait bien dans les quinze livres : il n'y avait pas pour aller loin avec ça.

L'homme de la Mïon vint le lendemain avec sa charrette pour emporter nos affaires. Tout ça n'était pas lourd pour les bœufs : notre mauvais lit, le méchant cabinet, la table, les bancs, la maie, la barrique à piquette, une marmite, une oule, une tourtière, la poêle, un seau de bois et d'autres petites choses, comme la lanterne et la salière de bois. Tout ce misérable mobilier ne valait pas les quarante francs que nous étions censés redevoir aux messieurs de Nansac, par la canaillerie de ce Laborie qui nous faisait du mal jusqu'après sa mort.

La charrette prit d'abord le mauvais chemin qui allait vers le Lac-Viel, chemin pierreux où le chargement était fort secoué. L'homme de la Mïon avait apporté du foin pour faire manger ses bœufs, et ma mère m'avait assis dessus, derrière la charrette qu'elle suivait. Tandis que nous passions aux Bessèdes, deux femmes tenant leurs petits drôles par la main, et un vieux assis sur une souche, nous regardaient passer. Dans les yeux de ceux d'âge, on sentait la compassion de nous voir nous en aller comme ça, seuls désormais, sans le père.

Tous ces pays maintenant sont pleins de chemins et de routes. On en a fait une de Thenon à Rouffignac, qui longe la forêt et la traverse sur la moitié de sa longueur ; une autre qui la coupe en biais venant de Fossemagne et allant s'embrancher sur celle de Thenon, près de la Cabane, et encore une troisième, plus vers le couchant, qui vient du côté de Milhac-d'Auberoche et joint aussi la route de Thenon à Rouffignac, entre Balou et Meyrignac : on peut donc passer la forêt facilement. Mais, en ce temps dont je parle, elle était bien plus grande qu'aujourd'hui, car depuis quatre-vingts ans on a beaucoup défriché, et il n'y avait lors de marqués que deux grands chemins longeant les lisières, que l'eau ravinait l'hiver et noyait dans les fonds, ou des sentiers sous bois fréquentés par les charbonniers et les braconniers. Peu après avoir dépassé les Bessèdes, l'homme de la Mïon quitta le chemin que nous suivions pour en prendre un autre. Pour dire la vérité, ça n'était pas un vrai chemin, mais un de ces passages tracés dans les bois par les roues des charrettes qui enlèvent les brasses dans les coupes. L'hiver, lorsque des endroits devenaient trop mauvais, on prenait à droite ou à gauche, et ainsi se traçaient de nouveaux passages dans toutes les directions, pistes douteuses qui s'entrecroisaient dans les landes et les bois. Dans les creux nous trouvions des fois des flaques d'eau jaunâtre qu'il fallait éviter, et, tantôt après, des ornières profondes d'un côté, et des bosses de l'autre qui faisaient pencher fortement la charrette et causaient des ressauts violents lorsque le chemin redevenait brusquement plainier.

Nous marchions lentement, comme on peut aller avec des bœufs dans des chemins pareils. Le temps était gris et brumeux ; il semblait que nous nous enfoncions dans le brouillard. L'homme de la Mïon s'en allait devant, appelant ses bœufs, les encourageant de la voix, et parfois les piquant de l'aiguillon. On voyait qu'il connaissait bien la forêt : rarement il hésitait pour prendre une sente qui coupait à droit celle que nous suivions, ou une autre qui, bifurquant d'abord insensiblement, finissait par s'en écarter tout à fait. Pourtant, dans des endroits où s'entrecroisaient de ces pistes effacées, il s'arrêtait quelquefois un instant, regardait autour de lui, s'orientait et prenait sans se tromper la bonne direction. Cependant il nous dit qu'il n'avait pas été à la tuilière depuis une dizaine d'années de ça. Mais nous autres paysans, habitués à voyager de jour et de nuit dans des pays sans chemins, nous nous reconnaissons bien partout où nous avons passé une fois.

Il y en a d'aucuns peut-être qui seraient curieux de savoir pourquoi je dis toujours : « l'homme de la Mïon ». Voici : c'est que je ne l'ai jamais ouï nommer autrement chez nous. Je crois bien que sa femme l'appelait Pierre, mais, comme c'était elle qui portait culottes, tout le monde disait « l'homme de la Mïon ».

Sur les deux heures, après avoir traversé un taillis, la charrette déboucha dans une grande clairière entourée de bois. Au milieu, était la tuilière ou ce qui en restait. De loin, c'étaient des toitures à moitié écrasées, noircies par le temps, mais, de près, c'était un amas de ruines. Les hangars effondrés montraient encore quelques piliers de bois à demi pourris, supportant une partie de charpente où se voyaient quelques restes de la couverture de tuiles, à côté d'autres parties où les lattes brisées l'avaient laissé s'affaisser. Le four où l'on cuisait la brique et la tuile s'était écroulé, et, sur ses ruines, des érables poussaient des jets robustes. La maison n'était pas tout à fait en aussi mauvais état, mais de guère ne s'en fallait. Elle était bâtie en bois, en briques et en torchis ; le tout maçonné avec de la terre grasse. Par l'effet du temps et des hivers, les murs s'étaient effrités, écaillés, déjetés comme ces pauvres vieux qu'on rencontre devers chez nous, courbés, tordus par la misère, le travail et les ans.

Des graines apportées par le vent avaient germé çà et là, dans les trous et les fentes des murs ; pourpiers sauvages, artichauts de murailles, scolopendres et perce-murs. La tuilée couverte de mousse sur laquelle pointait une herbe fine comme des aiguilles, avec quelques touffes de joubarbe çà et là, tenait encore, excepté à un bout où elle s'était écrasée. A travers ce trou grand comme un drap de lit, on voyait, soutenus par une panne, des chevrons sur lesquels étaient encore cloués des morceaux de lattes. Autour de la maison et de la tuilière, tout était plein de débris de tuiles, de briques et de décombres entassés sur lesquels poussaient, gourmandes, ces plantes rustiques qui foisonnent dans les lieux abandonnés et sur le bord des vieux chemins où l'on ne passe plus. Là se serraient, drues et vivaces, des menthes à l'âcre odeur, des carottes sauvages, des choux d'âne, des morelles, des mauves, des chardons à tête ronde que nous appelons des peignes, et vingt espèces encore. Plus au loin dans la clairière, les fouilles pour l'extraction des terres avaient laissé des trous où l'eau verdâtre croupissait, et des amoncellements pareils à de grandes tombes sur lesquels çà et là de maigres ajoncs avaient poussé, rares dans la mauvaise terre. Tout cet ensemble avait un aspect de ruine et de désolation qui serrait le cœur. On eût dit un vieux champ de bataille abandonné après l'enfouissement précipité des morts.

En embrassant d'un regard toutes ces tristes choses, ma mère eut un petit frisson, un triboulement comme nous disons, et ses yeux se reportèrent sur moi. Mais, comme c'était une femme de grand cœur, elle entra fermement dans la maison où je la suivis, tandis que l'homme de la Mïon défaisait la corde du chargement.

Quelle maison! Celle de Combenègre était bien nue, bien noire, bien triste, mais c'était une maison bourgeoise en comparaison de celle-ci. Lorsque la porte fut poussée, qui ne tenait plus que par un gond, elle se montra dans tout son délabrement. Aux murs, par endroits, une crevasse laissait voir le jour extérieur, ou donnait passage à une plante qui perçait de dehors. Le foyer était grossièrement construit à la façon de ceux des cabanes qu'on fait dans les terres. Point de grenier ; en haut dans un coin, sur les solives, des planches brutes, mises là pour sécher et oubliées, faisaient une espèce de plancher mal joint, juste à peu près pour abriter un lit. Partout ailleurs on voyait la tuilée, et, dans le coin découvert, le ciel. Par ce trou, les pluies d'hiver avaient fait un petit bourbier dans la terre battue.

Ayant contemplé ça sans rien dire, ma mère ressortit pour aider l'homme à décharger le mobilier. Pour le faire plus aisément, lui se coula entre les bœufs et souleva le timon, tandis qu'elle ôtait la cheville de fer qui passait dans les rondelles, et appelait les bœufs. L'homme alors posa doucement le timon à terre et sur ce timon ainsi incliné, aidé de ma mère, il fit glisser tout bellement le châlit, le cabinet et le reste. Moi, pendant ce temps, je portai la brassée de foin devant les bœufs. Lorsque tout fut placé dans la maison, ma mère tira d'un panier le chanteau plié dans une touaille, puis le posa sur la table avec la salière et un oignon qu'elle prit dans la tirette. Après ça, elle voulut remplir de piquette le pichet, mais le peu qui restait dans la barrique, à force d'avoir été secoué, était comme de la boue : elle sortit donc pour aller chercher de l'eau. Dans ce temps l'homme de la Mïon fit une frotte, et, assis sur le banc, mangeait lentement, coupant le pain à taillons et croquant l'oignon trempé dans le sel, à petites tranches.

Ayant achevé, il ferma son couteau, but la moitié d'un gobelet d'eau et se leva. Ma mère lui aida à atteler les bœufs ; il prit son aiguillon, répondit aux remerciements que ça n'était rien, nous donna le bonsoir, et, reprenant son chemin, traversa lentement la clairière et disparut dans les bois.

Lorsque nous fûmes seuls, ma mère me prit et m'embrassa longuement, me serrant par reprises contre sa poitrine. Ce moment de peine un peu passé, elle se mit à faire le lit et finit d'arranger du mieux possible notre pauvre mobilier. Cela fait, nous allâmes chercher du bois. Aux alentours il n'en manquait pas, et nous en eûmes bientôt assemblé un bon tas. Sous les hangars, il y avait des débris de charpente qui nous servirent bien aussi. Mais ça n'était pas une affaire commode que de faire du feu.

En ce temps-là, les allumettes chimiques étaient inconnues, du moins dans nos pays, et nous conservions le feu sous la cendre, ordinairement. Quelquefois, lorsqu'il se trouvait éteint, il fallait en aller quérir dans un vieux sabot, chez les voisins qui en donnaient de bonne grâce, à charge de revanche. Il n'y avait que les aubergistes, dans les bourgades, qui le refusaient les jours de fête ou de foire, parce que ça portait malheur. Quelquefois il fallait courir assez loin, comme nous autres qui allions chez la Mïon de Puymaigre ; mais ici nous ne connaissions ni le pays ni les voisins. Heureusement, il y avait dans le tiroir du cabinet des pierres à fusil que mon père ramassait lorsqu'il en trouvait et taillait pour s'en servir au besoin. Ma mère en prit une, et à force de battre contre avec la lame de son couteau fermé, elle finit par mettre le feu à un morceau de vieille chiffe bien éparpillée. Cette pincée mise dans une poignée de mousse sèche, ramassée sur le bois mort, lui communiqua le feu, et bientôt, avec des feuilles mortes, des herbes et des brindilles, en soufflant ferme, la flamme brilla dans l'âtre.

Le feu ainsi allumé, il fallut aller à l'eau. En cherchant bien dans les environs, nous trouvâmes l'ancienne fontaine dont se servaient les tuiliers. Pour dire vrai, c'était une mauvaise fontaine suintant un peu l'hiver, et, l'été, gardant seulement l'eau des pluies. Elle ne différait guère du trou où ma mère avait pris l'eau pour faire boire l'homme à la Mïon, étant pour lors demi comblée et pleine de joncs qui sortaient de l'eau blanchâtre. Impossible d'y puiser de l'eau avec la seille : il nous fallut la remplir avec le pichet. Revenus à la cahute, ma mère garnit l'oule de pommes de terre, et la mit sur le feu pour notre souper.

Le soir, après avoir mangé deux ou trois pommes de terre à l'étouffée avec un peu de sel, lorsqu'il fut question de nous coucher, ma mère vit qu'il n'y avait jamais eu de serrure ou de verrou à la porte. On la fermait de dedans à l'ancienne manière avec une barre qui, entrant dans deux trous de chaque côté du mur, maintenait le battant. Voyant ça, ma mère tailla avec la serpe un bout de bois de longueur, l'ajusta bien, et ainsi ferma solidement, après quoi nous allâmes au lit.

Je crois bien qu'elle ne dormit guère de la nuit, bourrelée par l'idée de mon pauvre père, prisonnier à Périgueux, que la guillotine ou les galères attendaient. Pour moi, qui ne voyais pas toutes les conséquences de ce qu'il avait fait, après avoir un peu regardé les étoiles qu'on apercevait du lit, par le trou de la toiture, je m'endormis lourdement.

Outre ses chagrins par rapport à mon père, ma mère se tourmentait aussi en pensant à moi et à ce que nous allions devenir. Les riches, lorsqu'ils ont des peines, peuvent y songer à leur aise et se donner tout entiers à leur douleur ; mais les pauvres ne le peuvent point. Il leur faut avant tout affaner pour vivre, et gagner le pain des petits enfants. Au malheur qui les frappe vient s'ajouter celui de la pauvreté qui ne leur laisse pas même le loisir de pleurer ; aussi, nous autres paysans, sommes-nous, pour l'ordinaire, sobres de larmes. On ne nous voit guère rire bien fort non plus, n'ayant pas souvent sujet de le faire ; nous rions comme saint Médard, du bout des lèvres, nous souvenant du proverbe : « Trop rire fait pleurer. »

Dès le lendemain, ma mère s'inquiéta de trouver du travail. Après avoir mangé un peu, nous partîmes pour le Jarripigier, où l'homme de la Mïon lui avait dit que peut-être elle trouverait des journées chez un nommé Maly, qui avait des terres à faire valoir et employait souvent des journaliers. Après avoir marché longtemps, nous voici chez ce Maly, qui n'était pas là. Mais sa femme nous dit qu'il n'avait besoin de personne pour le moment, et il fallut donc nous en retourner. En passant par les villages sur la lisière de la forêt, ma mère demandait aux gens où elle pourrait avoir du travail. Aux Lucaux, un vieux qui se chauffait au soleil, le long d'un mur, nous dit qu'à Puypautier, chez un riche paysan appelé Géral, elle pourrait trouver quelques journées pour travailler aux vignes ou sarcler les blés. Arrivés dans le village, un drôle nous fit voir une grande vieille maison où justement Géral était en ce moment. Lorsque, sur sa demande, ma mère lui eut dit qu'elle était la femme de Martissou, de Combenègre, la servante qui était là fit : « Oh! Sainte Vierge! » en nous regardant d'un air pas trop engageant. Mais Géral, l'ayant fait taire, dit à ma mère qu'il lui donnerait huit sous par jour, et qu'elle pourrait venir dès le lendemain.

Lors elle le remercia, et lui répondit que, ne pouvant m'abandonner seul à la tuilière au milieu des bois, elle le priait, si ça ne le dérangeait pas, de me laisser venir, et qu'il la payerait moins, en ce que je serais nourri aussi.

— Eh bien! amène ton drôle, dit le vieux Géral, qui n'avait pas l'air d'un mauvais homme ; et, au lieu de huit sous, je t'en donnerai cinq.

Le lendemain donc, nous fûmes de bonne heure à Puypautier, et, tandis que ma mère ramassait les sarments dans les vignes avec une autre femme, moi, je m'amusais par là, avec la drôle de la servante à Géral, qui gardait la chèvre et les oies et s'appelait Lina.

Mais la pauvre femme ne resta pas longtemps dans la place et, après quelques jours de travail, elle fut renvoyée.

Le lendemain, il fallut recommencer à courir les villages autour de la forêt pour chercher des journées. Mais lorsque, le soir venu, nous fûmes de retour à la tuilière sans avoir rien trouvé, j'étais bien las, tellement que ma mère se désolait, ne sachant comment faire, me laisser seul, ou me traîner toute une journée après elle. Moi, le matin, la voyant en cette peine, je lui dis que j'étais reposé et que je marcherais bien. Là-dessus, nous voilà en route, cheminant doucement, nous arrêtant de temps en temps, elle me portant quelquefois, malgré que je ne voulusse pas. Cela dura trois ou quatre jours comme ça, pendant lesquels nous ne profitions guère, nous crevant à chercher inutilement du travail et n'ayant plus le bon ordinaire de chez Géral, lorsqu'un soir, en passant à la Grimaudie, un homme nous dit que le maire de Bars nous mandait d'y aller sans faute le lendemain.

Nous voici donc partis le matin, et, sur les neuf heures, nous arrivions dans l'endroit. Une femme qui épouillait son drôle devant la porte, écachant les poux sur un soufflet, nous montra la maison. Ayant cogné, ma mère ouvrit la porte lorsqu'une grosse voix nous eut crié d'entrer.

Un chien courant, maigre comme un pic, qui dormait devant le feu, se lança sur nous en aboyant.

— Tirez! tirez! lui cria la même voix rude, sans pouvoir le faire taire.

Dans le coin du feu, sur un fauteuil paillé, il y avait, les coudes sur ses genoux, une vieille, très vieille, à la tête branlante, qui pouvait avoir cent ans, et nous regardait par côté d'un œil mort. Lui, le maire, était là aussi, dans sa cuisine, un pied sur un banc, attachant un éperon à son soulier, car c'était un mardi, et il allait partir pour le marché de Thenon.

Lorsqu'il eut attaché son éperon, il jeta un grand coup de pied au chien, qui jappait toujours, et le fit se cacher sous la table. Ma mère lui ayant alors expliqué qu'elle venait céans sur son commandement, il lui dit brusquement :

— Alors, c'est toi la femme de Martissou?

— Oui bien, notre monsieur.

— Cela étant, il te faudra te rendre à Périgueux d'aujourd'hui en quinze, sans faute : on va juger ton homme. Voilà l'assignation! ajouta-t-il en prenant un papier dans une tirette.

— Mon Dieu, comment ferons-nous? disait ma mère sur le chemin, en nous en retournant.

Et, en effet, sur les trois francs que lui avait donnés Géral, il avait fallu acheter une tourte de pain, de sorte qu'il ne nous restait presque rien. Moi, voyant combien elle se tourmentait à cause de ça, je me faisais du mauvais sang de ne pouvoir lui aider, lorsqu'un matin, rôdant par là sur la lisière de la forêt, je trouvai dans un sentier un lièvre étendu, tué la veille d'un coup de fusil sur l'échine, car la blessure était toute fraîche. Je le ramassai, et m'en courus à la maison, tout content de le porter à ma mère. Comme il n'était pas possible de savoir qui l'avait tué, elle le vendit, le mardi d'après, à Thenon, avec nos deux poules que nous avions eues en partage à Combenègre, afin de faire un peu d'argent pour notre voyage.

Le jour arrivé qu'il nous fallait partir, nous avions dans un fond de bas, attaché avec un bout de gros fil, un peu plus de trois francs en sous et en liards. Ma mère mit le reste du chanteau dans le havresac de mon père, que le Rey nous avait rendu avec son couteau, le passa sur son épaule en bandoulière, prit un bâton d'épine et nous partîmes après avoir attaché la porte à un gros clou avec une corde pour la tenir fermée.

Nous n'étions pas trop bien habillés pour nous montrer en ville. Ma mère avait un mauvais cotillon de droguet, une brassière d'étoffe brune toute rapiécée, un mouchoir de coton à carreaux jaunes et rouges sur la tête, des chausses de laine brune et des sabots. Moi, j'avais aussi des sabots aux pieds, puis un bonnet et des bas tricotés, un pantalon trop court, pareil au cotillon de ma mère, bien usé, et une veste faite d'un vieux sans-culotte de mon père.

Il y en a sans doute qui demanderont ce que c'est qu'un sans-culotte.

Eh bien! ça n'est pas autre chose que la carmagnole du temps de la Révolution, sorte de veste assez courte et à petit collet droit comme ceux des vestes des soldats. Dans nos pays, ce vêtement des bons patriotes a pris, je ne sais pourquoi, le nom de ceux qui le portaient.

Reprenons.

Notre chemin était de traverser la forêt en allant vers le Lac-Gendre, et nous prîmes cette direction, après nous être déchaussés pour cheminer plus à l'aise sur les sentiers des bois. Du Lac-Gendre, nous fûmes passer à la Triderie, puis à Bonneval, et enfin à Fossemagne, où nous trouvâmes la grande route de Lyon à Bordeaux, achevée depuis peu.

A la sortie de Fossemagne, ma mère me fit asseoir sur le rebord du fossé pour me reposer un peu. Une demi-heure après, nous voilà repartis, marchant doucement en suivant l'accotement de la route, moins dur pour les pieds que le milieu de la chaussée. La pauvre femme, bourrelée par l'idée de ce qui attendait mon père, ne parlait guère, me disant seulement quelques paroles d'encouragement, et me prenant des fois par la main pour m'aider un peu. Nous ne rencontrions presque personne sur la route ; quelquefois un homme cheminant à pied, portant sur l'épaule, avec son bâton, un petit paquet plié dans un mouchoir ; ou bien un voyageur sur un fort roussin, le manteau bouclé sur les fontes de sa selle, qui laissaient voir les crosses de ses pistolets ; et derrière, attaché au troussequin, un portemanteau de cuir, fermé par une chaînette avec un cadenas. De voitures, on n'en voyait pas comme aujourd'hui sur les routes : les gens richissimes seuls en avaient. A une petite demi-lieue de Saint-Crépin, nous entrâmes dans un boqueteau de chênes pour faire halte. Ma mère me donna un morceau de pain que je mangeai avec appétit, tout sec et noir qu'il était ; après quoi, m'étendant sur l'herbe, je m'endormis profondément.

Lorsque je me réveillai, le soleil avait tourné du côté du couchant, et je vis ma mère assise contre moi. Me voyant réveillé, elle se leva, me tendit la main et, après m'être un peu étiré, je me levai aussi pour repartir.

En passant à Saint-Crépin, je bus à une fontaine qui coulait dans un bac de pierre, près du relais de poste, et, m'étant ainsi bien rafraîchi, je continuai à marcher vaillamment, m'efforçant un peu pour faire voir à ma mère que je n'étais pas trop fatigué. Et c'est la vérité que je ne l'étais pas trop ; seulement, les pieds me cuisaient un peu, car ce n'était plus la même chose de marcher nu-pieds sur une route chauffée par le soleil ou sur la terre fraîche des sentiers sous bois.

Il était soleil entrant lorsque nous fûmes à Saint-Pierre, car j'avais dormi longtemps dans le bois. Ayant remis nos chausses et nos sabots, après avoir suivi le bourg qui n'était pas bien grand alors, ni encore, ma mère avisa une maison vieille et pauvre d'apparence, où, dans un trou du mur, on avait planté pour enseigne une branche de pin, et, la porte étant ouverte, elle entra.

Une bonne vieille avec une coiffe à barbes, un fichu à carreaux croisé sur sa poitrine, et un devantal ou tablier de cotonnade rouge, assise sur une chaise, filait sa quenouille de laine près de la table. A la salutation de ma mère elle répondit par une franche parole :

— Bonsoir, bonsoir, braves gens!...

Interrogée si elle pouvait nous donner un peu de soupe et nous faire coucher, elle répondit que oui, mais que, comme elle n'avait plus qu'un lit, l'autre ayant été saisi pour payer les rats de cave, il nous faudrait coucher dans le fenil.

— Oh! dit ma mère, nous dormirons bien dans le foin.

— Eh bien! donc, approchez-vous du feu, reprit la vieille.

Et lorsque nous fûmes assis, comme on est curieux dans les petits endroits, principalement les femmes, la vieille se mit à questionner ma mère, tournant autour du pot, pour savoir où nous allions et à quelle occasion. Tant elle avait l'air d'une brave femme que ma mère lui raconta tout par le menu, les misères qu'on nous avait faites, les canailleries de Laborie, et comment mon père avait tiré sur ce régisseur des messieurs de Nansac, eux et lui l'ayant poussé à bout, jusqu'à lui venir tuer la chienne dans la cour.

— Ah! les canailles! s'écria la vieille. Il y en a bien par ici qui en feraient autant! ajouta-t-elle en posant sa quenouille. Avant la Révolution, il n'y a pas de gueuseries qu'ils ne nous aient faites. Et depuis qu'ils sont revenus, ils recommencent, surtout depuis quelque temps!

Elle se leva brusquement, là-dessus, alla fermer la porte et alluma la lampe :

— Voyez-vous, pauvre femme, dit-elle, ces nobles sont toujours les mêmes, faisant les maîtres, orgueilleux comme des coqs d'Inde et durs pour les pauvres gens. Mais quand l'autre reviendra, il se souviendra qu'ils l'ont trahi, et il les jettera à la porte...

— L'autre? fit ma mère.

— Eh! oui... Poléon, qu'ils ont envoyé à cinq cent mille lieues, par-delà les mers, dans une île déserte.

Ma mère avait bien ouï parler quelquefois, le dimanche, devant l'église, d'un certain Napoléon, qui était empereur, et qui avait tant bataillé que beaucoup de conscrits du Périgord étaient restés par là-bas, dans des pays inconnus ; mais du côté de la Forêt Barade, on n'était pas bien au courant, et elle répondit simplement :

— Alors, il est fort à désirer qu'il revienne tôt, puisque c'est un ami des pauvres gens, car nous sommes trop malheureux!

Moi, tout en écoutant ces propos, assis sur le saloir dans le coin du feu, je regardais cette maison bien pauvre en vérité. Le lit de la vieille était dans un coin, garanti de la poussière du grenier par un ciel et des rideaux de même étoffe, jadis bleus avec des dessins, et maintenant tout fanés. Ce lit coustoyé de chaises, dont aucunes dépaillées, était encombré, au pied, de vieilles hardes. Dans le coin opposé, il y avait la place vide du lit qu'on lui avait fait vendre. Au milieu, la table avec un banc. Contre le mur, en face de la porte, était une mauvaise maie, où la bonne femme serrait le pain et autres affaires depuis que son cabinet était vendu. Une cocotte et une marmite étaient sous la maie, une soupière et des assiettes dessus, et avec la seille dans l'évier, c'était à peu près tout : on voyait que les gens du roi avaient passé par là.

Cependant, l'heure du souper approchant, la vieille alla quérir des branches de fagots dans l'en-bas qui communiquait avec la cuisine, raviva le feu devant lequel cuisaient déjà des haricots et pendit à la crémaillère son autre marmite où il y avait du bouillon. Cela fait, elle débarrassa le couvercle de la maie, en maudissant ces bougres de gabelous qui lui avaient fait vendre son vaisselier si commode, prit dedans une tourte entamée et commença à tailler la soupe avec un taillant, engin plus facile que la serpe dont nous nous servions chez nous.

— Nous souperons, dit-elle, mais que Duclaud soit arrivé.

— Vous attendez quelqu'un ? fit ma mère.

— Oui, c'est un brave garçon qui vend du fil, des aiguilles, du ruban, des boutons, des crochets, des images comme celles qui sont là — ajouta-t-elle en montrant des gravures grossières passées en couleur — et d'autres petites affaires encore... Tu peux bien aller les voir, les images, me dit la vieille, ça t'amusera en attendant le souper... Il passe presque tous les mois, pour aller dans la contrée de Thenon, reprit-elle ; je pense qu'il viendra ce soir, c'est son jour.

Je me mis à regarder les images clouées au mur. Il y avait entre autres le malheureux *Juif errant* avec son bâton et ses longues jambes, symbole du pauvre peuple déshérité qui n'a ni feu ni lieu ; ensuite *Jeannot et Colin*, histoire instructive, surtout en ce temps-ci où tant de gens se vont perdre dans les villes. Puis le fameux *Crédit*, mort, étendu à terre, tué par de mauvais payeurs qui s'enfuient, et, à côté, une oie tenant une bourse dans son bec, avec cette inscription, qu'alors je ne savais pas lire : *Mon oie fait tout* ; — triste et désolante sentence pour les pauvres gens.

Tandis que j'examinais curieusement ces images, on frappa trois coups de bâton à la porte.

— C'est Duclaud, fit la vieille en allant ouvrir.

Lui, nous voyant, sembla hésiter ; mais elle l'encouragea :

— Vous pouvez entrer... C'est une brave femme et son drôle.

Alors, il entra. C'était un fort garçon à la figure brune, aux cheveux crépus, coiffé d'une casquette de peau de fouine, vêtu d'une blouse de cotonnade grise rayée, et chaussé de gros souliers ferrés. Il pliait sous le poids d'une balle qu'il portait à l'aide d'une large bricole de cuir.

— Salut, la compagnie! dit-il en posant son gros bâton contre la porte.

Puis il se débarrassa de sa balle en la plaçant sur deux chaises que la vieille avait vitement arrangées à l'exprès.

— Vous êtes fatigué, mon pauvre Duclaud; lui dit-elle ; tournez-vous un peu vers le feu ; nous allons souper dans une petite minute.

— Ça n'est pas pour dire, Minette, mais je souperai avec plaisir : depuis Razac, vous pensez, le déjeuner a eu le temps de couler.

La soupe trempée, on se mit à table, et la vieille servit à chacun une assiette comble de bonne soupe aux choux et aux haricots. Je fus étonné de voir Duclaud manger la soupe avec sa cuiller et sa fourchette en même temps. Chez nous on ne connaissait pas cette mode, pour la bonne raison que nous n'avions pas de fourchettes. Lorsque nous soupions d'un ragoût de pommes de terre ou de haricots, on le mangeait avec des cuillers. Pour la viande, on se servait du couteau et des doigts ; mais ça n'arrivait qu'une fois l'an, au carnaval.

Duclaud ayant fini sa soupe, prit la pinte et nous versa à tous du vin dans notre assiette. Lui-même remplit la sienne jusqu'aux bords de telle manière qu'un petit canard s'y serait noyé : on voyait qu'il était dans la maison comme chez lui et ne se gênait pas. Ce vin était un petit vinochet du pays, qui ne valait pas celui de la côte de Jaures, à Saint-Léon-sur-Vézère ; mais nous autres qui ne buvions que de la mauvaise piquette, gâtée souvent, pendant trois ou quatre mois, et, le reste de l'année, de l'eau, nous le trouvions bien bon. Après avoir bu, le porte-balle nous offrit de la soupe encore et, personne n'en voulant plus, il s'en servit une autre pleine assiette, après quoi il fit un second copieux « chabrol », comme nous appelons le coup du médecin, bu dans l'assiette avec un reste de bouillon.

Pendant ce temps, la Minette avait tiré les mongettes ou haricots dans un saladier et les posa sur la table. Ma mère se leva alors, disant qu'elle n'avait plus faim ; mais la brave vieille, qui se doutait qu'elle disait ça parce qu'elle craignait la dépense, la fit rasseoir :

— Il vous faut manger tout de même pour avoir des forces, dit-elle ; mangez, mangez, pauvre femme, autrement vous ne pourriez pas finir d'arriver à Périgueux.

Tandis que nous mangions, la Minette conta l'affaire de mon père à Duclaud, et lui demanda ce qu'il en pensait.

— Que voulez-vous que je vous dise ? fit-il. Si les juges et les jurés étaient des gens pareils à moi, eux voyant comme cet homme a été poussé à bout par ce coquin de régisseur et les messieurs, il s'en tirerait avec un an de prison ou six mois. Mais, voyez-vous, ceux du jury, c'est des bourgeois, des riches, qui, encore qu'ils soient honnêtes, penchent plutôt pour ceux de leur bord. Pourtant il y a des hommes justes partout, et il n'en faudrait qu'un ou deux pour entraîner les autres ; souvent ça arrive ainsi, il ne vous faut pas désespérer... Ah ! ajouta-t-il, que ceux-là mériteraient d'être punis, qui commandent des injustices et des méchancetés sans se donner garde des malheurs qui en peuvent advenir !

Le soir, après souper, Duclaud tira du fond de sa balle des petits paquets et diverses affaires qu'il mit dans une grande poche de dessous sa blouse et sortit. Depuis, je me suis pensé qu'il faisait peut-être bien quelque peu la contrebande de tabac et de poudre.

Le moment de se coucher venu, la vieille Minette dit que, réflexion faite, Duclaud devant coucher dans le fenil, ma mère et moi coucherions dans son lit, qui était assez large pour trois, surtout que je n'étais pas bien gros, ce qui fut fait. Sans doute, le colporteur rentra par la porte de l'en-bas, qui donnait dehors.

Le lendemain, de bonne heure, la Minette fit chauffer de la soupe et nous la fit manger. Lorsqu'il fut question de compter, elle dit à ma mère qu'elle aurait assez besoin de son argent à Périgueux où tout était cher ; qu'elle payerait en repassant s'il lui en restait. Ma mère la remercia bien, mais lui dit que ça lui ferait de la peine de s'en aller comme ça sans payer ; joint à ça qu'elle ne savait pas comment il en adviendrait, et si nous repasserions par Saint-Pierre.

— Alors, dit la vieille, puisque c'est ainsi, vous me devez dix sous.

Ma mère connut bien qu'elle ménageait beaucoup ; elle lui donna les dix sous en l'accertainant qu'elle se souviendrait toujours d'elle et de sa bonté pour nous autres.

La Minette fit aller ses bras et dit :

— Il faut bien que les pauvres s'entraident!

Puis elles s'embrassèrent fort, ma mère et elle, et nous partîmes garnis de beaucoup de souhaits de bonne chance, qui comme tant d'autres ne servirent de rien.

... Le lendemain, à l'heure dite, nous étions devant le bâtiment de l'ancien Présidial, qu'on appelait encore de ce nom et qui était sur la place du Coderc, juste en face des prisons, à l'endroit où est aujourd'hui le numéro 8. De la porte d'entrée, on passait sous une voûte qui aboutissait à une petite cour noire et entourée de grands murs. Tandis que nous attendions dans cette cour, parlant avec des gens de chez nous cités comme témoins, voici que des pas lourds, éperonnés, sonnent sous la voûte, et mon père arrive, les mains enchaînées, escorté de trois gendarmes. Ma mère poussa un cri terrible, et ils eurent beau faire, les gendarmes, elle se jeta sur son homme, le prit à plein corps et l'embrassa fort en criant et en se lamentant, pendant que moi, je le tenais par une jambe en pleurant.

— Allons, allons, disaient les gendarmes, c'est assez, c'est assez, vous le verrez après.

— Donne-moi le drôle, dit mon père.

Alors ma mère, me prenant à deux mains, me haussa jusqu'à son col, que je serrai de toute ma force dans mes petits bras.

— Mon pauvre Jacquou! mon pauvre Jacquou! faisait mon père en m'embrassant.

Enfin, il fallut nous séparer, moitié de gré, moitié de force, tirés en arrière par les gendarmes, qui emmenèrent leur prisonnier.

Après avoir attendu longtemps, lorsqu'un huissier appela ma mère, nous entrâmes dans une haute salle longue, voûtée à nervures, et faiblement éclairée par deux fenêtres en ogive donnant sur une cour.

Dans le fond, sur une estrade fermée par une barrière de bois, il y avait trois juges assis devant une grande table couverte d'un tapis vert et encombrée de papiers. Celui du milieu avait une robe rouge, qui donnait des idées sinistres ; les deux autres étaient enrobés de noir, et tous trois portaient lunettes. De chaque côté de l'estrade étaient assis, devant des tables plus petites, le procureur et le greffier. Au mur, dans le fond, au-dessus des juges, un grand tableau représentant Jésus-Christ en croix, tout ruisselant de sang.

Puis les jurés, les avocats, les gendarmes, l'accusé, le public : c'était à peu près la même disposition qu'aujourd'hui ; seulement, maintenant, juges, jurés, avocats, tout ce monde porte la barbe ou la moustache, tandis qu'alors tous étaient bien rasés, moins les gendarmes.

Pendant que ma mère déposait, un monsieur répétait en français ce qu'elle avait dit en patois. Moi, je n'y faisais pas grande attention, occupé que j'étais à regarder mon père qui me regardait aussi ; mais, à un moment, dans l'affection qu'elle y mettait, ma mère haussa fort la voix, et, me retournant, je vis que tout le monde considérait cette grande femme bien faite sous ses méchants vêtements, qui avait une belle figure, des cheveux noirs et deux yeux qui brillaient tandis qu'elle parlait pour son homme.

Lorsqu'elle eut fini, le procureur du roi se leva et fit son réquisitoire avec de grands gestes et des éclats de voix qui résonnaient sous la voûte. Je ne comprenais pas tout ce qu'il disait ; pourtant il me semblait qu'il tâchait de faire entendre aux douze messieurs du jury que de longtemps mon père avait l'idée d'assassiner Laborie. Ce qui le prouvait, à son dire, c'était le propos tenu à Mascret quelque temps auparavant, qu'il ferait un malheur si on tuait sa chienne et, cela étant, il méritait la mort.

On doit penser en quel état nous étions, ma mère et moi, en entendant ce procureur parler de mort. Pour mon père, il n'avait pas l'air de l'écouter, et son regard fiché sur nous semblait dire : « Que deviendront ma femme et mon pauvre drôle si je suis condamné ?... »

Le procureur ayant terminé, notre avocat se leva et plaida pour mon père. Il fit voir, par tous les témoignages entendus, quel gueux c'était que Laborie ; il représenta toutes les misères qu'il nous avait faites, appuya surtout sur les propositions malhonnêtes dont il poursuivait sans cesse ma mère, et enfin montra clairement que c'était par un coup de colère que mon père avait tué ce mauvais homme, et non par dessein pourpensé. Bref, il dit tout ce qu'il était possible pour le tirer de là, mais il ne réussit qu'à sauver sa tête : mon père fut condamné à vingt ans de galères.

Lorsque le président prononça l'arrêt, un murmure sourd courut dans le public, et nous autres, ma mère et moi, nous nous mîmes à gémir et à nous lamenter en tendant les bras vers le pauvre homme que les gendarmes emmenaient. Et, parmi tout ce monde qui s'écoulait, j'ouïs le comte de Nansac dire à Mascret :

— Nous en voilà débarrassés! il crèvera au bagne.

Il mourut, en effet, mais son fils le vengea; après la révolution de 1830, le roman s'achève dans une ambiance moins sombre.

ÉMILE GUILLAUMIN

1873-1951

C'est bien *La Vie d'un simple* (1) que décrit Émile Guillaumin dans son livre paru en 1904, et qui valut à l'auteur-paysan sa réputation; c'est l'histoire d'un métayer du Bourbonnais, en pleine réalité, hors de toute complication théorique. Le récit, qui porte sur une longue période, depuis 1823 jusqu'à 1895, permet d'observer les changements, les améliorations sensibles d'une date à l'autre.

Mais surtout, on y trouve fortement exposés les thèmes fondamentaux : la misère des campagnes, la maigre nourriture, le travail des jeunes enfants, la rudesse des mœurs, la durée des huit ans du service militaire... Le métayer travaille sur une terre qui ne lui appartient pas; il donne au propriétaire la moitié ou les deux tiers des récoltes; il ne peut s'attacher à sa ferme, le propriétaire étant légalement libre de le renvoyer à son gré.

Le texte, un peu vieilli, mais vert encore, est écrit, selon l'expression d'Henri Clouard, « comme on sème et comme on laboure ». S'il est d'une couleur assez sombre, on n'y trouve cependant pas d'amertume.

Rien n'est moins artificiel que ce livre, venu du fond du peuple paysan; l'auteur en effet a vécu lui-même dans ce village d'Ygrande qu'il n'a vraiment jamais quitté; il appartient par le cœur, par la connaissance et par la race, à la condition paysanne.

(1) Nelson, Stock éd.

LA VIE D'UN SIMPLE

Je m'appelle Étienne Bertin, mais on m'a toujours nommé « Tiennon ». C'est dans une ferme de la commune d'Agonges, tout près de Bourbon-l'Archambault, que j'ai vu le jour au mois de janvier 1823. Mon père était métayer dans cette ferme en communauté avec son frère aîné, mon oncle Antoine, dit « Toinot ». Mon père se nommait Gilbert et on l'appelait « Bérot », car c'était la coutume, en ce temps-là, de déformer tous les noms.

Les deux frères ne s'entendaient pas très bien. L'oncle Toinot, soldat sous Napoléon, avait fait la campagne de Russie et en était revenu avec les pieds gelés et des douleurs par tout le corps. Sensible aux changements de température malgré les années écoulées, il s'arrêtait souvent de travailler plusieurs jours durant. D'ailleurs, même en bonne santé, il préférait aller aux foires, ou bien porter les socs au maréchal, ou encore se promener dans les champs, son « gouyard » sur l'épaule, sous couleur de réparer les brèches des haies, que de s'atteler aux besognes suivies. Son séjour à l'armée le déportant du travail, lui avait donné du goût pour la flânerie et pour la dépense. Avec sa rasade d'eau-de-vie au réveil, sa pipe de terre toujours allumée, ses frais d'auberge, il était de force à utiliser pour son seul agrément tous les bénéfices de l'exploitation...

Si je raconte ces choses, ce n'est pas que j'aie eu la connaissance de les pouvoir apprécier par moi-même, mais je les ai entendu rapporter bien souvent chez nous.

Décidé à la rupture, mon père prit en métayage à Meillers, sur la lisière de la forêt de Gros-Bois, un domaine appelé le Garibier, — géré par un fermier de Bourbon, M. Fauconnet.

A l'époque du déménagement, il y eut des discussions pénibles au sujet du partage des outils, du mobilier, du linge et des ustensiles de ménage. Ma grand'mère venant avec nous, cela compliquait encore les choses. Ma tante chicanait sur son droit d'emporter ceci ou cela, lui arrachait des mains draps et torchons. Mon père, d'un caractère très calme, cherchait à éviter les disputes. Maman, au contraire, impétueuse et vive, soutenait ma grand'mère sans cesse aux prises avec les autres. Cela m'effrayait de les voir crier si fort et lever les poings d'un geste de menace, comme prêts à se frapper...

Le jour de Saint-Martin, on me hissa pour le trajet au faîte d'un char attelé de deux gros bœufs rouge foncé, de la race de Salers ou de Mauriac, entre une cage à sécher les fromages, pour l'instant garnie de poules, et une corbeille d'osier où s'empilait de la vaisselle. Les chemins étaient partout défoncés et boueux, très mauvais. Des lambeaux de terre gluante se collaient aux roues qui, s'élevant un peu dans le mouvement de rotation, retombaient sur le sol avec un bruit mat.

En traversant Bourbon, j'ouvris bien grands les yeux pour voir les belles maisons de la ville, les hautes tours grises du vieux château. Et je m'intéressai à la besogne d'une équipe d'ouvriers travaillant à l'empierrage de la grand'route de Moulins qu'on était en train de construire. Cela n'allait pas sans fatigue. Toujours est-il qu'après un moment, quand notre cortège eut regagné la pleine campagne, je m'endormis sans qu'on y prît garde, adossé à la cage à poules et bercé par le roulis continuel de la voiture. Seulement un cahot trop brusque fit se renverser la cage qui dégringola jusqu'à terre où, bien entendu, je la suivis en vitesse... Les volailles se mirent à piailler et moi à crier. Je n'avais aucun mal — la pâtouille, tapis doux et mol, ayant amorti ma chute. Mais je fus long à consoler, paraît-il, à cause de la surprise de ce réveil désagréable. Et cela me valut de faire à pied le reste du trajet, moins une petite séance à califourchon sur le dos de mon frère Baptiste, qui était mon parrain.

A l'arrivée, ma mère me fit étendre dans un coin de la chambre à four, sur un amas de hardes, et je trouvai dans un nouveau sommeil, très paisible cette fois, le vrai remède aux émotions de la route.

Longtemps après, ma sœur Catherine me vint quérir pour m'amener dans la grande pièce. Les meubles étaient tous en place au long des murs, et l'horloge sonna les douze coups de minuit. Les bouviers du voisinage qui nous avaient déménagés, attablés là, s'entretenaient bruyamment, riaient et chantaient. Mon père leur offrit à boire avec insistance ; les verres, choqués fort, tintaient ; il y eut du vin répandu qui souilla de rouge la blancheur de la nappe...

On me servit à manger un reste de viande, de la galette et de la brioche ; puis un vieillard inconnu me fit faire des galopades sur ses genoux : — ainsi participai-je à la joie générale.

Mais le lendemain, j'entendis maman dire à mon père, d'un ton navré, que ça revenait joliment coûteux de faire la Saint-Martin. Et lui appuya :

— Je crois bien... Heureusement que ce n'est pas une chose qu'on recommence souvent.

Ma mère conclut :

— On serait vite épuisé, s'il fallait recommencer souvent...

J'approchais d'avoir cinq ans : ces quelques épisodes du déménagement sont liés à mes plus vieux souvenirs.

*

Notre ferme possédait en bordure du bois toute une zone vierge encore des fouilles de l'araire où croissaient à profusion bruyères, genêts, ronces et fougères, et où de grosses pierres grises saillaient du sol par endroits. Cette partie du domaine, dénommée la Breure (1), servait de pâture aux brebis quasi toute l'année. Ma sœur Catherine était la bergère et je l'accompagnais très souvent. Aussi, la Breure me fut-elle bientôt familière. On y rencontrait toutes sortes de bêtes ; les oiseaux y pullulaient comme les reptiles, et les animaux de la forêt y faisaient parfois des

(1) Ce terme — déformation locale du mot « bruyère » — s'appliquait à la plupart des terrains incultes.

apparitions. C'est ainsi que j'aperçus un jour toute une famille de gros cochons noirs traverser au galop le bas de notre pâture : — des sangliers, au dire de ma sœur. Une autre fois, ce fut un couple de chevreuils occupés à brouter les petites branches vertes de la bouchure, comme faisaient nos chèvres ; je courus dans leur direction et ils détalèrent prestement.

La forêt recélait aussi des loups. Un de nos agneaux, vers la fin de l'hiver, disparut sans laisser de trace. La Catherine, seule ce jour-là, ne s'était aperçue de rien. A tort ou à raison, on accusa de ce rapt mystérieux un loup. Ma sœur ne voulut plus aller seule à la Breure parce qu'elle s'effrayait à l'idée de voir réapparaître le méchant fauve. Je fus dès lors constamment avec elle, et je dois dire que nous n'étions pas plus rassurés l'un que l'autre... Cependant nous n'eûmes pas l'occasion de faire la différence entre un loup en chair et en os et le monstre que nous imaginions...

Bien moins rares étaient les lapins : nous en voyions détaler plusieurs tous les jours. Souvent notre chien Médor se mettait à leur poursuite et il lui arrivait parfois d'en saisir un. Mais il ne s'avisait pas de nous le montrer ; il se dissimulait derrière la bouchure d'un champ voisin, ou dans le mystère du bois pour s'en repaître sans risque d'être dérangé ; il revenait ensuite tout penaud nous trouver, avec du poil et du sang dans sa barbiche grise ; il baissait la tête et remuait la queue ayant l'air de demander pardon.

Bien excusable, à vrai dire, le pauvre toutou, de se montrer vorace quand le hasard lui fournissait un supplément de nourriture. Maintenant on traite les chiens comme des personnes ; on leur donne de la bonne soupe et du bon pain. Mais à cette époque on leur permettait seulement de barboter dans l'auge contenant la pâtée des cochons, — pâtée toujours fort peu riche en farine. Comme complément, on faisait sécher au four à leur intention une provision de ces âcres petites pommes que produisent les sauvageons des haies et qu'on appelle ici des *croyes*.

On les jugeait d'ailleurs capables de vivre de leur chasse. Quand Médor, au retour des champs, paraissait affamé, quand, à l'heure des repas, il rôdait autour de la table quémandant des croûtes, mon père questionnait la Catherine :

— *Ol a donc pas rata?*

Ce qui voulait dire :

— Il n'a donc pas fait la chasse aux rats?

Et sur la réponse négative de ma sœur :

— *Voué un feignant : si ol avait évu faim, ol aurait ben rata*... (C'est un fainéant : s'il avait eu faim, il aurait bien raté).

Et il reprenait :

— *Enfin dounnes-y une croye.*

La Catherine, dans la chambre à four attenante à la maison, tirait d'une vieille *boutasse* poussiéreuse une ou deux de ces petites pommes recroquevillées et les offrait au pauvre Médor qui s'en allait les déchiqueter dans la cour, sur les plants de jonc où il avait coutume de dormir. A ce régime, il était efflanqué et de poil rude, on peut le croire ; il eût été facile de lui compter toutes les côtes.

Notre nourriture, à nous, n'était guère plus fameuse, à la vérité. Nous mangions du pain de seigle moulu brut, du pain couleur de suie et graveleux comme s'il eût contenu une bonne dose de gros sable de rivière ; on le tenait pour plus nourrissant avec toute l'écorce...

La farine des quelques mesures de froment qu'on faisait moudre aussi était réservée pour les pâtisseries, *tourtons* et galettes qu'on cuisait avec le pain. Cependant on pétrissait d'habitude avec cette farine-là une *ribate* d'odeur agréable — mie blanche et croûte dorée — réservée pour la soupe de ma petite sœur Marinette, et pour ma grand' mère les jours où sa maladie d'estomac la faisait trop souffrir. Ma mère, parfois, m'en taillait un petit morceau que je dévorais avec autant de plaisir que j'eusse pu faire du meilleur des gâteaux. Régal d'ailleurs bien rare, — car la pauvre femme s'en montrait chiche de sa bonne miche de froment!

La soupe était notre pitance principale : soupe à l'oignon le matin et le soir, et, dans le jour, soupe aux pommes de terre, aux haricots ou à la citrouille, avec gros comme rien de beurre. Avec cela des beignets indigestes et pâteux d'où les dents s'arrachaient difficilement, des pommes de terre sous la cendre et des haricots cuits à l'eau, à peine blanchis d'un peu de lait. On se régalait les jours de cuisson à cause du *tourton* et de la galette ; mais ces hors-d'œuvre duraient peu. Quant au lard, on le réservait pour la saison d'été, pour les grandes occasions... Ah! les bonnes choses n'abondaient guère!

*

Comme pâtre dans la Breure je commençai à me rendre utile. Le troisième été d'après notre installation au Garibier, la Catherine, ayant dépassé ses douze ans, dut remplacer la servante que ma mère avait occupée jusqu'alors ; elle lâcha les brebis pour les besognes d'intérieur et les travaux des champs. J'avais sept ans ; on me confia la garde du troupeau.

Avant cinq heures, maman me tirait du lit et je partais, les yeux gros de sommeil.

Un petit chemin tortueux et encaissé conduisait à la pâture. Il y avait de chaque côté des bouchures énormes sur de hautes levées avec une ligne de chênes têtards et d'ormeaux aux racines noires débordantes, à la ramure très feuillue. Cela faisait cette « rue creuse » toujours assombrie et un peu mystérieuse — si bien qu'une crainte mal définie m'étreignait en la parcourant. Il m'arrivait d'appeler Médor, consciencieusement occupé à harceler les brebis, pour l'obliger à marcher tout près de moi, et je mettais ma main sur son dos pour lui demander protection...

Pieds nus dans des sabots plus ou moins fendillés et informes, jambes nues jusqu'aux genoux, je sillonnais mon domaine en sifflotant, à l'unisson des oiseaux. La rosée des arbustes mouillait ma blouse et ma culotte, dégoulinait sur mes jambes grêles. Mais le soleil avait vite fait d'effacer les traces de cette aspersion. Je craignais davantage les ronces rampant traîtreusement au bas du sol, sous le couvert des bruyères ; souvent j'étais arrêté, griffé cruellement par quelqu'une de ces méchantes ; j'avais toujours le bas des jambes ceinturé de piqûres, soit vives, soit à demi guéries.

J'apportais dans ma poche un morceau de pain dur avec un peu de fromage et je cassais la croûte assis sur une de ces pierres grises qui montraient leur nez entre les plantes fleuries. A ce moment, un petit agneau à tête noire, très familier, ne manquait jamais de s'approcher pour attraper quelques bouchées de mon pain. Mais un second prit l'habitude de venir aussi, puis un troisième, puis d'autres encore — et ils auraient mangé sans peine toutes mes provisions, si j'avais voulu les croire... Sans compter que Médor, s'il n'était pas à la poursuite de quelque gibier, venait aussi ; même il bousculait les pauvres agnelets — sans leur faire de mal, d'ailleurs — afin d'être seul à me solliciter de ses bons grands yeux suppliants. Je lui jetais au loin de tout petits morceaux, et les bêleurs profitaient vite de l'instant où il s'écartait à leur recherche pour venir happer dans ma main leur part de la distribution...

Tout de même je trouvais parfois le temps bien long! J'avais ordre de ne rentrer qu'entre huit et neuf heures, quand les moutons, à cause de la chaleur, se mettent à *groumer*, c'est-à-dire se tassent, tête baissée, dans quelque coin ombreux. Rentrant trop tôt, j'étais grondé et même battu par ma mère qui ne riait jamais et donnait plus volontiers une taloche qu'une caresse. Je restais donc jusqu'au moment où l'ombre du frêne, à droite de l'entrée, s'allongeant perpendiculairement sur la claie m'annonçait huit heures. Mais attendre jusque-là — et, le soir, attendre dans cette même solitude la nuit tombante, quel dur calvaire! Des fois, pris de peur et de chagrin, je me mettais à pleurer, à pleurer sans motif, longtemps... Un froufroutement subit dans le bois, la fuite d'une souris dans l'herbe, un cri d'oiseau non entendu encore, il n'en fallait pas davantage aux heures d'ennui pour me tirer des larmes.

*

Songeant qu'à sept ans m'advenaient ces aventures, comparant mon enfance à celle des petits d'aujourd'hui qu'on dorlote et qu'on choie, et qu'on n'oblige à aucun travail sérieux avant douze ou treize ans, je ne puis m'empêcher de dire qu'ils ont joliment de la chance! En ai-je fait, moi, des séances de plein air pendant qu'eux font leurs séances d'école! Du temps que j'étais berger j'esquivais les très mauvais jours — on n'envoie pas les brebis dehors quand il pleut ou neige. Mais à neuf ans on me confia les cochons et, alors, qu'il pleuve ou vente, que le soleil darde ou que la bise cingle, par la neige ou par le gel, il me fallait aller aux champs. Oh! ces factions d'hiver, alors que les haies dépouillées ne donnent plus d'abri, que les doigts gourds et crevassés font mal et que le froid, montant des pieds de marbre, vous étreint, quoi qu'on fasse, en une progression méchante, — ces factions d'hiver, quel mauvais souvenir j'en ai conservé!

Il y avait toujours deux truies mères qu'on appelait les *vieilles gamelles*, et des nourrains plus ou moins, selon les circonstances ou la réussite des portées — une quinzaine en moyenne. Tout cela s'agitait, grognait, fouillait le sol. Les truies étaient surtout difficiles à garder lorsqu'elles avaient à l'étable des porcelets tout jeunes. Elles perçaient au travers des bouchures avec une facilité étonnante et il fallait veiller ferme, ruser avec elles pour les retenir une heure ou deux. Au moins, dans ces moments-là, s'en allaient-elles tout droit vers la maison! Mais non plus tard, quand les petits devenus forts les suivaient... Maraudeuses à l'excès, elles arrivaient des fois à pénétrer dans un champ de céréales où il n'était pas commode de les découvrir. Je reçus encore de bonnes taloches les rares fois où je ne sus pas préserver de leurs ravages les blés ou les orges.

Après les céréales, les fruits. Mes bêtes connaissaient dans un rayon de plusieurs kilomètres tous les poiriers sauvageons grands producteurs : impossible d'empêcher leur quotidienne promenade circulaire pour manger les fruits tombés! En cette période d'arrière-saison, il fallait cependant protéger les semailles nouvelles et les pommes de terre non encore arrachées!

Parfois les familles se divisaient, chaque bande de petits

suivant sa mère. Ou bien les jeunes, trop inexpérimentés, restaient en panne, les uns ici, les autres ailleurs ; à de certains jours de guigne je ne pouvais arriver à les rassembler tous. Souvent il me fallait, à la nuitée, repartir au diable à la recherche des manquants.

J'avais aussi des embêtements quant à la tenue du domicile particulier de ces messieurs. Ils logeaient, toujours à l'étroit, en des réduits adossés au pignon de la maison, d'un nettoyage difficile à cause des pavés disjoints. Ma grand'mère, qui avait la manie d'inspecter partout, ne trouvait jamais que ce fût assez propre et poussait les autres à me faire des observations. Il m'arriva d'être giflé pour avoir mis à des gorets nouveau-nés de la paille trop raide. Il n'en fallait pas davantage, au dire de mes parents, pour leur faire tomber la queue à tous.

Ces petites misères ont suffi à rendre très légers mes regrets de ce temps-là...

Mais ce fut à une foire d'hiver, à Bourbon, où j'étais allé avec mon père conduire une bande de nourrains, que m'advint le plus triste épisode de ma carrière de porcher.

*

Mon parrain s'étant fait l'entorse, mon frère Louis devait le suppléer pour le pansage ; ma sœur Catherine, d'autre part, était très enrhumée. C'est ainsi qu'on en arriva à me désigner pour cette foire — ce qui ne me fit pas déplaisir, bien au contraire. Depuis que nous étions au Garibier, je n'avais jamais revu cette ville de Bourbon dont il ne me restait qu'un souvenir assez confus : c'était une fête que d'y retourner!

Combien dur cependant de sortir du lit à trois heures! Ma mère m'attifa tout sommeillant et voulut me faire manger la soupe. Mais non! du sable toujours me brouillait les yeux ; ma tête trop lourde s'inclinait sur mon épaule ou s'appuyait sur la table.

Prévoyant qu'avant peu je regretterais ma somnolence du matin, la bonne femme bourra mes poches d'un morceau de pain et de quelques pommes :

— Pour quand tu auras faim, petit!

Elle m'enveloppa le cou dans un gros cache-nez de laine et me couvrit les épaules d'un vieux châle gris effrangé.

— Ça me fait de la peine de te voir partir par un temps pareil; tu vas avoir bien froid, mon pauvre Tiennon!

Elle me montrait, ce matin-là, une tendresse inaccoutumée; une douceur attristée passait dans son regard et dans sa voix; j'eus conscience de son amour de mère que sa dureté habituelle dissimulait trop.

A quatre heures, elle nous aida à démarrer hors de la cour les nourrains étonnés, — puis s'en retourna, nous ayant souhaité bonne vente... Et ce fut pour mon père et moi, dans le grand gel de cette fin de nuit, le long trajet par les chemins pétrifiés, biscornus qui se passa, somme toute, sans trop d'ennui ni de souffrance.

Un peu après sept heures, nous voici installés au champ de foire, en bonne place, le long d'un mur. Mon père tire d'un petit sac de toile bise, apporté exprès, des poignées de seigle, qu'il jette aux cochons pour leur faire prendre patience. Bientôt, néanmoins, ils se mettent à grogner à cause du froid; leurs poils se hérissent; il devient difficile de les faire tenir en place...

Moi aussi, j'ai bien froid! Succédant à l'activité de la marche, le calme de ce foirail est vraiment cruel; les frissons me gagnent; mes dents claquent; mes pieds s'engourdissent, si douloureux! Puis, j'ai l'estomac qui crie famine. Mais mes pauvres mains sont tellement raidies qu'il me faut les réchauffer à la chaleur de mon corps avant que de pouvoir sortir de ma poche les provisions...

Mon père a de la peine à s'en tirer, lui aussi. Il bat la semelle constamment, se frotte les mains avec rage ou bien, avec de grands mouvements de bras, fait le geste de s'étreindre.

Cependant la foire allait son train, assez peu importante d'ailleurs, si bien que les habitués disaient : « C'est une foire morte! » Autour de nous, d'autres cochons — nourrains et petits laitons blancs — grognaient d'avoir trop froid, comme les nôtres. Plus loin, les « cent Kilos » protégés par leur graisse digéraient, affalés sur le sol durci, ou se levaient avec une plainte encolérée quand un marchand les frappait de son fouet pour les examiner. A l'autre extrémité de l'enclos, les moutons paraissaient malheureux et malades sous le givre qui recouvrait leur toison. On ne voyait pas les bovins assemblés dans une autre partie du champ de foire qu'un mur séparait de celle où nous étions, mais on entendait leurs beuglements ennuyés et plaintifs.

Les paysans, en sabots de bois, pantalons d'étoffe bleue, grosses blouses et casquettes, grelottaient de compagnie et se livraient, comme mon père, à des mimiques diverses pour vaincre le froid. En dehors de ceux-là, quelques gros fermiers en peaux de chèvre et quelques marchands en longs cabans gris ou bleus circulaient sans relâche, ayant hâte de terminer leurs affaires pour aller déjeuner dans quelque salle d'auberge bien chauffée. Les oisifs, ceux qui vont aux foires pour tuer le temps, étaient prudemment restés chez eux.

M. Fauconnet, notre maître, apparaît par intermittence... C'est un homme d'une quarantaine d'années, aux larges épaules, à la figure rasée, un peu grimaçante ; de bonne humeur, il sourit volontiers d'un sourire bénin, sans franchise ; mais quand quelque chose lui déplaît, son visage se plisse et devient dur. Il est furieux aujourd'hui à cause de la nécessité de vendre à bas prix si l'on veut vendre. Il bougonne parce que trois de nos cochons sont trop inférieurs, disant qu'on aurait mieux fait de les laisser à la maison, que la bande se trouve dépareillée de leur présence.

J'ai toujours froid et commence à trouver le temps long. Mon père me propose bien d'aller faire une tournée en ville, mais je crains de m'égarer — et tous ces gens inconnus qui circulent m'effraient un peu...

Plusieurs tentatives de vente ayant échoué, nous nous disposons à repartir, lorsque, sur les dix heures, M. Fauconnet revient en compagnie d'un marchand très loquace ; ils arrivent à s'entendre — sauf pourtant pour les trois petits que le maître veut nous faire ramener pour qu'ils « profitent » davantage, se souciant peu des peines qui en résulteront pour nous.

Deux grandes heures d'attente sur la route de Moulins où nous devons opérer livraison des cochons vendus. Station longue et sans charme, malgré le froid moins rude en ce milieu du jour. Le moment venu, des gens de bonne volonté, qui attendaient comme nous pour livrer leurs bêtes, nous aident à effectuer le triage de nos « rebuts ».

Après le solde des autres — en pièces d'or que mon père a la précaution de faire sonner une à une sur la chaussée humide — nous retraversons la ville, prenant à côté de la rivière de Burge une rue montueuse et grossièrement pavée qui débouche dans le haut quartier, sur la place de l'Église : — c'est de là que partait le chemin de Meillers.

Sur cette place de l'Église, au carrefour de la route d'Autry, mon père me laisse seul pour aller remettre de suite, selon l'usage, à M. Fauconnet l'argent de la vente. J'étais bien un peu inquiet de le voir partir ; mais il m'avait promis de n'être pas longtemps et de rapporter du pain blanc et du chocolat pour mon goûter ; de plus, il voulait demander à M. Vernier, un fermier de Meillers qu'il comptait rencontrer chez notre maître, de me ramener en croupe sur son cheval.

Je jette aux trois gorets le grain qui reste au fond du sachet de toile. Ils s'y intéressent peu et ne tardent pas à me causer du désagrément. L'un se sauve dans le chemin de Meillers qu'il reconnaît sans nul doute, tandis qu'un autre redescend en courant vers la ville. Fort à propos, un homme qui s'en retournait de la foire me vient en aide pour les rassembler. Ils sont tranquilles un moment, pas longtemps. Bientôt les voici repris à courir de côté et d'autre en grognant, et j'ai mille peines à ne pas les échapper. Aux rares instants où ils sont sages, je porte mes regards sur l'entrée de la ruelle par où mon père s'en est allé, avec l'espoir toujours déçu de le voir réapparaître. Et, de plus en plus, l'ennui, le froid, la faim me torturent...

Il y avait longtemps, longtemps que j'étais là, quand j'entendis sonner trois heures à l'horloge municipale — tour de la Sainte-Chapelle. Cette tour et les trois autres, plus éloignées, qui sont les derniers vestiges de l'ancien château, patinées par les siècles, apparaissaient plus sombres encore sous le ciel gris, noyées et presque indistinctes dans la grande brume du soir givreux. Au-dessous, la ville silencieuse, invisible presque, semblait anéantie par l'effet d'une mystérieuse catastrophe...

... Sept heures sonnent à la Sainte-Chapelle ; je compte tristement les coups de timbre frappant l'airain qui, dans le silence de ce nocturne cadre d'hiver, me semblent lugubres comme un glas... Accroupi dans le fossé, je sens mes yeux se fermer, une invincible somnolence m'envahir. Mes sensations s'atténuent et ma pensée... Quelques souvenirs pourtant hantent mon cerveau quasi mort. Ils se rapportent à ceux de chez nous, y compris le chien Médor, à la forêt, à la Breure, — aux lieux et aux êtres qui ont tenu une place dans ma vie d'enfant et qu'il me semble avoir quittés depuis si longtemps... Cela ne me donne ni regret ni attendrissement ; cela tient plutôt du rêve. Je ne suis pas bien certain d'avoir vécu cette vie passée ; j'ai la conviction que je ne la vivrai plus. Je glisse vers la mort et suis sans force et sans volonté pour résister à l'engourdissement final...

Et voilà que je fus tiré de ma torpeur par un bruit de pas connus. M'étant frotté les yeux, je vis mon père qui arrivait, toussant, crachant, marchant un peu de travers ; — mais réellement c'était lui ! J'oubliai d'un coup, dans le grand bonheur de le retrouver, tout le long martyre de cette journée et je fus me jeter dans ses bras. Il parut d'abord étonné de ma présence ici. Puis le souvenir lui revint, et il m'étreignit en un débordant enthousiasme d'amour paternel, selon l'habitude chère aux ivrognes d'exagérer leurs impressions. Il pleura, mon pauvre père, de m'avoir laissé si longtemps seul. Il voulait absolument aller faire l'emplette de quelques provisions, mais je me contentai du croûton de pain, reste de son déjeuner d'auberge, qu'il retrouva au fond de sa poche. Puisqu'il était là, lui, mon protecteur et mon guide, je ne craignais plus rien et me sentais le courage de marcher jusque chez nous, l'estomac vide.

Le retour fut long, silencieux, pénible. Mes yeux se fermaient, et mon père, dont je ne lâchais pas la main, me traînait presque. Il avait à fouailler toujours les cochons qui lambinaient. Un moment il dut s'arrêter, s'accoter, le front dans la main, à une clôture de pierres sèches. Des hoquets de plus en plus rapprochés le secouèrent ; il devait souffrir atrocement... Il finit par vomir et put repartir un peu soulagé.

Onze heures passées quand nous fûmes rendus. J'entrai de suite à la maison, laissant mon père s'occuper des cochons.

Au coin de l'âtre où s'éteignaient les dernières braises, maman veillait toujours en tricotant. Toute la soirée elle avait prêté l'oreille aux bruits du dehors, sentant grandir son inquiétude à mesure qu'avançait l'heure. Elle me demanda pourquoi nous nous étions tant attardés. Et quand je lui eus fait le récit de la journée, elle se prit à me plaindre et à me dorloter — en même temps qu'elle foudroyait de son plus mauvais regard mon père qui venait d'entrer et qui se couchait sans un mot. Je dînai d'un reste de soupe et d'un œuf cuit sous la cendre. Ce régal me réconforta, mais tout de même je ne pus guère dormir... Il me fallut près d'une semaine pour me remettre de cette journée et du gros rhume gagné pendant ma trop longue faction. Mais il fallut à mon père et à maman bien plus de temps encore pour en revenir à leurs relations normales.

*

Il y eut au mois de novembre de cette même année la noce de mes deux frères.

Baptiste, l'aîné, qui était mon parrain, touchait à ses vingt-cinq ans. Le cadet, Louis, en avait vingt-deux. Pour les sauver du service, mes parents les avaient assurés à un marchand d'hommes avant le tirage au sort.

Le service, d'une durée de huit ans, semblait alors une épouvantable calamité. Ma mère disait souvent, à propos de mes frères, qu'elle préférerait les voir mourir que partir soldats. C'est que les partants, assez rares, victimes du sort et de la misère, gagnaient à pied leur garnison lointaine et ne reparaissaient qu'à l'expiration de leur congé, après un nombre infini de déplacements et d'aventures... Or, dans nos campagnes, on n'avait pas la moindre notion de l'extérieur. Au-delà des limites du canton, au-delà des distances connues, c'étaient des pays mystérieux qu'on imaginait pleins de dangers et peuplés de barbares. Sans compter que subsistait le souvenir des grandes guerres de l'Empire, où tant d'hommes étaient restés!

En s'assurant avant le tirage, ça coûtait cinq cents francs à peu près — alors que, si l'on s'exposait à être pris, on ne s'en tirait pas à moins de mille ou onze cents francs (1). Maman, à force d'économies, rognant sur le sel, sur le beurre et sur tout, accumulant patiemment gros sous et petites pièces, était arrivée à rassembler les mille francs nécessaires à l'assurance préalable de ses deux aînés. Résultat dont elle se montrait heureuse et fière...

Mes frères épousaient les deux sœurs, les filles de Cognet, du Rondet. Le Louis avait une autre bonne amie qu'il préférait à la Claudine Cognet. Mais notre mère, dont il subissait l'influence, lui avait fait entendre qu'étant sans doute appelé à vivre toujours avec son frère, il valait mieux qu'ils eussent les deux sœurs pour femmes : ce serait dans la communauté une garantie de concorde. Et lui d'acquiescer, après un temps d'hésitation — au grand désespoir de la pauvre délaissée...

Comme j'étais trop jeune pour faire partie du cortège au titre de « garçon », je demeurai au Garibier le jour de la noce, avec ma grand'mère et la Marinette. Il me fallut même garder les cochons comme de coutume, mais je les ramenai de bonne heure sachant bien que, dans le remue-ménage général, on ne s'en apercevrait pas.

Le dîner se préparait sous la direction d'une cuisinière de Bourbon qu'aidaient ma mère, rentrée sitôt la fin de la cérémonie, la mère Simon de Suippière, et la servante de la Bourdrie. Tout était sens dessus dessous. On avait monté les lits au grenier. Deux grandes tables improvisées

(1) Salaire horaire moyen d'un manœuvre en 1835 : 4 sous. Prix d'un kilo. de pain : 5 à 6 sous.

avec des planches et des tréteaux occupaient deux côtés de la pièce. Les volailles qu'on avait sacrifiées la veille et les quartiers de viande amenés par un boucher de Bourbon mijotaient en plusieurs terrines, cuisaient en une grande chaudière ou rôtissaient au four. Je me régalai avec des abatis et de la brioche appétissante fleurant le beurre frais.

Ceux de la noce arrivèrent comme il faisait nuit. Ils avaient bu et dansé pendant cinq heures au bourg, chez Vassenat, l'aubergiste, au point de fatiguer les deux musiciens : un grand vieux très maigre qui manœuvrait avec conviction le tourniquet d'une vielle, et un joufflu au nez cassé qui jouait de la musette. Le déjeuner du matin, pris hâtivement au Rondet, avant le départ pour Meillers, paraissait à tous vraiment lointain. Si bien que le dîner commença presque aussitôt.

Les tables se trouvant être insuffisantes, on installa au coin de la cheminée les gamins dont j'étais. Il y avait les deux plus jeunes enfants de l'oncle Toinot, trois ou quatre petits de la parenté de mes belles-sœurs et enfin des voisins : les deux gars de Suippière, le Bastien et la Thérèse de la Bourdrie. Placé à côté de la Thérèse, j'admirais ses joues fraîches et les quelques mèches de ses cheveux blonds que n'emprisonnait pas son bonnet d'indienne. Mais je ne lui faisais guère d'avances, cet envahissement d'étrangers me faisant plus sauvage encore que de coutume. Mes compagnons n'étaient d'ailleurs pas plus loquaces. Nous n'en faisions pas moins honneur aux plats. Ma mère vint s'installer à notre groupe pour nous surveiller, avec grand'raison, car nous nous serions certainement rendus malades.

Aux grandes tables, par contre, les conversations allaient s'animant. Tout le monde parlait fort, et plus fort que tous l'oncle Toinot qui plaçait son drame de guerre réservé aux grandes occasions — il s'agissait d'un Russe « occis » par lui :

« C'était peu avant la Bérésina, un jour qu'il faisait rudement froid, sacré bon sang! Voilà qu'on nous envoie une vingtaine en reconnaissance pour fouiller un petit bois de sapins sur la gauche de la colonne. On ne voyait rien ; on ne s'attendait à rien, quand tout à coup, d'une espèce de ravin, des Cosaques surgissent, en veux-tu en voilà, qui nous canardent en criant comme des sauvages et tâchent à nous cerner... Alors nous faisons jouer la baïonnette, et pas pour de rire, je vous en réponds! Le chef de ces salauds avait une sale tête ; j'aurais bien voulu lui mettre les tripes au vent... Mais comme je le *z'yeutais*, j'aperçois un grand *gargan* avec une barbe à poux, qui me guettait aussi crosse levée... J'évite le choc par un saut de côté ; je lui fiche un coup de tête dans le ventre si violent qu'il chancelle et s'abat dans la neige. Alors, voyant ma baïonnette viser sa poitrine, il me fixe de ses deux grands yeux blancs épouvantés que je n'oublierai jamais :

» — *Francis bono!... Francis bono!...* suppliait-il

» Ça voulait dire : « Bon Français! » Et le regard ajoutait : « Ne me tue pas! »

» Mais avec la misère qu'on avait par ce froid du diable et rien à « bouffer » que des morceaux de cheval mort, tout crus, quand on en pouvait attraper, on se foutait bien de la pitié! Je n'eus qu'une pensée féroce : « Oh ça, mon vieux cochon, tu peux « chialler »... Tu ne m'aurais pas ménagé, toi, si je ne t'avais pas vu à temps! » Et v'lan! ma baïonnette le traverse comme un pain de beurre! »

Un frisson d'horreur courut autour de la tablée, un instant silencieuse. Tous les regards se portèrent sur cet homme qui avait tué un homme! Lui jouissait de son triomphe. Il but coup sur coup deux verres de vin et se mit à chanter des chansons de l'armée très malhonnêtes qui faisaient rougir les filles et nous intriguaient, nous, les enfants. Si bien que ma grand'mère lui reprocha de n'être pas convenable. Mais il était trop heureux d'accaparer l'attention pour tenir compte de ses avis.

La porte extérieure s'ouvrit sous une poussée brusque. Une dizaine d'individus drôlement attifés entrèrent à la file et se mirent à crier, à gesticuler, à faire des contorsions et des grimaces. Ils avaient d'énormes nez postiches dans des figures enfarinées, et des costumes hétéroclites, partie hommes et partie femmes. Quelques-uns, avec du noir de charbon, s'étaient fait des moustaches et des rayures par tout le visage. Cinquante bouches proférèrent la même exclamation :

— Les masques !... Voilà les masques !...

C'était la coutume de cette époque : à tous les dîners de noce, les jeunes gens du voisinage se présentaient ainsi déguisés, sous le prétexte d'amuser les invités. Ils continuaient à faire les fous, embrassant les filles qu'ils blanchissaient de farine et noircissaient de charbon. On leur offrit du vin et de la brioche. Et, après qu'ils eurent bu et mangé, dans l'étroit espace libre ils dansèrent avec des hurlements de sauvages, des entrechats formidables.

Mais les convives commençaient à s'ennuyer à table. Mon père alluma la lanterne ; au travers de la cour boueuse, tout le monde le suivit jusqu'à la grange où, vite, un bal s'improvisa. Dans un coin, sur un entassement de bottes de paille, s'installèrent le vieux maigre avec sa vielle et le joufflu au nez cassé avec sa musette. La lanterne, accrochée très haut, donnait une clarté bien pauvre, et les danseurs, dans la demi-obscurité, avaient un air inquiétant de spectres. Peu leur importait d'ailleurs : masques et convives tournaient à qui mieux mieux ou s'agitaient en cadence dans les multiples figures de la bourrée. Adossés au tas de gerbes, les vieux regardaient en causant. Nous, les gamins, nous courions de-ci de-là, nous poursuivant, nous chamaillant. A un moment où nous étions sages, mon parrain et sa femme nous taquinèrent.

— Il faut danser les petits ; c'est une bonne occasion pour apprendre.

Et comme nous baissions la tête sans répondre, mon parrain reprit :

— Allons, Tiennon, attrape la Thérèse et fais-la tourner...

Il y mit de l'insistance, et malgré notre confusion il nous fallut partir. La tête nous vira bien un peu ; nous donnions dans les grands qui nous rejetaient à droite et à gauche ; mais nous allâmes jusqu'au bout quand même.

Et quand ce fut fini, voyant les autres embrasser leurs danseuses, je mis deux gros baisers sur les joues roses de la Thérèse, — ce dont mon parrain nous taquina fort. Mais ce premier essai m'avait donné de l'audace et je me mêlai ensuite à presque toutes les danses.

La lanterne ayant usé son combustible s'éteignit soudain ; dans la grange enténébrée, ce furent des cris d'effroi et de gaieté, des bousculades et des rires coupés d'exclamations ironiques.

— Baptiste, gare ta femme!

— Louis, je te vole la Claudine!

— Pauvres jeunes mariés, où en sont-ils?

La première surprise passée, les chuchotements, les bruits d'embrassade se multiplièrent ; des baisers anonymes autant qu'audacieux provoquaient des cris effarouchés, des fuites éperdues, des supplications, des soupirs.

Sur l'ordre des mariés, je fus à la maison quérir de la lumière. Les vieux qui, depuis un moment, avaient quitté le bal, y étaient attablés à nouveau buvant, chantant, s'empiffrant de volaille rôtie. L'oncle Toinot, tout à fait ivre, dormait comme un sonneur.

La grange éclairée à nouveau, le bal reprit pour se continuer jusqu'à deux heures du matin. Seulement les jeunes mariés avaient filé plus tôt pour gagner dans la nuit Suippière où ils devaient coucher. Quelques-uns des convives éloignés reçurent aussi l'hospitalité chez les voisins. Les autres demeurèrent chez nous : les femmes et les enfants au grenier, — où chacun des lits avait été dédoublé par les soins de ma mère — les hommes au fenil, où on avait disposé à leur intention des couvertures usagées, des sacs.

Les jeunes garçons tinrent à rester debout par bravade. Après avoir bu et mangé à satiété ils se répandirent dans la cour et firent mille sottises, comme de démonter l'araire, de bousculer le char à bœufs dans la mare, d'enlever des jougs les liens de cuir et de s'en servir pour lier Médor sur la brouette qu'ils suspendirent aux branches hautes d'un poirier. Si lamentablement gémit le pauvre chien que mon père dut se lever pour le délivrer, non sans peine.

Cependant que les héros clôturaient leurs exploits en plaçant sur le chemin des mariés de grands bâtons fourchus dont je ne compris pas à ce moment le sens. Au jour, rentrés à la maison, ils harcelèrent ma mère déjà levée pour obtenir de la « soupe frite ». Tout cela entrait dans la tradition du moment, un peu modifiée depuis quant aux détails, le fond restant le même.

Le cortège se reforma vers neuf heures pour aller chercher les mariés, et il y eut de beaux rires à leurs dépens quand on passa à proximité des emblèmes. Mais je ne fus pas témoin de la scène, ayant dû aller garder les cochons comme si de rien n'était.

Quand je revins, le déjeuner s'achevait dans une gaieté un peu factice. La fatigue se lisait sur les figures tirées aux gros yeux somnolents. Les plus enragés obtinrent cependant une nouvelle sauterie dans la grange, courte et sans entrain, d'ailleurs. Et les invités se retirèrent avant la nuit, emportant des restes de galette et de brioche offerts par ma mère...

Il y eut bien du mal ensuite pour remettre toutes choses en place...

*

... Je commençais alors à me familiariser avec toutes les besognes. En fin d'hiver et au commencement du printemps, alors qu'on labourait les jachères à ensemencer en octobre, je devins toucheur de bœufs ou *boiron.* J'amenais d'ailleurs les cochons qui, s'occupant à chercher les vers dans le sillon en cours, demeuraient à peu près sages...

La marche était fatigante, sur cette terre remuée dont mes sabots s'emplissaient vite. Quand je m'ennuyais trop à « toucher » je demandais à mon parrain de me laisser tenir un peu le manche de l'araire. Mais, en dépit de toute ma bonne volonté, le manque d'habitude, le manque de force, ou bien un faux mouvement des bœufs, étaient cause que je laissais quelquefois dévier l'outil. Alors mon parrain, assez emportant et très pointilleux sous le rapport du travail, me le reprenait vite, me disant

« bon à rien ». Pourtant, la chose lui arrivait bien, à lui aussi ; mais il prétextait alors mon insuffisance à conduire et parfois me giflait. Ainsi compris-je à ce moment pourquoi les faibles ont toujours tort et qu'il est triste de travailler sous la direction des autres.

Je comptais souvent le nombre des sillons labourés au cours de l'attelée, supputant par comparaison au travail des jours précédents quand viendrait l'heure de nous en aller... En arrivant à la bouchure où s'ouvrait la barrière, ou claie du champ, j'épiais à la dérobée la physionomie de l'aîné — presque toujours impénétrable ; et je devais retourner les bœufs, faire un long tour encore, au bout duquel m'attendait une nouvelle déception plus profonde de toute la croissance de mon espoir. D'ailleurs, le plus souvent, mon parrain attendait pour partir qu'on appelât de la maison, — car il n'avait pas de montre, et par les temps sans soleil, rien ne pouvait le régler que la besogne accomplie ou le degré de faim qu'accusait son estomac.

A cause de l'éloignement des villages, nous entendions même rarement la sonnerie de l'angélus de midi qui, se plaçant juste au milieu de la tâche quotidienne, aurait pu nous donner une indication.

S'il faisait beau, les séances se passaient avec un moindre ennui ; mais aux mauvais jours, vraiment, ça n'en finissait plus... Il me souvient d'une période où nous labourions dans notre champ des Châtaigniers, le plus éloigné de la ferme. Le vent fort tirait de Souvigny, c'est-à-dire du nord-est, et il passait des bourrasques, des averses froides, des giboulées de grésil et même de neige. Ces fouaillées traversaient mes vêtements, m'enveloppaient d'un suaire glacé ; mes mains se teintaient de violet...

Un jour que nous étions douchés plus que de raison, des frissons me secouèrent qui n'étaient pas seulement dus au froid. J'avais le front brûlant, l'estomac lourd et de continuelles envies de bâiller. Je me plaignis à mon parrain, parlant de m'en aller. Mais il n'y voulut pas consentir. Cependant une averse plus violente nous ayant immobilisés un instant dans le creux d'un vieux chêne, il prit la peine de m'examiner. Me voyant soudain très pâle et soudain d'un pourpre de mauvais aloi :

— Va-t'en bien vite, me dit-il ; tu as la fièvre!

Mes jambes flageolaient, molles et fatiguées ; j'eus de la peine à gagner la maison. On me fit tout de suite coucher. Le lendemain, à la suite d'une bonne suée, j'avais par tout le corps une éruption de petits boutons rouges. Il me souvient que ma mère me recommandait sans cesse de rester bien couvert sous peine des pires catastrophes...

Après une quinzaine, quand je pus repartir dans les champs, la rougeole passée, avril rayonnait. Il y avait du soleil, de la verdure, des oiseaux chanteurs. Les bouchures se paraient de jeunes feuilles et les cerisiers s'épanouissaient en une délicieuse floraison blanche. La nature en joie semblait fêter ma guérison. Je trouvai du bonheur à circuler, à vivre.

L'hiver d'après mes quinze ans, ayant cessé tout à fait de garder les cochons, je dus agir en homme. On me mit à battre au fléau et à participer au nettoyage des étables.

Les années précédentes, allant aux champs dans la neige, j'enviais les batteurs en grange. Mais quand je dus faire le métier à mon tour, je m'aperçus que ce n'était pas tout rose non plus, que, si l'on conservait les pieds secs, on se fatiguait joliment les bras et qu'on avalait par trop de poussière.

Le battage, à cette époque où tout s'écossait au fléau, durait depuis la Toussaint jusqu'au Carnaval, et même jusqu'à la Mi-Carême, sans interruption presque, — sauf quelques journées chaque mois, « quand la lune était bonne », pour couper les bouchures, ébrancher les arbres. Dans la journée, on battait seulement entre les deux pansages ; mais on se reprenait à la veillée. Mon début coïncidant avec une abondante récolte, nous travaillions chaque soir jusqu'à dix heures à la lueur d'une lanterne. Je ne connais pas de besogne plus énervante... Manœuvrer le fléau sans arrêt du même train régulier, pour conserver l'harmonie obligée de la cadence, ne pouvoir disposer d'une seconde pour se moucher, pour enlever la poussière qui vous picote le visage et la nuque — quand on est encore malhabile et non habitué à l'effort soutenu, c'est à devenir enragé ! Mais quel plaisir les jours où l'on vannait, quand le gros tas de mélange gris, diminuant peu à peu, s'engouffrait en entier dans le tarare, et que je plongeais mes mains dans l'amas de grain propre d'une belle couleur d'or...

*

L'argent, comme bien on pense, était rare à la maison et, jusqu'à dix-sept ans, je n'eus jamais même une pauvre pièce de vingt sous dans ma poche. Pourtant, les jours de sortie, il me prenait des envies d'entrer à l'auberge, de voir du nouveau.

Nous allions à la messe à tour de rôle, car il n'y avait que deux garnitures d'habits propres pour nous quatre. Mes frères réservaient pour les jours de fête, pour les cérémonies possibles, leurs habits de noce : — cette garniture-là, utilisée toute la vie aux grandes occasions, servait encore à l'homme pour sa toilette funèbre. Mon père et mon frère Louis allaient au bourg de compagnie ; le dimanche suivant c'était notre tour, à mon parrain et à moi.

Or, mes camarades de catéchisme commençaient à aller boire bouteille chez Vassenat et ça m'ennuyait de n'avoir pas d'argent pour les accompagner. Le second dimanche avant le Carnaval, qu'on appelait le « dimanche des garçons », je me risquai à en demander.

— Qu'en veux-tu faire ? Si jeune que ça, mon Dieu ! gémit mon père.

Ma mère, intervenant, jura qu'il n'y aurait plus moyen de suffire si je voulais me mettre déjà à « manger de l'argent ». Je finis pourtant par obtenir quarante sous.

*

Il se passa chez nous, pendant notre seconde année de séjour à la Billette, deux événements familiaux très graves : la mort de ma grand'mère et le départ de ma sœur Catherine.

Ma grand'mère avait plus de quatre-vingts ans. Un jour de mai, elle fut prise d'une attaque alors qu'elle gardait les oisons. Mon père la trouva affalée au bord d'un fossé, le côté gauche inerte, la langue pâteuse. On la transporta sur son lit d'où elle ne bougea plus. Elle articulait obstinément des sons incompréhensibles qui devaient être des phrases et se mettait en colère parce que nous ne pouvions la comprendre. Il fallait toujours quelqu'un à côté d'elle pour lui donner satisfaction dans la mesure du possible, la faire manger ou boire lorsqu'elle en avait envie et ainsi de suite. Vraisemblablement elle souffrait beaucoup. Et nul mieux à espérer!

Bien souvent j'entendais prononcer à ma mère ou à l'une de mes belles-sœurs des phrases comme celle-ci :

— Savoir si ça va durer longtemps?

A quoi une autre répondait :

— Ce n'est pas à souhaiter!

Encore que je n'eusse pas, pour la vieille femme plutôt dure à mon enfance, une affection bien profonde, j'étais quand même peiné de ces dialogues où perçait le désir de sa mort. Quand nous étions à table, je portais machinalement mon regard sur son lit ; une angoisse m'étreignait de la contempler immobile et le teint cireux sous sa coiffe antique, ou bien remuant les lèvres pour des articulations informes, pénibles. Souvent j'abrégeais le repas, emportant un morceau de pain pour manger dehors, parce qu'en sa présence ça me devenait impossible.

Je trouve qu'un des bons avantages des fortunés est d'avoir des appartements de plusieurs pièces, — chaque ménage, sinon chaque personne, ayant sa chambre propre, son intimité distincte. Au moins, ils peuvent être malades tranquillement. Tandis que, dans l'unique pièce des maisonnées pauvres, c'est tous les spectacles mêlés, la misère de chacun s'étalant aux yeux de tous sans possibilité contraire.

C'est ainsi qu'à côté de ma grand'mère se mourant, mes petits neveux clamaient leur joie d'être au monde, l'assommaient de leurs jeux bruyants, de leurs cris. La vie allait son train coutumier, indifférente à l'agonie d'une vieille femme paralysée!

Elle passa fin octobre, à la suite d'une seconde attaque, après une journée seulement de souffrances plus vives.

Sitôt qu'elle fut morte, on arrêta l'horloge et on jeta dehors l'eau du seau de la « bassie » où son âme avait dû se baigner avant que de s'élever vers les régions célestes.

Je fus vivement impressionné par ce premier deuil. Terreur de la mort vue de près, sentiment complexe où se mêlaient la curiosité, la pitié, le dégoût... A plusieurs reprises, je contemplai longuement, dans sa rigidité dernière, cette créature qui avait tenu une si grande place dans le rayon familier de mon existence.

Au reste, cette mort ne changea rien aux coutumes journalières de la maisonnée ; les repas eurent lieu aux mêmes heures, en face de ce lit dont les rideaux tirés masquaient un cadavre. Seule, mettait une note de mystère la bougie qui brûlait à proximité, sur une petite table, près du bol d'eau bénite où trempait une branche de buis. On s'abstint pourtant de faire l'attelée quotidienne de labour. Mon frère Louis s'en fut à Agonges prévenir l'oncle Toinot et sa famille. Mon parrain alla déclarer le décès à la mairie et s'entendre avec le curé pour l'heure de l'enterrement. Je fus chargé, moi, de recruter des porteurs dans le voisinage.

Rentré du bourg, mon parrain travailla à la mise au point d'un araire neuf, et il me fallut lui aider. La besogne terminée, il dit, l'air satisfait :

— Il y a assez longtemps qu'il était en chantier, cet *ariau!* J'avais bien besoin d'une journée comme ça...

Ce sentiment de tranquille égoïsme me peina un peu. On s'attendrit aisément quand on est jeune. Plus tard, — même à l'âge qu'avait alors mon parrain, — je fus bien aussi pratique que lui.

Le lendemain, nous étions une trentaine à suivre, dans l'épais brouillard froid, le char à bœufs qui portait la bière. A l'entrée du bourg, on la déposa sur deux chaises empruntées dans une maison. Il fallut attendre là un grand quart d'heure. Le curé enfin venu récita quelques prières — et l'on se mit en route vers l'église, la bière portée maintenant par quatre hommes, avec des bâtons qu'ils passaient dans une serviette suspendue à leur cou.

De la même façon, après la cérémonie, on parvint au cimetière. Là, au moment de l'aspersion finale, ma mère et mes belles-sœurs de pleurer, de sangloter sans fin, — ce qui ne fut pas sans me causer une surprise profonde étant donné leur crainte si souvent manifestée de voir la disparue « durer trop longtemps ». Je compris que ces sanglots ne survenaient que pour la forme, *parce qu'il était d'usage d'en faire entendre à ce moment.*

Pour moi, les quelques larmes qui brouillèrent mes yeux au moment de la descente du cercueil dans la fosse eurent au moins le mérite d'être sincères.

Quand tout fut terminé, les parents d'Agonges vinrent déjeuner chez nous. On avait fait quelques préparatifs, acheté du vin et un morceau de viande pour la soupe ; ma mère ajouta une omelette. Le repas dura longtemps et, vers la fin, l'oncle Toinot redit une fois de plus dans quelles conditions il avait tué son Russe ! C'est que tous les rassemblements se terminent à peu près de la même manière, qu'ils soient motivés par un mariage, un baptême, un deuil ou par tel autre événement de moindre importance. Pourvu qu'il y ait un repas avec de l'extra, un repas donnant l'occasion de demeurer plusieurs heures à table, on en arrive fatalement à émettre des souvenirs où chacun se donne le beau rôle et en tourne d'autres en ridicule, à raconter des histoires comiques ou osées... Hâbleries, grivoiseries, médisances, mensonges et sottises !

De ce repas funèbre, seules, les chansons furent bannies.

Dans la suite, Tiennon se marie et devient lui-même métayer, il s'installe pour la Saint-Martin de 1853 à la Creuserie. Il décrit ainsi sa nouvelle maison ;

Notre maison avait deux pièces d'égales dimensions qu'une porte intérieure reliait : la cuisine et la chambre. L'une et l'autre ouvraient de plain-pied sur la cour par de grosses portes ogivales, noircies par les intempéries et fortement bardées de fer. Dans la cuisine, une sorte de béton avait été fait jadis, dégradé maintenant sous l'effet du balayage ; il n'en restait qu'une armée de cailloux pointus montrant leur nez d'un bout à l'autre de la pièce. La chambre, moins favorisée, s'en tenait au sol primitif, affaissé au milieu, bossué sous les meubles, semé de mamelons et de trous. Le plafond appareillait l'appartement, — un plancher bas, délabré, soutenu par de grosses solives très rapprochées, et par une poutre énorme étayée d'un poteau vertical. Des grains de blé, des grains d'avoine, s'échappant de la provision du grenier, passaient fréquemment entre les planches disjointes, et les rats en faisaient des réserves sur les poutres. Un jour avare pénétrait par d'étroites fenêtres à quatre petits carreaux ; en hiver, quand la température ne permettait pas de tenir ouvertes les portes extérieures, on avait peine à y voir en plein midi.

Dans la cuisine ou salle commune se faisaient toutes les grosses besognes. Il y avait, à gauche de l'entrée, la maie à pétrir et, au-dessus, le *tourtier* avec ses arceaux de bois où l'on plaçait les grosses miches de la fournée ; il y avait, à droite, un coffre pour le linge sale, un deuxième coffre, une vieille commode ; au milieu trônait la grande et massive table de chêne que nous avions achetée d'occasion, flanquée de ses deux bancs sur lesquels nous prenions place aux heures des repas ; il y avait enfin, dans le fond, une horloge à boîte rouge entre deux lits : le nôtre, dans le coin le plus rapproché du foyer comme il est d'usage et, de l'autre côté, celui de la servante. A gauche, dans le mur du pignon, la cheminée saillait large et haute avec, au-dessus du foyer, le trou noir du four. La chambre était moins enfumée, plus propre mais pourrie d'humidité, — les solives couvertes de moisissures blanches ; ma femme y avait fait placer son armoire, le lit des gamins et celui des domestiques.

Ici, on observe les débuts de la consommation du pain blanc, de ce pain de farine de froment, réservé jusque-là aux malades ou aux jours de grandes fêtes; mais l'épouse de Tiennon, Victoire, n'est pas favorable au progrès.

Par économie, Victoire était opposée à toute réforme dans les choses la concernant. En raison du perfectionnement des petits moulins du pays, il était devenu possible de faire séparer le son d'avec la farine. Beaucoup commençaient à user de cette amélioration, et il y en avait même qui, remplaçant le seigle par le froment, mangeaient du vrai pain de bourgeois! De ces derniers, par exemple, on parlait avec un peu d'ironie, prévoyant qu'ils couraient aux abîmes.

Sans me risquer ainsi, tout en continuant à mettre dans chaque sac deux mesures de froment et trois de seigle, j'aurais désiré faire sortir le son. A chaque fois que j'envoyais du grain moudre, je reparlais de l'affaire, — toujours désapprouvé par la bourgeoise :

— Il faut déjà payer les domestiques assez cher, ce n'est pas la peine de les nourrir au pain blanc!

En présence de ce parti pris obstiné, je m'avisai d'un stratagème. Le meunier, de connivence avec moi, dit, en nous ramenant la provision, qu'il en avait par mégarde retiré le son, ainsi qu'il faisait à présent, pour presque tout le monde. Je le tançai d'un ton de mauvaise humeur, l'invitant à faire attention à son ouvrage s'il tenait à nous conserver comme clients. Mais nous avions de la farine pour un trimestre. Et après, Victoire elle-même n'osa pas proposer de revenir en arrière.

A partir de ce moment, nous eûmes toujours du bon pain, — d'autant meilleur que je baissai progressivement la proportion de seigle, jusqu'à arriver à la supprimer tout à fait quand la moyenne de nos récoltes de blé eut augmenté, du fait de l'adoption de la chaux.

Beau jour vraiment que celui où je vis trôner sur la table la miche réservée de mon enfance! Les jeunes d'aujourd'hui trouvent des fois médiocre notre pain de bon froment pour peu qu'il soit un peu dur. Ah! s'ils étaient remis pour quelque temps au pain noir et graveleux d'autrefois, ils apprendraient vite à l'apprécier!

*

Le chemin de fer à voie étroite dont Fauconnet (le député) nous avait dotés passait juste au bout d'un de nos champs et traversait au ras du sol, à cent mètres de chez nous, notre chemin d'arrivée. Son établissement avait donné lieu à des récriminations sans nombre. Des expropriés, bien qu'ayant touché dix fois la valeur de leur terrain, gémissaient sur le grand dommage à eux causé. D'autres se plaignaient du tracé aux courbes fantasques dont personne ne pouvait démontrer la nécessité. On disait que l'entrepreneur, certain d'un joli bénéfice, avait fait augmenter à dessein le nombre des kilomètres, que le docteur Fauconnet et les autres messieurs du Conseil général s'étaient laissés rouler... Quand il y eut des élections, leurs adversaires ne manquèrent pas de les attraper à ce propos. A leur place ils n'auraient pu davantage prétendre à contenter tout le monde. Mais il est de règle de critiquer ceux qui mènent la barque.

Malgré ses courbes, et en dépit des criailleries auxquelles il avait donné lieu, le chemin de fer marchait. Nous entendions chaque jour ses sifflements et le fracas de son passage. Les premiers temps nous craignions pour nos bêtes à cause de cette traversée du chemin, — sans compter qu'au pâturage elles pouvaient s'aviser de franchir la palissade et de descendre sur la voie. Nous pestions de compagnie contre ces « inventions enragées » destinées à enlever toute tranquillité au pauvre monde des campagnes. La bourgeoise, selon son habitude, exagérait dans le mauvais sens, disant qu'on ne pourrait plus avoir de chèvres, de cochons, ni de volailles. Par contraste je m'efforçais à l'optimisme. De fait, nous n'eûmes jamais d'écrasés qu'un trio d'oisons nigauds...

Il y avait souvent des trains de marchandises assez longs, — formés en majeure partie de voitures découvertes garnies de chaux à l'aller et de charbon au retour. Mais bien plus encore s'allongeaient ces trains les jours de foire à Cosne — et l'on apercevait par les vasistas des portières les têtes inquiètes des bovins apeurés... Les trains réguliers de voyageurs ne comprenaient d'habitude que deux ou trois voitures, souvent même une seule.

La petite machine au fourneau bas promenait avec une sage lenteur au travers des champs, des prés et des bois sa longue voiture brune... J'en vins à connaître tous les hommes à blouse bleue tachée de graisse et de charbon qui conduisaient les convois ; et aussi les autres, ceux à casquette dorée, tunique noire à boutons jaunes, qui se tenaient d'habitude sur l'une des plates-formes. J'en vins à connaître même une bonne partie des voyageurs, — au moins tous les habitués, bourgeois, gros fermiers, commerçants et curés. En dehors des jours de foire on n'y voyait guère de paysans, ni d'ouvriers. Il faut avoir pour se promener des loisirs et des moyens.

Ceux-là sont des malins, pensais-je, des gens qui s'arrangent à bien passer leur temps aux dépens du travailleur et qui, par-dessus le marché, se fichent de lui...

Souventes fois en effet, quelques-uns, regardant par la portière, semblaient avoir au passage des sourires d'ironie à l'adresse du vieux paysan que j'étais.

GEORGES DOUART

1958

La vie traditionnelle, avec ses impératifs de subsistance, ses coutumes, ses mœurs, a presque disparu en France, détruite par l'extraordinaire croissance économique.

Mais d'autres pays, la moitié de la Terre, en sont encore au stade de notre passé. Une page de Georges Douart, qui résume la situation de l'Inde actuelle, nous en donnera une vive conscience.

L'auteur, jeune ouvrier engagé dans les Chantiers Internationaux pour construire la maison des autres, a pu vivre, en travaillant, de la vie même de l'Inde.

OPÉRATION AMITIÉ (1)

Si vous étiez né Indien...

Imaginez un petit peu, ça ne coûte rien... Votre mère vous aurait mis au monde dans un coin de la cabane, allongée sur un tas de guenilles. Le cordon ombilical, on vous l'aurait coupé avec un tesson de bouteille ou un couteau rouillé. On vous aurait appelé Raj. A sept ans, votre mère vous ficelle un vieux torchon autour des hanches : finis les jeux insouciants dans la poussière et le soleil. Vous êtes un petit homme, on vous envoie aider

(1) Plon, éd.

votre père aux champs et garder les chèvres. Il n'y a pas d'école pour les petits paysans indiens : nous ne savez ni lire ni écrire... et encore heureux que vous soyez en vie : la moitié de vos petits copains d'enfance sont déjà dans l'autre monde. Il vous reste à peu près une vingtaine d'années devant vous et il s'agit de vous dépêcher si vous voulez en profiter un peu.

A quinze ans, on vous marie avec une fille de treize, et vous voilà bientôt père de famille ; vous l'aimez bien votre petit Profulla, vous en êtes fier, mais tant de maladies et de maléfices rôdent. Un jour, il reste allongé dans un coin de la hutte, et vous êtes là à vous morfondre, impuissant, ne sachant que faire. Pas de docteur ni de médicaments. Malgré l'aide des voisines, malgré les prières, les herbes et les tisanes, votre gosse, il crève là, sous vos yeux, d'on ne sait quoi.

Et vous continuez à exister. Vêtu d'un simple pagne, miné de paludisme, toujours à la merci des bêtes fauves, abruti de chaleur et de faim, vous grattez quand même votre lopin de terre, bienheureux encore si vous en avez un. Et si la mousson a tardé, votre unique repas disparaît. Dans votre tanière en torchis, vous avez faim, vos gosses ont faim, votre femme a faim, toute leur vie ils auront faim et vous les voyez se décharner sous vos yeux, vous voyez mourir à petit feu les deux enfants qui restent des cinq ou six que votre femme a mis au monde.

Mais ce n'est pas fini : l'usurier, le propriétaire veulent encore vous soutirer de l'argent, reprendre votre terre. Votre foi inébranlable, votre courage tranquille vous aident à surmonter toutes ces épreuves.

Vous arrivez à vingt-sept ans. Vingt-sept ans ! Et c'est fini. Épuisé par la dysenterie et mille autres maux, vous cessez de souffrir.

TABLE DES MATIÈRES

RÉCITS VÉCUS et DOCUMENTS

AUMONT Jean-Pierre
D. 97**** Le soleil et les ombres

BERNARD Jean Pr
D. 54** Grandeur et tentations de la médecine

BOURDON Sylvia
D. 88** L'amour est une fête

CARS Jean des
D. 92*** Louis II de Bavière

CHANCEL Jacques
D. 58** Radioscopie - 1

CHARON Jacques
récit de Fanny Deschamps
D. 86*** Moi, un comédien

CLAVEL Bernard
D. 100* Lettre à un képi blanc

COQUET Evelyne
D. 94**** Le bonheur à cheval

GREER Germaine
D. 8*** La femme eunuque

HUNZINGER Claudie
D. 68* Bambois, la vie verte

PELLAPRAT H. P.
D. 21*** La cuisine en 20 leçons

RIOU Roger
D. 76**** Adieu, la Tortue

ROUET Marcel
D. 84* Virilité et puissance sexuelle
D. 102*** La magie de l'amour

SAN-ANTONIO
D. 93** Je le jure

TROYAT Henri
D. 103** Un si long chemin

VALENSIN Georges Dr
D. 59*** Science de l'amour
D. 70*** La femme révélée
D. 77*** Adolescence et sexualité

ZWANG Dr Gérard
D. 89*** Le sexe de la femme

HEINLEIN Robert
510** Une porte sur l'été

HENDERSON Zenna
1092**** Chronique du Peuple

HIGON Albert
761** Le jour des Voies

KAST Pierre
924*** Les vampires de l'Alfama

KEYES Daniel
427** Des fleurs pour Algernon

KING Stephen
835*** Carrie

KING Vincent
664** Candy Man (oct. 1980)

KLEIN Gérard
628** Les seigneurs de la guerre
935*** La loi du talion

KLOTZ et GOURMELIN
967*** Les innommables

LARSON et THURSTON
1083*** Galactica

LEIBER Fritz
694** A l'aube des ténèbres

LEVIN Ira
342** Un bébé pour Rosemary
434*** Un bonheur insoutenable (oct. 1980)

LOVECRAFT H.P.
410* L'affaire Charles Dexter Ward
459**** Dagon

LOVECRAFT et DERLETH
821** L'ombre venue de l'espace

MATHESON Richard
612*** La maison des damnés (déc. 1980)

MERRITT Abraham
557** Les habitants du mirage
574** La nef d'Ishtar
618*** Le gouffre de la lune
886*** Le visage dans l'abîme

MOORE Catherine L.
415*** Shambleau
700** La nuit du jugement

NOLAN William F.
1019** Retour à l'âge de cristal

OLIVER Chad
1116** Les vents du temps (nov. 1980)

OTTUM Bob
568** Pardon, vous n'avez pas vu ma planète?

PADGETT Lewis
689* L'échiquier fabuleux

PELOT Pierre
728** Les barreaux de l'Éden
773*** Delirium Circus
1048*** Parabellum tango

PRIEST Christopher
688*** La machine à explorer l'espace
725*** Le monde inverti
989*** Futur intérieur

RODDENBERRY Gene
1071** Star Trek

RUELLAN André
1006** Tunnel

SADOUL Jacques
Les meilleurs récits de :
532** « Astounding Stories » - 1
663** « Wonder Stories »
713** « Unknown »

731** « Famous Fantastic Mysteries »
784** « Startling Stories »
822** « Thrilling Wonder Stories »
880** « Fantastic Adventures »
923** « Weird Tales » - 3
988** « Astounding Science-Fiction » - 2

SILVERBERG Robert
585** Les ailes de la nuit
800** Un jeu cruel
997*** Les monades urbaines
1068*** Trips

SIMAK Clifford D.
373** Demain les chiens
500** Dans le torrent des siècles
609** Le pêcheur
847** Au carrefour des étoiles
903*** Une chasse dangereuse
956*** Mastodonia
1005*** Escarmouche

SPIELBERG Steven
947** Rencontre du troisième type

STEINER Kurt
657* Le disque rayé
779* Les océans du ciel

STURGEON Theodore
355** Les plus qu'humains
369** Cristal qui songe
829*** Les talents de Xanadu

TOLKIEN J.R.R.
486*** Bilbo le hobbit
1037*** Le Silmarillion - 1
1038*** Le Silmarillion - 2

VANCE Jack
707** Cugel l'astucieux
Cycle de Tschaï :
721** 1. Le Chasch
722** 2. Le Wankh
723** 3. Le Dirdir
724** 4. Le Pnume
836** Un monde magique

VAN VOGT A.E.
362** Le monde des Ã
381** A la poursuite des Slans
392** La faune de l'espace
397** Les joueurs du Ã
418** L'empire de l'atome
419** Le sorcier de Linn
463** Le livre de Ptath
475** La guerre contre le Rull
496** Destination Univers
515** Ténèbres sur Diamondia
588** Des lendemains qui scintillent
659** L'homme multiplié
813*** Invasion galactique
934** L'horloge temporelle
975*** Rencontre cosmique
1057** L'été indien d'une paire de lunettes
1082** Les monstres

WALTHER Daniel
976** L'Epouvante

XXX
1093*** Univers 1980

ZELAZNY Roger
1126*** Une rose pour l'Ecclésiaste (déc. 1980)

La série d'anthologie présentant les aspects les plus fascinants de la S F moderne

629* UNIVERS 03
650* UNIVERS 04
695* UNIVERS 06
714* UNIVERS 07
732* UNIVERS 08
754* UNIVERS 09
769* UNIVERS 10
786* UNIVERS 11
815* UNIVERS 12
837* UNIVERS 13
857* UNIVERS 14
887* UNIVERS 15
925* UNIVERS 16
958* UNIVERS 17
977* UNIVERS 18
1007* UNIVERS 19

Editions J'ai Lu, 31, rue de Tournon, 75006 Paris

diffusion
France et étranger : Flammarion, Paris
Suisse : Office du Livre, Fribourg
Canada : Flammarion Ltée, Montréal

Achevé d'imprimer sur les presses de l'imprimerie Brodard et Taupin
7, Bd Romain-Rolland, Montrouge. Usine de La Flèche,
le 11 août 1980
6218-5 Dépôt Légal 3e trimestre 1980. ISBN : 2 - 277 - 21090 - 0
Imprimé en France

»Nun fängt alles an«

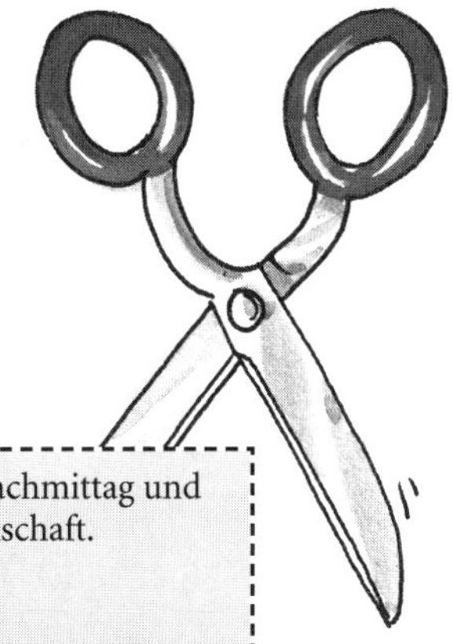

1. Schneide die Kästen aus und klebe sie geordnet in dein Heft oder Lesetagebuch. In der richtigen Reihenfolge ergeben sie eine Zusammenfassung der Ereignisse des ersten Tages von Theos »Flucht«.

Theo weiß nicht, wohin er gehen soll. Nach Hause möchte er nicht. Er hat Angst, dass der Vater ihn auslacht.	In der Schule kann sich Theo nicht konzentrieren. Frau Persig fragt ihn, was los ist, und bietet ihm an, nach dem Unterricht mit ihr zu reden.	Theo genießt den Nachmittag und Papa Schnuffs Gesellschaft.
Am Abend schickt Papa Schnuff Theo nach Hause. Er gibt ihm drei Mark für seine Hilfe.	Schließlich setzt sich Theo in einen Zug, der nach Mainz fährt.	Dort treibt er sich zuerst ein wenig herum. Weil er Hunger hat, kauft er sich eine Wurst.
Als die Kinder Theo fragen, woher er kommt und was er hier macht, muss er sich etwas ausdenken. Er ist traurig, dass er lügen muss.	Auf dem Rummelplatz ist noch nichts los. Das Karussell wird gerade aufgebaut. Ein paar Kinder helfen dabei. Theo schließt sich an.	Am Morgen nach dem Streit der Eltern ist alles wie immer. Nach dem Frühstück fährt der Vater Theo zur Schule.
Theo lernt den Karussellbesitzer Papa Schnuff kennen und darf ihm den Nachmittag über helfen. Er sammelt bei den Kindern die Marken ein.	Er sieht Polizisten und bekommt Angst, entdeckt zu werden. Deshalb läuft er neben einem Mann her und tut so, als gehöre er zu ihm. Der Mann wird wütend.	Theo ist wütend, dass seine Eltern – im Gegensatz zur Klassenlehrerin – nicht gemerkt haben, dass es ihm nicht gut geht und er etwas auf dem Herzen hat.
Schließlich geht er zurück zum Rummelplatz und legt sich unter Papa Schnuffs Wohnwagen. Dort schläft er ein.	In Rüsselsheim sieht er einen Rummelplatz und beschließt kurz vor der Abfahrt des Zuges auszusteigen.	Als die Schule aus ist, steckt Theo seinen Ranzen in sein Schließfach und fährt mit der Straßenbahn zum Bahnhof.

2. Theo überlegt zwei Mal, wieder umzukehren und nach Hause zurückzugehen. Suche die Stellen im Text und schreibe in dein Heft oder Lesetagebuch, auf welcher Seite und Zeile du sie gefunden hast. Warum geht Theo nicht zurück? Diskutiert eure Überlegungen in der Klasse.

3. Als Theo nicht von der Schule nach Hause kommt, macht sich die Mutter sicher Sorgen. Wahrscheinlich ruft sie zuerst den Vater und später die Polizei an. Wähle eine Situation und überlege, wie das Telefongespräch verlaufen könnte. Schreibe auf.

4. Spielt eure Telefongespräche.

Tipp

Hilfe zu Aufgabe 3:

a) Gespräch mit Vater – Eltern überlegen, was ihm passiert sein könnte • Diskutieren, was sie tun könnten (suchen, Theos Freunde anrufen, Lehrerin anrufen, Suchmeldung bei der Polizei aufgeben ...) • Machen sich gegenseitig Vorwürfe und streiten.
b) Gespräch mit Polizei: Personenbeschreibung Theos • Ist er schon einmal weggelaufen? • War Theo in der Schule?

Infoblätter

Zum Autor

i.1

Am 13.11.1933 wird Peter Härtling in Chemnitz als Sohn eines Rechtsanwalts geboren. Während des Zweiten Weltkriegs ist die Familie auf der Flucht. Härtling verbringt seine Kindheit unter anderem in Sachsen, Mähren, Österreich und Württemberg. Mit 13 Jahren verliert er bereits seine Eltern – sein Vater stirbt 1945 in einem russischen Gefangenenlager, seine Mutter begeht 1946 Selbstmord. Peter Härtling lebt bei seiner Großmutter. Er besucht das Gymnasium in Nürtingen, verlässt dieses aber 1951 vorzeitig. Er kommt mit den Lehrern nicht zurecht, die zum Teil ihre Überzeugungen aus der Nazizeit weiterhin pflegen.

Härtling beginnt eine journalistische Tätigkeit: Von 1955 bis 1962 arbeitet er als Redakteur bei der »Deutschen Zeitung«. Zu dieser Zeit versucht er auch erstmals, als freier Schriftsteller zu leben. Dieser Versuch schlägt allerdings fehl. 1967 wird er Cheflektor im S. Fischer Verlag und ein Jahr später zum Geschäftsführer des Verlags ernannt.

Peter Härtling schreibt zunächst Gedichte und Romane für Erwachsene. In den 70er-Jahren beginnt er, für Kinder zu schreiben, und gibt damit der Kinderliteratur neue, entscheidende Anstöße. Seit 1973 arbeitet er als freier Schriftsteller. Heute lebt er in Walldorf (Hessen), ist verheiratet und hat vier Kinder. Für seine Werke hat Peter Härtling zahlreiche Auszeichnungen, Ehrungen und Preise erhalten.

Auszeichnungen (Auswahl)

1964: Literaturpreis des Verbandes der Kritiker (Kritikerpreis) für »Niembsch«
1976: Deutscher Jugendbuchpreis für »Oma«
1980: Zürcher Kinderbuchpreis »La vache qui lit« für »Ben liebt Anna« und »Sofie macht Geschichten«
2001: Deutscher Jugendliteraturpreis (Sonderpreis) für sein kinderliterarisches Gesamtwerk
2003: Deutscher Bücherpreis für sein Gesamtwerk

Kinderbücher von Peter Härtling

- Und das ist die ganze Familie (1970)
- Das war der Hirbel (1973)
- Oma (1975)
- Theo haut ab (1977)
- Ben liebt Anna (1979)
- Sofie macht Geschichten (1980)
- Alter John (1981)
- Jakob hinter der blauen Tür (1983)
- Krücke (1987)
- Fränze (1989)
- Mit Clara sind wir sechs (1991)
- Lena auf dem Dach (1993)
- Jette (1995)
- Tante Tilli macht Theater (1997)
- Goethe für Kinder (1998)
- Reise gegen den Wind (2000)

Hause ab und schlägt sich drei Tage lang durch. Die Gefahren des Ausreißens werden angedeutet aber eher verharmlost. Vielleicht war es vor 30 Jahren auch noch ungefährlicher, als Kind alleine unterwegs zu sein. Die Figuren sind eindimensional entweder gut oder böse. Vor allem die Sympathieträger Kemal und Papa Schnuff sind klischeehaft dargestellt: Sie sind beide dick und gutherzig.

Themen und Motive

Auslöser für Theos Weglaufen ist seine **familiäre Situation**. Die Kleinfamilie gehört der unteren Mittelschicht an. Sie lebt in einem Hochhaus im Osten Frankfurts »inmitten von großen, gammeligen Mietblocks« (S. 14). Der Vater arbeitet als Buchhalter in einer Kleiderfabrik, sieht für sich aber keine berufliche Perspektive im Betrieb (»Die lassen mich einfach sitzen, schreit er, da komme ich nicht voran«, S. 7). Deshalb trinkt er und kommt abends oft erst spät und betrunken nach Hause. Es kommt häufig zu Streitigkeiten, bei denen der Vater sowohl der Mutter als auch Theo gegenüber gewalttätig und verbal ausfällig wird (S. 11). Die Mutter, die vormittags in einem Supermarkt arbeitet, wirkt hilflos und überfordert. Sie liebt Theo, ist aber zu sehr mit sich beschäftigt, um auf ihn eingehen zu können. Sie akzeptiert seine Ausreden und geht ihnen nicht auf den Grund. Sie hat es auch aufgegeben, mit ihrem Sohn wirkliche Gespräche zu führen (S. 8 ff.). Die Streitigkeiten der Eltern machen Theo schwer zu schaffen. Er ist enttäuscht von ihnen und wünscht sich doch so sehr ihre Zuwendung. Häufig hat er Fluchtgedanken. Damit möchte er eher die Eltern strafen. Oder er denkt sich aus, was wäre, wenn er tot wäre, wie die Eltern um ihn trauern würden und ihr Verhalten bedauern würden (S. 12). Nach einer großen Auseinandersetzung der Eltern beschließt Theo tatsächlich abzuhauen. In der Familie erlebt er kein anderes Konfliktlösungsmodell – der Vater flieht in den Alkohol, die Mutter in die Resignation und »Theo haut ab« (S. 5).

Da Theo mit seinen Eltern nicht reden kann, hat er eine **Fantasiefigur** erschaffen, einen imaginären Freund. Es ist ein »lustiger Zwerg« (S. 9) mit dem Namen Koknottel. »Mit ihm unterhält er sich. Vor allem, wenn er traurig ist, wenn er nicht mehr weiterweiß« (S. 9). Nach seiner ersten Flucht fällt es Theo immer schwerer, sich Koknottel vorzustellen (S. 88). Er »war irgenwie verdrängt von einer anderen Figur. Wahrscheinlich war es Papa Schnuff. An den dachte er oft. Auch an Kemal. Und manchmal an Pitter" (S. 88).

Es werden hauptsächlich **Theos Beziehungen** zu männlichen Erwachsenen dargestellt. Kinder kommen nur am Rande vor. Theos Freund Detlev wird erwähnt. Mit ihm verbringt er die Nachmittage im Viertel. Er ist aber kein Ansprechpartner für Theos Probleme. Frieder steht für Kinder, die aus einem anderen Milieu stammen und auf Theo herabsehen. Er ist aus einem besser gestellten Elternhaus: »Seine Jeans und seine Pullis waren nie fleckig und unter seinen Fingernägeln war nie Dreck. Er war ein feiner Pinkel« (S. 84). Vermutlich sagt er, was er zu Hause gehört hat, wenn er Theo zuruft: »Höchstens Asoziale hauen von zu Hause ab« (S. 84). Auf dem Rummel trifft Theo auf eine Gruppe von Jungen, zu denen er aber keinen weiteren Kontakt aufnimmt. Eine Ausnahme ist die Gruppe von Jugendlichen, die Theo in Köln kennenlernt. Sie werden alle namentlich genannt: Pitter, Jan, Stefano und Bert. Er hat ihre Aufmerksamkeit und Anerkennung gewonnen, weil sie ihn beim Klauen eines Apfels beobachtet haben (»Das war gekonnt!«, S. 64). Mit den Jungen verbringt er einen Nachmittag und fühlt sich wohl in ihrer Gesellschaft. Aber auch diesen Kindern vertraut sich Theo nicht an. »Er hält es für besser, noch nicht viel zu reden« (S. 70). Nachdem Bert ihn »Fremder« (S. 71) genannt hat, spielt Theo den Westernhelden, den er aus Filmen kennt. Er übernimmt den wiegenden Gang »und fühlt sich ungeheuer stark und sicher« (S. 71). Als Fremder muss er nicht viel reden, sondern hauptsächlich cool wirken. In Gesellschaft der Jungen raucht er auch zum ersten Mal (S. 72) und trinkt Bier (S. 75). Dies wird jedoch neutral dargestellt und nicht bewertet.

Die einzige Erwachsene, die Theo wirklich zu verstehen scheint, ist seine Klassenlehrerin, Frau Persig. In der Schule spielt Theo den Klassenclown. Er ist vergesslich und gedanklich oft abwesend. Häufig schreibt er schlechte Noten. Doch Frau Persig glaubt an ihn: »Du bist gar nicht so schlecht, Theo, sagt sie, nur ist in deinem Kopf so vieles durcheinander« (S.8). Theo mag sie sehr. Doch er vertraut ihr nicht genug, um mit ihr über seine schwierige Situation zu sprechen.